주역

설괘·서괘·잡괘전

주역 설괘·서괘·잡괘전

초판 1쇄 인쇄 2022년 9월 8일
초판 1쇄 발행 2022년 9월 16일

지은이 김상섭
펴낸이 신동렬
책임편집 신철호
외주디자인 아베끄
편 집 현상철·구남희
마케팅 박정수·김지현

펴낸곳 성균관대학교 출판부
등록 1975년 5월 21일 제1975-9호
주소 03063 서울특별시 종로구 성균관로 25-2
대표전화 02)760-1253~4
팩시밀리 02)762-7452
홈페이지 press.skku.edu

© 2022, 김상섭

ISBN 979-11-5550-552-6   93150

주역

설괘·서괘·잡괘전

周易

說卦·序卦·雜卦

김상섭 지음

성균관대학교
출판부

1.1

『주역』은 지금으로부터 3천여 년 전, 주나라 초기에, 주나라의 점치는 관리들이, 주나라의 도읍 호경鎬京에서, 자신들의 역사적 경험, 생활상의 경험 등을 반영하여 편집한 점책이다. 따라서 애초의 『주역』은 점 글로만 되어 있었다. 점 글은 모두 64편의 고사로 구성되어 있으며, 고사는 한결같이 은말 주초에 있었던 실화이다. 『주역』은 우연히 혹은 갑자기 세상에 나온 것이 아니라 은나라의 거북점(卜)과 시초점(筮)을 바탕으로 점차 발전하여 나온 것이다. 『주역』이 세상에 나오고 약 8백여 년의 세월이 흐른 뒤, 전국 후기에 이르러 마침내 『역전』이 출현하기 시작하였다. 『역전』은 점책인 『주역』에 대한 최초의 철학적 해설서이다. 8백여 년의 긴 세월이 흐르는 동안 지식인들은 끊임없이 『주역』을 발전시켰으니, 『역전』은 이 긴 세월의 『주역』 발전의 총결서라고 할 것이다.

1.2

『역전』은 「단」 「상」 「문언」 「계사」 「설괘」 「서괘」 「잡괘」 등 모두 7종이다. 「단」 「상」 「계사」는 상하 편으로 분 편 되어 있어 각각 한 편으로 셈하여 모두 '십 편'이며, '십익十翼'이라고 한다. 언제 누가 분 편하였는가는 아직 알 수 없다. '십익'이라는 용어는 전한 후기에 쓰인 『역위易緯』에 처음 나오나 『역전』 십 편을 가리키는 말이 아니었다. '십익'은 후한 시대에 『역전』 십 편을 가리키는 용어로 널리 사용되었다. '십 편'이라는 말은 전한의 사마천 『사기』에는 기록이 없고, 후한의 반고가 쓴 『한서』 「예문지」에 처음 나온다. 『역전』 7종 십 편은 전국 후기에서 비롯하여 후한 시대에 이르러 모두 있게 되었다.

2.1

『역전』 7종 가운데 「단」은 64괘의 괘명과 괘사를 해석한 것이고, 「상」은 386효사를 해석한 것이며, 「문언」은 건곤 두 괘의 괘효사를 해석한 것이다. 「계사」는 주역점을 찬양한 글이며, 주역점을 자연과 인간에 결부시켜 철학화한 것이다. 「단」 「상」 「문언」은 동질이나 「계사」는 이들과 전혀 이질적이다.

2.2

「단」은 '상수'와 '의리'라는 두 가지 방식으로 괘명과 괘사를 해석하였고, 「상」 역시 '상수'와 '의리'를 가지고 효사를 해석하였으며, 「문언」 또한 '상수'와 '의리'를 가지고 건곤 두 괘의 괘효사를 해석하였으나 '의리' 성분이 농후하다. 「계사」는 주역점을 찬양하면서 19효사를 인용하여 모두 '의리'로 해석하였다.

2.3

「단」 「상」 「문언」 「계사」를 지은 사람들은 전국 후기 제나라 직하稷下의 유생들이었다. 「단」과 「상」은 제나라의 동일한 유생이, 「문언」은 노나라 유생이, 「계사」는 초나라 유생이 썼다. 「단」 「상」 「문언」은 제로역齊魯易이며, 「계사」는 초역楚易이다. '제로역'과 '초역'은 색깔이 확연히 다르다. 진나라 15년 폭정을 거치면서 이 4편은 조용히 숨어서 세상에 나올 때를 기다리고 있었다. 어지러운 세상을 만나 경거망동하였더라면 불에 태워 흔적 없이 사라졌을 것이다. 이 4편을 지은 사람들은 당대 최고의 지적 엘리트들이었으며, 시대의 흐름을 관망하며 느긋하게 '때'를 기다릴 줄 아는 인물들이었다. 한나라가 들어서고 건乾 「단」의 '만국함녕萬國咸寧', 함咸 「단」의 '천하화평天下和平', 건乾 「문언」의 '천하평야天下平也'가 되자 마침내 세상에 나와 유행하였다.

3.1

「단」 「상」 「문언」 「계사」는 전국 후기에서 진대를 거쳐 한초에 이르기까지 생존했던 제나라 직하의 유생들의 작품이다. 각 편을 쓴 사람들은 출신 국이 달라도 '學'하기 위하여 제나라 직하에 모여든 소위 '제자백가'라고 불리는 사람들이었으며, 공자를 추종하는 학우들이었다. 대과大過 「상」에서 사용한 '둔세무민遯世无悶'이라는 구절이 건 「문언」에도 나오고, 건 「문언」의 한 문장이 「계사」에도 그대로 인용되어 있으며, 겸謙 「단」의 한 문장이 『백서주역』 「이삼자」와 「목화」에도 유사하게 기록되어 있다. 이들은 제나라 직하에서 서로 사상적 교류가 잦았던 동학들이었다. 그렇다면 『역전』 7종 가운데, 「단」 「상」 「문언」 「계사」와 성질이 전혀 다른 「설괘」 「서괘」 「잡괘」는 어떻게 되는가? 이 3편은 「단」 「상」 「문언」 「계사」보다 한참이나 늦게 세상에 나왔다.

3.2

춘추 시대 태사들은 점을 풀이하면서 '상수'와 '의리' 두 가지 방식을 제시하였고, 전국 후기에 쓰인 「단」 「상」 「문언」 「계사」에 이르러 '상수'와 '의리'는 괘효사를 해석하는 방식으로 완전히 정립되었다. 한대에는 이 4편의 '상수' 성분이 크게 발전하여 상수역의 전성시대를 맞이하게 된다. 한역은 곧 상수역이다. 「설괘」는 팔괘의 괘상을 설명한 것이니, 모두 '상수'를 말하였고 '의리' 성분은 조금도 없다. 「설괘」는 바로 이 시대의 산물이었다.

3.3

「서괘」와 「잡괘」는 괘명의 뜻을 설명하면서 '취의取義'와 '취상取象'이라는 두 가지 방식을 사용하였다. 이 역시 상수역이 대세였던 시대사조의 영향을 받은 것이다. 그러나 취의설을 비교적 많이 취하고 또 훈고 방식을 위주로 문장을 짧게 전개한 것은 전한 7대 무제武帝 이후 유학이 국가의 통치 이념이 되고 또 훈고학이 성행하였던 그 시대 학풍의 영향을 받은 것임을 말해 주고 있다.

「설괘」: '상수'만을 취함. 상수역이 대세였던 그 시대사조의 영향을 받은 것.
「서괘」 「잡괘」:
　　① 취의설을 위주로 함. '독존유술'하였던 그 시대 학술의 영향을 받은 것.
　　② 훈고 방식으로 기술함. 훈고학의 성행하였던 그 시대의 학풍을 반영한 것.

전한 사마천의 『사기』 「공자세가」에 「설괘」는 기록되어 있으나 「서괘」와 「잡괘」는 기록이 없다. 사마천 당시에 「설괘」는 있었으나 「서괘」와 「잡괘」는 아직 세상에 나오지 않았다. 후한의 반고가 쓴 『한서』 「예문지」에 「서괘」에 속하는 십 편(序卦之屬十篇)'이 기록되어 있다. 「서괘」와 「잡괘」는 후한 반고 이전에 모두 있게 되었다. 「설괘」 「서괘」 「잡괘」는 한나라 유생들의 작품이다.

3.4

앞에서 말한 내용을 간단하게 정리하면 다음과 같다.

① 육십사괘 괘효사…… 주나라 초기의 점치는 관리들이 쓴 것…… 주역周易
②「단」「상」「문언」…… 전국 후기 제와 노나라 유생들의 작품…… 제로역齊魯易
③「계사」…… 전국 후기 초나라 유생의 작품…… 초역楚易
④「설괘」「서괘」「잡괘」…… 한나라 유생들의 작품…… 한역漢易

주나라 초기에 출현한 『주역』은 '주나라의 점책'이었다. 전국 후기에서 한대를 거치면서 쓰인 『역전』은 『주역』에 대한 최초의 철학적 해설서였다.「단」「상」「문언」과「계사」와「설괘」「서괘」「잡괘」는 그 내용과 형식이 전혀 이질적이다. '제로역'과 '초역'과 '한역'은 색깔이 판이하게 다르다. 통행본 『주역』은 이 4계통을 한 책으로 묶은 것이다.

4.1

필자는 그동안 『주역』을 연구하면서 여러 권의 책을 출판하였다. ①『고사주역』(2020년)은 3천여 년 전, 주나라 초기의 점치는 관리들이 쓴 괘효사를 전문적으로 연구한 책이며, ②『주역 단·상·문언전』(2019년)과 『주역 계사전』(2017년)은 전국 후기의 제나라 직하 유생들이 쓴「단」「상」「문언」「계사」를 전문적으로 연구한 책이다. ③이제 한나라 유생들이 쓴「설괘」「서괘」「잡괘」를 연구하여 단행본으로 출판하게 되었다. 이로써 『주역』의 '경'과 '전'에 대한 연구의 긴 여정은 일단 마무리되었다. 필자는 이 연구에 매달려 60대의 시간을 모두 보냈다. '경'과 '전'에 대한 연구는 역학 연구에서 가장 초보적인 작업이다. 필자의 연구는 겨우 바닷가를 거닌 정도에 불과할 뿐 깊은 바다 속은 아직 들여다보지도 못하였다. 홀로 분주하게 해변만 거닐다가 한 인생이 다 흘렀고, 이제 인생의 저녁 길로 접어들었다. 人生七十苦一字, 方也知命不願遷. 고달픈 나그네에게 해는 저물고 갈 길은 멀다.

4.2

고형은 1970년에 『주역대전금주』를, 김경탁은 1971년에 『주역』을, 스즈키 요시지로(鈴木由次郎)는 1974년에 『역경』 상하권을 출판하였다. 1970년대 전반기에 출판된 이 3권의 책에 그 민족의 기질과 수준이 다 드러나 있다. 고형이 리무진 수준이라면, 스즈키는 3류 자동차 수준이고, 김경탁은 짚신 수준이다. 필자는 그 시대에 김경탁 선생님의 책이라도 있어서 정말 다행이라고 생각한다. 그의 책이 없었다면 내보일 것도 없었으니 어떻게 비교조차 할 수 있었겠는가? 중국에서 고형을 인용하지 않은 학술 저서와 논문은 찾아보기 어려우며, 50여 년의 세월이 지난 지금에도 그의 책을 능가하는 주해서는 나오지 않았다. 아마 긴 세월 고형을 뛰어넘을 저서는 나오지 못할 것이다. 학자는 모름지기 이런 저서를 남겨야 한다. 필자가 쓴 책들은 1970년대 초반에 출판되어 나왔어야 했다. 고형이 리무진 수준이라면 필자는 대한민국이 온갖 역경을 극복하고 마침내 독자 기술로 개발한 초음속 전투기 수준이다. 그러나 안타깝게도 50여 년의 세월이 흐른 지금에야 가까스로 세상에 나왔다. 늦어도 한참이나 늦었고, 뒤처져도 한참이나 뒤처졌다. 50여 년의 시간은 상징성이 크다. 우리의 동양학 수준이 그들보다 이 시간만큼 뒤떨어져 있다는 의미이다.

4.3

모종삼牟宗三은 1935년에 『주역의 자연철학과 도덕함의(周易的自然哲學與道德函義)』를, 스즈키는 1964년에 『한역연구漢易研究』를 출판하였다. 대한민국은 언제 누가 이런 훌륭한 연구서를 써서 중국과 일본 학자들에게 존경을 받겠는가? 어느 세월에 한국 학자가 쓴 책들이 중국어로 일본어로 번역되어 그 나라 학자들의 연구에 심각한 영향을 줄 수 있겠는가? 동양학을 전공하는 학자들은 이 시대 우리의 학문 업적이라는 것이 그들에 비해 얼마나 초라하고 열등하며 보잘것없는 것인가를 잘 알고 있을 것이다. 우리는 부끄러운 줄 알고 겸손해야 한다. 부끄러운 줄도 모르고 마치 『주역』에 눈도 못 뜬 '희대의 돌팔이'처럼 자신이 세상에서 제일 잘났다는 착각에 빠져 있다면 이 나라 동양학의 미래는 여전히 참담할 것이다. 웅장한 민족에게서 웅장한 역사가 나온다. 웅장한 역사를 지닌 민족에게서 웅장한 학자가 나오고, 웅장한 학자에게서 웅장한 학문이 나온다. 후학들은 분발해야 한다.

5.1

필자는 여러 권의 책을 쓰면서 일관되게 '분석'과 '종합'이라는 연구 방법을 사용하였다. '분석'하여 '종합'하는 것은 이 시대 철학하는 모든 사람들의 체질적인 습관이다. 마치 요리사가 도마 위에 생선을 올려놓고 예리한 칼로 각 부위를 세밀하게 갈라내어 종류별로 분류하는 것과 같은 이치이다. 뜻글자인 한자는 이 세상의 그 많은 문자 가운데 가장 철학하기에 좋은 문자이며, 또 말장난하기에도 이만한 문자는 없다. 과거 중국에서 수준 높은 철학이 발전할 수 있었던 것은 바로 한자라는 문자 덕분이요, 지나치게 사변으로 흘러 오히려 거부감을 불러일으킨 것도 또한 한자라는 문자 덕분이다.

5.2

동양철학에서 한자로 쓰인 문장은 같은 글자도 개념이 달리 사용되고, 간략하게 표현하기 위해 글자가 생략되고, 함축된 표현으로 속뜻이 감춰지고, 글자와 구절과 단락과 문장이 질서정연하게 짝으로 전개된 것이 많다. 이것은 뜻글자인 한자만이 갖는 특수성이다. 철학하는 사람은 당연히 글자와 구절과 단락과 문장을 세밀하게 '분석'하고 이를 체계적으로 '종합'하여 주관적이면서 보편적인 철학적 해석을 이끌어 내어야 한다. 이러한 것은 긴 세월 학문을 통하여 스스로 얻어지는 것이지 누구에게 배워서 터득하는 것이 아니다. 따라서 필자의 '경'과 '전'에 대한 해석은 지극히 주관적인 해석이지만 원문의 본뜻에 가장 가까운 보편적인 해석이기도 하다. 다만 이 시대에 아직도 '정주程朱의 역'만을 『주역』으로 착각하고 오로지 그 방식에 머리가 돌처럼 굳어버려 더 이상 의식 개조가 불가능한 교조적인 '정주학도'에게는 황당하고 엉터리로 느껴지겠지만.

6.1

학자는 자신의 학문 분야에 자신의 주장이 있어야 한다. 그 주장은 오랜 세월 연구하여 얻어진 참으로 값진 것이다. 우리는 그 학자의 주장을 존중해야 하며, 옳다 그르다, 맞다 틀렸다라고 자신을 기준으로 함부로 평가해서는 안 된다. 이런 사람은 학문적으로 전혀 성숙되지 못한 사람이다. 한 학자의 학문적 주장에 대해 비판적인 견해를 갖고 있는 사람은 자신도 책을 출판하여 반론을 제기하며 자신의 주장을 제시하면 된다. 누가 맞고 누가 그른지는 세월이 흘러 학문적 소양을 갖춘 후학들이 자신의 학문 성향과 수준에 따라 분별하는 것이다. 필자의 주장에 심기가 불편한 대한민국의 위대한 학자님들은 치졸하게 일방적으로 "추측성 글을 남발하고 있다"느니, "번역하는 것이라면 필요 없다"느니, "돼먹지 않았다"느니, 그 천박한 입을 함부로 놀려대지 말고 책을 써서 자신의 주장을 제시하며 반론을 제기하면 된다. 이것이 학자의 학문하는 올바른 자세이다. 자신이 알고 있는 것과 다르다고 해서, 자신이 하는 방식이 아니라고 해서 엉터리로 몰아붙이면 어떻게 학문이 성립되겠는가? 필자에게도 반박할 기회를 줘야 하지 않겠는가? 독한 말을 마구 내뱉어 책을 쓴 사람의 가슴에 비수를 꽂고 마음에 치명적인 상처를 가하는 것으로써 자신의 우월성을 과시하려는 이런 추잡한 양아치들이 활개를 치고 있는 한 대한민국의 동양학 학문 수준은 후진의 굴레에서 영원히 벗어나지 못한다.

6.2

필자의 해석에 불만이 많은 반도의 위대한 인물들은 "내 해석이 맞고 네 놈의 해석은 틀렸다"라고 속 좁게 헐뜯지 말고, "이런 해석도 있고 저런 해석도 있어야 학문은 발전한다"라고 대범하게 생각할 것이다. 인간 세상에는 이것이 있으면 항상 저것도 있었다. 이것이 있으면 저것도 있어야 역사가 성립하고, 이것과 저것은 서로가 '있음'을 인정해 줘야 역사는 발전한다. 옛날부터 『주역』을 두고 '백인백역百人百易'이라고 하였다. 백 사람이 해석하면 백 개의 해석이 있다는 말이다. "내 해석이 맞고 네 놈의 해석은 틀렸다"라고 말하는 것은 『주역』에 눈도 못 뜬 '희대의 돌팔이'가 하는 짓이다. 자신은 『역전』을 읽을 수준도 이해할 능력도 안 되면서 『주역』은 마치 자기 혼자만 아는 양! …… 『주역』을 우습게 알고 있는 이 심성 더러운 '희대의 돌팔이'에게서 무슨 스케일이 웅장한 학문이 나오겠는가? 지금은 21세기이다. 대한민국 학계에 이런 추한 낯짝을 가진 '희대의 돌팔이'는 두 번 다시 없어야 한다.

7.1

필자는 2016년부터 2020년까지 5년 동안 고전번역교육원 3학년 학생들에게 『주역』을 강의하면서 매년 2학기는 「계사」 「설괘」 「서괘」 「잡괘」를 강의하였다. 그동안 「계사」와 「설괘」는 5차례, 「서괘」와 「잡괘」는 첫 해를 제외하고 4차례 강의하였다. 2020년은 코로나19 때문에 대면 강의를 하지 못하고 온라인 강의를 하였는데, 불행하게도 수강한 44명의 학생들의 얼굴을 한 번 보지도 못하고 강의한 이것이 필자에게 마지막 강의가 되었다.

7.2

학생들은 이 4편을 매우 흥미롭게 공부하였다. 「설괘」의 문장을 읽으면서 북송 소옹의 선후천도 그림과 이에 부수적으로 수반되는 태극기의 그림 원리를 설명하였고, 또 「서괘」 「잡괘」를 통하여 육십사괘의 배열순서와 괘명의 뜻을 이해하도록 하였다. 「잡괘」는 편명이 '잡괘'이지만 괘명의 뜻을 열거하면서 정교한 체계로 기술되었다는 점 등을 들어 '비잡非雜'이라는 사실을 강조하며, 학생들에게 「잡괘」를 연구하여 '雜

卦非雜考'라는 제목으로 한 편의 논문을 써볼 것을 권하였다. 아마 학생들은 이 3편의 강의를 통하여 『주역』의 윤곽은 파악하였을 것이다. 학생들이 한 학기 강의를 평가하며 남긴 짧은 글을 읽으면서 필자는 이러한 것을 느낄 수 있었다. 학생들에게 강의한 내용은 이 책에 모두 정리하였다. 그동안 필자의 강의를 경청하여 준 사랑하는 학생들, 그리고 이 책의 출판을 위해 힘써 주신 성균관대 출판부의 여러 선생님들에게 깊이 감사드린다.

2022년 7월 1일
달서 파산巴山 마을에서 김상섭 씀

■ 일러두기

1. 이 책에서 원문은 『십삼경주소』 왕필 본을 대본으로 하여 정리하였다.

2. 원문의 구두점은 필자의 이해에 근거하여 직접 찍었다.

3. 문자의 해석은 대부분 허신의 『설문해자』, 육덕명의 『경전석문』, 이정조의 『주역 집해』를 참고하였다.

4. 「설괘」는 각 장 머리에 '분석'한 내용을 실어 한 눈에 전체 내용을 파악할 수 있 도록 하였다. 「서괘」와 「잡괘」는 괘명의 뜻을 설명한 것이어서 이렇게 할 수 없 었다.

5. 「설괘」「서괘」「잡괘」의 각 편에 대한 개괄적인 설명은, 먼저 고형과 진고응의 해설 전문을 번역하여 원문과 함께 소개하고, 그다음 필자의 설명을 기술하였 다.

6. 운을 정리하면서 먼저 필자가 정리한 운을 기록하고, 이어 유백민과 스즈키의 운도 함께 소개하였다. 필자의 운은 고전번역교육원 학생들에게 4차례 강의하 면서 정리한 운이다. 3사람 모두 고염무顧炎武의 『역음易音』을 참고하였으므로 큰 차이가 없다.

7. 이 책에서 『설문해자』는 『설문』, 『경전석문』은 『석문』, 『주역집해』는 『집해』, 『주 역정의』는 『정의』, 『백서주역』은 『백서』로 요약하여 기술하였다.

8. 「설괘」의 앞 세 장을 해석하면서 가끔 인용한 『백서주역』 원문은 필자가 쓴 『마 왕퇴 출토 백서주역』(2012년) 하권에서 인용하였다.

9. 필자가 쓴 『마왕퇴 출토 백서주역』의 「역지의易之義」는 오늘날 중국 학계의 흐름 을 따라 「충衷」으로 편명을 바꾸어 기술하였다.

10. 이 책에서 인용한 인명과 서명은 각주를 붙여 설명하지 않고 책 뒤에 별도로 자 세히 정리하였다.

11. 책 뒤에 부록으로 세 편의 글을 실었다. 한 편은 건「단」의 '乾元'과 곤「단」의 '坤元'에서 왜 '元'자가 잘못 들어갔는가에 대해『주역 단·상·문언전』(2019년)의 내용을 보충 설명한 것이고, 또 한 편은 필자가 10여 년 전에 '전국 시대『주역』의 상황'에 대해 정리한 글이며, 마지막 한 편은 필자가 대만대학 철학연구소에서 박사 학위를 받고 귀국하여(1992년) 처음으로 한글로 써서 발표한 논문이다(1993년). 앞의 두 편의 글은 필자 혼자만 알고 버리기에 너무 아까워 여기에 수록하였고, 마지막 한 편은 30년 전에 쓴 이미 까맣게 잊힌 논문이지만 필자에게는 특별한 의미가 있어 이 책에 수록하여 남기기로 하였다.

12. 필자가 쓴 책을 가지고『주역』을 공부하고자 하는 사람은 먼저『고사주역』(2020년)을 읽고, 그다음『춘추 점서역』(2015년), 그다음『고사역의 주역점법』(2021년), 그다음『주역 단·상·문언전』(2019년), 그다음『주역 계사전』(2017년), 그다음『주역 설괘·서괘·잡괘전』(2022년)의 순서로 읽어야 한다. 이것이 시대를 따라『주역』이 발전해온 과정이다.

13. 이 책은『내 눈으로 읽은 주역: 역전편』(2011년) 하권 가운데「설괘」「서괘」「잡괘」 부분을 저본으로 하였다.

■ 목차

설괘說卦

서괘序卦

잡괘雜卦

설괘
說卦

1. '설괘'의 뜻

'설괘'의 '괘'는 팔괘를 가리킨다. '說卦'는 팔괘를 말하다, 팔괘를 설명한다는 뜻이다. 팔괘의 무엇을 설명하였는가? 괘상을 설명하였다. 즉 '설괘'는 팔괘의 괘상을 설명하였다는 뜻이다. 공영달은 말하였다.

「설괘」는 팔괘의 덕업과 변화와 그리고 본뜬 상이 나타내는 바를 설명한 것이다.…… 공자는 여기에서 괘를 겹친 유래와 팔괘가 나타내는 상을 더욱 갖추어 설명하였으니, 그러므로 「설괘」라고 하였다.
「說卦」者, 陳說八卦之德業, 變化, 及法象之所爲也.……
孔子於此更備說重卦之由, 及八卦所爲之象, 故謂之「說卦」焉.
(『십삼경주소』 왕필 본 「설괘」 공영달 소)

공영달은 「설괘」 제1장부터 제11장까지 아울러 말하였다. 그의 설명에서 '공자'만 제거하면 거의 나무랄 데가 없다.
고형은 다음과 같이 말하였다.

「설괘」는 건·곤·진·손·감·리·간·태의 팔괘가 상징하는 사물을 기술하였으니, 그러므로 「설괘」라고 하였다. 「설괘」는 팔괘의 상을 말한 것이지 육십사괘를 말한 것이 아니다. 팔괘를 가지고 사물을 상징하면서 사물의 성질을 분석하는 뜻을 포함하고 있는 것은 정말 그러하다. 그러나 『역경』은 원래 점치는 책이니, 팔괘는 점치는 사람에게 무술巫術의 도구가 된다. 팔괘가 상징하는 사물에는 기본적인 논법과 전통적인 논법이 있으니, 「설괘」가 말한 "건은 하늘이다. 곤은 땅이다. 진은 우레다. 손은 바람이다. 감은 물이다. 리는 불이다. 간은 산이다. 태는 못이다"가 그것이다. 기타의 상은 점치는 사람이 융통성 있게 운용하고 심지어 입에서 나오는 대로 함부로 지껄여 자신의 무술巫術을 팔 수 있는 것이다. 그래서 「설괘」에서 팔괘가 상징하는 사물은 선진先秦 시대 사람들의 논법과 많이 다르다. 첫째, 「설괘」가 말하는 팔괘의 상은 급총汲冢 죽서竹書 중 『괘하역경卦下易經』에서 말한 것과 많이 다르다. 둘째, 「설괘」가 말한 팔괘의 상은 『좌전』 『국어』에서 말한 것과 다른 것이 있다. 셋째, 「설괘」가 말한 팔괘의 상은 「단」 「상」에서 말한 것과 때로 같지 않은 것이 있다. 이러한 것으로부터 「설괘」가 말한 팔괘의 상 가운데에는 역학의 통례도 있으나, 또한 한 사람의 개인적인 말도 있음을 알 수 있다. 『역』을 공부하면서 이것을 밝히는 것은 매우 필요한 일이다. 대개 「설괘」 한 편은 『역경』과 「단」 「상」 등 여섯 종의 『역전』을 이해하는 데 크게 도움이 된다. 우리는 마땅히 「설괘」에 근거하여 육십사괘의 상을 해석해야 하며 함부로 견강부회해서는 안 된다. 그러나 필요할 때에는 당연히 다른 책을 참고하여 좋은 것을 택하여 따라야 하며, 「설괘」 중의 한 사람의 개인적인 말을 고수해서는 안 된다. 이 외에 마땅히 두 가지를 지적해야 한다. 하나는 「설괘」가 말한 팔괘의 상은 중요한 것에서 빠뜨린 것이 있으니, 팔괘의 상 가운데 「단」 「상」 「계사」에는 보이나 「설괘」에는 없는 것이 있다는 것이고, 둘째는 「설괘」가 말하는 팔괘의 상은 또 자질구레하고 쓸모없는 말이 있어, 『경』과 『전』을 해석하는 각도에서 말하면, 대부분 쓸 곳이 없다는 것이다. (점을 칠 때 혹 쓰일 곳이 있다).

「說卦」, 主要是記述乾·坤·震·巽·坎·離·艮·兌八卦所象之事物, 故名「說卦」. 「說卦」者, 說八經卦之象也, 非說六十四卦也. 用八卦以象事物, 含有分析事物之性質之意, 則誠然矣. 但『易經』原爲筮書, 八卦在筮人之手, 則成爲巫術之工具. 其所象之事物, 有其基本之說法及傳統之說法, 如「說卦」云‥'乾爲天. 坤爲地. 震爲雷. 巽爲風. 坎爲水. 離爲火. 艮爲山. 兌爲澤.'是也. 其他則筮人可以靈活運用, 甚至信口雌黃, 以售其巫術. 是以八卦所象之事物, 先秦人之說法已多不同. 其一, 「說卦」所講八卦之象與汲冢竹書中『卦下易經』一篇所講者多異. 其二, 「說卦」所講八卦之象與『左傳』『國語』所講者有異. 其三, 「說卦」所講八卦之象與「彖傳」「象傳」所講者亦偶有不同. 由此可見, 「說卦」所講八卦之象, 其中有易學之通例, 亦有一家之私言. 讀『易』明乎此, 甚爲必要. 蓋「說卦」一篇, 對于理解『易經』及「彖」「象」等六種『易傳』, 均大有助益. 吾人宜以「說卦」爲據, 以釋六十四卦之象, 不可妄自穿鑿. 但必要時, 宜參證它書, 擇善而從, 不可固守「說卦」中一家之私言也. 此外, 宜指出兩點‥(一)「說卦」所講八卦

之象, 于主要者有所缺漏, 八卦之象見于「彖傳」「象傳」及「繫辭」者, 而「說卦」無之也. (二)「說卦」所講八卦之象, 又有瑣細無用之言, 即從解 『經』解 『傳』之角度言之, 其所講者多無用處也. (占筮時或有用處). (『周易大傳今注』4~5쪽)

고형의 설명을 요약하면 다음과 같다.

① 「설괘」는 팔괘가 상징하는 사물을 기술한 것이다.

② 「설괘」에서 말한 팔괘의 상은 급총汲冢 죽서竹書의 『괘하역경卦下易經』, 『좌전』과 『국어』, 「단」과 「상」 등 선진先秦 시대에 말한 것과 다른 것이 있다.

③ 따라서 「설괘」가 말한 팔괘의 상 가운데에는 역학에서 널리 사용하는 일반적인 것도 있지만 또한 한 사람의 개인적인 말도 있다.

④ 우리는 「설괘」에 근거하여 육십사괘의 상을 해석해야 하며, 마구잡이로 갖다 붙이거나 「설괘」 중의 한 사람의 개인적인 말을 고수해서는 안 된다.

⑤ 「설괘」가 말하는 팔괘의 상은 또 자질구레하고 쓸모없는 말이 있어, 『경』과 『전』을 해석하는 데에는 대부분 쓸모가 없다는 것이다.

진고응은 다음과 같이 말하였다.

「설괘」는 팔괘의 괘서卦序와 괘상卦象을 설명한 것이다.

진술한 팔괘 괘서는 개괄하여 크게 두 종류가 있다. 하나는 선천先天 괘서이며, 이 것의 특징은 음으로 나누고, 양으로 나누어, 음양이 대립하는 것이다. 그리고 육자六子의 괘서는 또 어린 것에서 나이 많은 것에 이르는 차례로 셈하는 순서(順數的序次)와 나이 많은 것에서 어린 것에 이르는 거슬러 셈하는 순서(逆數的序次)로 나눈다. 또 다른 하나는 후천後天 괘서이며, 이것의 특징은 팔괘와 사계절 여덟 절기를 서로 비교하여 배합한 것이다.

열거한 괘서는 『백서』 본과 서로 맞는 괘서도 있고, 통행본과 『귀장』 『연산』과 당시에 있었던 여러 종류의 괘서도 있을 것이니, 이것은 '帝出乎震' 등의 장章과 절節의 문자에서 엿볼 수 있다.

설명한 팔괘 괘상은 연류취상, 종속취상, 괘효사와 『역전』취상 등의 몇 가지 형식으로 나눌 수 있는데, 대부분 모두 경의 뜻과 일치한다. 주의해야 할 것은 어떤 의상意象은 문자가 뒤섞인 것 같으니, '건'과 '리', '곤'과 '감'과 같은 것이다. 그러나 이것은 괘도卦圖의 변화, '건' '리' '곤' '감'의 위치의 자리가 뒤섞였기 때문에 아마 알맞게 반응한 것일 것이며, 그래서 의상의 교착交錯과 분류分流를 초래하였다. 동시에 이로 인해「설괘」가 매우 많은 비교적 원시 재료를 보존하고 있다고 설명할 수 있을 것이다.

『진서晉書』「속석전束晳傳」에 『급총죽서汲冢竹書』 중에 있는 「괘하역경卦下易經」 한 편을 기재하고 있는데, 이것은 '설괘와 유사하나 다르다'고 말하니, 이것은 두 가지 문제를 반영한다. 하나는 팔괘의 괘서와 괘상을 진술한 것이 「설괘說卦」의 『역전易傳』에 옛날에 이미 있은 것과 유사하니, 전국 중 만기에 이미 있었다는 것이다. 다른 하나는 그것이 흘러 전해오는 중에, 더욱이 한초의 '정역전'을 경과하면서 매우 큰 변이를 발생하였으니, 예를 들어 어떤 문자는 「역지의」, 「요」와 서로 중복되는 것이다.

「설괘」가 팔괘의 순서와 괘상을 설명한 것은 아마 「계사」 하·1장의 '팔괘가 배열을 이루니, 상이 그 가운데에 있다'는 것에 근본을 두었을 것이다.

「說卦傳」卽陳說八卦之卦序及卦象.

所陳說的八卦卦序槪括起來有兩大類··一類是先天卦序, 它的特點是分陰, 分陽, 陰陽待對; 而其六子卦序又分爲由少至長順數的次序和由長至少逆數的次序; 另一類則爲後天卦序, 它的特點是八卦與四時八節相比配.

其所羅列的卦序有與帛書本相合的卦序, 可能也包含通行本及 『歸藏』, 『連山』和當時所存在的多種卦序, 這在 '帝出乎震'等章節文字中可以窺見這一消息.

所陳說的八卦卦象, 可分爲連類取象, 從屬取象, 卦爻辭及 『易傳』取象等幾種形式, 它們多數都與經義相合. 値得注意的是, 有些意象似乎是文字的錯出, 如 '乾'與 '離', '坤'與 '坎'; 然而這可能恰恰反應了由於卦圖的變化, '乾' '離', '坤' '坎'位置的錯位, 因而導致了意象的交錯和分流. 同時, 可能也因此說明「說卦傳」保存了很多較爲原始的材料.

『晉書·束晳傳』記載 『汲冢竹書』中有「卦下易經」一篇, 說它 '似(說卦)而異', 這反映了兩個問題··一個是陳說八卦卦序及卦象的類似於 「說卦」的 『易傳』古已有之, 戰國中晚期業已存在; 另一個是其在流傳中, 尤其是經漢初的 '正 『易傳』', 它發生了很大的變異, 比如有些文字與「易之義」, 「要」相重合.

「說卦」陳說八卦序列及卦象, 蓋本於「繫下」一章'八卦成列, 象在其中'.

(『周易注譯與硏究』685~686쪽)

진고응의 기록을 요약하면 다음과 같다.

① 「설괘」는 팔괘의 괘서와 괘상을 설명한 것이다.

② 괘서는 크게 나누어 선천 괘서(제3장, 제10장)와 후천 괘서(제5장) 두 종류가 있고,

③ 괘상은 몇 가지 형식으로 나눌 수 있는데 대부분 경의 뜻과 일치한다.

④ 팔괘의 괘서와 괘상은 전국 중 만기에 이미 있었는데, 한초를 경과하면서 매우 큰 변이를 발생하였다.

⑤ 「설괘」가 팔괘의 괘서와 괘상을 설명한 것은 「계사」 하·1장의 '八卦成列, 象在其中'을 근본으로 하였을 것이라는 것이다.

필자는 고형과 진고응의 「설괘」의 해설에 대한 전문을 번역하여 독자들에게 소개하였다. 아래에 「설괘」에 대한 필자의 주장을 소개하겠다.

2. 「설괘」의 구성

『십삼경주소』의 왕필 본 「설괘」는 동진東晉의 한강백이 주를, 당의 공영달이 소를 달았는데 분장分章되어 있지 않다. 당의 이정조의 『주역집해』에도 「설괘」는 분장되어 있지 않으며, 북송 호원의 『주역구의』에도 분장되어 있지 않다. 오늘날의 「설괘」의 분장은 남송 주희의 『주역본의』를 따른 것이다. 주희는 「설괘」를 11장으로 나누어 기술하였고, 명의 래지덕 등 후인들은 모두 이를 따랐다. 다만 청의 왕부지는 『본의』의 제3장 마지막 세 구절 '數往者順, 知來者逆, 是故易逆數也'를 별도의 한 장으로 하여 모두 12장으로 분장하였다. 필자는 주희의 분장이 바르다고 여겨 이를 따랐다.

「설괘」 11장 가운데 앞부분 세 장과 뒷부분 여덟 장은 내용과 성질이 확연히 다르다. 앞부분 세 장은 주역점에 대해 기술한 것이고, 뒷부분 여덟 장은 팔괘에 대해 기술한 것이다. 제1장과 제2장의 '昔者聖人之作易也'의 '성인'은 「계사」에 기록되어 있는 22곳의 '성인'과 같으며, 주역점을 만든 사람, 즉 복희를 가리키나, 제5장의 '聖人南面而聽天下'의 '성인'은 최고 통치자를 가리킨다.

제1장부터 제3장까지는 『백서』 「충衷」에 기술이 되어 있으니 본래 통행본 「계사」에 있어야 할 것이나 후인이 잘못 편집하여 「설괘」에 있게 되었다. 언제 누가 잘못 편집하였는가는 아직 알 수 없다. 제4장부터 제11장까지는 『백서』에 기록이 없으며, 이 부분이 본래의 「설괘」이다.

1. 앞부분 세 장은 『백서』 「충」에서 가져온 것.

『백서』 「충」의 기록과 통행본 「설괘」의 내용을 비교해 보겠다.

① 제1장

(충) [昔者耶人]之[作易也, 幽]贊於神明而生占也, 參天兩地而義數也, 觀變於陰陽而立卦也, 發揮於剛柔而[生爻也, 和順於道德]而理於義也, 窮理盡生而至於命 [也].

(통) 昔者聖人之作易也, 幽贊於神明而生蓍, 參天兩地而倚數, 觀變於陰陽而立卦, 發揮於剛柔而生爻, 和順於道德而理於義, 窮理盡性以至於命.

옛날에 성인이 역을 지으면서, 은밀히 신명의 도움을 받아 시초점을 만들고, 하늘의 수를 3으로 하고 땅의 수를 2로 하여 대연의 수를 확립하고, 음양이 변화하는 것을 보고 괘를 세우고, 강유 두 획을 발휘하여 효를 만들고, 사람이 걸어가야 할 길에 순응하여 (주역점의) 올바른 이치를 다듬고, (주역점의) 원리를 궁구하고 (미래를 알고 싶어 하는 사람의) 본능을 극진히 하여 운명(의 원리에 통달하는 데)에 이르렀다.

② 제2장

(충) [昔者耶人之作易也, 將以順生]命[之]理也, 是故位天之道曰陰與陽, 位地之道曰柔與剛, 位人之道曰仁與義, 兼三財兩之, 六畫而成卦. 分陰分陽, [迭用柔剛, 故]易六畫而爲章也.

(통) 昔者聖人之作易也, 將以順性命之理, 是以立天之道曰陰與陽, 立地之道曰柔與剛, 立人之道曰仁與義. 兼三才而兩之, 故易六畫而成卦. 分陰分陽, 迭用柔剛, 故易六位而成章.

옛날에 성인이 역을 지으면서 곧 (미래를 알고 싶어 하는) 사람의 본능과 운명의 원리에 순응하였으니, 그러므로 하늘의 도를 세워 음과 양이라 하고, 땅의 도를 세워 유와 강이라 하며, 사람의 도를 세워 인과 의라고 하였다. 삼재를 겸하여 둘로 하니, 그러므로 역은 여섯 효로써 괘를 이룬다. (성인이) 음으로 나누고 양으로 나누어, 유와 강을 번갈아 사용하니, 그러므로 역은 여섯 자리로써 문장(혹은 괘)을 이룬다.

③ 제3장

(충) 天地定立, [山澤通氣], 火水相射, 雷風相榑, 八卦相䢎. 數往者順, 知來者德,

故易達數也.

(통) 天地定位, 山澤通氣, 雷風相薄, 水火不相射. 八卦相錯. 數往者順, 知來者逆, 是故易逆數也.

하늘과 땅이 자리를 정하고, 산과 못이 기를 통하며, 우레와 바람이 서로 싸우고, 물과 불이 서로 극한다. 팔괘는 서로 뒤섞인다. 지나간 것을 셈하는 것은 순응하는 것(順)이고, 올 것을 아는 것은 거스르는 것(逆)이니, 그러므로 역은 거슬러 셈하는 것이다.

「충」 원문 중의 [ ] 표시는 글자가 떨어져 나간 것을 통행본과 『백서』의 문장을 참고하여 기록해 넣은 것이다. 『백서』 「충」의 문장과 통행본 「설괘」의 문장은 별 차이가 없다.

『백서』 「충」에 기록되어 있는 세 문장은 전한 5대 문제 이후 7대 무제 이전 통행본 「계사」가 편집될 당시 「계사」에 들어가 있었다. 한대를 거치면서 어느 유생이 잘못 편집하여 「설괘」에 들어가게 되었다. 「설괘」 제1장에서 제3장까지, 제4장에서 제11장까지, 두 부분의 내용은 확연히 다르다. 제4장 이하의 내용이 본래 「설괘」이다.

2. 뒷부분 여덟 장의 내용을 간략하게 소개함.

제4장: 팔괘의 괘상의 효용을 설명하였다.
제5장: 팔괘를 여덟 방위와 계절에 배합하여 자연의 변화를 설명하였다.
제6장: 팔괘에서 건곤 두 괘를 제외한 나머지 여섯 괘의 상을 가지고 천지자연의 신묘한 작용을 기술하였다.
제7장: 팔괘의 괘덕을 기술하였다.
제8장: 팔괘가 상징하는 동물을 기술하였다.
제9장: 팔괘가 상징하는 사람의 신체 기관을 기술하였다.
제10장: 건곤 부모가 여섯 자식 괘를 낳는 것(乾坤生六子卦)을 기술하였다.
제11장: 팔괘의 괘상을 종합하여 정리하였다.

「설괘」는 팔괘의 괘상과 괘덕을 열거하였고, 또 팔괘를 여덟 방위와 계절에 배합하였으며, 또 인간계에 비유하여 건곤 부모가 여섯 자식 괘를 낳는 것 등등을 기술하였다. 각 장마다 팔괘를 순서대로 열거하였는데, 「계사」 상·11장의 '역유태극易有太

極'조와 다른 팔괘의 배열 순서를 제시하였다.

「단」은 괘명과 괘사를 해석하면서 '상수'와 '의리'를 가지고 해석하였고, 「상」 역시 효사를 해석하면서 '상수'와 '의리'를 가지고 해석하였다. 「문언」도 건곤 두 괘의 괘효사를 해석하면서 '상수'와 '의리'를 가지고 해석하였으나 '의리' 성분이 농후하다. 「계사」는 주역점을 찬양하면서 19효사를 인용하여 모두 '의리'로 해석하였다. 「설괘」 제4장 이하는 모두 '상수'를 말하였고, '의리' 성분은 조금도 없다. 춘추 시대의 태사들이 점을 풀이하면서 '상수'와 '의리' 두 가지 방식을 제시하였고, 전국 후기에 쓰인 「단」「상」「문언」「계사」에 이르러 '상수'와 '의리'는 괘효사를 해석하는 방식으로 완전히 정립되었다. 한대에는 이 4편의 '상수' 성분이 크게 발전하여 상수역의 전성시대를 맞이하게 된다. 전한 맹희의 십이소식괘, 경방을 팔궁괘 등은 모두 「단」의 변괘설에서 발전해 나온 것이다. 한역은 곧 상수역이며, 송대의 의리역과 더불어 20세기 초에 이르기까지 역학의 양대 산맥을 형성하게 된다. 상수역은 한역을 결정 짓는 중요한 용어이며, 「설괘」 제4장 이하는 바로 이 시대의 산물이었다.

3. 「설괘」가 쓰인 시대와 지은 사람

앞에서 말한 바와 같이, 「설괘」 제1장에서 제3장까지는 『백서』「충」에 기록되어 있다. 따라서 이 부분은 「계사」와 마찬가지로 전국 후기에 제나라 직하에서 쓰였고, 전한 초기에 이미 세상에 나왔으며, 『백서』의 여러 편과 더불어 초나라 유생이 썼다. 필자의 『주역 계사전』(2017년) 761~772쪽을 참고하라.

『백서』에는 「설괘」 제4장부터 제11장까지는 기록이 없다. 『백서』가 필사된 전한 5대 문제文帝 당시에 이 부분은 아직 세상에 없었다는 말이다. 만약 문제 이전에 세상에 있었다면 비단에 필사되어 땅 속으로 들어갔을 것이다. 『백서』 역전 여섯 편에 괘효사를 해석하면서 '상수'를 언급한 것이 단 4곳 있다.

① 「이삼자」
歲[始於東北, 成於]西南. 溫始[於根], 寒始於[川]. (14)
한 해는 동북에서 시작하고 서남에서 이룬다.
따뜻함은 근(간)에서 시작하고, 차가움은 천(곤)에서 시작한다.

동북은 근(간)방이고, 서남은 천(곤)방이다. 「이삼자」는 곤괘 처음 음효 효사 ‘履霜, 堅冰至’를 ‘상수’로 해석하였다.

② 「이삼자」

[亓卦]上川而下根. 川, (柔順)也. 根, 精質也. 君子之行也. (24)
그 괘는 위가 천(곤)이고 아래가 근(간)이다.
천은 유순하고, 근은 고요한 것이니, 군자가 행하는 것이다.

위가 천(곤)이고 아래가 근(간)인 것은 地山 겸괘이다. 「이삼자」는 겸괘 괘사 ‘嗛, 亨, 君子又冬, 吉’을 위아래 괘상을 가지고 해석하였다. 취한 괘상은 윗괘 ‘川’은 유순함이고, 아랫괘 ‘根’은 고요함이다. 괘상을 말하면서 윗괘를 먼저 들고 이어 아랫괘를 말한 것은 통행본 「단」 「상」의 통례와 같다.

③ 「충」

歲之義, 始於東北, 成於西南. (13.3)
한 해의 의의는 동북에서 시작하여 서남에서 이룬다.

동북은 간방이고 서남은 천(곤)방이다. 「충」은 곤괘 처음 음효 효사 ‘履霜, 堅冰至’를 ‘상수’로 해석하였다.

④ 「목화」

㉠ 嗛之初六, 嗛之明夷也. (10.4)
겸괘의 처음 음효가 양효로 변하면, 겸괘는 명이괘가 된다.

‘地山謙’이 ‘地火明夷’가 되었다. 본괘는 겸謙이고 지괘는 명이明夷이다.

㉡ 夫明夷離下而川上, 川考, 順也.……(离考, 明也.)……且夫川考, 下之爲也. (10.6)
무릇 명이괘는 리가 아래에, 천(곤)이 위에 있다.
천은 유순한 것이다.……(리는 밝음이다.)……또 천은 아래에서 행하는 것이다.

겸괘(䷜)의 처음 음효를 양효로 변화시켜 명이괘(䷣)를 만들고, 명이괘의 위아래 괘상을 가지고 겸괘 처음 음효 효사 '謙謙君子, 用涉大川, 吉'을 해석하였다. 취한 괘상은 윗괘 '川'은 '順'이고, 아랫괘 '離'는 '明'이다. 아랫괘를 먼저 들고 이어 윗괘를 말한 것은 통행본 「단」에 5곳, 「상」에 17곳 있다. 필자의 『주역 단·상·문언전』(2019년) 72쪽과 373쪽을 참고하라.

이 외에 괘명을 '상수'로 해석한 것이 4곳 있다.
① [剝之卦, 剝牀以]辨, 女散[陽而盛也]. (「충」1.4)
박괘는 침상의 장부가 떨어져 나가는 것이니, 여자가 양을 흩어 성한 것이다.

박괘(䷖)는 윗괘가 간이고 아랫괘는 곤이다. 아래의 다섯 음효가 세력이 매우 강성하여 꼭대기의 미약한 한 양효를 떨쳐내고 있다. 꼭대기의 한 양효는 장차 떨어져 나가는 상이다. '女'는 박의 다섯 음효를 가리킨다. '散陽'은 양을 흩는다는 뜻인데, 꼭대기 한 양효를 떨쳐낸다는 것이다. '盛'은 음효의 세력이 성하다는 것이다. 박은 아래의 다섯 음효(여)가 꼭대기의 한 양효(남)를 떨쳐내는 상이니, 음이 지나치게 왕성하다. 이것은 剝의 괘명을 '상수'로 해석한 것이다.

② '復之卦, 留□而周, 所以人𦣞也. (「충」1.4)
복괘는 머물러 있으면서 두루 통하는 것이니, 아래에 들어가는 것이다.

복괘(䷗)는 윗괘가 곤이고 아랫괘는 진이다. 한 양효가 복괘의 처음 효로 돌아온 것이다. □에 '지止'자가 들어가야 한다. '유지留止'는 머무른다는 뜻이며, 한 양효가 처음 효의 자리로 돌아와 머무른다는 것이다. '人'은 '入'으로 읽는다. '入' 뒤의 글자는 '背'로 읽어야 한다. '입배入背'는 등 뒤로 들어간다는 뜻이며, 한 괘의 가장 아래를 '背'라고 한 것이다. 복괘는 한 양효가 처음 효의 자리에 머물러 있으면서 다섯 음효에 두루 통하는 것이니, 한 양효가 가장 아래로 들어가는 것이라는 말이다. 이것은 復의 괘명을 '상수'로 해석한 것이다.

③ 大牀, 小腫而大從. (「충」1.5)
대상은 음을 내치고 양을 따르는 것이다.

'大牪'은 통행본의 '大壯'이다. '大壯'의 '大'는 양을 가리키고, '壯'은 건장하다, 기운차다는 뜻이다. '大壯'은 큰 것이 건장하다는 뜻이다. 대장(☳)은 윗괘가 진이고 아랫괘는 건이다. 아래의 네 양효(大)가 위의 두 음효를 밀쳐내며 기운차게(壯) 위로 올라가고 있는 상이다. '小'는 음, '大'는 양이다. 종腫은 종踵으로 읽으며, 『설문』 足部에 "踵'은 쫓는다는 뜻의 追"라고 하였다. "대상은 음을 내치고 양을 따르는 것"이다. 이것은 大牪의 괘명을 '상수'로 해석한 것이다.

④ 大牪, 以卑陰也. (「충」 1.7)
　　대상은 양효가 음효 아래에 처한 것이다.

'大牪'은 통행본의 '大壯'이다. 대장(☳)은 윗괘가 진이고 아랫괘는 건이다. 두 음효 아래에 네 양효가 있다. '卑'는 낮다(低)는 뜻이다. "대상은 양효가 음효 아래에 처해 있다"는 말이다. 이것은 大牪의 괘명을 '상수'로 해석한 것이다.

이 8곳의 간단한 예를 제외하고, 『백서』는 95조의 괘효사를 인용하여 하나 예외 없이 모두 '의리'로 해석하였다. 즉 전국 후기에서 한초의 시기는 '의리'가 대세였다. 「설괘」 제4장부터 제11장까지는 모두 '상수'의 영역이다. 『백서』와 체질적으로 전혀 맞지 않는다. 「설괘」는 상수역이 대세였던 그 시대사조의 영향을 받은 것이다. 따라서 「설괘」 제4장부터 제11장까지는 『백서』가 필사된 전한 5대 문제(재위: B.C.180~B.C.157) 이후 7대 무제武帝(재위: B.C.141~B.C.87) 이전에 세상에 나왔으며, 당연히 한나라 유생의 작품이다.

「설괘」는 『사기』 「공자세가」에 편명이 처음 기록되어 있으며, 사마천은 무제를 섬겼다.

　　공자는 만년에 『역』을 좋아하여 「단」, 「계사」, 「상」, 「설괘」, 「문언」을 서하였다.
　　孔子晚而喜易, 序彖繫象說卦文言. (『사기』 「공자세가」)

무제 당시에는 「설괘」가 이미 있었다는 말이다. 「서괘」와 「잡괘」는 아직 없었다.
결론적으로 말하여, 「설괘」 제1장부터 제3장까지는 전국 후기에서 진대를 거쳐 한초에 이르기까지 생존했던 제나라 직하의 초나라 유생의 작품이며, 제4장부터 제11장까지는 전한 5대 문제 이후 7대 무제 이전의 한나라 유생의 작품이다.

후한 왕충王充은 『논형論衡』 「정설正說」에서 "선제 때, 하내의 여자가 옛집에서 없어졌던 『역』·『예』·『상서』 각 한 편을 찾아내어 황제에게 바쳤는데, 황제는 박사에게 보였다. 그 뒤에 『역』·『예』·『상서』 각 한 편을 더하였다(至孝宣皇帝之時, 河內女子發老屋, 得逸易禮尙書各一篇, 奏之皇帝, 下視博士. 然後易禮尙書各益一篇)"라고 하였다. 왕충은 더한 한 편은 무엇을 가리키는지 말하지 않았다. 『수서隋書』 「경적지經籍志」 서序에 "진나라가 서적을 불태울 때, 『주역』은 점책이어서 홀로 보존되었는데, 오직 「설괘」 3편이 없어졌다가 뒤에 하내의 여자가 얻었다(及秦焚書, 周易獨以卜筮得存, 惟失說卦三篇, 後河內女子得之)"라고 하였다. 지금 「설괘」는 한 편인데 '3편'이라고 한 것은 앞부분 세 장을 말한 것인지, 「설괘」와 「서괘」 「잡괘」를 겸해서 말한 것인지 알 수 없다. 「경적지」의 기록이 사실이라면, 「설괘」는 진이 분서하기 전에 있었다는 것이 되며, 이후 없어졌다가 9대 선제宣帝(재위: B.C.74~B.C.49) 때 나왔으므로 사마천은 「설괘」를 보지 못하였을 것이니, 『사기』 「공자세가」에 기록되어 있는 '설괘'는 뒷사람이 갖다 넣었다는 말이 된다. 픽션으로 가득한 기록들이 많다. 필자는 참고로 이 기록들을 소개해 두었다.

제1장

昔者聖人之作易也, 幽贊於神明而生蓍, 參天兩地而倚數, 觀變
於陰陽而立卦, 發揮於剛柔而生爻, 和順於道德而理於義, 窮理
盡性以至於命.

　　제1장의 주제는 주역점이며, 성인이 주역점을 만든 것을 설명하였다. 한 단락으로
구성되어 있다.

　1. 성인이 역을 지음.
　　　昔者聖人之作易也…옛날에 성인이 역을 지음.
　2. 시초점을 만듦.
　　　幽贊於神明而生蓍…은밀히 신명의 도움을 받아 시초점을 만듦.
　3. 대연의 수를 확립함.
　　　參天兩地而倚數…하늘의 수를 3으로 하고 땅의 수를 2로 하여 대연의 수를
　　　확립함.
　4. 괘를 세움.
　　　觀變於陰陽而立卦…음양이 변화하는 것을 보고 괘를 세움.
　5. 효를 만듦.
　　　發揮於剛柔而生爻…강유 두 획을 발휘하여 효를 만듦.
　6. 주역점의 올바른 이치를 다듬음.
　　　和順於道德而理於義…사람이 걸어가야 할 길에 순응하여 (주역점의) 올바른
　　　이치를 다듬음.
　7. 운명의 원리에 통달하는 데에 이름.

窮理盡性以至於命… 원리를 궁구하고 본능을 극진히 하여 운명에 이름.

昔者聖人之作易也, 幽贊於神明而生蓍, 參天兩地而倚數, 觀變於陰陽而
立卦, 發揮於剛柔而生爻, 和順於道德而理於義, 窮理盡性以至於命.
옛날에 성인이 역을 지으면서, 은밀히 신명의 도움을 받아 시초점을 만들었고, 하늘
의 수를 3으로 하고 땅의 수를 2로 하여 대연의 수를 확립하고, 음양이 변화하는 것
을 보고 괘를 세우고, 강유 두 획을 발휘하여 효를 만들고, 사람이 걸어가야 할 길에
순응하여 (주역점의) 올바른 이치를 다듬고, (주역점의) 원리를 궁구하고 (미래를 알고 싶어
하는 사람의) 본능을 극진히 하여 운명(의 원리에 통달하는 데)에 이르렀다.

『백서』「충」에는 7구절 끝에 모두 '也'자가 붙어 있다. 「설괘」는 「충」를 필사하면
서 첫 구절만 남겨놓고 나머지 6구절은 의도적으로 생략하였을 것이다.

1. 성인이 역을 지음.

昔者聖人之作易也

'석昔'은 옛날이라는 명사이며, '자者'는 시간을 나타내는 명사 뒤에 습관적으로 놓
여 뜻 없이 쓰인 조사이다. '석자昔者'는 옛날에 라는 뜻이며, 복희 시대를 가리킨다.
'성인聖人'은 주역점을 만든 사람이며, 복희를 가리킨다. '지之'는 주격조사이다. 한문
에서 '之' '而' '以' 등이 주격조사로 쓰였다. '역易'은 주역점이다. '작역作易'은 역을
지었다, 즉 주역점을 만들었다는 뜻이다. '석자성인지작역야昔者聖人之作易也'는 옛날
에 성인이 역을 지으면서 어떻게 하였다는 말이다.
공영달은 『정의』에서 말하였다.

지금을 기준으로 옛날 세상을 칭하는 것을 '석자'라고 한다. 총명하고 밝은 지혜를
성인이라고 하며, 이 성인은 바로 복희이다.……「계사」 하편에 '복희가 천하를 다스
리면서 처음으로 팔괘를 그렸다'고 하였고, 지금은 역을 지었다고 말하였으니, 복희
를 말한 것이지, 문왕 등을 말한 것이 아니다.
據今而稱上世, 謂之昔者也. 聰明叡知謂之聖人, 此聖人卽伏犧也.……下繫已云包犧
氏之王天下也, 於是始作八卦, 今言作易, 言是伏犧, 非文王等.

「계사」 상·2장에 기록이 있다.

> 聖人設卦, 觀象, 繫辭焉而明吉凶(悔吝), 剛柔相推而生變化.
> 성인이 괘를 그리고 상을 살펴 점 글을 이어서
> 길하고 흉하고 (뉘우치고 어려움을) 밝히고,
> 강과 유가 서로 바뀌게 하여 변화를 낳았다.

성인 한 사람이 '설괘', '관상', '계사'하여 '명길흉회린'하고 '강유상추'하여 '생변화'하였다는 것이다. 즉 성인이 주역점을 만들었다는 것이다.
「계사」 상·12장에 또 기록이 있다.

> 聖人立象以盡意, 設卦以盡情僞, 繫辭焉以盡其言, 變而通之以盡利, 鼓之舞之以盡神.
> 성인이 상을 세워 뜻을 다하였고, 괘를 그려 참과 거짓을 다하였으며,
> 점 글을 이어 말을 다하였고, 변하고 통하게 하여 이로움을 다하였으며,
> 고무하여 신묘함을 다하였다.

성인 한 사람이 '입상立象'하고 '설괘設卦'하고 '계사繫辭'하고 '변통變通'하고 '고무鼓舞'하였다는 것이다. 즉 '상象', '괘卦', '사辭', '변變', '점占' 다섯 가지를 모두 만들었다는 것이다. 이 다섯 가지는 바로 주역점을 구성하는 핵심 요소이다.
성인은 누구인가? 「계사」 하·2장에 기록이 있다.

> 古者包犠氏之王天下也, 仰則觀象於天, 俯則觀法於地, 觀鳥獸之文, 與地之宜, 近取諸身, 遠取諸物, 於是始作八卦, 以通神明之德, 以類萬物之情.
> 옛날에 포희 씨가 천하를 다스리면서,
> 우러러서는 하늘에서 상을 살피고, 굽어서는 땅에서 법을 살피며,
> 새와 짐승의 무늬와 풀과 나무의 알맞음을 살피고,
> 가까이는 몸에서 취하고, 멀리는 사물에서 취하여,
> 비로소 팔괘를 그리고, (이를 겹쳐 육십사괘를 그려) 이것으로 신명의 덕에 통하고,
> 이것으로 만물(64괘 384효)의 정황을 분류하여 (주역점을 만들었다).

'포희'는 복희이며, 복희가 팔괘를 그리고 이를 겹쳐 육십사괘를 만들고 주역점을 만들었다는 것이다. 「계사」에 '성인'이 22곳 기록되어 있는데, 모두 복희를 가리키며, 복희가 주역점을 만들었다고 하였다.

2. 시초점을 만듦.

幽贊於神明而生蓍

『집해』에 순상은 "'유幽'는 은밀하다는 뜻의 은隱"이라고 하였다. 한강백은 "'유'는 깊다는 뜻의 심深이다. 지극히 그러함이다(幽, 深也. 至然也)"라고 하였는데, 공영달은 "'유'는 은밀하여 보기 어려운 것이다. 그래서 '심'으로 뜻을 새겼다(幽者, 隱而難見. 故訓爲深也)"라고 하였다.『집해』에 간보는 "'유'는 어둡다는 뜻이다. 사람이 보지 못하는 것이다(幽, 昧. 人所未見也)"라고 하였다. '깊다', '어둡다'는 것은 모두 '은밀하다'는 의미이다.

『집해』에 순상은 "'찬贊'은 보다는 뜻의 견(贊, 見也)"이라 하였고, 공영달은 "'찬贊'은 돕는 것이다(贊者, 佐而助)"라고 하였다.『석문』에 육덕명은 "'찬贊'은 어떤 책에는 '찬讚'으로 썼다. 자子와 단旦의 반절이다(本或作讚, 子旦反)"라고 하고 "'유'는 깊다는 뜻의 심深, '찬'은 밝다는 뜻의 명(幽, 深也. 贊, 明也)"이라고 하였다. '찬贊'과 '찬讚'은 모두 돕는다는 뜻의 좌佐, 밝다는 뜻의 명明이다. '어於'는 대상을 나타내는 개사이다. '유찬幽贊'은 은밀히 도움을 받았다는 뜻이다. '어於'는 원인을 나타내는 개사이다.

'신명神明'에 대해,「계사」에 '신명'이 4곳 기록되어 있는데, 동사로 사용된 것이 2곳, 명사로 사용된 것이 2곳이다.

1) 동사로 사용된 것
① 聖人以此齋戒, 以神明其德夫. (상·11장)
　성인은 이것으로 재계하여 그 덕을 신묘하게 드러내었다.
② 神而明之存乎其人. (상·12장) 신묘하게 밝히는 것은 그 사람에게 있다.

2) 명사로 사용된 것
① 以通神明之德, 以類萬物之情. (하·2장)
　이것으로 신명의 덕에 통하고, 만물의 정황을 분류하였다.
② 以體天地之撰, 以通神明之德. (하·6장)

이것으로 천지의 변화를 체현하고, 신명의 덕에 통하였다.

'신명神明'은 두 가지 뜻으로 사용되었다.

1)은 동사로 사용된 것이며, '신묘하게 밝혔다'는 뜻이다. 공영달은 「설괘」의 '신명'을 이 뜻으로 해석하여, "신이라는 것은 음양을 헤아릴 수 없고 묘하여 방향이 없으니, 생성하고 변화하는 것이 그렇게 되는 것을 알지 못하면서 그렇게 되는 것이다(神之爲道, 陰陽不測, 妙而无方, 生成變化, 不知所以然而然者也)"라고 하였다.

2)는 명사로 사용된 것이며, ①은 '만물'과 짝으로 ②는 '천지'와 짝으로 들었다. '신명'은 신령한 능력을 가진 존재이며, 오늘날의 말로 천지신명이다. 오징은 「설괘」의 '신명'을 이 뜻으로 해석하여, "성인이 시초를 셈하는 법을 처음 만들어 신명을 대신하여 사람에게 길흉을 알리니, 그래서 신명의 그윽함을 돕고 신명의 영험함이 드러나는 것이다(此言聖人肇創蓍法, 代爲神明告人以吉凶, 所以贊助其幽, 而使其靈之顯也)"라고 하였다. 「설괘」의 '신명'은 성인이 주역점을 만들 때 은밀히 도움을 받은 대상으로 말하였으니, 곧 신령한 능력을 가진 존재이다. 「설괘」의 '신명'은 「계사」 2)의 ①과 ②의 '신명'과 같은 개념이다.

고형은 「설괘」 '신명'의 주에서 다음과 같이 설명하였다.

> 신명神明은 신기神祇이다.
> 『설문』에 "신神은 천신天神, 기祇는 지기地祇"라고 하였는데,
> 천신을 '신神', 지신을 '기祇'라고 하고 또 '명明'이라고 하였다.
> 神明, 神祇也. 說文··'神, 天神. 祇, 地祇.' 天神曰神. 地神曰祇亦曰明.

> 옛말에 천신을 '신神', 지신을 '명明'이라고 칭하였다.
> 『장자』「천도天道」에 "하늘은 높고 땅은 낮으니, 신명의 자리이다"라고 하였고,
> 「천하天下」에 "신은 어디서 내려오는가? 명은 어디에서 나오는가?"라고 한 것이
> 그 증거이다. 그런즉 '신명'은 신기를 말한 것과 같다.
> 古語稱天神爲神, 地神爲明. 莊子天道篇··'天尊地卑, 神明之位也.'
> 天下篇··'神何由降? 明何由出?'是其證. 然則神明猶言神祇矣.

고형은 명쾌하게 설명하였다. 『집해』에 순상은 "신은 하늘에, 명은 땅에 있다(神者在天, 明者在地)"라고 하였다. '신명神明'은 천신과 지신이며, 우리말에서 '천지신명'이

다. 이것은 인간의 길흉화복과 생사고락을 주재하는 초월적인 능력을 가진 존재이다. 「계사」와 「설괘」의 '神明'은 『장자』에서 가져온 것이다.

'유찬어신명幽贊於神明'은 성인이 신명의 은밀한 도움을 받았다는 말이다. 진고응은 "'신명'은 우주의 신기한 작용과 현상('神明', 宇宙神奇作用和現象)"이라 하고, 이 구절을 "우주의 신기한 현상을 깊이 밝혀 시초점을 치는 방법을 만들어 내었다(深明於宇宙神奇現象而創造出蓍占之法)"라고 해석하였다.

'생生'은 '출出'과 같다. '시蓍'는 주역점을 칠 때 사용하는 풀이름이다. 『설문』 초부艸部에 설명이 있다.

'시蓍'는 쑥과에 속한다.
천 년을 자라며 줄기가 삼백 개다.
역은 이것을 가지고 셈을 한다.
천자의 시초는 아홉 자이고, 제후는 일곱 자, 대부는 다섯 자, 사는 세 자이다.
초艸로 되어 있고, 기蓍는 성음이다.
蓍, 蒿屬. 生千歲三百莖. 易以爲數.
天子蓍九尺, 諸侯七尺, 大夫五尺, 士三尺. 从艸, 耆聲.

「계사」 상·11장에 "시초의 덕은 둥글고 신묘하다(蓍之德圓而神)", "하늘이 신령한 물건을 내었으니, 성인이 이를 본떴다(天生神物, 聖人則之)"라고 하였다. '신령한 물건(神物)'은 곧 거북과 시초를 가리킨다.

본문에서 '시蓍'는 시초점을 가리킨다. '생시生蓍'는 성인이 역을 지으면서 신명의 은밀한 도움을 받아서 시초점을 만들어 내었다는 뜻이다. 『집해』에 간보는 "시초를 사용하는 방법을 만들었다(生用蓍之法者也)", 공영달은 "시초를 사용하여 괘를 얻는 방법을 만들었다(生用蓍求卦之法)"라고 하였다. 『백서』 「충」에는 '생시生蓍'가 '생점生占'으로 되어 있다. '점占'은 곧 시초점이니 뜻은 같다. '유찬어신명이생시幽贊於神明而生蓍'는 옛날에 성인이 역을 지으면서 은밀히 신명의 도움을 받아 시초점을 만들었다는 말이다. 주역점에 도가의 '신명'을 결부시킨 것은 주역점에 신비주의적인 색채를 덧씌운 것이다.

3. 대연의 수를 확립함.

參天兩地而倚數

『집해』에 우번과 최경은 "'삼參'은 삼三이다(參, 三也)", 『석문』에 "발음과 같이 삼이다(如字音三)"라고 하였다. '천天'은 천수이다. '삼천參天'은 천수를 3이라는 홀수로 하였다는 말이다. '양兩'은 이二이다. '지地'는 지수이다. '양지兩地'는 지수를 2라는 짝수로 하였다는 말이다. '천지天地'는 천수와 지수를 가리킨다. '삼천량지參天兩之'는 천수를 3으로 하고 지수를 2로 하였다는 말이다. 즉 천수는 3으로 홀수를 나타내고, 지수는 2로 짝수를 나타낸 것이다. 3은 홀수를, 2는 짝수를 대표한다.

'倚'에 대해, ①『설문』인부人部에 "'기倚'는 의지하다는 뜻의 의依이다. 인人으로 되어 있고, 기奇는 성음이다(倚, 依也. 从人, 奇聲)"라고 하였는데, 단옥재는 "어於와 기綺의 반절(於綺切)"이라고 하였다. ②또『설문』인부人部에 "'의依'는 의지하다는 뜻의 의倚이다. 인人으로 되어 있고, 의衣는 성음이다(依, 奇也. 从人, 衣聲)"라고 하였는데, 단옥재는 "어於와 희稀의 반절(於稀切)"이라고 하였다. ③『석문』에 "어於와 기綺의 반절이다. 마융은 의지하다는 뜻의 의依라고 하였다. 왕숙은 기其와 기綺의 반절이며, 서다는 뜻의 입立이라고 하였다. 우번도 같다. 촉재는 '奇'로 썼는데 통한다(於綺反. 馬云依也. 王肅其綺反, 云立也. 虞同. 蜀才作奇, 通)"라고 하였다. ④『집해』에 우번은 "서다는 뜻의 입(倚, 立)"이라고 하였다.

위의 내용을 정리하면, ①허신은 '倚'를 '기'로 발음하였는데, 단옥재는 '이'로 발음하였다. ②또 같은 뜻인 '依'는 허신은 '의', 단옥재도 '의'로 발음하였다. ③『석문』에 육덕명은 '倚'를 '이'로 읽고, 마융은 의지하다(依)는 뜻으로 새겼고, 왕숙은 '기'로 읽고, 서다(立)는 뜻으로 새겼다. ④우번과 촉재 역시 '기'로 읽고 서다(立)는 뜻으로 새겼다는 것이다.

'倚'는 우리말에서 '의'와 '기' 두 가지 발음이 있다. '의'로 발음하면 의지하다는 뜻의 의依, '기'로 발음하면 서다는 뜻의 입立이다. 원문에서는 '기'로 발음하며 서다(立)는 뜻이다. '입立'으로 하지 않고 '기倚'로 한 것은 바로 뒤에 '立'자가 나오기 때문이다.

'수數'는 대연의 수이다. '기수倚數'는 대연의 수를 확립하였다는 말이다. '삼천량지이기수參天兩地而倚數'는 하늘의 수를 3으로 하고 땅의 수를 2로 하여 대연의 수를 확립하였다는 말이다. 「계사」상·9장에 기록이 있다.

天一, 地二, 天三, 地四, 天五, 地六, 天七, 地八, 天九, 地十. 天數五, 地數五,

五位相得而各有合, 天數二十有五, 地數三十,

凡天地之數五十有五, 此所以成變化而行鬼神也.

하늘의 수는 1이요, 땅의 수는 2이요, 하늘의 수는 3이요, 땅의 수는 4이요,

하늘의 수는 5이요, 땅의 수는 6이요, 하늘의 수는 7이요, 땅의 수는 8이요,

하늘의 수는 9이요, 땅의 수는 10이다. 하늘의 수는 다섯이며, 땅의 수도 다섯

이다.

다섯 수를 서로 더하여 각각 합하면, 하늘의 수는 25요, 땅의 수는 30이다.

무릇 하늘과 땅의 수는 55이다. 이것이 변화를 이루어 신묘한 작용을 행하는

것이다.

　홀수 1·3·5·7·9는 천수이며, 짝수 2·4·6·8·10은 지수이다. 천수 1은 모든
수의 시작이고 '非數而數'이다(왕필). 따라서 천수는 3으로 홀수를 나타내고, 지수는
2로 짝수를 나타내었다. 천수와 지수를 모두 합하면 천지의 수는 55인데, 이것이 곧
대연의 수이다. '삼천량지이기수參天兩地而倚數'는 홀수를 천수로 하고 짝수를 지수로
하여 대연의 수를 확립하였다는 말이다. 『백서』「충」에는 '기의倚'가 '의義'로 되어 있
다. 진고응은 '의義'는 논정하다는 뜻의 '의議'로 읽고(「易之義」作義, 即議, 論定), "기우의
수를 논정하였다(論定奇偶之數)"라고 해석하였다.

　이 구절에 대해 해석이 분분하다.

　첫째, 한강백은 "삼參은 홀수이고, 양兩은 짝수이다. 7·9는 양수이고, 6·8은 음수
이다(參, 奇也. 兩, 耦也. 七九陽數. 六八陰數)"라고 하였다. 그는 '수'를 7·9·6·8로 보았다.

　둘째, 마융과 왕숙은 '삼천參天'은 1·3·5를 가리키는데, 합하여 9가 되며, '양지
兩地'는 2·4를 가리키는데, 합하면 6이 된다. '삼천량지'는 곧 9·6의 수라고 하였다.
(天得三合, 謂一三與五也. 地得兩合, 謂二與四也.) 마융과 왕숙은 '수'를 9·6으로 보았다. 굴
만리가 이 설을 따랐다.

　셋째, 정현은 '천삼'과 '지량'을 합하면 5가 되는데, 대연의 수 50은 이 5를 넓혀서
만들어진 수라고 하였다. (天地之數備於十. 乃三之以天, 兩之以地, 而倚託大演之數五十也.) 그
는 '수'를 대연의 수로 보았다. (이상 공영달의 『정의』에서 인용하였음)

넷째, 공영달의 해석

7·9는 홀수고 천수이다. 6·8은 짝수이고 지수이다. 그러므로 하늘에서 홀수를 취하고, 땅에서 짝수를 취하여, 7·8·9·6의 수를 세웠다. 왜 '삼량參兩'을 홀짝수로 간주하였는가? 대개 옛날에는 홀짝을 또한 삼량으로 말하였고, 또 '양'은 짝수의 시작으로, '삼'은 홀수의 시작으로 하였기 때문이다. '일—'을 홀수로 간주하지 않은 것에 대해, 장씨는 '삼三속에 양兩이 포함되어 있고, 일—로써 양兩을 포함하는 뜻이 있으니, 하늘이 땅의 덕을 안고 있고, 양은 음의 도를 안고 있음을 밝힌 것이다'고 하였다. 그러므로 하늘은 많은 수를 들었고, 땅은 적은 수를 들었다.
七九爲奇, 天數也. 六八爲耦, 地數也. 故取奇於天, 取耦於地, 而立七八九六之數也. 何以參兩爲目奇耦者? 蓋古之奇耦亦以三兩言之, 且以兩是耦數之始, 三是奇數之初故也. 不以一目奇者, 張氏云, 以三中含兩, 有一以包兩之義, 明天有包地之德, 陽有包陰之道. 故天擧其多, 地擧其少也. (『周易正義』)

그는 '수'를 7·8·9·6으로 보았다.

다섯째, 주희의 해석

하늘은 둥글고 땅은 반듯하다. 둥근 것은 하나이나 둘레가 삼이다. 삼은 각각 하나의 홀수이므로 삼천하여 삼이 된다. 반듯한 것은 하나이나 둘레가 넷이다. 넷은 두 짝수를 합한 것이므로 양지하여 둘이 된다. 수는 모두 이것에 의하여 비롯된다.
天圓地方, 圓者一而圍三. 三各一奇, 故參天而爲三. 方者一而圍四, 四合二耦, 故兩地而爲二. 數皆倚此而起. (『周易本義』)

그는 '수'를 3·2로 보고, 모든 수는 여기에서 비롯된다고 하였다.

여섯째, 유월兪樾은 다음과 같이 주장하였다.

양의 수는 3이고 홀수이며, 음의 수는 2이고 짝수이다. 『주서周書』「무순편武順篇」에 '남자는 태어나 3을 이루고, 여자는 태어나 2를 이룬다(男生而成三, 女生而成二)'고 하였는데, 그 뜻이다. 「설괘」에 '하늘의 수를 3으로 하고 땅의 수를 2로 하여 수를 세웠다(參天兩地而倚數)'고 하였는데, 『정의』에 정현은 '3은 하늘, 2는 땅에 해당된다(三 之以天, 兩之以地)'고 하였다. 가만히 생각해 보면, 9와 6의 수는 여기에서 비롯된 것이 다. 건괘는 세 양이니, 양의 수는 3이고, 3×3은 9이다. 그러므로 9는 건의 수이다. 곤괘는 세 음이니, 음의 수는 2이고, 3×2는 6이다. 그러므로 6은 곤의 수이다. 이것 을 미루면, 진·감·간은 모두 한 양에 두 음이니 그 수는 7이고, 손·리·태는 모두 한 음에 두 양이니 그 수는 8이다. 역이 9와 6을 사용하고 7과 8은 사용하지 않는 것은 노老를 사용하고 소少를 사용하지 않는 것인데, 높은 곳으로 통괄되는 것이다. (『群經 平議』)

유월은 「설괘」의 '삼천량지'의 설을 가지고 괘효의 수 7·9·8·6을 이끌어낸 것이 다. 이것은 그의 독창적인 주장이다. 필자는 유월의 이 주장을 읽고 감동하여 특별히 독자들에게 소개하였다.

일곱째, 고형의 해석

이 구절은 『역경』은 홀수를 하늘의 수로 하고, 짝수를 땅의 수로 하여 괘효의 수 를 세웠다는 말이다. 괘의 기본은 음양 두 효이다. 양효는 하늘이고 그 획은 하나이 다. 음효는 땅이고 그 획은 둘이다. 「계사」 상에 '하늘의 수는 1이요, 땅의 수는 2이 요, 하늘의 수는 3이요, 땅의 수는 4이요, 하늘의 수는 5이요, 땅의 수는 6이요, 하늘 의 수는 7이요, 땅의 수는 8이요, 하늘의 수는 9이요, 땅의 수는 10이다'라고 하였다. 점을 칠 때, 시초를 9번 덜어내고 7번 덜어낸 것은 양효이고, 6번 덜어내고 8번 덜어 낸 것은 음효이다. 이것이 하늘의 수를 3으로 하고 땅의 수를 2로 하여 괘효의 수를 세우는 주요 내용이다.

此句言易經以奇數爲天之數, 以偶數爲地之數, 而立其卦爻之數也. 蓋卦之基本爲陰 陽兩爻. 陽爻爲天, 其畫一. 陰爻爲地, 其畫二. 繫辭上曰 ··'天一, 地二; 天三, 地四; 天 五, 地六; 天七, 地八; 天九, 地十.' 筮時, 著草九撲七撲爲陽爻, 六撲八撲爲陰爻. 此參 天兩地而倚數之主要內容. (『周易大傳今注』 608쪽)

그는 '수'를 괘효의 수 9·7·6·8로 보았다.

여덟째, 진고응의 해석

'삼량'은 도량을 고찰한다는 말과 같다. '천지'는 하늘은 홀수, 땅은 짝수를 가리킨다. 옛날 사람들은 하늘은 둥글고 땅은 반듯하다고 여겼는데, 둥근 것에는 대칭점을 찾을 수 없으니, 그래서 그 수는 모두 홀수이다. 반듯한 것에는 어떤 것도 가운데를 나눈 후에 모두 대칭점이 있으므로, 그래서 그 수는 모두 짝수이다. (하늘에서 해가 원주 운동을 하여 땅에서 형성되는 춘분 추분, 하지 동지의 '分' '至'점 등과 같다.)

'參兩'猶言考察度量. '天地', 指天奇數, 地偶數. 古人認爲天圓地方, 圓周上找不到對稱點, 所以其數皆奇. 方形上任何一點中分後都有對稱點, 所以其數皆偶. (如天空日做圓周運動而在大地上形成的春分秋分, 夏至冬至的分至點等.) (『周易注譯與研究』687쪽)

진고응은 이 구절을 "천지 현상의 도량을 통과하여 기우의 수를 논정하였다(通過度量天地現象而論定奇偶之數)"라고 해석하였다. 그는 '수'를 기우의 수로 보았다.

아홉째, 필자의 해석은 이미 앞에서 말하였다. 필자는 '수'를 대연의 수로 보았다. 「계사」에 '수數'는 모두 10곳 기록되어 있는데, 1)대연의 수를 가리키는 것이 4곳, 2)천수와 지수를 가리키는 것이 5곳, 3)만물의 수를 가리키는 것이 한 곳이며, 모두 주역점과 관련이 있다.

① 極數知來之謂占. (상·5장)
　　대연의 수를 다하여 미래의 일을 예지하는 것을 점이라고 한다.
② 大衍之數五十. (상·9장) 대연의 수는 50이다.
③ 錯綜其數. (상·10장) 대연의 수를 뒤섞고 합한다.
④ 極其數, 遂定天下之象. (상·10장)
　　대연의 수를 다하여 마침내 천하의 상(괘효상)을 정한다.

이상 4곳의 '수'는 모두 대연의 수를 가리킨다. 「설괘」의 '수'도 같다.
위에서 열거한 여러 학자들이 '수'를 기우의 수로 파악한 것은 '삼천양지', 즉 3과 2에 초점을 맞추었기 때문에 '기우의 수'를 확립하였다(倚數)고 본 것이다. 「계사」의 기록은 그렇지 않다. 필자의 해석이 「설괘」의 본뜻일 것이다.

4. 괘를 세움.

觀變於陰陽而立卦
이 구절에 대해 몇 가지 해석이 있다.

첫째, 공영달의 설명이다.

역을 지으면서, 성인이 본래 변화의 도를 관찰하고, 천지 음양을 상징하여 건곤 등의 괘를 세웠다는 말이다.
言其作易, 聖人本觀察變化之道, 象於天地陰陽, 而立乾坤等卦. (『周易正義』)

천지 음양의 변화를 관찰하여 괘를 세웠다는 것이다.

둘째, 오징의 설명이다.

'변'은 시초를 셈하는 변화를 말한다. '음양'은 노음 소음 두 음과 노양 소양 두 양을 말한다. '입괘'는 괘획을 이루는 것을 말한다.
變謂揲蓍之變, 陰陽謂老少二陰, 老少二陽也, 立卦謂立成卦畫也. (『易纂言』)

시초를 셈하여 음양노소의 변화를 보고 한 괘를 만들었다는 것이다.

셋째, 래지덕의 설명이다.

'관변'은 육십사괘는 모두 팔괘가 변화한 것이니, 양이 음으로 변하고, 음이 양으로 변하는 것이다. 건괘의 처음 효가 변하면 구괘가 되고, 둘째 효가 변하면 둔괘가 되며, 곤괘의 처음 효가 변하면 복괘가 되고, 둘째 효가 변하면 임괘가 되는 것과 같다.
觀變者, 六十四卦皆八卦之變, 陽變陰, 陰變陽也. 如乾初爻變則爲姤, 二爻變則爲遯. 坤初爻變則爲復, 二爻變則爲臨是也. (『周易集註』)

팔괘의 음양 변화를 보고 육십사괘를 만들었다는 것이다.

넷째, 필자의 해석이다. '관觀'은 관찰하는 것이다. '변變'은 「계사」에서 두 가지 뜻으로 사용되었다. 하나는 상·9장의 '십유팔변이성괘十有八變而成卦'의 변變이며, 시초를 셈하는 변화(揲蓍之變)이다. 즉 1변, 2변, 3변⋯⋯18변하는 것이다. 또 하나는 노양 9는 음으로 노음 6은 양으로 변하는 효의 변화이다. 위에서 공영달은 자연의 변화, 오징은 시초의 변화, 래지덕은 효의 변화로 보았는데, 필자는 시초의 변화와 효의 변화 두 가지 다 가리키는 것으로 보았다. '어於'는 대상을 나타내는 개사이다.

'음양'은 '變'을 따라 당연히 두 가지 뜻으로 봐야 한다. ①'음양'은 시초를 셈하는 변화를 가리킨다. 49개의 시초를 두 손에 나누어 쥐고, 왼손에 쥔 것은 상揲 위쪽에 가로로 놓고 '건'이라 하고, 오른손에 쥔 것은 상 아래쪽에 가로로 놓고 '곤'이라고 한다. '건'은 양에 속하고, '곤'은 음에 속한다. 「계사」 하·6장에 기록이 있다.

乾坤, 其易之門邪. 乾, 陽物也. 坤, 陰物也.
陰陽合德, 而剛柔有體, 以體天地之撰, 以通神明之德.
건곤은 역으로 들어가는 문인가!
건은 양에 속하는 것이고, 곤은 음에 속하는 것이다.
음양이 덕을 합하여, 강유가 형체를 갖게 되니,
이것으로 천지의 변화를 체현하고, 이것으로 신명의 덕에 통하였다.

'건곤乾坤'은 49개의 시초를 두 손에 나누어 쥐고, 상揲의 위아래에 가로로 놓은 것이며, 위쪽에 놓은 것은 '건'이고 아래쪽에 놓은 것은 '곤'이다. '건'은 양이고 '곤'은 음이다. 위아래에 놓여 있는 시초를 셈하여 일음일양 하여 18변하게 되면 노양 9, 소음 8, 소양 7, 노음 6을 얻게 된다. 9와 7은 양이고, 8과 6은 음이다. ②'음양'은 효의 변화를 가리킨다. 즉 노양 9는 음으로, 노음 6은 양으로 변화하는 것이다. 이것에 의해 한 괘가 성립된다.

'입立'은 세우다, 확립하다는 뜻이다. '괘卦'는 본괘本卦와 지괘之卦를 겸하여 말한 것이다. 즉 '변'은 ①시초의 변화이며, 1변 2변 3변⋯⋯18변하여 일음일양 하는 것이며 본괘를 얻는 것이다. ②효의 변화이며, 노양 9는 음으로, 노음 6은 양으로 변화시켜 지괘를 얻는 것이다. '관변어음양이립괘觀變於陰陽而立卦'는 시초를 셈하는 변화에서 음효와 양효를 얻고(본괘) 음효와 양효가 변화하는 것(지괘)을 보고 괘를 세웠다는 말이다. 이 구절은 뒷장의 '立天之道曰陰與陽'에 해당된다.

『석문』에 "어떤 책에는 '관변화'로 되어 있다(一本作觀變化)"라고 하였는데, '變'과

'化'와 '變化'는 개념이 같다. 진고응은 '變'을 '辨'으로 읽고('變'與'辨'通), '관변觀辨'은 관찰하여 분별한다는 뜻이라 하고('觀辨'卽觀察辨別), "음양 현상을 고찰하여 음양 두 종류의 괘상을 확립하였다(考察陰陽現象而確立兩類卦象)"라고 해석하였다.

5. 효를 만듦.

發揮於剛柔而生爻
『석문』에 정현은 "'휘揮'는 떨친다는 뜻의 양揚", 『집해』에 우번은 "'발'은 움직이다, '휘'는 변한다는 뜻(發. 動. 揮, 變)"이라고 하였다. '발휘'는 발양, 발동과 같다. '어於'는 대상을 나타내는 개사이다. '강剛'과 '유柔'는 ①사물의 강함과 부드러움이라는 두 가지 성질을 가리키며, ②또 '강'은 양효(—), '유'는 음효(--)를 가리킨다. 「계사」하·6장에 기록이 있다.

> 陰陽合德, 而剛柔有體,
> 음양이 덕을 합하여, 강유가 형체를 갖게 된다.

'음'은 곤을, '양'은 건을 가리킨다. '덕德'은 덕성 혹은 작용의 뜻이다. '음양합덕陰陽合德'은 곧 건곤합덕이며, 상 위쪽에 놓여 있는 시초(양)와 아래쪽 놓여 있는 시초(음)를 서로 합하고 나누어 셈한다는 말이다. '강剛'은 양효(—), '유柔'는 음효(--)이다. '체體'는 형체이다. '강유유체剛柔有體'는 강유가 형체를 갖게 된다는 말이다. 다시 말해, 49개의 시초를 두 부분으로 나누어 한 부분은 상 위쪽에 놓고(乾), 또 한 부분은 아래쪽에 놓은 후(坤), 이를 합하고 나누며 셈하여(陰陽合德), 양효를 얻고 음효를 얻으면, 강유가 형체를 갖게 되어 한 괘가 성립된다는 것이다(剛柔有體). 9변하여 팔괘 중 한 괘를 얻고 18변하여 육십사괘 중 한 괘를 얻게 된다.

'생生'은 '출出'과 같다. 본장에서 '生蓍', '倚數', '立卦', '生爻'의 '生', '倚', '立', '生'은 모두 같은 개념이다. '효爻'는 괘를 구성하는 최소 단위의 부호이다. '발휘어강유이생효發揮於剛柔而生爻'는 주역점을 만든 성인이 사물의 강함과 부드러움이라는 두 가지 성질을 발휘하여 강유 두 획을 그려 변화하는 효를 만들었다는 말이다.

고형은 "『역』을 지은 사람은 사물의 강유 두 성을 발휘하여(作易者發揮物之剛柔兩性), 강유 두 종의 효를 만들어 이를 상징하였다(因而創出剛柔兩種爻以象之)", 진고응은 "강유 현상에 대한 이해와 발휘를 통과하여 괘상을 조성한 강유 효획을 만들어 내었다

(通過對剛柔現象的理解和發揮而製造出組成卦象的剛柔爻畫)"라고 해석하였다. 이 구절은 뒷장의 '立地之道曰柔與剛'에 해당된다.

6. 주역점의 올바른 이치를 다듬음.

和順於道德而理於義

'화순和順'은 곧 '유순柔順'이다. '화순'은 온화하게 순응하다, 온화하게 따른다는 뜻이고, '유순'은 부드럽게 순응하다, 부드럽게 따른다는 뜻이다. 뒷장의 '순성명지리順性命之理'의 '순順'과 같다. '順'이라고 해도 되는데 '和'자를 앞에 붙인 것은 '幽贊' '觀變' '發揮'와 2글자 짝되게 하기 위해서이다. '順'은 순응하다(循理), 좇다(從), 따르다(隨)는 뜻이다. 주희는 "조용히 어긋나고 거스르는 것이 없는 것(從容无所乖逆)"이라고 하였다. '어於'는 대상을 나타내는 개사이다.

'도덕道德'은 공영달이 '성인의 도덕(聖人之道德)'으로 해석한 이래, 뒷사람들은 모두 도덕 개념으로 여기게 되었다. 지금 성인이 '작역'하는 것을 설명하고 있는데 갑자기 도덕 개념이 왜 들어가야 하는가? '도덕'이 들어가야 할 이유가 전혀 없다. 이 구절은 뒷장의 '立人之道曰仁與義'에 해당되는데, '도덕道德'은 사람의 도(人之道), 즉 사람이 걸어가야 할 길, 곧 인과 의를 가리킨다. '도덕'은「계사」상·7장의 '도의道義'와 같다.

> 成性存存, 道義之門.
> (시초를 셈하여 효를 얻고 괘를 얻어 미래를 알고자 하는) 사람의 본능을 이루어
> 간직하고 또 간직하는 것이, 사람이 걸어가야 할 올바름의 문이다.

'道義之門'의 '도道'는『중용』이 말하는 '도'와 같으며, 사람이 걸어가야 할 올바른 길(人之所當行之路)이다. '의義'는 '의宜'로 읽으며, 사람으로서의 마땅함, 올바름이라는 뜻이다. 즉 '도의道義'는 도덕이라는 뜻이 아니라 사람이 걸어가야 할 길의 올바름, 즉 사람의 올바른 태도라는 뜻이다. 「설괘」의 '도덕'과「계사」의 '도의'는 같은 개념이다. 무엇이 사람이 걸어가야 할 길인가? 시초를 셈하고 또 셈하여 점을 치는 것이다. 『중용』에서 '道'는 참되게 사는 것(誠之)이고,「계사」에서 '도'는 주역점을 치는 것이다.「계사」상·2장에 기록이 있다.

> 君子居則觀其象而玩其辭, 動則觀其變而玩其占

군자는 움직이지 않을 때는 괘효상을 관찰하고 괘효사를 음미하며,
움직일 때는 시초의 변화를 보고 점을 음미한다.

이 말은 자나 깨나 주역점을 치라는 것이다. 이것이 사람이 걸어가야 할 길이다.
『중용』의 '道'와 「계사」의 '道' 두 가지 모두 사람이 걸어가야 할 길이다. '화순어도덕
和順於道德'은 사람이 걸어가야 할 길에 순응하였다는 뜻이다.

『설문』옥부玉部에 "'이理'는 옥을 다듬는 것이다. 왕王으로 되어 있고, 이里는 성음
이다(理, 治玉也. 从王, 里聲)"라고 하였다. '옥玉'은 의미이고 '이里'는 발음이며, 형성 문
자이다. '理'의 본래의 뜻은 다듬다는 뜻의 치治이다. 「계사」 하·1장에 기록이 있다.

理財正辭, 禁民爲非曰義.
(성인은 점술가로 하여금) 재능을 다듬고 점 글을 바르게 습득하여,
백성들에게 (길흉을 알려주어) 그릇된 행위를 하지 못하도록 하는 것을 의라고 한
다.

「설괘」의 '理'는 「계사」의 '理財正辭'의 '理'와 같은 뜻이다. 주희는 "일에 따라 그
조리를 얻는 것(理謂隨事得其條理)"이라고 하였다. '어於'는 대상을 나타내는 개사이다.
'의義'는 바른 뜻(正義), 올바른 이치(義理)라는 뜻이다. 「계사」 하·5장에 기록이 있
다.

精義入神, 以致用也.
주역점의 이치에 정통하여 신묘한 경지로 들어가는 것은
그것의 쓰임을 다하기 위해서이다.

「설괘」의 '義'는 「계사」의 '精義入神'의 '義'와 같다. '이어의理於義'는 주역점의 올
바른 이치를 다듬었다는 말이다.

'화순어도덕이리어의和順於道德而理於義'는 성인이 주역점을 만들면서 사람이 걸어
가야 할 길에 순응하여 주역점의 올바른 이치를 다듬었다는 말이다.

이 구절을 도가의 관점으로 해석하면, '도道'와 '덕德'은 당연히 노자의 개념이다.
『노자』에 "만물은 도를 높이고 덕을 귀하게 여기지 않음이 없다(萬物莫不尊道而貴德)"
라고 하였는데(51장), '도道'는 자연법칙이고, '덕德'은 도의 드러남, 자연법칙의 구체

적 현현이다. 성인이 주역점을 만들 때, 자연법칙과 그 구체적 체현에 순응하여 주역점의 올바른 이치를 다듬었다는 말이다.

고형은 다음과 같이 설명하였다.

천지 만물은 각각 자신의 도를 가지고 있고, 각각 자신의 덕을 가지고 있으며, 각각 자신의 마땅함을 가지고 있다. '의義'는 마땅하다는 뜻의 의宜이다. 『역』을 지은 사람이 도와 덕에 화순하고 마땅함을 관리하였다.
天地萬物各有其道, 各有其德, 各有其義. 義者, 宜也. 作易者作易經, 以和順于道德, 董理于義.

고형은 '도덕'을 도덕 개념으로 보지 않았다. 진고응은 다음과 같이 설명하였다.

'도'는 우주 규율이다. '덕'은 우주 현상이며, 곧 우주 규율의 구체적인 체현이다. '이'는 통리, 통일이다. '의'는 적합하다, 알맞다는 뜻이다. 이것은 성인이 우주 규율과 현상에 순화하여 『역』을 지었고, 아울러 『주역』을 우주 규율과 현상과 더불어 알맞은 상태 속에서 통일하는 것을 말하였다.
'道', 宇宙規律. '德', 宇宙現象, 卽宇宙規律的具體體現. '理', 統理, 統一. '義', 宜, 合宜. 這是說聖人順和於宇宙規律和現象而創造了『易』, 並使『周易』與宇宙規律及現象統一於合宜的狀態中.

진고응 역시 '도덕'을 도덕 개념으로 보지 않았으며, 『노자』를 가지고 해석하였다.

7. 운명의 원리에 통달하는 데에 이름.

窮理盡性以至於命
'궁窮'은 궁구하다는 뜻의 구究이다. '이理'는 주역점의 원리를 가리켜 말한 것이다. '궁리窮理'는 주역점의 원리를 궁구하였다는 말이다. 주희는 이학으로 해석하여 "천하의 원리를 궁구하다(窮天下之理)"라고 하였다. '진盡'은 다하다(極), '성性'은 본능이며, 시초를 셈하여 효를 얻고 괘를 이루어 미래를 알고 싶어 하는 사람의 본능이다. '진성盡性'은 본능을 극진히 하였다는 말이다. 『백서』 「충」에는 '性'이 '生'으로 되어 있는데, 두 글자는 옛날에 통용되었다. '궁리진성窮理盡性'은 주역점의 원리를 궁구하고 미래를 알고 싶어 하는 인간의 본능을 극진히 하였다는 말이다. 주희는 '盡人物之性'이라고 하여 자신의 이학을 가지고 해석하였다.

'이以'는 접속사 '이而'와 같다. 『백서』「충」에는 '而'로 되어 있다. 두 글자는 종종 통용되었다. '지至'는 이르다는 뜻의 도到이며, '어於'는 방향 혹은 대상을 나타내는 개사이다. '명命'에 대해, 뒷장에 '순성명지리順性命之理'라고 하였는데, '명命'은 '명지리命之理', '명리命理', 즉 운명의 원리를 가리켜 말한 것이다. '至於命之理'가 바른 문장인데 문장이 길어 끝의 '之理' 두 글자를 의도적으로 생략하였다. '지어명至於命'은 '至於通乎命之理'로 읽으며, 운명의 원리를 통달하는 데에 이르렀다는 말이다. '궁리진성이지어명窮理盡性以至於命'은 성인이 주역점을 만들면서 주역점의 원리를 궁구하고 시초를 셈하여 효를 얻고 괘를 이루어 미래를 알고 싶어 하는 사람의 본능을 극진히 하여, 운명의 원리에 통달하는 데에 이르렀다는 말이다.

'명命'에 대해, 한강백은 '수명'(命者, 生之極), 공영달 역시 '수명'(所賦之命, 莫不窮其長短, 定其吉凶), 주희는 '천도(天命)', 래지덕은 '운명', 진몽뢰는 '천명', 굴만리 역시 '천명', 고형은 '수명(목숨)', 주백곤은 '생명의 종극', 진고응은 '자연과 인간의 최종 운명'으로 해석하였다. 아래에 그 내용을 자세히 기술하겠다.

1. 한강백의 해석

'명'은 생의 끝이다. 이치를 궁구하면 명의 끝을 다할 수 있다.
命者, 生之極. 窮理則盡其極也. (『周易注』)

한강백은 '명'을 수명으로 보았다.

2. 공영달의 해석

만물의 깊고 오묘한 이치를 다할 수 있다면 생령이 부여받은 성을 궁구하여 다할 수 있다. 사물의 이치가 이미 다하고, 성이 또 다하였다면, 한 생애에 이르러 부여받은 수명이 짧고 긴 것을 다하고 길흉을 정하지 않음이 없다.…… 명이란 사람이 부여받은 것으로 정해진 몫이 있고, 태어나 죽을 때까지 길고 짧음의 끝이 있다.
又能窮極萬物深妙之理, 究盡生靈所稟之性. 物理既窮, 生性又盡, 至於一期, 所賦之命, 莫不窮其短長, 定其吉凶.…… 命者, 人所稟受, 有其定分, 從生至終, 有長短之極.

(『周易正義』)

　공영달은 '이'를 만물의 이치로, '성'을 만물의 성으로, '명'을 수명으로 해석하였다. "만물의 이치를 다하고 물성을 궁구하여 수명에 이른다"는 말이다.

　3. 주희의 해석

　천하의 원리를 궁구하고 사람과 사물의 본성을 다하여 천도에 합하니,
　이것이 성인이 『역』을 지은 지극한 공이다.
　窮天下之理, 盡人物之性, 而合於天道, 此聖人作易之極功也. (『周易本義』)

　주희는 '이'를 천하의 원리로, '성'을 사람과 사물의 성으로, '명'을 천도로 해석하였다. 그는 또 다음과 같이 더욱 자세히 설명하였다.

　궁리는 사물을 궁구하고 인성을 다하여 천명에 이를 수 있는 것이니, 그래서 '성명의 근원'이라고 말하는 것이다.
　窮理是窮得物, 盡得人性, 到得那天命, 所以說道'性命之源'. (『朱子語類』 卷第七十七, 환연曩淵 기록)

　'궁리窮理'는 아는 것이고, '진성盡性'은 행하는 것이다.…… 자식이 되어 효를 행하는 이유를 알고, 신하가 되어 충성을 하는 이유를 아는 것이 '궁리'이다. 자식이 되어 효를 행할 수 있고, 신하가 되어 충성을 행할 수 있는 것이 '진성'이다.…… '진성'은 내가 행함에 이르는 것이고, '지명'은 하늘이 나에게 부여한 것을 말한 것일 뿐이다.
　窮理是見, 盡性是行.…… 如爲子知所以孝, 爲臣知所以忠, 此窮理也. 爲子能孝, 爲臣能忠, 此盡性也.…… 盡性, 是我之所至也. 至命, 是說天之所以予我者耳. (같은 책, 무명씨 기록)

　'이'는 사물의 이치이니 앎의 대상이고, '성'은 인성이니 실천하는 것이다. '명'에 이른다는 것은 곧 천명에 이른다는 말이다.

4. 래지덕의 해석

'궁리'는 『역』 중의 어둡고 밝은 이치가 만사 만물의 변화에 이르러 모두 궁구하여
다할 수 있음을 말한다. '진성'은 『역』 중의 강건하고 유순한 성이 크게는 삼강오상三
綱五常에 작게는 미세한 곳에 이르러 모두 처하여 구분할 수 있음을 말한다. '지우명'
은 무릇 사람이 나아가고 물러서며, 살고 죽으며, 얻고 잃는 것이 모두 명이다. 지금
이미 이치를 궁구하고 성을 다하였다면, 나아감을 알고 물러남을 알며, 생존을 알고
죽음을 알며, 얻음을 알고 잃음을 아는 것이 하늘과 더불어 하나가 되니 그러므로 명
에 이르는 것이다.

窮理者, 謂易中幽明之理, 以至萬事萬物之變, 皆有以研窮之也. 盡性者, 謂易中健順
之性, 以至大而綱常, 小而細微, 皆有以處分之也. 至于命者, 凡人之進退, 存亡, 得喪,
皆命也. 今旣窮理盡性, 則知進知退, 知存知亡, 知得知喪, 與天合矣, 故至于命也. (『周
易集註』)

래지덕은 '이'를 만사 만물의 이치로, '성'을 사물의 성으로, '명'을 운명으로 해석
하였다.

5. 진몽뢰의 해석

'궁리'는 아는 것으로 말한 것이다. '진성'은 행하는 것으로 말한 것이다. 역서는 천
하의 원리를 갖추지 아니한 것이 없으니, 사람과 사물의 성을 다 할 수 있고 그리고
스스로 천도와 합한다. 원리는 반드시 궁구되고 성은 반드시 다 하며, 천명은 다만
이른다고 말할 수 있으니 곧 스스로 그러함을 말한 것이다. 역의 오묘함은 모두 천지
가 스스로 그러함을 따라 이와 같다.

窮理, 以知言. 盡性, 以行言. 易書於天下之理无所不備, 而能盡人物之性, 而自合於
天道也. 理必窮之, 性必盡之, 天命但可言至, 則自然之謂也. 易之妙皆因天地之自然
如此. (『周易淺述』)

진몽뢰는 주희를 따라 해석하였다.

6. 이광지의 해석

'궁리진성이지어명'은 효사가 이미 나열되었다면, 사물의 이치를 궁구하여 다 할 수 있고, 사람의 성은 위로 천명의 근본에 이를 수 있음을 말한 것이다.

窮理盡性以至於命, 言爻辭既設, 則有以窮盡乎事之理, 人之性而上達乎天命之本也. (『周易折中』)

7. 굴만리는 "'지어명'은 천명에 합하는 것(至於命, 合於天命)"이라고 하였다. (『周易集釋初稿』)

8. 고형의 해석

천지 만물은 각각 그 원리를 가지고 있고, 각각 그 본성을 가지고 있으며, 각각 그 수명을 가지고 있다. 『역』을 지은 사람은 그 원리와 수명을 궁구하였다.

天地萬物各有其理, 各有其性, 各有其命. 作易者作易經以窮究其理性與命. (『周易大傳今注』)

9. 주백곤은 '성'을 만물의 본성('性', 指萬物之本性), '명'을 생명의 종극('命', 指生命的終極), '이'를 사물의 규정성('理', 事物之規定性)으로 보고, "사물의 이치와 부여받은 성을 다하여 생명의 종극에 이른다(窮盡事物之理和所稟之性, 以至于生命的終極)"라고 해석하였다. (『易學哲學史』 제1권)

10. 등구백의 해석

천리, 지리, 인리를 궁진하여 일체의 언어, 행위, 심태心態 모두 천명, 지명, 인명과 부합하는 경지에 이른다.

窮盡天理, 地理, 人理, 以達到一切言語, 行爲, 心態都符合天命, 地命, 人命的境界. (『白話帛書周易』)

11. 진고응은 "'이'는 사리이다('理', 事理). '성'은 물성이다('性', 物性). '명'은 자연과 인간의 최종 운명이다('命', 自然與人類的終極命運)"라고 하고 "사리를 탐구하고 물성을

다하여 최후에 자연과 인간의 최종 운명을 안다(探究事理, 究極物性並最終通曉自然和人類的終極命運)"라고 해석하였다. (『周易注譯與研究』)

12. 필자의 해석은 이미 앞에서 자세히 기술하였다. 필자의 해석이 「설괘」의 본뜻일 것이다.

여기까지가 제1장이다. 본장의 주제는 주역점이며, 성인이 주역점을 만든 것을 설명하였다. 한 단락으로 구성되어 있다.

성인이 '작역作易'하면서, '생시生蓍'하고, '기수倚數'하고, '입괘立卦'하고, '생효生爻'하고, '이어의理於義'하여, 최종에는 '지어명至於命'하였다는 것을 말하였다. 즉 '지어명至於命'이 성인 '작역作易'의 궁극적 목표이다. 즉 운명의 원리에 통달하는 것이다.

성인이 주역점을 만들면서 은밀히 신명의 도움을 받아 시초점을 만들었고, 홀수를 천수로 하고 짝수를 지수로 하여 대연의 수를 확립하였고, 시초를 셈하여 음효와 양효를 얻고 음양노소의 변화를 보고 괘를 세웠고, 사물의 강함과 부드러움이라는 두 가지 성질을 발휘하여 강유 두 획을 그려 변화하는 효를 만들었고, 사람이 걸어가야 할 길에 순응하여 주역점의 올바른 이치를 다듬었고, 주역점의 원리를 궁구하고 시초를 셈하여 효를 얻고 괘를 이루어 미래의 일을 알고 싶어 하는 사람의 본능을 극진히 하여 운명의 원리에 통달하는 데에 이르렀다.

제2장

昔者聖人之作易也, 將以順性命之理, 是以立天之道曰陰與陽,
立地之道曰柔與剛, 立人之道曰仁與義. 兼三才而兩之, 故易六
畫而成卦. 分陰分陽, 迭用柔剛, 故易六位而成章.

제2장의 주제는 주역점이며, 3단락으로 구성되어 있다.

첫째 단락…성인이 역을 지으면서 본능과 운명의 원리에 순응하였다.
1. 성인이 역을 지음.
   ① 昔者聖人之作易也…옛날에 성인이 역을 지음.
2. 본능과 운명의 원리에 순응함.
   ① 將以順性命之理…본능과 운명의 원리에 순응하였음.

둘째 단락…삼재의 도를 갖추었다.
1. 하늘의 도를 세움.
   ① 是以立天之道曰陰與陽…하늘의 도를 세워 음과 양이라고 함.
2. 땅의 도를 세움.
   ① 立地之道曰柔與剛…땅의 도를 세워 유와 강이라고 함.
3. 사람의 도를 세움.
   ① 立人之道曰仁與義…사람의 도를 세워 인과 의라고 함.

셋째 단락…삼재를 겸하여 둘로 하였다.
1. 역은 여섯 효로써 괘를 이룸.

① 兼三才而兩之 … 삼재를 겸하여 둘로 함.

② 故易六畫而成卦 … 역은 여섯 효로써 괘를 이룸.

2. 역은 여섯 자리로써 문장을 이룸.

① 分陰分陽 … 음으로 나누고 양으로 나눔.

② 迭用柔剛 … 유와 강을 번갈아 사용함.

③ 故易六位而成章 … 역은 여섯 자리로써 문장을 이룸.

昔者聖人之作易也, 將以順性命之理, 是以立天之道曰陰與陽, 立地之道曰柔與剛, 立人之道曰仁與義. 兼三才而兩之, 故易六畫而成卦. 分陰分陽, 迭用柔剛, 故易六位而成章.

옛날에 성인이 역을 지으면서, 곧 (미래를 알고 싶어 하는) 사람의 본능과 운명의 원리에 순응하였으니, 그러므로 하늘의 도를 세워 음과 양이라 하고, 땅의 도를 세워 유와 강이라 하며, 사람의 도를 세워 인과 의라고 하였다. 삼재를 겸하여 둘로 하니, 그러므로 역은 여섯 효로써 괘를 이룬다. (성인이) 음으로 나누고 양으로 나누어, 유와 강을 번갈아 사용하니, 그러므로 역은 여섯 자리로써 문장(혹은 괘)을 이룬다.

본장에서 '양陽', '강剛', '양陽', '강剛', '장章'은 운이다.

유백민: '陽', 十陽. 與下 '剛', 十一唐. '章', 十陽. 爲韻.

스즈키: '양陽', '강剛', '양陽', '강剛', '장章'.

첫째 단락 … 성인이 역을 지으면서 본능과 운명의 원리에 순응하였다.

昔者聖人之作易也, 將以順性命之理.

옛날에 성인이 역을 지으면서 곧 (미래를 알고 싶어 하는) 사람의 본능과 운명의 원리에 순응하였다.

1. 성인이 역을 지음.

昔者聖人之作易也

'석昔'은 옛날이라는 명사이며, '자者'는 시간을 나타내는 명사 뒤에 습관적으로 놓여 뜻 없이 쓰인 조사이다. '석자昔者'는 옛날에 라는 뜻이며, 복희 시대를 가리킨다. '성인聖人'은 주역점을 만든 사람이며, 복희를 가리킨다. 『집해』에 우번은 '복희(庖犧)'라고 하였다. '지之'는 주격조사이다. 한문에서 '之' '而' '以' 등이 주격조사로 쓰였다. '역易'은 주역점이다. '작역作易'은 역을 지었다, 즉 주역점을 만들었다는 뜻이다. '석자성인지작역야昔者聖人之作易也'는 옛날에 성인이 역을 지으면서 어떻게 하였다는 말이다.

2. 본능과 운명의 원리에 순응함.

將以順性命之理
'장將'은 장차라는 부사로 새기면 앞뒤 말이 통하지 않는다. '장將'은 곧, 막이라는 뜻의 즉卽으로 새겨야 한다. '이以' 뒤에 '지之'자가 생략되어 있다. '이以'는 개사이며, 용用의 뜻이다. 우리말에서 써 以자이다. '지之'는 역을 가리킨다. '이지以之'는 역으로써, 역을 가지고 어떻게 하였다는 것이다. '순順'은 좇다(從), 따르다(隨), 순응하다(循理)는 뜻이며, 제1장의 '화순和順'과 같다. '성性'은 시초를 셈하여 효를 얻고 괘를 이루어 미래를 알고 싶어 하는 사람의 본능이며, '명命'은 운명을 가리킨다. '이理'는 원리이다. '성명지리性命之理'는 미래를 알고 싶어 하는 본능과 운명의 원리이다. '장이순성명지리將以順性命之理'는 성인이 주역점을 만들면서, 곧 미래를 알고 싶어 하는 사람의 본능과 운명의 원리에 순응하였다는 말이다. 공영달은 "이 역괘로써 천지가 만물의 성품과 생명의 원리를 생성하는데 순종하였다(本意將此易卦, 以順從天地生成萬物性命之理也)"라고 해석하였다. '순성명지리順性命之理'의 내용은 아래에서 설명하고 있다. 『백서』「충」에는 구절 끝에 '也'자가 있다.

둘째 단락…삼재의 도를 갖추었다.

是以立天之道曰陰與陽, 立地之道曰柔與剛, 立人之道曰仁與義.
그러므로 하늘의 도를 세워 음과 양이라 하고, 땅의 도를 세워 유와 강이라 하며, 사람의 도를 세워 인과 의라고 하였다.

1. 하늘의 도를 세움.

是以立天之道曰陰與陽

'시이是以'는 접속사이며, 앞 문장을 이어 말하였다. 『백서』「충」에는 '是故'로 되어 있다. '입천지도立天之道'는 하늘의 도를 세웠다는 말인데, '천도'는 하늘에서 일어나는 각종의 자연 현상이다. 「계사」에서 예를 들면, 하늘에서 사계절이 순서대로 변하고, 더위와 추위가 번갈아 찾아오며, 해와 달이 교대로 솟아오르고, 낮과 밤이 차례로 바뀌는 것 등이다. 이것을 음양에 배합하면 다음과 같다.

<table>
<tr><td></td><td>天道</td><td>陰與陽</td></tr>
<tr><td>사시四時:</td><td colspan="2">봄, 여름…양. 가을, 겨울…음.</td></tr>
<tr><td>한서寒暑:</td><td colspan="2">더위…양. 추위…음.</td></tr>
<tr><td>일월日月:</td><td colspan="2">해…양. 달…음.</td></tr>
<tr><td>주야晝夜:</td><td colspan="2">낮…양. 밤…음.</td></tr>
</table>

'입천지도왈음여양立天之道曰陰與陽'은 하늘의 도를 세워 음과 양이라고 하였다는 말이다. 즉 음과 양은 하늘의 도라는 말이다. 굴만리는 "다섯째와 꼭대기 효를 말한 것(謂五, 上二爻)"이라 하고, "다섯째 효는 양이고 꼭대기 효는 음이다(五陽上陰)"라고 하였다. 이 문장을 효위로 설명한 것은 그의 독창적인 견해이다.

2. 땅의 도를 세움.

立地之道曰柔與剛

'지지도地之道'는 땅의 도이다. '지도'는 단단함(剛)과 부드러움(柔)이라는 두 가지 속성을 가지고 있다. '강여유剛與柔'가 바른 표현이나 '유여강柔與剛'이라고 한 것은 앞 구절의 '음여양陰與陽'과 짝되게 기술하였기 때문이고, 또 운을 맞추기 위해서다. '양陽'과 '강剛'은 운이다. '유柔'와 '강剛'은 땅이 갖는 두 가지 속성이다. 예를 들어, 바위는 단단하나 물은 부드럽다. 산은 강하나 평지(흙)는 부드럽다. '입지지도왈유여강立地之道曰柔與剛'은 땅의 도를 세워 유와 강이라고 하였다는 말이다. 즉 부드러움과 단단함이 땅의 도라는 말이다. 굴만리는 "처음과 둘째 효를 말한 것(謂初, 二)"이라 하고, "처음 효는 강이고 둘째 효는 유이다(初剛二柔)"라고 하였다.

3. 사람의 도를 세움.

立人之道曰仁與義

'인도人道'는 사람이 걸어가야 할 길이다. 사람이 걸어가야 할 길이 인仁과 의義라는 것이다. '입인지도왈인여의立人之道曰仁與義'는 사람의 도를 세워 인과 의라고 하였다는 말이다. 즉 인과 의가 사람의 도라는 것이다. 공영달은 "사랑하고 베푸는 인과 끊고 자르는 의(愛惠之仁與斷刮之義)"라고 하였다. 고형은 "'인仁'은 사람을 사랑하는 것이니 유를 주로 한다(仁以愛人, 主于柔). '의義'는 일을 제어하는 것이니 강을 주로 한다(義以制事, 主于剛)"라고 하였다. 굴만리는 "셋째와 넷째 효를 말한 것(謂三, 四)"이라 하고, "인은 유, 의는 강이며(仁柔義剛), 셋째 효는 강이고 넷째 효는 유이다(三剛四柔)"라고 하였다.

'천도'와 '지도'와 '인도'를 연결하여 정리하면 다음과 같다.

陰… …柔… …仁
陽… …剛… …義

「계사」하·10장에도 같은 기록이 있다.

易之爲書也, 廣大悉備. 有天道焉, 有人道焉, 有地道焉.
『역』이라는 책은 넓고 커서 모든 것을 갖추고 있으니,
천도도 있고, 인도도 있고, 지도도 있다.

「계사」는 『역』이라는 책에 삼재의 도가 갖추어 있다고 하였고, 「설괘」는 성인이 역을 지으면서 사람의 본능과 운명의 원리에 순응하여 삼재의 도를 확립하였다고 하였다.

셋째 단락…삼재를 겸하여 둘로 하였다.

兼三才而兩之, 故易六畫而成卦. 分陰分陽, 迭用柔剛, 故易六位而成章.
삼재를 겸하여 둘로 하니, 그러므로 역은 여섯 효로써 괘를 이룬다. (성인이) 음으로

나누고 양으로 나누어, 유와 강을 번갈아 사용하니, 그러므로 역은 여섯 자리로써 문장(혹은 괘)을 이룬다.

1. 역은 여섯 효로써 괘를 이룸.

兼三才而兩之

『설문』 화부禾部에 "'겸兼'은 아우른다는 뜻의 병幷이다. 오른 손이 성글은 나무를 들고 있는 것으로 되어 있다(兼, 幷也. 从又持秝)"라고 하였다. 아우르다, 겸하다(幷), 모으다(總), 쌓다(積)는 뜻이다. '재才'는 바탕(質), 근본(本)이라는 뜻이다. '삼재三才'는 우주의 세 가지 근본이라는 뜻이며, 천·지·인을 가리킨다.

「계사」 상·2장에 기록이 있다.

> 六爻之動, 三極之道也.
> 여섯 효의 변화는 천·인·지 삼극의 변화의 원리이다.

'삼극三極'은 천·인·지 삼재를 가리킨다. 『석문』에 정현과 한강백은 "삼극은 삼재(三極, 三才也)"라고 하였다. '극極'에 대해, 『설문』 목부木部에 "'극'은 마룻대이다. 목木으로 되어 있고, 극亟은 성음이다(極, 棟也. 從木, 亟聲)"라고 하였다. 집에서 가장 높은 곳인 마룻대를 '극'이라고 칭한다는 것이다. 단옥재는 "파생된 뜻으로 지극히 높고 지극히 먼 것을 모두 극이라 한다(引伸之義, 凡至高至遠皆謂之極)"라고 하였다. '극極'은 지극히 높다(至高)는 뜻이다. 『석문』에 육적은 "'극'은 지극하다는 뜻의 지(陸云 極, 至也)"라고 하고, 『광아』 「석고」에 "'극'은 지극하다는 뜻의 지(極, 至也)", "높다는 뜻의 고(極, 高也)"라고 하였으며, 주희와 래지덕도 "'극'은 지극하다는 뜻의 지(極, 至也)"라고 하였다. '삼극'은 천·인·지 삼재는 우주 속에서 지극히 높은 것, 즉 가장 위대한 것이라는 뜻이다. 삼재는 『노자』에서 가져온 것이다. 『노자』는 "하늘도 위대하고, 땅도 위대하며, 사람 또한 위대하다(天大, 地大, 人亦大)"라고 하였다(25장).

「계사」 하·10장에 또 기록이 있다.

> 六者非它也, 三材之道也.
> 여섯 효는 다른 것이 아니라 삼재의 도이다.

'육자六者'는 여섯 효이다. '材'는 '才'로 읽는다. 두 글자는 발음이 같아 옛날에 통용되었다. '삼재三才'는 천·인·지이다. '三才之道'는 '三極之道'와 같다. '삼재지도야'는 여섯 효는 다른 것이 아니라 삼재의 원리를 본뜬 것이라는 말이다. 즉 여섯 효는 천·인·지 삼재의 도가 구체화된 것이라는 말이다. 꼭대기(上)와 다섯째(五)는 天, 넷째(四)와 셋째(三)는 人, 둘째(二)와 처음 효(初爻)는 地이다.

본문에서, '겸삼재兼三才'는 삼재를 겸한다는 뜻이며, 세 획의 괘(八卦)를 그리면 이미 천·지·인 삼재가 갖추어진다는 것이다. 꼭대기 효는 천, 가운데 효는 인, 처음 효는 지이다.

'양兩'은 둘로 한다는 동사이고, '지之'는 삼재를 가리킨다. '양지兩之'는 삼재를 둘로 한다는 뜻이며, 세 획인 팔괘를 겹친다는 것이다. '겸삼재이량지兼三才而兩之'는 삼재를 겸하여 둘로 한다는 말이다. 즉 팔괘를 겹쳐 육십사괘를 만든다는 것이다. 세 획인 팔괘를 겹치니 모두 여섯 획의 괘가 그려지는 것이다. 육십사괘 각 괘의 여섯 효는 모두 천·지·인 삼재를 상징하고 있으니, 위의 두 효는 하늘(天)을, 가운데 두 효는 사람(人)을, 아래의 두 효는 땅(地)을 상징한다.

'三才'에 대해, 「계사」하·10장에는 '三材', 「설괘」에는 '三才', 『백서』「충」에는 '三財'로 되어 있다. '재材'와 '재才'와 '재財'는 발음이 같고 글자 모양이 비슷하여 옛날에 통용되었다. '천도'와 '지도'와 '인도'는 자연계(천, 지)와 인간계(인)를 포괄한 것이며, 성인이 주역점을 만들면서 사람의 본능과 운명의 원리에 순응한 구체적인 내용이다. 「계사」에서는 천·인·지, 「설괘」에서는 천·지·인의 순서로 말하였다. 「설괘」 제2장의 '천·지·인'은 『백서』「충」에 기록되어 있는 것이다.

진고응은 다음과 같이 주장하였다.

> 춘추전국 시대에는 '삼도'를 모두 천·지·인의 순서로 들었는데,
> 『노자』, 『황제사경』, 「역지의」, 「요」 등이 그렇다.
> 한대 이후에 비로소 천·인·지 혹은 지·인·천의 순서가 있었는데,
> 금본 「계사」와 『경씨역』이 그렇다.
> 先秦提到 '三道'均爲天地人的次序, 如『老子』『黃帝四經』還包括「易之義」
> 「要」 等. 漢以後才有了天人地或地人天的次序, 如今本「繫辭」與『京氏易』.

필자는 「계사」와 「충」과 「요」는 전국 후기에서 진대를 거쳐 한초에 이르기까지 생존했던 제나라 직하 출신의 초나라 유생의 작품이라고 주장한다. 따라서 진고응의

주장에 동의하기 어렵다. 통행본 「계사」는 천·인·지, 「충」과 「요」 등에는 천·지·인의 순서로 기술되어 있는 것은 시대적으로 차이가 있는 것이 아니라, 글을 쓴 사람이 다르고, 표현 방식이 다르고, 글을 쓰는 습관이 다르기 때문이라고 생각한다.

故易六畫而成卦

'역易'은 주역점이다. '획畫'은 긋는다는 뜻이며, 효를 가리킨다. '획畫'은 곧 '효爻'이다. '육획六畫'은 '육효六爻'이며, 여섯 효이다. '성괘成卦'는 한 괘를 이룬다는 뜻이다. '역육획이성괘易六畫而成卦'는 삼재를 갖추어 둘로 겹치니 역은 여섯 효로써 한 괘를 이룬다는 말이다.

「계사」 하·10장에도 같은 기록이 있다.

> 「계사」: 兼三材而兩之, 故六. 삼재를 겸하여 둘로 하니, 그러므로 여섯 효이다.
> 「설괘」: 兼三才而兩之, 故易六畫而成卦.
> 　　　삼재를 겸하여 둘로 하니, 그러므로 역은 여섯 효로써 괘를 이룬다.

2. 역은 여섯 자리로써 문장을 이룸.

分陰分陽

주어는 '성인'이다. '분음분양分陰分陽'은 성인이 한 괘 여섯 효를 음효로 나누고 양효로 나누었다는 말이다. 한 괘에서 처음(初)과 셋째(三)와 다섯째(五)는 양의 자리이고, 둘째(二)와 넷째(四)와 꼭대기(上)는 음의 자리이다. 처음 효에서 꼭대기 효까지 여섯 효는 음양이 각각 반이므로 '분分'이라고 한 것이다. 63번 기제괘가 그 예이다.

```
      --
      —
      --
      —
      --
      —
      기제
```

迭用柔剛

『집해』에 우번은 "'질'은 번갈아 하다는 뜻의 체(迭, 遞也)"라고 하였다. '질용迭用'은 번갈아 사용한다는 뜻이다. 『역전』은 '강유剛柔'라고 하였지 '유강柔剛'이라고 하지 않았다. 그런데 여기에서 '柔剛'이라고 한 것은 앞 구절 '立地之道曰柔與剛'을 그대로 인용하였기 때문이고, 또 운을 맞추기 위해서이다. '分陰分陽'의 '양陽'과 '迭用柔剛'의 '강剛'과 '易六位而成章'의 '장章'은 운이다. 진몽뢰는 '유柔'는 육六이고, '강剛'은 구九라고 하였다. '질용강유迭用柔剛'는 한 괘 여섯 효는 혹은 음효 혹은 양효를 번갈아 사용한다는 말이다. 즉 성인이 괘를 만들어 음효와 양효로 나누고 강(九) 유(六)를 번갈아 사용한다는 것이다.

故易六位而成章

'역'은 주역점이다. '육위六位'는 여섯 효의 자리이다. 『석문』에 '육위六位'를 "육획 六畫으로도 썼다(本又作六畫)"라고 하였고, 『집해』에도 '육획六畫'으로 되어 있으며, 『백 서』「충」에도 '육획六畫'으로 되어 있다. '六畫'이 비교적 좋다. '획畫'은 곧 '효爻'이며, '육획'은 여섯 효이다. '성成'은 「충」에 '위爲'로 되어 있는데, 같은 뜻이다. 통행본의 '成'이 비교적 개념이 명확하다. '장章'에 대해, 『집해』에 우번은 '문리文理'라고 하고 '천문天文'과 '천리天理'로 해석하였는데(章, 謂文理. 乾三畫成天文. 坤三畫成天理), 진고응은 '문리'라고 하고, 천·지·인의 도리, 규율이라고 해석하였다('章', 文理, 卽天地人的道理, 規律). 공영달은 '장章'을 '문장'으로 해석하였다.

역을 지은 사람은 여섯 효의 자리를 나누어 펼쳐 효와 괘의 문장을 이루었다.
作易者分布六位而成爻卦之文章也.

뒷사람들은 모두 이를 따랐다. 오징은 "여섯 효의 자리에는 혹은 유가 혹은 강이 있어, 서로 뒤섞여 문장을 이룬다(六位之中, 或用柔畫居之, 或用剛畫居之, 錯雜而成文章也)"라고 하였다. 고형은 "장은 문장이다(章, 文章也). 여섯 효에는 음효도 있고(六爻有陰柔), 양효도 있다(有陽剛). 두 가지를 번갈아 사용하니(兩者迭用), 뒤섞여 문장을 이룬다(交錯成文)"라고 하였다. '역육위이성장易六位而成章'은 역은 여섯 자리로써 문장을 이룬다는 말이다. 즉 주역점의 여섯 효는 각각 자신의 효사를 가지고 있다는 말이다. 혹은 '장章'을 '괘卦'로 읽어도 통한다.

앞 구절: 易六畫而成卦
본 구절: 易六位而成章

'易六位而成章'은 앞 구절의 '易六畫而成卦'와 같으며, 주역점은 여섯 효로써 괘를 이룬다는 말이다. 『백서』 「충」에는 구절 끝에 '也'자가 있다. 희평 석경에도 있다.

여기까지가 제2장이다. 본장의 주제는 주역점이며, 모두 3단락으로 구성되어 있다.
첫째 단락은 성인이 역을 지으면서 본능과 운명의 원리에 순응하였다는 것을 말하였다.
둘째 단락은 성인이 역을 지으면서 천·지·인 삼재의 도를 갖추었으니, 하늘의 도는 음과 양이고, 땅의 도는 유와 강이며, 사람의 도는 인과 의라는 것을 말하였다.
셋째 단락은 삼재의 도를 둘로 하니 여섯 효가 되며, 여섯 효가 괘를 이루고, 문장을 이루는 것을 말하였다.

옛날에 성인이 주역점을 만들면서, 시초를 셈하여 효를 얻고 괘를 이루어 미래의 일을 알고 싶어 하는 사람의 본능과 운명의 원리에 순응하였으니, 그러므로 하늘의 도를 세워 음과 양이라 하고, 땅의 도를 세워 유와 강이라 하며, 사람의 도를 세워 인과 의라고 하였다. 세 획의 팔괘는 천·지·인 삼재를 갖추었으니, 이를 겹쳐 여섯 획의 육십사괘를 만들었다. 육십사괘 각 괘의 여섯 효는 모두 천·지·인 삼재를 상징하고 있으니, 위의 두 효는 하늘(天)을, 가운데 두 효는 사람(人)을, 아래의 두 효는 땅(地)을 상징한다. 그러므로 주역점은 여섯 효로써 한 괘를 이룬다. 성인이 한 괘 여섯 효를 음으로 나누고 양으로 나누어, 혹은 강(九) 혹은 유(六)을 번갈아 사용하니, 주역점은 여섯 자리로써 문장(혹은 괘)을 이룬다.

제3장

天地定位, 山澤通氣, 雷風相薄, 水火不相射. 八卦相錯, (或應或敵), (遂知來物). 數往者順, 知來者逆, 是故易逆數也.

제3장의 주제는 주역점이며, 3단락으로 구성되어 있다.

첫째 단락… 팔괘는 서로 호응하고 대립한다.
1. 팔괘는 서로 호응함.
　　① 天地定位… 하늘과 땅이 자리를 정함.
　　② 山澤通氣… 산과 못이 기를 통함.
2. 팔괘는 서로 대립함.
　　① 雷風相薄… 우레와 바람이 서로 싸움.
　　② 水火不相射… 물과 불이 서로 극함.

둘째 단락… 팔괘는 서로 뒤섞여 미래의 일을 알려준다.
1. 팔괘는 서로 뒤섞임.
　　① 八卦相錯… 팔괘는 서로 뒤섞임.
2. 팔괘는 호응하고 대립함.
　　① (或應或敵)… 혹은 호응하고 혹은 대립함.
3. 미래의 일을 알려줌.
　　① (遂知來物)… 마침내 미래의 일을 알려줌.

셋째 단락… 역은 미래의 일을 점치는 것이다.

1. 지나간 것을 셈함.

① 數往者順…지나간 것을 셈하는 것은 순응하는 것임.

2. 올 것을 점쳐 앎.

① 知來者逆…올 것을 아는 것은 거스르는 것임.

3. 역은 미래의 일을 점치는 것임.

① 是故易逆數也…역은 거스르는 것을 셈하는 것임.

天地定位, 山澤通氣, 雷風相薄, 水火不相射. 八卦相錯, (或應或敵, 遂知來物). 數往者順, 知來者逆, 是故易逆數也.

하늘과 땅이 자리를 정하고, 산과 못이 기를 통하며, 우레와 바람이 서로 싸우고, 물과 불이 서로 극한다. (시초를 셈하여 얻은 한 괘에서) 팔괘는 서로 뒤섞여 (혹은 호응하고 혹은 대립하며 마침내 미래의 일을 알려준다.) 지나간 것을 셈하는 것은 (자연에) 순응하는 것이고, 올 것을 아는 것은 (자연을) 거스르는 것이니, 그러므로 역은 거스르는 것을 셈하는 것이다.

본장에서 '위位', '기氣'와 '박薄', '사射', '착錯', ('적敵'), '역逆'은 운이다.
유백민: '位', 六至. 與下'氣', 八未. '薄', 十九鐸. '射', 音石.
　　　　 '錯', 十九鐸. '逆', 二十陌. 爲韻.
스즈키: '위位', '기氣'와 '박薄', '사射', '착錯', '역逆'.

첫째 단락…팔괘는 서로 호응하며 대립한다.

天地定位, 山澤通氣, 雷風相薄, 水火不相射.
하늘과 땅이 자리를 정하고, 산과 못이 기를 통하며,
우레와 바람이 서로 싸우고, 물과 불이 서로 극한다.

1. 팔괘는 서로 호응함.

天地定位
'천天'은 건(☰)의 괘상이고, '지地'는 곤(☷)의 괘상이다. '정위定位'는 자리를 정한다는 뜻이다. '천지정위天地定位'는 하늘과 땅이 자리를 정한다는 말이다. 하늘은 위에 땅은 아래에 있다. 하늘과 땅은 서로 호응하여 만물을 낳는다. 『계사』 하·1장에 기록이 있다.

> 天地之大德日生.
> 하늘과 땅의 큰 덕을 낳는 것이라고 한다.

하늘과 땅은 만물을 낳고 또 낳는다. 『백서』 「충」에는 '天地定立'으로 되어 있다. 『백서』는 '位'와 '立'을 혼용하였다.

山澤通氣

'산山'은 간(☶)의 괘상이고, '택澤'은 태(☱)의 괘상이다. '기氣'는 기운이다. '산택통기山澤通氣'는 산의 기운과 못의 기운이 서로 통한다는 말이다. 산과 못은 서로 호응한다.

2. 팔괘는 서로 대립함.

雷風相薄

'뇌雷'는 진(☳)의 괘상이고, '풍風'은 손(☴)의 괘상이다.
'박薄'에 대해 세 가지 해석이 있다.
첫째, 『석문』에 마융과 정현은 "'박'은 들어간다는 뜻의 입(馬鄭顧云薄, 入也)"이라고 하였다. 우레와 바람은 각자 일어나지만 서로 잠입하여 응한다는 것이다. 『집해』에 우번은 "우레와 바람이 같은 소리로 서로 응하므로 상박이라 한다는 말이다(謂震巽, 同聲相應, 故相薄)"라고 하였는데, '상응相應'을 가지고 '상박相薄'을 해석하였다. '뇌풍상박雷風相薄'은 우레와 바람이 서로 응한다는 말이다.
둘째, 제5장에 "건에서 싸운다.······ 음양이 서로 싸우는 것을 말한다(戰於乾.······言陰陽相薄也)"라고 하였는데, '상박相薄'으로 '전戰'자를 해석하였다. 고형은 "박薄은 친다는 뜻의 박搏자를 가차한 것이며(薄乃借爲搏), 두 글자는 옛날에 통용되었다(二字古通用)"라고 하였다. 『광아廣雅』 「석고釋詁」에 "'박'은 친다는 뜻의 격(搏, 擊也)"이라고 하였다. '뇌풍상박雷風相薄'은 우레와 바람이 서로 싸운다는 말이다.
셋째, 『석문』에 육적은 "서로 접근하는 것(陸云相附薄也)"이라 하였고, 요배중姚配中

은 "'박'은 근접하다는 뜻의 박(薄, 迫也)"이라고 하였다. '뇌풍상박雷風相薄'은 우레와 바람이 서로 접근하여 호응한다는 말이다. 굴만리와 진고응이 이 해석을 따랐다. 진고응은 "'박'은 접근하다는 뜻의 박迫이며, 접촉하다는 뜻과 같다(薄, 迫, 義猶接觸)"라고 하였다.

제5장의 '음양상박陰陽相薄'의 예를 보면 둘째의 해석이 타당하다. '뇌풍상박雷風相薄'은 '뇌풍상박雷風相搏'으로 읽으며, 우레와 바람이 서로 싸운다는 말이다. 우레와 바람은 서로 대립한다.

水火不相射

'수水'는 감(☵)의 괘상이고, '화火'는 리(☲)의 괘상이다.

'불상사不相射'에 대해 세 가지 해석이 있다.

첫째, 『석문』에 우번, 육적, 동우, 요신, 왕숙은 "'사射'는 싫어하다는 뜻의 염厭"이라고 하였다. 『집해』에 우번은 "'사'는 싫어하다는 뜻의 염이다. 물과 불은 서로 통한다(射, 厭也. 水火相通)"라고 하였다. '수화불상사水火不相射'는 물과 불은 서로 싫어하지 않는다"는 말이다. 굴만리가 이 해석을 따랐다.

둘째, 공영달은 '사射'를 '입入'으로 읽었다. 그는 "물과 불이 서로 들어가지 아니하고 서로 바탕이 된다(水火不相入而相資)"라고 하였다. '수화불상사水火不相射'는 물과 불은 서로 접촉하지 않는다는 말이다.

셋째, 『백서』「충」에는 '火水相射'로 되어 있고 '불不'자가 없다. 제3장은 문장 전체가 한 구절이 4글자로 구성되어 있는데, 이 구절만 5글자로 되어 있다. 당연히 '不'자가 없어야 서로 짝이 되어 문장이 맞게 된다. 고형은 "'불不'자는 잘못 들어간 글자일 것이다(不字疑衍). '사射'는 활을 쏘다 할 때의 쏜다는 뜻이다(射即射箭之射). 쏘는 것은 상대를 살상하는 것이니(射以殺傷對方), '상사相射'는 상극相剋을 말한 것과 같다(故相射猶言相剋也)"라고 하였다. '상극相剋'은 서로 극한다, 서로 없앤다, 서로 죽인다는 뜻이다. 고형이 정확하게 읽었다. 상식적으로도 물과 불은 서로 없앤다. '수화상사水火相射'는 물과 불이 서로 극한다는 말이다. 물과 불은 서로 대립한다. 필자는 『백서』를 취하고 고형을 따라 해석하였다.

'射'의 발음에 대해 『석문』에 "식食과 역亦의 반절(食亦反)"이라 하였고, 또 "우번, 육적, 동우, 요신, 왕숙은 역亦으로 발음하였다(虞陸董姚王肅音亦)"라고 하였다. '射'는 '석', '사', '역' 등의 발음이 있는데 필자는 '사'로 읽었다. 필자의 『고사주역』(2020년) 「'射'의 발음은 석인가 사인가」를 참고하라. 이곳에 자세하게 설명되어 있다.

필자는 여기에서 팔괘의 배열순서에 대해 기록해야 할 것이 있다.

「설괘」 제3장은 『백서』 「충」에도 기록되어 있다. 원문을 비교하면 다음과 같다.

(제3장)　天地定位, 山澤通氣, 雷風相薄, 水火相射.

(「충」)　　天地定位, [山澤通氣], 火水相射, 雷風相榑.

「충」에는 '山澤通氣'가 떨어져 나갔는데, 「설괘」를 따라 넣었다. 「충」의 '火水相射, 雷風相榑'는 「설괘」 제3장에서 앞뒤 순서가 바뀌어 '雷風相薄, 水火不相射'로 되어 있다. 「충」을 필사하면서 잘못하여 순서가 바뀌었을 것이다. '水火'가 '雷風' 앞에 있어야 팔괘의 배열순서가 바르게 된다.

「설괘」 제3장에서는 '水火'라고 하였는데, 「충」은 '火水'로 되어 있다. '水火'가 맞는가, '火水'가 맞는가? 필자는 '水火'가 맞는다고 생각한다. 『백서』 육십사괘에서 아랫괘의 배열은 건·곤·간·태·감·리·진·손의 순서로 되어 있으며, 「설괘」 제10장의 팔괘 배열은 건·곤·진·손·감·리·간·태의 순서로 되어 있다. '감·리'는 곧 '수·화'이다. 이 배열을 따르면 '水火'로 읽는 것이 바르다. 이렇게 읽어야 본문의 건·곤, 간·태, 감·리, 진·손의 배열에서,

건…간…감…진, 4괘는 각 구절 앞자리에서 양괘를 구성하고,

곤…태…리…손, 4괘는 양괘의 뒷자리에서 음괘를 구성하여 일관성이 있게 된다.

양괘와 음괘를 순서대로 읽으면, 『백서』 육십사괘에서 윗괘의 배열, 건·간·감·진·곤·태·리·손과 순서가 같게 되며, 원문 순서대로 읽으면, 아랫괘의 배열, 건·곤·간·태·감·리·진·손과 순서가 완전히 같게 된다. 진고응은 이 구절을 아예 '水火相射'로 정리하고, "'火水'는 잘못된 것(原訛爲'火水')"이라고 하였다. 『백서』를 필사한 사람이 잘못하여 '火水'로 필사하였을 것이다. 따라서 「설괘」 제3장은 본래 다음과 같이 되어 있었다.

天地定位, 山澤通氣, 水火相射, 雷風相薄.

(건곤)　　　(간태)　　　(감리)　　　(진손)

팔괘의 배열순서에 대해, 먼저 「계사」 상·11장의 '易有太極, 是生兩儀, 兩儀生四象, 四象生八卦'를 따라 팔괘의 배열 순서를 말하면, 건·태·리·진·손·감·간·곤이 된다. 북송의 소옹이 말한 '선천팔괘차서' 혹은 '복희팔괘차서'라는 것이다. 팔괘 가운데 앞의 4괘 건·태·리·진은 양괘이고, 뒤의 4괘 손·감·간·곤은 음괘이다. 이것을 따라 「설괘」 제3장의 배열 순서를 살펴보면, 양괘 건〇 → 〇태 → 〇리 → 진〇은 앞에서부터 뒤로 가며 天…澤…火…雷의 순서로 배열되어 있고, 음괘 〇곤 ← 간〇 ← 감〇 ← 〇손은 뒤에서부터 앞으로 가며 風…水…山…地로 배열되어 있다. 양괘인 '天'과 '雷'는 음괘 앞에 있고, '澤'과 '火'는 음괘 뒤에 있으며, 음괘인 '風'과 '地'는 양괘 뒤에 있고, '水'와 '山'은 양괘 앞에 있으니, 서로 질서정연하게 배열되어 있는 것이다. '선천팔괘방위'로 말하면, 양괘 건·태·리·진은 그림의 왼쪽으로 배열되어 있고, 음괘 손·감·간·곤은 그림의 오른쪽으로 배열되어 있으니, 정확하게 일치한다. 필자는 「설괘」 제3장에서 건·태·리·진의 양괘는 순서대로 배열되어 있으므로 '순順'이라 하고, 손·감·간·곤의 음괘는 역으로 배열되어 있으므로 '역逆'이라고 하지 않았는가 생각한다.

그다음 「설괘」 제10장의 '乾坤六字卦'를 따라 팔괘의 배열 순서를 말하면, 건(父)·곤(母)·진(長男)·손(長女)·감(中男)·리(中女)·간(少男)·태(少女)가 된다. 북송의 소옹이 말한 '후천팔괘차서' 혹은 '복희팔괘차서'라는 것이다. 팔괘 가운데 건(父)·진(長男)·감(中男)·간(少男)은 남자이니 양괘이고, 곤(母)·손(長女)·리(中女)·태(少女)는 여자이니 음괘이다. 이것을 따라 「설괘」 제3장의 배열 순서를 살펴보면, 각 구절 앞자리에 있는 건(父)·간(少男)·감(中男)·진(長男)은 양괘이고, 양괘 뒷자리에 있는 곤(母)·태(少女)·리(中女)·손(長女)은 음괘이다. 이것은 「설괘」 제10장의 4양괘 4음괘와 같으나 배열순서가 다르다.

제10장: 양괘 … 건(父)·진(長男)·감(中男)·간(少男).
제3장:　 양괘 … 건(父)·간(少男)·감(中男)·진(長男).

제10장: 음괘 … 곤(母)·손(長女)·리(中女)·태(少女).
제3장:　 음괘 … 곤(母)·태(少女)·리(中女)·손(長女).

제10장은 양괘와 음괘 모두 나이 많은 것에서 어린 것으로 순서가 배열되어 있고, 제3장은 건곤 부모를 제외하고 여섯 자식들은 나이 어린 것에서 많은 것으로 순서가

배열되어 있다. 필자는「설괘」제3장에서 어린 것에서 나이 많은 것으로 되어 있는 것은 '順'이라 하고, 나이 많은 것에서 어린 것으로 되어 있는 것은 '逆'이라고 하지 않았나 생각한다. 진고응도 필자와 비슷한 주장을 하였다.

『백서』육십사괘에서 윗괘의 배열은「설괘」제3장의 양괘와 음괘의 배열에 따라 건·간·감·진·곤·태·리·손의 순서로 되어 있고, 아랫괘의 배열은「설괘」제3장의 원문의 배열을 따라 건·곤·간·태·감·리·진·손의 순서로 되어 있다.『백서』육십사괘의 윗괘와 아랫괘의 배열순서는「설괘」제3장, 즉『백서』「충」의 팔괘 배열 순서를 바탕으로 하고 있다.

「설괘」제3장의 팔괘 배열에는 중대한 비밀이 숨겨져 있었다. 그것은『백서』육십사괘의 윗괘와 아랫괘의 배열순서의 비밀을 기록하고 있다는 것이다. 다시 말해, 전국 후기에서 한초에 이르기까지 육십사괘 배열은 통행본과 확연히 다르며, 당시의 배열 방식에 의거하여「설괘」제3장이 쓰였다는 것이다. 즉「설괘」제3장은 당시의 육십사괘 배열 방식을 기록한 것이라는 말이다.

둘째 단락⋯팔괘는 서로 뒤섞여 미래의 일을 알려준다.

八卦相錯, (或應或敵, 遂知來物).

(시초를 셈하여 얻은 한 괘에서) 팔괘는 서로 뒤섞여,

(혹은 호응하고 혹은 대립하며 마침내 미래의 일을 알려준다.)

1. 팔괘는 서로 뒤섞임.

八卦相錯

'팔괘'는 괘와 상, 두 가지로 말할 수 있다. 괘로 보면, 건·곤·간·태·감·리·진·손의 여덟 괘이다. 상으로 보면, 하늘·땅·산·못·물·불·우레·바람의 여덟 종의 자연 물상이다.「설괘」는 팔괘를 '天地', '山澤', '水火', '雷風'으로 기술하여 상으로 말하였다. 즉 괘상을 가지고 팔괘가 서로 호응하고 대립하는 것을 설명하였다.

'착錯'은 뒤섞이는 것(交錯)이다. '팔괘상착八卦相錯'은 팔괘가 서로 뒤섞인다는 말이다. 시초를 셈하여 한 괘를 얻으면 윗괘와 아랫괘는 팔괘 가운데 두 괘가 서로 뒤섞여 있으며, 두 괘상은 서로 호응하기도 하고 대립하기도 하는데, 이것을 가지고 점을 판단한다.

『좌전』「소공昭公 원년」(B.C.541)의 기록에서 예를 들겠다.

조맹이 "무엇을 고蠱라고 이르는가?" 하고 물으니,
화和가 대답하기를 "……『주역』에서 여자가 남자를 홀리고
바람이 산을 떨어뜨리는 것을 고라고 합니다"라고 하였다.
趙孟曰 "何謂蠱?" 對曰 "…… 在周易, 女惑男, 風落山, 謂之蠱䷑."

　고蠱는 윗괘가 간(☶), 아랫괘는 손(☴)이다. 손은 여자이고 바람이며, 간은 남자이고 산이다. 따라서 '여자가 남자를 홀리고 바람이 산을 떨어뜨리는' 상이다. '여자가 남자를 홀리는 것'은 아랫괘의 여자와 윗괘의 남자가 서로 호응하는 것이요, '바람이 산을 떨어뜨리는 것'은 아랫괘의 바람과 윗괘의 산이 서로 대립하는 것이다. 이것은 고괘의 위아래 괘의 괘상을 가지고 괘명을 해석한 것이다. 주역점에서 괘상은 점을 풀이하는 중요한 요소이다. 필자의『춘추 점서역』(2015년)을 참고하라.
　래지덕은 '相錯'을 착괘로 해석하였다. '착괘'는 한 괘에서 음효는 양효로, 양효는 음효로 변하여 새로운 다른 괘가 되는 것이다.

건1과 곤8이 착괘이고, 태2와 간7이 착괘이며,
리3과 감6이 착괘이고, 진4와 손5가 착괘이다.
팔괘가 서로 착괘가 되지 않으면 음양이 서로 대립하지 않으니 역이 아니다.
송유는 '착종' 두 글자를 몰랐으므로
팔괘가 서로 교합하여 육십사괘를 이룬다고 여긴 것이다.
一與八錯, 二與七錯, 三與六錯, 四與五錯.
八卦不相錯, 則陰陽不相待對, 非易矣.
宋儒不知錯綜二字, 故以爲相交而成六十四卦. (周易集註)

'乾坤' '兌艮' '離坎' '震巽'은 서로 착괘가 되는데, 괘 그림을 그리면 다음과 같다.

離　　　坎　　　　震　　　巽

그가 말하는 '송유宋儒'는 소옹과 주희를 가리키며, 이들은 "팔괘가 서로 교합하여 육십사괘를 이룬다(八卦相交而成六十四卦)"라고 하였다. 육십사괘를 만들어 주역점을 치는 것이다.

필자의 주장은 소옹과 주희, 래지덕 등등의 전통적인 해석과 완전히 다르다. 필자는 '八卦相錯' 뒤에 두 구절이 떨어져 나갔다고 생각한다. '八卦相錯' 한 구절만으로는 문장이 구성되지 않으며 또 뒤 구절의 '數往者順'과 내용이 연결되지 않기 때문이다. 필자는 긴 세월 이 문장을 읽을 때마다 문장이 매끄럽게 연결되지 않아 항상 의혹을 가지고 있었다. 필자는 다음과 같이 두 구절을 만들어 넣었다.

八卦相錯, 或應或敵, 遂知來物.
팔괘는 서로 뒤섞여 혹은 호응하고 혹은 대립하며
마침내 미래의 일을 알려준다.

이렇게 하면 문장이 무난하지 않을까 생각한다. 시초를 셈하여 한 괘를 얻으면 위 아래 괘는 '天地' 혹은 '山澤' 혹은 '雷風' 혹은 '水火' 등과 같이 팔괘 가운데 두 괘이며, 이렇게 팔괘가 뒤섞여(八卦相錯) 팔괘의 상이 '天地' 혹은 '山澤'처럼 서로 호응하기도 하고, '雷風' 혹은 '水火'와 같이 서로 대립하기도 하며(或應或敵), 이러한 상을 가지고 마침내 미래의 일을 알려준다는 것이다(遂知來物). 이렇게 되어야 앞의 구절을 받아서 뒤의 구절로 이어져 문맥이 순조롭게 연결된다.

셋째 단락…역은 미래의 일을 점치는 것이다.

數往者順, 知來者逆, 是故易逆數也.
지나간 것을 셈하는 것은 (자연에) 순응하는 것이고,
올 것을 아는 것은 (자연을) 거스르는 것이니,
그러므로 역은 거스르는 것을 셈하는 것이다.

1. 지나간 것을 셈함.

數往者順

'수數'는 시초를 셈하는 것, 즉 주역점을 치는 것이다. '왕자往者'는 지나간 일이다. '수왕자數往者'는 지나간 일을 점치는 것이다. '순順'은 명사이며, 순응하는 것이라는 뜻이다. 이미 있은 일이므로 '순順'이라고 한 것이다. '수왕자순數往者順'은 지나간 것을 셈하는 것은 순응하는 것이라는 말이다. 과거를 점치는 것은 이미 지나간 일이므로 자연에 순응하는 것이라는 말이다. 그런데 지나간 일은 점을 칠 필요가 없다. 바로 뒤 구절 '知來者逆'과 짝으로 들어 문장을 전개한 것이다. 「계사」에 같은 형식이 기록되어 있다.

① 神以知來, 知以藏往. (상·11장)
   시초의 신묘함으로 미래의 일을 알고,
   괘의 지혜로움으로 지나간 일을 간직한다.

② 夫易, 彰往而察來. (하·6장)
   무릇 역은 지나간 일을 밝히고 미래의 일을 살핀다.

'장왕藏往'은 '지래知來'의 짝으로, '창왕彰往'은 '찰래察來'의 짝으로 쓰였을 뿐 어떤 의미를 가진 것이 아니다.

2. 올 것을 점쳐 앎.

知來者逆

'지知'는 예지의 지知이며, 점을 쳐서 아는 것이다. '내자來者'는 앞으로 올 일이다. '지래자知來者'는 앞으로 올 것을 아는 것이다. '역逆'은 명사이며, 거스르는 것이라는 뜻이다. 앞으로 일어날 일, 미래의 일, 아직 있지 않은 일이므로 '역逆'이라고 한 것이다. '지래자역知來者逆'은 올 것을 점쳐 아는 것은 거스르는 것이라는 말이다. 미래의 일을 미리 아는 것은 천기누설이요, 자연을 거스르는 것이라는 말이다.
'순順'과 '역逆'의 개념은 『맹자』에서 가져온 것이다.

하늘에 순응하는 자는 살고, 거스르는 자는 죽는다.

順天者存, 逆天者亡. (「離婁」 상)

제3장의 '순順'과 '역逆'은 자연에 순응하고 자연을 거스르는 것이다. 지나간 일을 점치는 것은 이미 있은 일이므로 자연에 순응하는 것이고, 앞으로의 일을 점치는 것은 천기누설이므로 자연을 거스르는 것이라는 말이다.

3. 역은 미래의 일을 점치는 것임.

是故易逆數也

'역易'은 주역점을 가리킨다. '역수逆數'는 거슬러 셈한다는 뜻이다. '역역수야易逆數也'는 역은 거슬러 셈하는 것이라는 말이다. 필자는 이 구절이 '역수역야易數逆也'가 되어야 바르다고 생각한다. 이렇게 되어야 주+술+목이 되어 반듯하게 된다. '易'은 주어이며 주역점이고, '數'는 동사이며 헤아리다, 셈한다는 뜻이고, '逆'은 명사이고 목적어이며, 내자來者이고, 앞으로 올 일, 미래의 일이다. '수역數逆'은 역逆을 셈하는 것, 아직 있지 않은 일을 점친다는 뜻이다. '역수역야易數逆也'는 역은 거스르는 것을 셈하는 것이다, 즉 주역점은 미래의 일을 점치는 것이라는 말이다. 이렇게 해석이 되어야 제3장 문장 전체가 반듯하게 된다. 필자의 주장이 맞을 것이다.

'數往者順, 知來者逆, 是故易逆數也' 세 구절에 대한 해석이 분분하다. 필자는 『역전해설』(2012년)에 중요한 주석가들의 해설을 자세히 기록해 두었는데, 이들 주장은 제각기 타당하나, 필자는 이들을 전혀 취하지 않고 문장 그대로 해석하였다. 지금 중요한 주석가들의 해석을 소개하겠다.

1. 한강백의 해석

역은 팔괘가 서로 뒤섞이니, 변화의 이치가 갖추어졌다. 지나간 일은 순응하여 알고, 올 일은 거슬러서 셈한다.

易八卦相錯, 變化理備. 於往則順而知之, 於來則逆而數之. (『周易注』)

한강백은 '순順'과 '역逆'을 짝으로 여기고, '순'은 순응하여 아는 것, '역'은 거슬러서 셈하는 것으로 해석하였다.

2. 공영달의 해석

역의 쓰임은, 사람이 지나간 일을 셈하여 알고자 하면 역은 곧 지난 일에 순응하여 알려 준다. 사람이 미래의 일을 셈하여 알고자 하면 역은 곧 미래의 일을 거슬러 셈하여 준다. 그러므로 성인이 이 역도를 사용하여, 거슬러 셈하여 미래의 일을 아는 것이다
易之爲用, 人欲數知旣往之事者, 易則順后而知之. 人欲數知將來之事者, 易則逆前而數之. 是故聖人用此易道, 以逆數知來事也. (『周易正義』)

공영달은 한강백의 해석을 더욱 자세히 설명하였다.

3. 소옹邵雍(1011~1077)의 해석

'천지정위' 이 한 절은 복희 팔괘를 밝힌 것이다. '팔괘(상착)'는 팔괘가 서로 뒤섞여 육십사괘를 이루는 것을 밝힌 것이다. '수왕자순'이라는 것은 하늘에 순응하여 행함과 같은 것이니 왼쪽으로 돌아가는 것이며, 모두 이미 생하여진 괘이므로 '지난 것을 셈한다'고 말한 것이다. '지래자역'이라는 것은 하늘을 거슬러 행함과 같은 것이니 오른쪽으로 운행하는 것이며, 모두 아직 생하지 않은 괘이므로 '올 것을 안다'고 말한 것이다. 무릇 역의 수는 거슬러 셈하는 것으로부터 이루어진다. 이 한 절은 그림의 뜻을 바로 해석하였으니, 사계절이 오는 것을 거슬러 아는 것을 말한 것과 같다.
天地定位一節, 明伏羲八卦也. 八卦者, 明交相錯而成六十四卦也. 數往者順, 若順天而行, 是左旋也, 皆已生之卦也, 故云數往也. 知來者逆, 若逆天而行, 是右行也, 皆未生之卦也, 故云知來也. 夫易之數, 由逆而成矣, 此一節直解圖意, 若逆知四時之謂也. (『皇極經世書』卷七上「先天象數第二」)

소옹은 '선천(복희)팔괘방위'의 그림을 가지고 해석하였다. 이 그림은 건과 곤이 각각 남쪽과 북쪽에 자리를 정하고 있다. 간과 태는 각각 서북쪽과 동남쪽에 서로 기를 통하고 있으며 진과 손은 각각 동북쪽과 서남쪽에서 서로 근접하고 있고, 리와 감은

각각 동쪽과 서쪽에 자리하여 서로 꺼리지 아니한다. '순順'은 지나간 것을 셈하는 것을 가리킨다. 지나간 것을 셈할 때 오늘을 기준으로 하여 어제 그저께라고 말하는 것처럼 가까운 것에서부터 먼 것으로 지나간 것을 셈하므로 '순'이라고 한 것이다.『역위易緯』에서 "하늘은 왼쪽으로 돌고 땅은 오른쪽으로 돈다"고 하여 당시에는 천도는 좌선左旋한다고 믿었고, '선천(복희)팔괘방위'의 건·태·리·진 네 괘의 배열이 그림의 왼쪽 방향으로 돌아가면서 배열되어 있기 때문에 "하늘에 순응하여 왼쪽으로 돌아간다"고 한 것이다. 주희의 말처럼, 진은 동지에 해당되고 리와 태는 춘분에 해당되며 건은 하지에 해당되는데, 동지와 춘분과 하지는 그 순서대로 이미 지나간 것이므로 그 괘는 이미 생하여진 괘가 된다. 이 생하여진 괘의 셈은 이미 지나간 것이므로 '지나간 것을 셈함(數往)'에 해당된다. '역逆'은 앞으로 올 것을 아는 것을 가리킨다. 앞으로 올 것을 헤아릴 때 오늘을 기준으로 내일 모레라고 말하는 것처럼 가까운 것에서 먼 것으로 앞으로 올 것을 헤아리므로 '역'이라고 한 것이다. '하늘을 거스른다'는 것은 하늘은 좌선하나 이에 거스르는 것은 우선右旋하는 것이다. 그림에서 손·감·간·곤 네 괘가 그림의 오른쪽 방향으로 돌아가면서 배열되어 있기 때문에 "하늘을 거슬려 오른쪽으로 돌아가는 것"이라고 한다. 손은 하지에 해당되고 감과 간은 추분에 해당되며 곤은 동지에 해당되는데, 하지와 추분과 동지는 차례대로 앞으로 올 것이므로 그 괘는 '아직 생하지 않은 괘'가 된다. 이 생하지 않은 괘의 헤아림은 아직 생하여진 것이 아니므로 '올 것을 앎(知來)'에 해당되는 것이다.『역』이라는 책은 미래를 알고자 하는 것이므로 '거슬러 셈하는 것으로부터부터 이루어진다'고 한 것이다. 소옹의 이러한 해석은 뒷사람들에게 깊은 영향을 끼쳤다. 소옹의 '선천팔괘방위'는 주희의『역학계몽』과『주역본의』에 '복희팔괘방위'라는 이름으로 실려 있는데 그림은 다음과 같다.

송대 도서역圖書易에서 '복희팔괘' 혹은 '문왕팔괘'라고 명명한 사람은 북송의 소옹이다. '복희팔괘차서', '복희팔괘방위', '복희육십사괘차서', '복희육십사괘방위' 등 복희 4그림과 '문왕팔괘차서', '문왕팔괘방위' 등 문왕 2그림은 모두 소옹이 그렸다. 지금 전해오는 그림은 주희의『역학계몽』과『주역본의』에 실려 있는 그림이다. 이러한 그림은 송대 도서역에서 다뤄야 하며, 이 그림을 가지고 주나라 초기에 쓰인 괘효사를 해석한다든가, 전국 후기에 쓰인『역전』을 해석하는 것은 전혀 사리에 맞지 않으며 잘못된 것이다. 도서역을 연구하고자 하는 사람은 ①북송 유목劉牧의『역수구은도易數鉤隱圖』, ②남송 주희朱熹의『역학계몽易學啓蒙』, ③청 호위胡渭의『역도명변易圖明辨』, ④청 강영江永의『하락정온河洛精蘊』등 4권의 책을 기본으로 읽어야 한다.

4. 주희의 해석

진괘에서 시작하여 리괘, 태괘를 거쳐 건괘에 이르는 것은 이미 생한 괘를 셈하는 것이고, 손괘에서 감괘, 간괘를 거쳐 곤괘에 이르는 것은 아직 생하지 않은 괘를 미루는 것이다. 역이 괘를 생하는데, 건·태·리·진·손·감·간·곤을 순서로 하므로 모두 역수이다

起震而歷離兌以至於乾, 數已生之卦也. 自巽而歷坎艮以至於坤, 推未生之卦也. 易之生卦, 則以乾兌離震巽坎艮坤爲次, 故皆逆數也. (『周易本義』)

'선천팔괘방위'에서 왼쪽 부분의 진·리·태·건은 이미 생한 괘를 셈하는 것이고 이것을 '순'이라 하고, 오른쪽 부분의 손·감·간·곤 아직 생하지 않은 괘를 셈하는 것이고 이것을 '역'이라고 하였다. 팔괘는 건·태·리·진을 순서로 하는데, 진·리·태·건으로 되어 있으므로 손·감·간·곤과 더불어 모두 '역수逆數'라고 한 것이라는 말이다.

5. 래지덕의 해석

건1, 태2, 리3, 진4의 선천도 앞부분의 네 괘는 지나간 것이고, 손5, 감6, 간7, 곤8의 선천도 뒷부분의 네 괘는 오는 것이다. '수왕자순'은 선천도의 앞부분 네 괘를 셈하는 것이니, 건1에서 진4에 이르며, 간 것이 순서대로인 것이다. '지래자역'은 선천도 뒷부분 네 괘를 아는 것이니, 손5에서 곤8에 이르며, 올 것이 거스르는 것이다.

'시고역역수'는 착괘를 따라 말한 것이니, 역은 거슬러 셈한다는 것은 손5는 진4 다음에 있지 않고, 건1 다음에 있는 것이다.

乾一, 兌二, 離三, 震四, 前四卦爲往. 巽五, 坎六, 艮七, 坤八, 後四卦爲來. 數往者順, 數圖前四卦, 乾一至震四, 往者之順也. 知來者逆, 知圖後四卦, 巽五至坤八, 來者之逆也. 是故易逆數者, 言因錯卦之故, 所以易逆數, 巽五不次于震四, 而次于乾一也. (『周易集註』)

래지덕은 '역수'를 착괘를 가지고 해석하였는데, 진4와 손5는 착괘이나, 선천도 그림에서 진4 다음에 손5가 배열되지 않고, 건1 다음에 배열된 것으로 해석하였다.

6. 왕부지의 해석

위에서 아래로 내려오는 것을 순응하는 것이라 하고, 아래에서 위로 올라가는 것을 거스르는 것이라 한다. 괘상이 순응하고 거스르니, 수 또한 이를 따른다. 수는 그 상을 헤아리는 것이다. 상이 이미 이루어지면 수는 정해진다. 먼저 그 총수를 기록하고, 뒤에 별수를 기록하니, 하도의 55의 전수에 따라 뒤에 1과 6, 2와 7, 3과 8, 4와 9, 5와 10의 별수를 미루는 것과 같다. 많은 곳에서 적은 것으로 가는 것이 순응하여 셈하는 것이다.

從上而下謂之順, 從下而上謂之逆, 象之順逆, 數亦因之. 數者, 數其象也. 象之已成, 而數定矣. 則先記其總, 而後記其別, 如河圖因五十有五之全數, 而後推一六二七三八四九五十之分, 自多而寡, 順數之也.

만약 없는 것에서 있는 것으로 가서 점차 쌓아 상을 이루는 것, 즉 일이 있은 후에 이가 있고, 이렇게 하여 많은 것에 이르면, 장차 잠시 적은 것을 따라 일어나는 것을 거슬러 아는 것이니, 거슬러 셈하는 것이다.

若由未有而有, 以漸積而成象, 則有一而後有二, 以至於多, 逆知其將有而姑從少者以起也, 逆數之也.

많은 것으로 적은 것을 통괄하고, 위에서 아래로 내려오는 것은 순응하는 것이고, 적은 것에서 많은 것을 낳고, 아래에서 위로 쌓는 것은 거스르는 것이다. 그러므로 지나간 것을 셈하는 것은 반드시 순응하는 것이고, 올 것을 아는 것은 반드시 거스르는 것이다.

多以統少, 自上而下, 順也. 少以生多, 自下積上, 逆也. 故數往者必順, 而知來者必逆,

　역은 미래의 득실과 길흉을 점치는 것이므로 그 괘획이 처음에서 둘째로, 둘째에서 점차 위로 가서 꼭대기에 이르니, 쌓아서 괘를 이룬다. 건괘 처음 효가 구를 얻고, 점차 더하여 18이 되고, 54에 이르니, 꼭대기에 이르러 상이 곧 이루어지는 것이다. 아래는 일의 시작이고, 위에는 일이 이루어지는 것이니, 본말과 효능의 순서는 자연의 이치이다.

易以占未來之得失吉凶, 故其畫自初而二, 以至於上, 積之而卦成. 乾初得九, 增而十八, 以至於五十四, 迄乎上而象乃成, 下者事之始, 上者事之成, 本末功效之序, 自然之理也.

　선유는 모두 지나간 일을 쉽게 아는 것이 순응하는 것이고, 미래의 일을 아는 것을 거스르는 것이라고 말하니, 대개 이 뜻이다. 소자가 처음으로 이설을 말하여 어지럽게 하였으니, 잘못된 것이다.

先儒皆謂已往而易見爲順, 未來而前知爲逆, 蓋此義也. 邵子始爲異說以亂之, 非是. (『周易內傳』)

　그는 많은 것에서 적은 것으로 나아가는 것을 '순順'이라 하고, 적은 것에서 많은 것이 일어나는 것을 '역逆'이라고 하였다. 또 괘획으로 '순'과 '역'을 설명하였는데, 위에서 아래로 내려오는 것은 '순'이고, 아래에서 위로 올라가는 것은 '역'이라 하고, 역은 미래를 점치는 것이므로 아래에서 위로 올라가는 것이 자연의 이치라고 하였다.

7. 호병문胡炳文의 해석

　여러 유학자들의 해석은 모두 이미 지나가 쉽게 알 수 있는 것을 '순', 아직 오지 않아 앞으로 아는 것을 '역'이라고 말하였다. 역은 백성들이 사용하는 것보다 앞서는 것을 주로 하므로 '역은 역수'라고 하였다.

諸儒訓釋皆爲已往而易見爲順, 未來而前知爲逆. 易主於前民用, 故曰易逆數也. (『周易折中』)

8. 이광지의 해석

　본 절의 순과 역의 뜻을 두고, 주자와 소자는 각각 일설을 이루었다. 소자의 본뜻은 3음 3양을 뒤따라 셈하여 일음일양에 이르는 것이 '순'이고, 일음일양에서 점차 미루어 3음 3양에 이르는 것을 '역'이라고 한 것이다.

此節順逆之義, 朱子之意如此, 然與邵子本意, 各成一說. 蓋邵子本意, 以三陰三陽, 追數至一陰一陽處爲順, 自一陰一陽, 漸推至三陰三陽處爲逆.

　주자는 왼쪽의 4괘는 이미 생한 것을 셈하는 것이니 '순'이고, 오른쪽의 4괘는 생하지 않은 것을 미루는 것이니 '역'이라고 하였다. 두 설은 병존할 수 있으나 소자의 설이 두 장의 문의에서 더욱 일관된다.

朱子則謂左方四卦, 數已生者爲順, 右方四卦, 推未生者爲逆, 兩說可並存, 而邵子之說, 於此兩章文義, 尤爲貫串.

　'천지정위' 한 절은 건곤에서 진손까지 말한 것인데, 이것이 '수왕'이고, '뇌이동지' 한 절은 진손에서 건곤까지 말한 것인데, 이것이 '지래'이다. 이 세 구절은 위의 절을 이어서 아래 절을 일으킨 것이다.

天地定位一節, 自乾坤說到震巽, 是數往也. 雷以動之一節, 自震巽說到乾坤, 是知來也. 此三句, 是承上節以起下節. (『周易折中』)

　이광지는 아주 독특한 것을 주장하였다. 제3장의 '천지정위'조는 천·지·산·택·뇌·풍·수·화의 순으로 기록하였는데, 즉 건·곤·간·태·진·손·감·리의 순으로 배열된 것은 '지나간 것을 셈하는 것(數往)'이라 하고, 제4장의 '뇌이동지'조는 뇌·풍·우·일·간·태·건·곤의 순으로 기록하였는데, 즉 진·손·감·리·간·태·건·곤의 순으로 배열된 것은 '올 것을 아는 것(知來)'이라고 해석한 것이다. 그래서 이 세 구절(수왕자순, 지래자역, 시고역역수야)은 앞의 '천지정위'조를 이어서 아래의 '뇌이동지'조를 일으킨 것이라고 말한 것이다.

9. 마기창馬其昶(1855~1930)의 해석

　천하의 수는 일에서 시작하여, 일에서 이로, 이에서 삼으로, 이것에서 앞으로 셈하여 십, 백, 천, 만의 무궁함에 이른다. 적은 것에서 많은 것으로 이르니, 그 세는 순서에 따르므로 이것을 '수왕자순'이라고 한다.

天下之數始於一, 一而二, 二而三, 自是以往, 至於十, 百, 千, 萬之無窮, 由少而多, 其勢順, 是之謂'數往者順'. (『重定周易費氏學』)

먼저 대연의 수 50을 사용하여 28·32·36·24의 책수를 얻고, 책수에서 다시 7·8·9·6의 수를 얻으니, 음양 노소가 이로써 나누어진다. 많은 것에서 적은 것으로 이르니, 그 세는 거스르는 것이다. 역은 미래의 일을 거슬러 아는 것이므로 그 수는 또한 역수를 사용하는 것이다.

先用大衍五十之數, 以得二十八, 三十二, 三十六, 二十四之策數, 再由策數以得七八九六之數, 以陰陽老少以分, 自多以少, 其勢逆, 易以逆知來事, 故其數亦用逆數也. (같은 책)

마기창은 왕부지와 정반대로 말하였다. 적은 수에서 큰 수로 헤아려 나가는 것을 '순'이라 하고, 큰 수에서 적은 수로 셈하여 나아가는 것을 '역'이라 한다 하고, 대연의 수 50에서 7·8·9·6의 수를 얻으니, 이것으로 '역수逆數'를 해석하였다.

10. 상병화尙秉和(1870~1950)의 해석

'수왕자순'은 네 양괘를 말하고, '지래자역'은 네 음괘를 말한다. 양성은 강건하여 그 운행이 곧고, 안에서 밖으로 가니, 순행하는 것이므로 '간 것을 셈하는 것은 순'이라고 한 것이다. 음성은 거두어 감추고, 밖에서 안으로 오니, 역행하는 것이므로 '올 것을 아는 것은 역'이라고 한 것이다.

數往者順, 謂四陽卦. 知來者逆, 謂四陰卦. 陽性强健其動直, 自內往外, 順行, 故曰數往者順. 陰性斂嗇閉藏, 自外來內, 逆行, 故曰知來者逆.

'역逆'은 만나다는 뜻의 영迎이다. 양이 가면 음이 와서 자연스럽게 서로 만나니, 서로 만난 후에 서로 교합하여 역도는 곧 이루어지므로 '역은 거슬러 셈하는 것'이라고 한 것이다. 양이 음을 만나고 음이 양을 만나므로 자리를 정하고, 기를 통하며, 서로 호응하고, 서로 싫어하지 않는 것이다. 이것은 거듭 팔괘가 서로 뒤섞이는 이치를 말한 것이다. 서로 섞이므로 음양은 서로 만날 수 있고, 서로 섞이지 않으면 음은 음이고 양은 양이니, 어찌 서로 마주쳐 교합할 수 있겠는가.

逆, 迎也. 陽往陰來, 自然相遇, 相遇然後相交, 易道乃成, 故曰易逆數也. 言陽逆陰, 陰逆陽, 故能定位, 通氣, 相薄, 不相射也. 此仍言八卦相錯之理. 相錯故陰陽能相逆, 不相錯則陰自陰陽自陽, 胡能相値而相交哉. (『周易尙氏學』)

11. 굴만리는 "역은 점으로 미래의 일을 아는 것이다(易者, 占事知來). 그러므로 '역수'라고 하였다(故曰逆數). 역은 괘효를 셈하는데(其數卦爻), 아래에서 위로 이른다(則由下而上)"라고 하였다. (『周易集釋初稿』)

12. 고형은 다음과 같이 주장하였다.

역괘의 여섯 효는 그 순서가 위에서부터 아래로 셈을 하니, 이것은 순수順數이다. 지금 아래로부터 위로 셈을 하니, 이것은 역수逆數이다. 여섯 효는 어떻게 아래로부터 셈을 하는 역수인가? 역괘를 사용하여 미래의 일을 점쳐 알기 때문이다. 사람이 지나간 것을 셈하는 것은 모두 먼 것에서 가까운 것을 셈한다. 예를 들면, 하夏, 상商, 주周, 진秦, 한漢이 그것이다. 먼 것에서 가까운 것을 셈하는 것은 순수順數이다. 그러므로 '지나간 것을 셈하는 것은 순이다(數往者順)'고 한 것이다. 사람이 올 것을 아는 것은 모두 가까운 것에서 먼 것을 안다. 예를 들면, 지금부터 일 년, 이 년, 삼 년, 사 년이 그것이다. 가까운 것에서 먼 것을 아는 것은 역수逆數이다. 그러므로 '올 것을 아는 것은 역이다(知來者逆)'고 한 것이다. 『역경』을 가지고 점을 치는 것은 올 것을 아는 데 있으니, 그래서 여섯 효는 역수이다. 이 세 구절은 당연히 앞의 문장 '고역육위이성장故易六位而成章' 아래에 있어야 한다. 죽간이 잘려나가 여기에 잘못 놓이게 되었다.

易卦六爻, 其順序如自上而下數之, 是順數也; 今自下而上數之, 是逆數也. 六爻何爲逆數哉? 因用易卦以占知來事也. 人之數往者皆自遠而近, 如云'夏, 商, 周, 秦, 漢'是也. 自遠而近, 是順數也, 故曰··'數往者順.' 人之知來者皆自近而遠, 如云'今後一年, 二年, 三年, 四年'是也. 自近而遠, 是逆數也, 故曰··'知來者逆,' 用易經占事, 在于知來, 所以六爻逆數. 亨按此三句當在前文'故易六位而成章'句下, 蓋斷簡誤置此處. (『周易大傳今注』611쪽)

13. 진고응은 "『백서』「역지의」에는 '天地定位, 山澤通氣, 水火相射, 雷風相榑'으

로 되어 있는데, 곧 건곤·간태·감리·진손의 순서이다. '순順'은 육자괘의 순서가 어린 것에서 나이 많은 것으로 순서대로 셈하여 내려가는 것이고('順', 是指六子卦序由少至長順數下去), '역逆'은 육자괘의 순서가 나이 많은 것에서 어린 것으로 거슬러 올라가는 것이다('逆', 是指六子卦序由長至少逆推上來)"라고 하였다. (『周易注譯與硏究』)

14. 이상, 이들의 주장은 제각기 타당하나, 필자는 이들을 전혀 취하지 않고 문장 그대로 해석하였다. 즉 '數往者順'의 '수數'는 시초를 셈하는 것, 즉 점을 치는 것이다. '왕자往者'는 지나간 일이다. '순順'은 순응한다는 뜻이며, 이미 있은 일이므로 '순順'이라고 한 것이다. 지나간 것을 점치는 것은 자연에 순응하는 것이라는 말이다. '知來者逆'의 '지知'는 점을 쳐서 아는 것이다. '내자來者'는 앞으로 올 일, 미래의 일이다. '역逆'은 거스른다는 뜻이며, 앞으로 일어날 일, 아직 있지 않은 일이므로 '역逆'이라고 한 것이다. 올 것을 점쳐 아는 것은 자연을 거스르는 것이라는 말이다. 즉 미래의 일을 아는 것은 천기누설이며, 주역점은 미래의 일을 알려주므로 자연을 거스른다고 한 것이다. '역역수야易逆數也'는 '역수역야易數逆也'로 읽어야 바르다. '역易'은 주역점을 가리키며, '수數'는 셈한다, 헤아린다, '역逆'은 거스르는 것, 즉 미래의 일을 아는 것이다. '수역數逆'은 역逆을 셈한다, 아직 있지 않은 일을 점친다는 뜻이다. 즉 주역점은 앞으로 일어날 일을 점치는 것이라는 말이다. "지나간 것을 점치는 것은 순응하는 것(順)이고, 올 것을 점쳐 아는 것은 거스르는 것(逆)이니, 그러므로 주역점은 앞으로 일어날 일을 점치는 것이다"라는 말이다. 필자의 해석이 「설괘」의 본뜻일 것이다.

여기까지가 제3장이다. 본장의 주제는 주역점이며, 모두 3단락으로 구성되어 있다.

첫째 단락은 팔괘의 상을 가지고 서로 호응하고 대립하는 것을 말하였다. '천지天地'와 '산택山澤'은 서로 호응하며, '뇌풍雷風'과 '수화水火'는 서로 대립한다.

둘째 단락은 시초를 셈하여 얻은 한 괘에서 팔괘는 서로 뒤섞여 호응하고 대립하면서 마침내 미래의 일을 알려주는 것을 말하였다.

셋째 단락은 주역점은 미래의 일을 점치는 것임을 말하였다.

하늘과 땅이 위아래에 자리를 정하여 호응하고, 산과 못이 서로 기운을 통하여 호응한다. 우레와 바람이 서로 싸우니 대립하며, 물과 불이 서로 극하여 대립한다. 시초를 셈하여 얻은 한 괘에서 팔괘는 서로 위아래에 뒤섞여 있으니, 위아래의 팔괘는 혹은 서로 호응하기도 하고 혹은 서로 대립하기도 하며 마침내 미래의 일을 알려준다. 지나간 것을 셈하는 것은 이미 과거의 일을 점치는 것이므로 자연에 순응하는 것이고, 올 것을 아는 것은 미래의 일을 점치는 것이므로 자연을 거스르는 것이니, 그러므로 역은 거스르는 것을 셈하는 것, 즉 미래의 일을 점치는 것이다.

　여기까지, 「설괘」의 앞부분 세 장은 『백서』 「충」에 기록되어 있으니 본래 「계사」에 있어야 할 문장이다. 다음 제4장부터가 정말 「설괘」이며, 모두 '상수'를 말하였다.

雷以動之, 風以散之, 雨以潤之, 日以烜之. 艮以止之, 兌以說之,
乾以君之, 坤以藏之.

제4장은 팔괘의 괘상의 효용을 설명하였다.

1. 괘상을 들어 말함.
   ① 雷以動之 … 우레로써 움직이게 함.
   ② 風以散之 … 바람으로써 흩어지게 함.
   ③ 雨以潤之 … 비로써 윤택하게 함.
   ④ 日以烜之 … 해로써 마르게 함.

2. 괘명을 들어 말함.
   ① 艮以止之 … 간으로써 머물게 함.
   ② 兌以說之 … 태로써 기쁘게 함.
   ③ 乾以君之 … 건으로써 다스리게 함.
   ④ 坤以藏之 … 곤으로써 저장하게 함.

雷以動之, 風以散之, 雨以潤之, 日以烜之. 艮以止之, 兌以說之, 乾以君
之, 坤以藏之.
우레로써 움직이게 하고, 바람으로써 흩어지게 하고, 비로써 윤택하게 하고, 해로써
마르게 한다. 간으로써 머물게 하고, 태로써 기쁘게 하고, 건으로써 다스리게 하고,

곤으로써 저장하게 한다.

雷以動之

'뇌雷'는 진震(☳)의 괘상이다. '이以'는 개사이며, 용用의 뜻이다. 동動은 고동하다, 고무하다는 뜻이다. '지之'는 만물을 가리킨다. 우레가 만물을 움직이게 한다는 말이다. 만물의 생육을 고무한다는 것이다. 제7장에 괘덕을 말하면서 "진은 움직임(震, 動也)"이라고 하였다.

風以散之

'풍風'은 손巽(☴)의 괘상이다. '이以'는 개사이며, 용用의 뜻이다. '산散'은 흩는다는 뜻이다. '지之'는 만물을 가리킨다. 바람이 만물을 흩어 자라나게 한다는 말이다.

雨以潤之

'우雨'는 감坎(☵)의 괘상이다. '이以'는 개사이며, 용用의 뜻이다. '윤潤'은 윤택하다는 뜻이다. '지之'는 만물을 가리킨다. 비가 만물을 윤택하게 하여 자라나게 한다는 말이다.

日以烜之

'일日'은 리離(☲)의 괘상이다. '이以'는 개사이며, 용用의 뜻이다. '훤烜'은 따뜻하다는 뜻의 난暖이다. 『석문』에는 '훤暄'으로 되어 있는데, 경방은 "'훤暄'은 마르다는 뜻의 건(京云 乾也)"이라고 하였다. 햇빛에 말리는 것이다. '지之'는 만물을 가리킨다. 해가 만물을 마르게 한다는 말이다.

이상 네 구절은 괘상을 사용하였고 괘명을 사용하지 않았다.

艮以止之

'간艮'(☶)의 괘상은 산이다. '이以'는 개사이며, 용用의 뜻이다. '지止'는 멈춘다는 뜻이다. '지之'는 만물을 가리킨다. 산은 만물을 머물게 한다는 말이다. 옛날에는 산에 먹을 것이 있어 사람도 짐승도 머물러 살았다. 제7장에 괘덕을 말하면서 "간은 멈춤(艮, 止也)"이라고 하였다.

兌以說之

'태兌'(≡)의 괘상은 못이다. '이以'는 개사이며, 용用의 뜻이다. '열說'은 기쁘다는 뜻의 열悅이다. '지之'는 만물을 가리킨다. 못은 만물을 기쁘게 한다는 말이다. 옛날 농경사회에서 못의 물은 생명이었다. 제7장에 괘덕을 말하면서 "태는 기뻐함(兌, 說也)"이라고 하였다.

乾以君之

'건乾'(≡)의 괘상은 하늘이다. '이以'는 개사이며, 용用의 뜻이다. '군君'은 술어이며, 임금 노릇하다, 다스리다는 뜻이다. 고형은 '군림하다'는 뜻으로 해석하였다. '지之'는 만물을 가리킨다. 하늘이 만물을 다스린다는 말이다. 래지덕은 "건은 만물을 만든 주인이어서 사물에 있어 거느리지 않는 것이 없다(乾則爲造物之主, 而于物无所不統)"라고 하였는데, '군君'을 만물의 주재자로 해석하였다.

坤以藏之

'곤坤'(≡≡)의 괘상은 땅이다. '이以'는 개사이며, 용用의 뜻이다. '장藏'은 저장하다는 뜻이다. '지之'는 만물을 가리킨다. 땅이 만물을 수용하여 저장한다는 말이다.

이상 네 구절은 괘명을 사용하였지 괘상을 사용하지 않았다.

여기까지가 제4장이다. 공영달은 "앞의 네 구절은 상을 들은 것이고, 뒤의 네 구절은 괘를 들은 것이다(上四擧象, 下四擧卦)", 주희는 "'뇌이동지雷以動之' 아래의 네 구절은 상의 뜻을 취한 것이 많으므로 상으로 말하였고, '간이지지艮以止之' 아래의 네 구절은 괘의 뜻을 취한 것이 많으므로 괘로 말하였다('雷以動之'以下四句, 取象義多, 故以象言. '艮以止之'以下四句, 取卦義多, 故以卦言)"라고 하였다. 앞의 네 구절은 괘상을 취하여 말한 것이고, 뒤의 네 구절은 괘의를 취하여 말한 것이다. 본장에서 팔괘의 배열순서는 진·손·감·리·간·태·건·곤의 순이다. 진·감·간·건은 양괘, 손·리·태·곤은 음괘이다.

이상 여덟 구절은 팔괘가 상징하는 여덟 사물의 효용을 설명하였다. 즉 우레는 만물을 움직이게 하고, 바람은 만물을 흩어지게 하고, 비는 만물을 윤택하게 하고, 해는 만물을 마르게 한다. 간은 만물을 머물게 하고, 태는 만물을 기쁘게 하고, 건은 만물을 다스리고, 곤은 만물을 저장한다는 것이다.

제5장

帝出乎震, 齊乎巽, 相見乎離, 致役乎坤, 說言乎兌, 戰乎乾, 勞
乎坎, 成言乎艮. 萬物出乎震, 震, 東方也. 齊乎巽, 巽, 東南也.
齊也者, 言萬物之絜齊也. 離也者, 明也, 萬物皆相見, 南方之卦
也. 聖人南面而聽天下, 嚮明而治, 蓋取諸此也. 坤也者, 地也,
萬物皆致養焉, 故曰致役乎坤. 兌, 正秋也, 萬物之所說也, 故曰
說言乎兌. 戰乎乾, 乾, 西北之卦也, 言陰陽相薄也. 坎者, 水也,
正北方之卦也, 勞卦也, 萬物之所歸也, 故曰勞乎坎. 艮, 東北之
卦也, 萬物之所成終, 而所成始也, 故曰成言乎艮.

제5장은 팔괘를 여덟 방위와 계절에 배합하여 자연의 변화를 설명하였다. 2단락
으로 구성되어 있다.

첫째 단락…만물이 진에서 나와 간에서 이루는 과정의 대강을 말하였다.
① 帝出乎震…만물은 진에서 나옴.
② 齊乎巽…손에서 가지런함.
③ 相見乎離…리에서 서로 드러남.
④ 致役乎坤…곤에서 길러짐.
⑤ 說言乎兌…태에서 기뻐함.
⑥ 戰乎乾…건에서 싸움.
⑦ 勞乎坎…감에서 피로함.
⑧ 成言乎艮…간에서 이룸.

둘째 단락… 만물이 진에서 나와 간에서 이루는 과정을 다시 자세히 설명하였다.

① 萬物出乎震, 震, 東方也.…진괘를 설명함.

② 齊乎巽, 巽, 東南也. 齊也者, 言萬物之潔齊也.…손괘를 설명함.

③ 離也者, 明也, 萬物皆相見, 南方之卦也. 聖人南面而聽天下, 嚮明而治, 蓋取諸此也.…리괘를 설명함.

④ 坤也者, 地也, 萬物皆致養焉, 故曰致役乎坤.…곤괘를 설명함.

⑤ 兌, 正秋也, 萬物之所說也, 故曰說言乎兌.…태괘를 설명함.

⑥ 戰乎乾, 乾, 西北之卦也, 言陰陽相薄也.…건괘를 설명함.

⑦ 坎者, 水也, 正北方之卦也, 勞卦也, 萬物之所歸也, 故曰勞乎坎.…감괘를 설명함.

⑧ 艮, 東北之卦也, 萬物之所成終, 而所成始也, 故曰成言乎艮.…간괘를 설명함.

첫째 단락… 만물이 진에서 나와 간에서 이루는 과정의 대강을 말하였다.

帝出乎震, 齊乎巽, 相見乎離, 致役乎坤, 說言乎兌, 戰乎乾, 勞乎坎, 成言乎艮.

만물은 진에서 나오고, 손에서 가지런하고, 리에서 서로 드러나고, 곤에서 길러지고, 태에서 기뻐하고, 건에서 싸우고, 감에서 피로하고, 간에서 이룬다.

帝出乎震

'제帝'에 대해 몇 가지 해석이 있다.

첫째, 조물주로 보는 것이다. 왕필은 "'제'는 만물을 낳는 주인이고, 자라나게 하는 근원이다(帝者, 生物之主, 興益之宗)"라고 하였다. '제帝'를 천지 만물을 주재하는 조물주로 파악한 것이다. 공영달은 이를 '천제天帝'라고 하였다. 유백민, 진고응도 조물주로 해석하였다.

둘째, 기氣로 보는 것이다. 『집해』에 최경은 "'제'는 하늘의 으뜸 기이다. 춘분에 이르면 진왕이니, 만물이 생겨난다(帝者, 天之王氣也, 至春分則震王, 而萬物生出)"라고 하였다. '제帝'를 만물을 주재하는 원기로 파악한 것이며, 팔괘의 '왕'으로 설명하였다.

셋째, 하늘로 보는 것이다. 유염은 "'제'는 곧 하늘이다. 이것이 만물을 주재하므로 제라고 한다(帝卽天也, 以其主宰萬物, 故謂之帝)”라고 하였고, 주희는 “제는 하늘이 주재하는 것이다(帝者, 天之主宰)”라고 하였다. 하늘이 만물을 주재한다는 말이다.

넷째, 고형은 “‘제출帝出’ 아래에 만물 두 글자를 생략하였다(‘帝出’下省萬物二字). ‘제帝’는 천제이다(帝, 天帝也). ‘제출호진’은 천제가 진에서 만물을 만들어 내었다는 말이지(帝出乎震, 謂天帝出萬物于震), 천제가 진에서 나온다는 말이 아니다(非天帝自出于震也). 뒤 구절에 ‘만물은 진에서 나온다’고 한 것이 그 증거이다(下文曰···‘萬物出乎震’卽其證)”라고 하였다. ‘천제天帝’는 우리말로 하느님이다.

다섯째, 필자는 ‘제帝’를 뒤 구절의 ‘만물출호진萬物出乎震’을 따라 ‘만물’로 해석하였다. ‘제帝’는 의인화하여 표현한 것일 뿐 별다른 의미를 지닌 것이 아니다. ‘제출호진帝出乎震’은 곧 ‘만물출호진萬物出乎震’이며, 만물은 진에서 나온다는 말이다. ‘진震’(☳)은 방위로는 동방이고, 계절로는 정춘正春이며, 절기로는 춘분春分이다. 만물은 여기에서부터 생겨난다. 필자의 해석이 「설괘」의 본뜻일 것이다.

齊乎巽

‘제齊’는 가지런하다는 뜻이다. ‘호乎’는 장소 또는 시간을 나타내는 개사이다. ‘손巽’(☴)은 방위로는 동남이고, 계절로는 춘말春末 하초夏初이며, 절기로는 입하立夏이다. 입하는 만물이 자라나는 절기이다. ‘제호손齊乎巽’은 만물은 손에서 가지런하게 자라난다는 말이다. 『집해』에 최경은 “입하는 손왕이니, 만물이 가지런한다(立夏則巽王, 而萬物絜齊)”라고 하였다.

相見乎離

‘현見’은 현現으로 읽으며, 나타나다, 드러난다는 뜻이다. ‘호乎’는 장소 또는 시간을 나타내는 개사이다. ‘리離’(☲)는 방위로는 남방이고, 계절로는 정하正夏이며, 절기로는 하지夏至이다. 하지는 만물이 자라나 그 형체가 드러나는 절기이다. ‘상현호리相見乎離’는 만물은 리에서 서로 드러난다는 말이다. 『집해』에 최경은 “하지는 리왕이니, 만물은 모두 서로 드러난다(夏至則離王, 而萬物皆相見也)”라고 하였다.

致役乎坤

‘치致’는 무엇을 하게 된다는 사역의 뜻이다. ‘역役’은 둘째 단락 ‘萬物皆致養焉’에서 기른다는 뜻의 양養으로 해석하였다. ‘치역致役’은 치양致養이며, 길러진다는 뜻이다. 고형은 『광아廣雅』 「석고釋詁」에 “역役은 돕는다는 뜻의 조助”라고 인용하고, “땅에서 도움을 얻는다(取到資助于地)"라고 해석하였다. '호乎'는 장소 또는 시간을 나타내는 개사이다. '곤坤'(☷)은 방위로는 서남이고, 계절로는 하말夏末 추초秋初이며, 절기로는 입추立秋이다. 입추는 만물이 익어가는 절기이다. '치역호곤致役乎坤'은 만물은 곤에서 길러진다는 말이다. 『집해』에 최경은 "입추는 곤왕이니, 만물은 길러진다(立秋則坤王, 而萬物致養也)"라고 하였다.

說言乎兌

'열說'은 기쁘다는 뜻의 열悅이다. '언言'은 어조사이며(굴만리), '언焉'으로 읽어야 한다(고형). '호乎'는 장소 또는 시간을 나타내는 개사이다. '태兌'(☱)는 방위로는 서방이고, 계절로는 정추正秋이며, 절기로는 추분秋分이다. 추분은 만물이 성숙하여 기뻐하는 절기이다. '열언호태說言乎兌'는 만물은 태에서 기뻐한다는 말이다. 『집해』에 최경은 "추분은 태왕이니, 만물은 기뻐한다(秋分則兌王, 而萬物所說)"라고 하였다.

戰乎乾

'전戰'은 싸운다는 뜻이다. 둘째 단락에서 이 구절을 설명하면서 "음양이 서로 싸우는 것을 말한다(言陰陽相薄也)"라고 하였다. '호乎'는 장소 또는 시간을 나타내는 개사이다. '건乾'(☰)은 방위로는 서북이고, 계절로는 추말秋末 동초冬初이며, 절기로는 입동立冬이다. 입동은 더위가 가고 추위가 오며, 만물 또한 강성하여 쇠퇴하니, 음양이 싸우는 절기이다. '전호건戰乎乾'은 만물은 건에서 싸운다는 말이다. 『집해』에 최경은 "입동은 건왕이니, 음양이 서로 싸운다(立冬則乾王, 而陰陽相薄)"라고 하였다.

勞乎坎

'노勞'는 피로하다는 뜻이다. '호乎'는 장소 또는 시간을 나타내는 개사이다. '감坎'(☵)은 방위로는 북방이고, 계절로는 정동正冬이며, 절기로는 동지冬至이다. 동지는 만물이 피로하여 휴식하며 봄을 기다리는 절기이다. '노호감勞乎坎'은 만물은 감에서 피로하다는 말이다. 『집해』에 최경은 "동지는 감왕이니, 만물이 감추는 곳이다(冬至則坎王, 而萬物之所歸也)"라고 하였다.

成言乎艮

'성成'은 이룬다는 뜻이다. '언言'은 어조사이며, '언焉'으로 읽어야 한다. '호乎'는 장소 또는 시간을 나타내는 개사이다. '간艮'(☶)은 방위로는 동북이고, 계절로는 동말冬

末 춘초春初이며, 절기로는 입춘立春이다. 입춘은 한 해가 끝나고 새로운 해가 시작하는 때이니, 만물은 여기에서 완성하며 또 새롭게 시작하는 절기이다. '성언호간成言乎艮'은 만물은 간에서 이룬다는 말이다. 『집해』에 최경은 "입춘은 간왕이니, 만물이 마침을 이루고 시작을 이루는 곳이다. 팔괘로써 두루 천하를 주재하니, 그러므로 '제'라고 말하였다(立春則艮王, 而萬物之所成終成始也. 以其周王天下, 故謂之帝)"라고 하였다.

「설괘」는 팔괘를 여덟 방위와 계절에 배합하였는데, 최경은 이를 다시 절기와 배합하였다. 이 여덟 구절은 대강을 말한 것이고, 둘째 단락에서 다시 한 구절씩 자세히 설명하였다. 다음 문장은 고형이 이미 자세히 해설하였으므로 그의 해설을 참고하여 기술하였다.

둘째 단락… 만물이 진에서 나와 간에서 이루는 과정을 다시 자세히 설명하였다.

萬物出乎震, 震, 東方也. 齊乎巽, 巽, 東南也. 齊也者, 言萬物之絜齊也. 離也者, 明也, 萬物皆相見, 南方之卦也. 聖人南面而聽天下, 嚮明而治, 蓋取諸此也. 坤也者, 地也, 萬物皆致養焉, 故曰致役乎坤. 兌, 正秋也, 萬物之所說也, 故曰說言乎兌. 戰乎乾, 乾, 西北之卦也, 言陰陽相薄也. 坎者, 水也, 正北方之卦也, 勞卦也, 萬物之所歸也, 故曰勞乎坎. 艮, 東北之卦也, 萬物之所成終, 而所成始也, 故曰成言乎艮.

만물은 진에서 나오니, 진은 동방이다. 손에서 가지런하니, 손은 동남이다. 가지런하다는 것은 만물이 가지런하다는 것을 말한다. 리는 밝음이니, 만물이 모두 서로 드러나는, 남방의 괘이다. 성인은 남쪽을 향하여 천하의 일을 듣고, 밝음을 향하여 다스리니, 대개 여기에서 취한 것이다. 곤은 땅이니, 만물이 모두 여기에서 길러지게 되므로 '곤에서 길러진다'고 말한 것이다. 태는 한가을이니, 만물이 기뻐하는 것이므로 '태에서 기뻐한다'고 말한 것이다. 건에서 싸우니, 건은 서북의 괘이며, 음양이 서로 싸우는 것을 말한다. 감은 물이니, 정북방의 괘이고, 피로한 괘이며, 만물이 감추는 곳이므로 '감에서 피로하다'고 말한 것이다. 간은 동북의 괘이니, 만물이 마침을 이루는 곳이고 또 시작을 이루는 곳이므로 '간에서 이룬다'고 말한 것이다.

萬物出乎震, 震, 東方也.

　　첫째 단락의 '제출호진帝出乎震'을 설명하였다. '萬物'은 첫째 단락에서 '제帝'이다. 『집해』에 우번은 "'출出'은 나오다는 뜻의 생生"이라고 하였다. '만물출호진萬物出乎震'은 만물은 진에서 나온다는 말이다. 「설괘」는 팔괘를 계절에 배합하였다. 고대의 역법에서 일 년 사계절은 모두 360일인데, 이것을 팔로 나누면 45일이 된다. 「설괘」는 일 년을 여덟 계절로 나누고 각 괘를 한 계절에 해당시켜 45일을 배정하였다. 진(☳)은 정춘正春 45일의 계절이다. 이 계절에는 만물이 모두 나온다. 또 팔괘를 여덟 방위에 배합하니, 진은 동방이다. "만물은 진에서 나오니, 진은 동방이다"라는 말이다.

齊乎巽, 巽, 東南也. 齊也者, 言萬物之絜齊也.

　　첫째 단락의 '제호손齊乎巽'을 설명하였다. '제齊'는 가지런하다는 뜻이다. '제호손齊乎巽'은 만물이 손에서 가지런하다는 말이다. 손(☴)은 춘말春末 하초夏初 45일의 계절이다. 이 계절에는 만물이 가지런하게 위로 자라난다. 또 손은 동남이다. 만물은 손에서 가지런하니, 손은 동남이라는 말이다.

　　「설괘」는 '제齊'자를 '결제絜齊'로 해석하여 '가지런한 것'이라고 하였다. '결絜'에 대해, 왕필 본에는 '絜'로 되어 있는데, 북송 호원의 『주역구의』와 남송 주희의 『주역본의』에는 '潔'로 되어 있다. 본래 '絜'로 되어 있는 것을 송유들이 뜻을 더욱 분명히 하기 위해 '潔'로 고쳐 썼음을 알 수 있다. '결絜'과 '결潔'은 음도 뜻도 같다. 『설문』 사부糸部에 "'결絜'은 삼 한 단이다. 사糸로 되어 있고, 계초는 성음이다(絜, 麻一耑也. 从糸, 初聲)"라고 하였는데, 단옥재는 주에서 "통속적으로 '결潔'로 쓰는데, 경전에는 '결絜'로 되어 있다(俗作潔, 經典作絜)"라고 하였다. '결潔'은 '제齊'와 뜻이 같다. '결제絜齊'는 '결제潔齊'이며 정제整齊의 뜻이다. '만물지결제야萬物之絜齊也'는 만물이 가지런하다는 말이다. "손에서 가지런하니, 손은 동남이다. 가지런하다는 것은 만물이 가지런하다는 것을 말한다"라는 것이다.

離也者, 明也, 萬物皆相見, 南方之卦也.

　　첫째 단락의 '상현호리相見乎離'를 설명하였다. '리야자離也者, 명야明也'는 리는 밝음이라는 말이다. 「설괘」 제11장에 "리는 해(離爲日)"라고 하였고, 『집해』에 우번은 "리는 해이고 불이니, 그러므로 밝음이다(離爲日爲火, 故明)"라고 하였다. 해가 천하를 밝게 비추므로 '리는 밝음'이라고 한 것이다. 리(☲)는 정하正夏 45일의 계절이다. 이 계절에는 초목이 모두 무성히 자라고 새와 짐승은 모두 나와 움직이며 곤충은 모두 나오니 만물은 서로 그 형체가 드러난다. '현見'은 현現으로 읽으며, 나타나다, 드러난다는 뜻이다. '만물개상현萬物皆相見'은 만물은 모두 서로 드러난다는 말이다. 또 리는 남방의 괘이다. "리는 밝음이니, 만물이 모두 서로 드러나는, 남방의 괘이다"라는 말이다.

聖人南面而聽天下, 嚮明而治, 蓋取諸此也.

'聖人'은 최고 통치자이다. '남면南面'은 남쪽을 향한다는 뜻이다. 옛날에 임금은 남면하고 신하는 북면하였다. 『집해』에 우번은 "리는 남방이므로 남면이다(離, 南方, 故南面)"라고 하였다. '청천하聽天下'는 천하의 일을 듣는 것이다. 임금은 남면하여 정사를 돌본다는 뜻이다. 『집해』에 우번은 '향嚮'을 '향向'으로 읽었다. 주희는 "향嚮은 향向으로 읽는다(嚮, 讀作向)"라고 하였다. '향명嚮明'은 밝음을 향한다는 뜻이다. '남면南面'이 곧 '향명嚮明'이다. '명明'은 리를 가리킨다. '향명이치嚮明而治'는 밝음을 향하여 다스린다는 말이다. '저諸'는 지之와 어於의 줄임말이다. '차此'는 리괘를 가리킨다. "성인은 남쪽을 향하여 천하의 일을 듣고, 밝음을 향하여 다스리니, 대개 리괘에서 취한 것이다"라는 말이다. 리는 밝음이고 남방인 것을 따라 상을 취한 것이다.

坤也者, 地也, 萬物皆致養焉, 故曰致役乎坤.

첫째 단락의 '치역호곤致役乎坤'을 설명하였다. '치致'는 무엇을 하게 된다는 사역의 뜻이다. '치양致養'은 길러진다는 말이다. 「설괘」는 '역役'을 기른다는 뜻의 양養으로 읽었다. '만물개치양언萬物皆致養焉'은 만물은 모두 길러지게 된다는 말이다. 곤(☷)은 하말夏末 추초秋初 45일의 계절이다. 이 계절에는 만물은 모두 땅에서 충분한 양분을 얻어 성장한다. "곤은 땅이니, 만물이 모두 여기에서 길러지게 되므로 '곤에서 길러진다'고 말하였다"라는 것이다. 또 곤은 서남이다. 「설괘」는 이것을 말하지 않았다.

兌, 正秋也, 萬物之所說也, 故曰說言乎兌.

첫째 단락의 '열언호태說言乎兌'를 설명하였다. '정추正秋'는 한가을이다. 태(☱)는 정추正秋 45일의 계절이다. 그러므로 '태는 한가을이다'고 한 것이다. '열說'은 기뻐하다는 뜻의 열悅로 읽는다. 이 계절에 만물은 모두 성장하여 기뻐한다. '만물지소열야萬物之所說也'는 만물이 기뻐하는 것이라는 말이다. '언言'은 어조사 '언焉'으로 읽는다. "태는 한가을이니, 만물이 기뻐하는 것이므로 '태에서 기뻐한다'고 말하였다"라는 것이다. 또 태는 서방이다. 「설괘」는 이것을 말하지 않았다.

戰乎乾, 乾, 西北之卦也, 言陰陽相薄也.

첫째 단락의 '전호건戰乎乾'을 설명하였다. '전호건戰乎乾'은 건에서 싸운다는 말이다. '박薄'은 친다는 뜻의 박搏자를 가차한 것이다. '음양상박陰陽相薄'은 음양이 서로 싸운다는 말이다. 건(☰)은 추말秋末 동초冬初 45일의 계절이다. 이 계절에는 음기와 양기가 서로 싸운다. 음양이 서로 싸우면 만물은 음양이 싸움하는 속에 있게 된다. 그러므로 '건에서 싸운다'고 말한 것이다. 또 건은 서북의 괘이다. "건에서 싸우니, 건은 서북의 괘이며, 음양이 서로 싸우는 것을 말한다"라는 것이다. 공영달은 "건은 서북방의 괘이고, 서북은 음지이며, 건은 순양이면서 여기에 있으니, 음양이 서로 싸우는 상이다(乾是西北方之卦, 西北是陰地, 乾是純陽而居之, 是陰陽相薄之象也)"라고 하였다.

坎者, 水也, 正北方之卦也, 勞卦也, 萬物之所歸也, 故曰勞乎坎.

첫째 단락의 '노호감勞乎坎'을 설명하였다. '노勞'는 피로疲勞이다. 『집해』에 우번은 "'귀歸'는 감춘다는 뜻의 장藏"이라고 하였다. 감(☵)은 물이며, 정북방의 괘이다. 또 감은 정동正冬 45일의 계절이다. 이 계절은 만물이 건에서 싸움한 후에 있으므로 모두 이미 피로하다. 따라서 감은 피로한(勞) 괘이다. 만물은 피로하므로 모두 돌아가 감추어 휴식을 취한다. "감은 물이니, 정북방의 괘이고, 피로한 괘이며, 만물이 감추는 곳이므로 '감에서 피로하다'고 말하였다"라는 것이다. 공영달은 "물은 밤낮 없이 흘러가니, 그래서 피로한 괘가 된다(水行不舍晝夜, 所以爲勞卦)"라고 하였다. 『백서』「충」 1.7에 '勞之卦'가 나오는데 감괘를 가리킨다.

艮, 東北之卦也, 萬物之所成終, 而所成始也, 故曰成言乎艮.

첫째 단락의 '성언호간成言乎艮'을 설명하였다. '소성종所成終'은 마침을 이루는 곳이라는 뜻이다. '이而'는 '차且'와 같다. '소성시所成始'는 시작을 이루는 곳이라는 뜻이다. 간(☶)은 동북의 괘이다. 또 간은 동말冬末 춘초春初 45일의 계절이다. 동말冬末은 만물이 마침을 이루는 때이며, 춘초春初는 만물이 시작을 이루는 때이다. "간은 동북의 괘이니, 만물이 마침을 이루는 곳이고 또 시작을 이루는 곳이므로 '간에서 이룬다'고 말하였다"라는 것이다.

제5장의 내용을 정리하면 다음과 같다.

① 팔괘를 방위에 배열함

震, 東方也.	진은 동방이다.
巽, 東南也.	손은 동남이다.
離也者, …… 南方之卦也.	리는 …… 남방의 괘이다.
坤也者, …….	곤은 …….
兌, …….	태는 …….
乾, 西北之卦也.	건은 서북의 괘이다.
坎者, …… 正北方之卦也.	감은 …… 정북방의 괘이다.
艮, 東北之卦也.	간은 동북의 괘이다.

「설괘」는 팔괘를 여덟 방위에 배열하면서, 곤坤과 태兌 두 괘만은 방위를 말하지 않았다. 그러나 순서대로 셈하면, 곤은 남방인 리괘의 뒤에 있으므로 서남西南이고, 태는 서남인 곤괘의 뒤, 서북인 건괘의 앞에 있으므로 서방西方인 것은 분명하다. 이 것을 정리하면 다음과 같다.

진 …… 동방.
손 …… 동남.
리 …… 남방.
곤 …… 서남.
태 …… 서방.
건 …… 서북.
감 …… 북방.
간 …… 동북.

여기에서 한 가지 주목해야 할 것은 "坎者, 水也, 正北方之卦也(감은 물이니, 정북방의 괘이다)"라고 하였는데, 이것이 오행 방위설에서 나온 것인가 하는 것이다. 오행을 다섯 방위에 배열한 것을 보면, 목木은 동쪽, 화火는 남쪽, 토土는 중앙, 금金은 서쪽, 수水는 북쪽이다. 「설괘」의 이 문장은 마치 오행 방위설을 적용한 것처럼 보인다. 『주역』에서 감은 물이고, 「설괘」는 감의 위치를 정북방에 배열하였으니, 수水를 북쪽에 배열한 오행 방위설과 일치하는 것이다. 통행본 『주역』에는 '五行'의 개념이 없으나

『백서』에는 모두 4곳 기록되어 있다.

    ㉠ 「이삼자」 8

      聖人之立正也, 必尊天而敬衆, 理順五行, 天地龖蠚, 民□不傷,

      甘露時雨聚降, 劘風苦雨不至, 民也相酌以壽, 故曰 '番庶'.

      성인이 다스리는 데 반드시 하늘을 존경하고 백성을 경애하며,

      오행을 이치에 맞게 행하니, 천지는 재앙이 없고 백성은 다치지 아니하며,

      단 이슬과 때에 맞게 내리는 비는 모두 알맞게 내리고,

      강풍이 불고 폭우는 내리지 아니하며,

      백성 또한 서로 술잔을 들고 장수를 축원하니,

      그러므로 '많다'고 말한 것이다.

    ㉡ 「이삼자」 14

      德與天道始, 必順五行, 亓孫貴而宗不僨.

      덕과 천도는 비롯되니, 반드시 오행을 따르면 그 자손이 고귀해지고

      종족은 멸망하지 않는다.

    ㉢ 「충」 5

      '五行者'라고 기록하였다.

    ㉣ 「요」 3,6

      故『易』又天道焉, 而不可以日月生辰盡稱也, 故爲之以陰陽.

      又地道焉, 不可以水火金土木盡稱也, 故律之以柔剛.

      又人道焉, 不可以父子君臣夫婦先後盡稱也, 故要之以上下.

      又四時之變焉, 不可以萬勿盡稱也, 故爲之以八卦.

      그러므로 『역』에는 천도가 있으니, (천도는) 일·월·성·신으로 모두 말할 수

      없다.

      그러므로 음양으로 말하는 것이다.

      지도가 있으니, (지도는) 수·화·금·토·목로 모두 말할 수 없다.

      그러므로 강유로 다스리는 것이다.

      인도가 있으니, (인도는) 부자·군신·부부·선후로 모두 말할 수 없다.

그러므로 상하로 요지를 말하는 것이다.

사계절의 변화가 있으니, (사계절의 변화)는 만물로써 모두 말할 수 없다.

그러므로 팔괘를 가지고 말하는 것이다.

『백서』「이삼자」「충」「요」등 여섯 편은 통행본의「단」「상」「문언」「계사」와 같이 전국 후기 제나라 직하에서 쓰였으며,「계사」와 더불어 초나라 유생들이 썼다. 당시에 이미 오행의 개념이 확립되어 있었으니 당연히 오행 방위설이 있었다. 필자는「설괘」의 이 문장은 오행 방위설을 적용하여 말한 것이라고 확실히 말할 수 있다.

진은 나무(木)이며 동쪽이고, (「설괘」는 진을 '우레雷'라고 하였다.)

리는 불(火)이며 남쪽이고,

곤은 흙(土)이며 중앙이고,

건은 쇠(金)이며 서쪽이고, (「설괘」는 건을 '서북'에 배열하였다.)

감은 물(水)이며 북쪽이다.

주백곤은 "「설괘」의 팔괘 방위설은 전국 후기 음양오행학설의 영향을 받은 것(八卦方位說, 是受了戰國後期陰陽五行學說的影響)"이라고 하였다(『역학철학사』, 제1권, 60쪽).

필자는 여기에 또 한 가지 분명하게 기록해야 할 것이 있다.

『백서』「이삼자」14에 다음과 같이 기록하고 있다.

歲[始於東北, 成於]西南. 溫始[於根], 寒始於[川].

한 해는 동북에서 시작하고 서남에서 이룬다.

따뜻함은 근(간)에서 시작하고, 차가움은 천(곤)에서 시작한다.

또「충」13.3에도 유사한 기록이 있다.

歲之義, 始於東北, 成於西南.

한 해의 의의는 동북에서 시작하여 서남에서 이룬다.

동북은 간방이고, 서남은 곤방이다. 간은 '동말춘초冬末春初'이고, 곤은 '하말추초夏末秋初'이다. 따뜻함은 간에서 시작하고, 차가움은 곤에서 시작한다. 『백서』의 이 기록은 「설괘」 제5장의 팔괘 방위에 대한 기록과 일치한다. 또 「충」 1.7에도 감괘를 '勞卦'라고 하였다. 또 「요」 3.6에 다음과 같은 기록이 있다.

又四時之變焉, 不可以萬勿盡稱也, 故爲之以八卦.
『역』에는 사계절의 변화가 있으니,
(사계절의 변화)는 만물로써 모두 말할 수 없다.
그러므로 팔괘를 가지고 말하는 것이다.

사계절의 변화는 만물로써 모두 말할 수 없으니 팔괘를 가지고 말한다는 것이다. 「설괘」 제5장은 팔괘를 여덟 방위와 계절에 배합하여 자연의 변화를 설명한 것이다.
이 몇 가지 간단한 예로부터 「설괘」 제5장의 내용은 「설괘」를 지은 사람의 독창적인 견해가 아니라, 「이삼자」와 「충」과 「요」가 쓰인 전국 후기 제나라 직하의 유생들에게 이미 팔괘를 여덟 방위와 계절에 배합한 사상이 형성되어 있었고, 한대에 쓰인 「설괘」는 이것을 정리한 것임을 알 수 있다.

② 팔괘를 계절에 배합함

震, …….
巽, …….
離也者, …….
坤也者, …….
兌, 正秋也.
乾, …….
坎者, …….
艮, …….

「설괘」는 팔괘를 계절과 배합하면서 "태는 한가을이다"라고 하여, 오직 태兌만 말하였다. 이것을 실마리로 하여 정리해 보면 다음과 같다.

진……정춘正春.
손……춘말하초春末夏初.

리……정하正夏.

곤……하말추초夏末秋初.

태……정추正秋.

건……추말동초秋末冬初.

감……정동正冬.

간……동말춘초冬末春初.

「설괘」는 팔괘를 계절과 배합하면서, 일 년 360일을 팔로 나누어 45일을 얻어, 일 년을 여덟 계절로 나누고 각 괘를 한 계절에 배합하여 45일을 배정한 것이다.

③ 최경은 팔괘를 절기에 배합함

최경은 『집해』에서 또 팔괘를 여덟 절기와 배합하였다.

至春分則震王, 而萬物生出.	춘분에 이르면 진왕이니, 만물이 생겨난다.
立夏則巽王, 而萬物絜齊.	입하는 손왕이니, 만물이 가지런하다.
夏至則離王, 而萬物皆相見也.	하지는 리왕이니, 만물은 모두 서로 드러난다.
立秋則坤王, 而萬物致養也.	입추는 곤왕이니, 만물은 기름을 받는다.
秋分則兌王, 而萬物所說.	추분은 태왕이니, 만물은 기뻐한다.
立冬則乾王, 而陰陽相薄.	입동은 건왕이니, 음양이 서로 싸운다.
冬至則坎王, 而萬物之所歸也.	동지는 감왕이니, 만물이 감추는 곳이다.
立春則艮王, 而萬物之所成終成始也.	입춘은 간왕이니, 만물이 마침을 이루고 시작을 이루는 곳이다.

이것을 정리하면 다음과 같다.

진……춘분春分.

손……입하立夏.

리……하지夏至.

곤……입추立秋.

태……추분秋分.

건……입동立冬.

감……동지冬至.

간……입춘立春.

최경이 팔괘를 여덟 절기와 배합한 것은 전한 맹희孟喜의 괘기설卦氣說과 다르다. 맹희의 괘기설은 감·진·리·태를 사정괘四正卦로 하여, 감괘 여섯 효에 동지冬至(初六), 소한小寒(九二), 대한大寒(六三), 입춘立春(六四), 우수雨水(九五), 경칩驚蟄(上六)을, 진괘 여섯 효에 춘분春分(初九), 청명淸明(六二), 곡우穀雨(六三), 입하立夏(九四), 소만小滿(六五), 망종芒種(上六)을, 리괘 여섯 효에 하지夏至(初九), 소서小暑(六二), 대서大暑(九三), 입추立秋(九四), 처서處暑(六五), 백로白露(上九)를, 태괘 여섯 효에 추분秋分(初九), 한로寒露(九二), 상강霜降(六三), 입동立冬(九四), 소설小雪(九五), 대설大雪(上六) 등 여섯 절기를 배합한 것이다.

이상 「설괘」가 팔괘를 방위와 계절에 배합하고 또 최경이 여덟 절기에 배합한 것을 정리하면 다음과 같다.

진震……동방東方……정춘正春……춘분春分

손巽……동남東南……춘말하초春末夏初……입하立夏

리離……남방南方……정하正夏……하지夏至

곤坤……서남西南……하말추초夏末秋初……입추立秋

태兌……서방西方……정추正秋……추분秋分

건乾……서북西北……추말동초秋末冬初……입동立冬

감坎……북방北方……정동正冬……동지冬至

간艮……동북東北……동말춘초冬末春初……입춘立春

여기까지가 제5장이다. 본장은 팔괘를 여덟 방위와 계절에 배합하여 자연의 변화를 설명하였으며, 2단락으로 구성되어 있다.

첫째 단락은 만물이 진에서 나와 간에서 이루는 과정의 대강을 말하였다.

둘째 단락은 만물이 진에서 나와 간에서 이루는 과정을 다시 자세히 설명하였다.

본장은 팔괘를 여덟 방위에 배열한 것이므로 팔괘의 배열 순서를 말할 수 없다.

북송의 소옹은 본장을 그림으로 그려 '후천팔괘방위' 혹은 '문왕팔괘방위'라고 하였다. 주희의 『역학계몽』과 『주역본의』에 실려 있는 그림은 다음과 같다.

제6장

神也者, 妙萬物而爲言者也. 動萬物者莫疾乎雷. 橈萬物者莫疾乎風. 燥萬物者莫熯乎火. 說萬物者莫說乎澤. 潤萬物者莫潤乎水. 終萬物始萬物者莫盛乎艮. 故水火(不)相逮, 雷風不相悖, 山澤通氣, 然後能變化, 旣成萬物也.

　제6장은 팔괘에서 건곤 두 괘를 제외한 나머지 여섯 괘의 상을 가지고 천지자연의 신묘한 작용을 기술하였다. 3단락으로 구성되어 있다.

　첫째 단락…'신神'의 개념을 설명하였다.
1. '신'의 개념을 설명함.
　神也者, 妙萬物而爲言者也.…신이라는 것은 만물을 신묘한 것으로 여겨서 말한 것임.

　둘째 단락…여섯 괘의 상을 가지고 신묘한 작용을 설명하였다.
1. 진괘의 신묘한 작용을 설명함.
　動萬物者莫疾乎雷…만물을 움직이게 하는 것은 우레보다 빠른 것이 없음.
2. 손괘의 신묘한 작용을 설명함.
　橈萬物者莫疾乎風…만물을 흔드는 것은 바람보다 빠른 것이 없음.
3. 리괘의 신묘한 작용을 설명함.
　燥萬物者莫熯乎火…만물을 마르게 하는 것은 불보다 마르게 하는 것이 없음.
4. 태괘의 신묘한 작용을 설명함.
　說萬物者莫說乎澤…만물을 기쁘게 하는 것은 못보다 기쁘게 하는 것이 없음.

5. 감괘의 신묘한 작용을 설명함.

   潤萬物者莫潤乎水 … 만물을 윤택하게 하는 것은 물보다 윤택하게 하는 것이
   없음.

6. 간괘의 신묘한 작용을 설명함.

   終萬物始萬物者莫盛乎艮 … 만물을 마치고 만물을 시작하게 하는 것은 산보
   다 이루는 것이 없음.

셋째 단락 … 여섯 괘가 서로 작용하여 만물을 다하여 이루는 것을 설명하였다.

1. 여섯 괘의 상호 작용을 말함.

   ① 故水火(不)相逮 … 물과 불은 서로 접촉하지 않음.

   ② 雷風不相悖 … 우레와 바람은 서로 어긋나지 않음.

   ③ 山澤通氣 … 산과 못이 기를 통함.

2. 만물을 다하여 이룸.

   ① 然後能變化 … 이후에 변화할 수 있음.

   ② 既成萬物也 … 만물을 다하여 이룸.

神也者, 妙萬物而爲言者也. 動萬物者莫疾乎雷. 橈萬物者莫疾乎風. 燥
萬物者莫熯乎火. 說萬物者莫說乎澤. 潤萬物者莫潤乎水. 終萬物始萬物
者莫盛乎艮. 故水火(不)相逮, 雷風不相悖, 山澤通氣, 然後能變化, 既成
萬物也.

신이라는 것은 만물을 신묘한 것으로 여겨서 말한 것이다. 만물을 움직이게 하는 것
은 우레보다 빠른 것이 없다. 만물을 흔드는 것은 바람보다 빠른 것이 없다. 만물을
마르게 하는 것은 불보다 마르게 하는 것이 없다. 만물을 기쁘게 하는 것은 못보다
기쁘게 하는 것이 없다. 만물을 윤택하게 하는 것은 물보다 윤택하게 하는 것이 없
다. 만물을 마치고 만물을 시작하게 하는 것은 산보다 성대한 것(혹은 이루는 것)이 없
다. 그러므로 물과 불은 서로 접촉하지 아니하고, 우레와 바람은 서로 어긋나지 아니
하며, 산과 못이 기를 통하니, 이후에 변화할 수 있어, 만물을 다하여 이룬다.

본장에서 '체逮', '패悖', '기氣', '물物'은 운이다.

유백민: '逮', 十九代. 與下'悖', 十八隊. '氣', 八物. 以去入通爲一韻.

(고염무『역음』: '逮', 十九代. '悖', 十八隊. '氣', 八未. '物', 八物. 以去入通爲一韻.)
스즈키: '체逮', '패悖', '기氣', '물物'.

첫째 단락… '신神'의 개념을 설명하였다.

神也者, 妙萬物而爲言者也.
신이라는 것은 만물을 신묘한 것으로 여겨서 말한 것이다.

1. '신'의 개념을 설명함.

神也者, 妙萬物而爲言者也.
'신神'은 신묘함이라는 뜻이다. 「계사」에 '신'의 개념을 설명한 구절이 있다.

　　陰陽不測之謂神. (상·5장)
　　시초를 셈하여 음효와 양효를 예측할 수 없는 것을 신묘하다고 한다.

　49개의 시초를 셈하여 효를 얻고 괘를 구하는데, 음효를 얻고 양효를 얻는 것은 아무도 예측할 수 없다. 또 양효가 음효로, 음효가 양효로 변하는 것 또한 아무도 예측할 수 없다. 아무도 예측할 수 없지만 귀신같이 미래의 일을 정확히 알려준다. 「계사」는 이것을 '神'이라는 한 글자로 표현하였다. 「계사」에 '神'자는 모두 16곳 기록되어 있는데 모두 신묘하다는 뜻으로 사용되었다.
　'묘妙'는 미묘하다는 뜻의 미微이다. '묘만물妙萬物'은 만물을 신묘한 것으로 여기는 것이다. "신이라는 것은 만물을 신묘한 것으로 여겨서 말한 것이다"라는 말이다. '신神'은 만물을 신묘한 것으로 여겨서 이것을 표현한 것이라는 의미이다.
　다음 문장은 팔괘에서 건곤을 제외한 나머지 여섯 괘의 상을 가지고 천지자연의 신묘한 작용을 구체적으로 서술한 것이다.

둘째 단락… 여섯 괘의 상을 가지고 신묘한 작용을 설명하였다.

動萬物者莫疾乎雷. 橈萬物者莫疾乎風. 燥萬物者莫熯乎火. 說萬物者莫說乎澤. 潤萬物者莫潤乎水. 終萬物始萬物者莫盛乎艮.

만물을 움직이게 하는 것은 우레보다 빠른 것이 없다. 만물을 흔드는 것은 바람보다 빠른 것이 없다. 만물을 마르게 하는 것은 불보다 마르게 하는 것이 없다. 만물을 기쁘게 하는 것은 못보다 기쁘게 하는 것이 없다. 만물을 윤택하게 하는 것은 물보다 윤택하게 하는 것이 없다. 만물을 마치고 만물을 시작하게 하는 것은 산보다 성대한 것(혹은 이루는 것)이 없다.

1. 진괘의 신묘한 작용을 설명함.

動萬物者莫疾乎雷

'막莫'은 없다는 뜻의 무無와 같다. '질疾'은 빠르다는 뜻의 급急이다. '호乎'는 '우于'와 같으며, 비교를 나타내는 개사이다. '뇌雷'는 진괘(☳)의 상이다. "만물을 움직이게 하는 것은 우레보다 빠른 것이 없다"는 말이다. 우레의 신묘한 작용은 가장 빠르게 만물을 움직이게 하는 것이다.

2. 손괘의 신묘한 작용을 설명함.

橈萬物者莫疾乎風

'요橈'는 굽는다는 뜻의 곡曲이다. 『석문』에는 '요撓'로 되어 있는데, '요撓'는 흔든다는 뜻의 요搖이다. '요橈'는 '요撓'로 읽으며, 바람에 흔들리는 것이다. '호乎'는 '우于'와 같으며, 비교를 나타내는 개사이다. '풍風'은 손괘(☴)의 상이다. "만물을 흔드는 것은 바람보다 빠른 것이 없다"는 말이다. 바람의 신묘한 작용은 가장 빠르게 만물을 흔드는 것이다.

3. 리괘의 신묘한 작용을 설명함.

燥萬物者莫熯乎火

'조燥'는 마르다는 뜻의 건乾이다. '한熯'에 대해, 『석문』에 "왕숙은 호呼와 단但의 반절이라 하고 불기운이라고 하였다. 서여림의 책에는 '한暵'으로 되어 있는데 발음이 한漢이며, '열한熱暵'이라고 하였다. 『설문』도 같다(王肅云呼但反, 火氣也. 徐本作暵, 音漢云熱暵也. 說文同)"라고 하였다. '熯'은 '暵'과 같으며, 마르다는 뜻의 건乾이다. '호乎'는 '우于'와 같으며, 비교를 나타내는 개사이다. '화火'는 리괘(☲)의 상이다. "만물을 마르게 하는 것은 불보다 마르게 하는 것이 없다"는 말이다. 불의 신묘한 작용은 만물을 마르게 하는 것이다.

4. 태괘의 신묘한 작용을 설명함.

說萬物者莫說乎澤

'열說'은 기쁘다는 뜻의 열悅이다. '호乎'는 '우于'와 같으며, 비교를 나타내는 개사이다. '택澤'은 태괘(☱)의 상이다. "만물을 기쁘게 하는 것은 못보다 기쁘게 하는 것이 없다"는 말이다. 못의 신묘한 작용은 만물을 기쁘게 하는 것이다.

5. 감괘의 신묘한 작용을 설명함.

潤萬物者莫潤乎水

'윤潤'은 윤택하게 하다는 뜻이다. '호乎'는 '우于'와 같으며, 비교를 나타내는 개사이다. '수水'는 감괘(☵)의 상이다. "만물을 윤택하게 하는 것은 물보다 윤택하게 하는 것이 없다"는 말이다. 물의 신묘한 작용은 만물을 윤택하게 하는 것이다.

6. 간괘의 신묘한 작용을 설명함.

終萬物始萬物者莫盛乎艮

'종만물終萬物'은 만물을 마치는 것이고, '시만물始萬物'은 만물을 시작하는 것이다. 최경, 공영달 등 모든 주석가들은 '성盛'을 성대하다는 뜻으로 새기고, "만물을 마치고 만물을 시작하게 하는 것은 산보다 성대한 것이 없다"라고 해석하였다. 『석문』에 정현은 '成'으로 읽었는데(鄭作成), 왕인지는 제5장의 '성언호간成言乎艮'을 들어, "'성盛'은 당연히 이룬다는 뜻의 성成으로 읽어야 한다(盛當讀爲成就之成)"라고 하였다. "만물을 마치고 만물을 시작하게 하는 것은 산보다 이루는 것이 없다"는 말이다. 두 가지 해석은 모두 통한다. '호乎'는 '우于'와 같으며, 비교를 나타내는 개사이다. '간艮'은 당연히 '산山'으로 해야 한다. '산山'은 간괘(☶)의 상이다. 산의 신묘한 작용은 만물을 마치고 만물을 시작하게 하는 것이다.

셋째 단락…여섯 괘가 서로 작용하여 만물을 다하여 이루는 것을 설명하였다.

故水火(不)相逮, 雷風不相悖, 山澤通氣, 然後能變化, 旣成萬物也.
그러므로 물과 불은 서로 접촉하지 아니하고, 우레와 바람은 서로 어긋나지 아니하며, 산과 못이 기를 통하니, 이후에 변화할 수 있어, 만물을 다하여 이룬다.

1. 여섯 괘의 상호 작용을 말함.

故水火(不)相逮
'수水'는 감괘(☵)의 상이고, '화火'는 리괘(☲)의 상이다. 공영달은 "'체逮'는 이르다, 미친다는 뜻의 급及"이라고 하였는데, 래지덕이 이를 따랐다. '수화상체水火相逮'는 물과 불이 서로 접촉한다는 말이다. 진고응이 이렇게 읽었다. 고형은 "현행 통행본에는 '불不'자가 빠졌다(今本脫不字)"라고 하고, "『석문』에는 '수화불상체水火不相逮'로 되어 있으니, 육덕명이 의거한 왕필 본과 자하, 맹희, 경방, 비직, 마융 등 제가의 본에는 모두 '불不'자가 있었음을 알 수 있다"라고 하였다. 그는 "'수화불상체'는 물과 불은 같이 있지 아니하며(水火不相逮, 謂水火不在一處), 서로 미치지 않으니 병존할 수 있음을 말한 것이다(不相及, 則可以幷存也)"라고 하였다. 물과 불은 각각 따로따로 있다는 말이다. 『석문』에는 '水火不相逮'로 되어 있지만, "정현, 송충, 육적, 왕숙, 왕이는 '불不'자가 없다(鄭宋陸王肅王廙无不字)"라고 하였다. '불'자는 없는 것으로 읽어도 되고, 있는 것으로 읽어도 된다. 없는 것으로 읽으면 "물과 불은 서로 접촉한다"는 것이고, 있는 것으로 읽으면 "물과 불은 서로 접촉하지 아니한다, 물과 불은 함께 있지 아니한다"는 말이다. 두 가지 해석은 모두 통한다. 그러나 상식적으로 물과 불은 함께 있을 수 없다. 필자는 물과 불은 '상사相射(相克)'하기 때문에(제3장) 서로 접촉하지 않는 것으로 해석하는 것이 바르다고 생각한다. '不'자가 있어야 바로 뒤 구절과 짝이 된다.

水火不相逮 물과 불은 서로 접촉하지 아니한다.
雷風不相悖 우레와 바람은 서로 어긋나지 아니한다.

두 구절이 서로 짝이 맞다. 앞에서 불은 가장 만물을 마르게 하고, 물은 가장 만물을 윤택하게 한다고 하였으므로 '不'자가 있는 것으로 보는 것이 타당하다.

雷風不相悖

'뇌雷'은 진괘(☳)의 상이고, '풍風'은 손괘(☴)의 상이다. '패悖'는 『석문』에 "필必과 내內의 반절이며, 어긋나다는 뜻의 역(必內反, 逆也)"이라고 하였다. '패悖'는 어그러지다(乖), 어긋나다(逆)는 뜻이다. '뇌풍불상패雷風不相悖'는 우레와 바람이 서로 어긋나지 않는다는 말이다. 즉 우레와 바람은 서로 같이 일어난다는 것이다. 고형은 '패悖'를 발勃로 읽고, 『설문』에 "'발'은 배척하다는 뜻의 배(勃, 排也)"라고 하고 "우레와 바람이 동시에 함께 일어나, 서로 배척하지 않는다"라고 해석하였다. 앞에서 우레는 가장 빨리 만물을 움직이게 하고, 바람은 가장 빨리 만물을 흔든다고 하였으므로 두 가지 해석이 모두 타당하다.

山澤通氣

'산山'은 간괘(☶)의 상이고, '택澤'은 태괘(☱)의 상이다. '산택통기山澤通氣'는 산의 기운과 못의 기운이 서로 통한다는 말이다.

2. 만물을 다하여 이룸.

然後能變化, 旣成萬物也.

'연후然後'는 수화水火, 뇌풍雷風, 산택山澤, 여섯 괘가 서로 작용한 연후에 라는 말이다. 『광아廣雅』 「석고釋詁」에 "'기旣'는 다하다는 뜻의 진(旣, 盡也)"이라고 하였다. 래지덕도 "'기旣'는 다하다는 뜻의 진盡"이라고 하였다. '기성만물旣成萬物'은 '진성만물盡成萬物'과 같으며, 만물을 다하여 이룬다는 말이다. "물과 불은 서로 접촉하지 아니하고, 우레와 바람은 서로 어긋나지 아니하며, 산과 못이 기를 통하니, 그 이후에 만물은 변화할 수 있어, 만물을 다하여 이룬다"는 말이다.

여기까지가 제6장이다. 본장은 팔괘에서 건곤 두 괘를 제외한 나머지 여섯 괘의 상을 가지고 천지자연의 신묘한 작용을 기술하였으며, 3단락으로 구성되어 있다.

첫째 단락은 '신神'의 개념을 '신묘함'으로 설명하였다.

둘째 단락은 여섯 괘의 상을 가지고 신묘한 작용을 설명하였다. 즉 우레는 가장 빨리 만물을 움직이게 하고, 바람은 가장 빨리 만물을 흔들며, 불은 가장 만물을 마르게 하고, 못은 가장 만물을 기쁘게 하고, 물은 가장 만물을 윤택하게 하며, 산은 가장 만물을 마치고 만물을 시작하게 한다는 것이다.

셋째 단락은 여섯 괘가 서로 작용하여 만물을 다하여 이루는 것을 설명하였다. 즉 물과 불은 서로 접촉하지 아니하고, 우레와 바람은 서로 어긋나지 아니하며, 산과 못이 기를 통하니, 이후에 만물은 변화할 수 있어, 만물을 다하여 이룬다는 것이다.

『집해』에 최경은 "이것은 여섯 괘의 신묘한 작용을 말한 것이다. 건곤을 말하지 않은 것은 건곤은 천지를 나타내니, 하지 않으면서 하지 않는 것이 없어, 우레와 바람 등의 작위의 신묘함을 이룰 수 있기 때문이다(此言六卦之神用. 而不言乾坤者, 以乾坤而發天地, 无爲而无不爲, 能成雷風等有爲之神妙也)"라고 하였다. 그는 설명은 명쾌하다.

본장은 팔괘의 배열이 어지럽게 되어 있다. 진·손·리·태·감·간으로 배열되어 있고, 또 '수화', '뇌풍', '산택'의 순서로 말하였으니, 감·리, 진·손, 간·태로 배열되어 있다. 2가지 모두 제3장과 제10장의 팔괘 배열순서와 맞지 않는다. 필자는 이렇게 배열한 이유를 알지 못한다.

乾, 健也. 坤, 順也. 震, 動也. 巽, 入也. 坎, 陷也. 離, 麗也. 艮,
止也. 兌, 說也.

제7장은 팔괘의 괘덕을 기술하였다.

본장부터 제9장까지는 괘의(取義)와 괘상(取象) 두 가지를 가지고 해석할 수 있다.

乾, 健也. 坤, 順也. 震, 動也. 巽, 入也. 坎, 陷也. 離, 麗也. 艮, 止也.
兌, 說也.

건은 강건함이다. 곤은 유순함이다. 진은 움직임이다. 손은 들어감이다.

감은 빠짐이다. 리는 붙음이다. 간은 멈춤이다. 태는 기뻐함이다.

乾, 健也.

건(☰)은 강건함이다. 괘의로 말하면, 공영달은 "건은 하늘을 상징하며, 천체는 운
행하여 멈추지 않으니, 그러므로 강건함이다(乾象天, 天體運轉不息, 故爲健也)"라고 하였
다. 건은 하늘이며 하늘은 강건하다. 이것은 취의取義하여 말한 것이다. 괘상으로 말
하면, 『집해』에 우번은 "순수한 강이 스스로 뛰어나고, 운행이 멈추지 않으니, 그러므
로 강건함이다(精剛自勝, 動行不休, 故健也)"라고 하였다. 건은 세 효가 모두 양이니 강건
하다. 이것은 취상取象하여 말한 것이다.

坤, 順也.

곤(☷)은 유순함이다. 괘의로 말하면, 공영달은 "곤은 땅을 상징하며, 땅은 유순히

하늘을 받드니, 그러므로 유순함이다(坤象地, 地順承於天, 故爲順也)"라고 하였다. 곤은 땅이며 땅은 유순하다. 괘상으로 말하면, 『집해』에 우번은 "순수한 유가 하늘을 받들어 때에 맞게 운행하니, 그러므로 유순함이다(純柔承天時行, 故順)"라고 하였다. 곤은 세 효가 모두 음이니 유순하다.

震, 動也.

진(☳)은 움직임이다. 괘의로 말하면, 공영달은 "진은 우레를 상징하며, 우레는 만물을 움직이게 하니, 그러므로 움직임이다(震象雷, 雷奮動萬物, 故爲動也)"라고 하였다. 진은 우레며 우레는 움직인다. 괘상으로 말하면, 『집해』에 우번은 "양이 나와 움직인다(陽出動行)"라고 하였다. 진은 아래에 한 양효, 위에 두 음효가 있으니, 아래의 한 양효가 움직여 위로 올라가는 상이다. 「계사」에서도 '진은 움직임(動)'이라고 하였다.

巽, 入也.

손(☴)은 들어감이다. 괘의로 말하면, 공영달은 "손은 바람을 상징하며, 바람은 불어 들어가지 않는 곳이 없으니, 그러므로 들어감이다(巽象風, 風行无所不入, 故爲入也)"라고 하였다. 손은 바람이며 바람은 어디에도 들어간다. 괘상으로 말하면, 『집해』에 우번은 "건의 처음 효에 음이 들어 있다(乾初入陰)"라고 하였다. 손은 아래에 한 음효, 위에 두 양효가 있으니, 아래의 한 음효가 두 양효의 아래에 들어가 있는 상이다.

坎, 陷也.

감(☵)은 빠짐이다. '함陷'은 빠지다는 뜻이다. 괘의로 말하면, 공영달은 "감은 물을 상징하며, 물은 움푹 파인 곳에 있으니, 그러므로 빠짐이다(坎象水, 水處險陷, 故爲陷也)"라고 하였다. 감은 물이며 물은 사람도 짐승도 빠진다. 괘상으로 말하면, 『집해』에 우번은 "양이 음 속에 빠져 있다(陽陷陰中)"라고 하였다. 감은 아래위가 음효이고, 가운데에 한 양효가 있으니, 한 양효가 두 음효 사이에 빠져 있는 상이다.

離, 麗也.

리(☲)는 붙음이다. '리麗'는 붙는다는 뜻의 부附이다. 괘의로 말하면, 공영달은 "리는 불을 상징하며, 불은 반드시 탈 수 있는 것에 붙으니, 그러므로 붙음이다(離象火, 火必著於物, 故爲麗也)"라고 하였다. 리는 불이며 불은 어디에도 붙는다. 괘상으로 말하면, 『집해』에 우번은 "해가 건의 양효에 붙어 있다(日麗乾剛)"라고 하였다. 리는 해이다. 또 리는 아래위가 양효이고, 가운데에 음효가 있으니, 해가 아래위 두 양효에 붙어 있는 상이다.

艮, 止也.

간(☶)은 멈춤이다. 괘의로 말하면, 공영달은 "간은 산을 상징하며, 산은 고요히 멈추어 있으니, 그러므로 멈춤이다(艮象山, 山體靜止, 故爲止也)"라고 하였다. 간은 산이며 산은 사람도 동물도 멈추게 한다. 괘상으로 말하면, 『집해』에 우번은 "양이 위에 자리하고 있으므로 멈춤이다(陽位在上, 故止)"라고 하였다. 간은 위에 한 양효, 아래에 두 음효가 있으니, 양효가 꼭대기에서 머물러 있는 상이다. 「계사」에서도 '간은 멈춤(止)'이라고 하였다.

兌, 說也.

태(☱)는 기뻐함이다. '열說'은 기쁘다는 뜻의 열悅이다. 괘의로 말하면, 공영달은 "태는 못을 상징하며, 못은 만물을 윤택하게 하니, 그러므로 기뻐함이다(兌象澤, 澤潤萬物, 故爲說也)"라고 하였다. 태는 못이며 못은 만물을 기쁘게 한다. 괘상으로 말하면, 『집해』에 우번은 "진은 크게 웃는 것이다. 양효가 자라나 진이 태가 되고, 진은 말이 입에서 나오는 것이니, 그러므로 기뻐함이다(震爲大笑, 陽息震成兌, 震言出口, 故說)"라고 하였다. 태는 위에 한 음효, 아래에 두 양효가 있으니, 한 음효가 두 양효 위에서 기뻐하는 상이다.

이상, 팔괘의 괘덕을 설명하였다. '괘덕'이란 팔괘가 가지고 있는 성질을 가리킨다. 춘추 점서역에는 괘덕을 말하지 않았으며, 괘에 '德'이라는 말을 사용한 것은 「단」에서 비롯되었다. 예를 들겠다.

① 14번 대유大有 「단」
其德剛健而文明
그 덕은 강건하고 문명하다.

'기其'는 대유를 가리킨다. '덕德'은 괘덕이며, 「단」에서 처음 사용하였다. '기덕其德'은 대유의 덕이다. 대유(☲)는 아랫괘가 건乾이고 윗괘는 리離이다. 건은 강건剛健한 것이고 리는 문명文明이다. 그런즉 대유는 '강건하고 문명한' 것이다. '其德剛健而文

明'은 대유의 덕이 강건하고 문명하다는 말이다.

② 26번 대축大畜「단」
其德剛上而上賢, 能止健, 大正也.
그 덕은 강이 위에 있어 현인을 숭상하며, 강건하여 멈추니, 크게 바르다.

'기其'는 대축을 가리킨다. '기덕其德'은 대축의 괘덕이다. 대축(䷙)은 아랫괘가 건乾이고 윗괘는 간艮이다. 건은 강건함(健)이고 간은 멈춤(止)이다. 그런즉 대축은 '강건하여 멈추는 것(健而止)'이다.

「단」은 또 괘덕을 괘상이라고도 하였다.

① 23번 박剝「단」
順而止之, 觀象也.
유순하여 멈추는 것은 박의 상을 살피는 것이다.

박(䷖)은 아랫괘가 곤坤이고 윗괘는 간艮이다. 곤은 유순함(順)이고 간은 멈춤(止)이다. 그런즉 박은 '유순하여 멈춘다'는 것이다. '관상觀象'은 관박지상觀剝之象이며, 박의 위아래 괘상을 살피는 것이니, 곧 유순하여 멈추는 상을 살피는 것이다. 「단」은 '順而止之'라는 괘덕을 말하면서 '觀象'이라고 하였는데, 괘덕을 또 괘상이라고도 한 것이다.

② 26번 대축大畜「단」
其德剛上而上賢, 能止健, 大正也.
그 덕은 강이 위에 있어 현인을 숭상하며, 강건하여 멈추니, 크게 바르다.

'기其'는 대축을 가리킨다. '기덕其德'은 대축의 괘덕이다. 대축(䷙)은 윗괘가 간艮이고 아랫괘는 건乾이다. 간은 산이고 강剛이고 현인을 상징하며, 건은 하늘이고 조정을 상징한다. 그런즉 대축의 괘상은 강剛이 건乾의 위에 있으니 '강이 위에 있다는 것'이며, 현인이 조정의 위에 있으니, '현인을 숭상한다'는 것이다. 「단」은 '其德'이라고 하면서 괘상을 말하였는데, 괘덕을 또 괘상으로 여긴 것이다.

이상, 괘덕은 「단」에서 비롯되었고, 「단」은 괘덕을 또 괘상이라고 하였다는 것을 말하였다. 괘덕은 괘상과 마찬가지로 '상수'의 영역에 속한다.

「설괘」가 기술한 팔괘의 괘덕은 「단」에서 말한 괘덕을 정리한 것에 불과하다. 「단」은 육십사괘의 괘명과 괘사를 해석하면서 괘상, 괘덕, 괘체 등을 사용하였다. 지금 「단」에서 취한 팔괘의 괘덕을 간단하게 인용하겠다.

① 3번 준屯 「단」

屯, 剛柔始交而難生. 動乎險中, 大'亨貞'.

준은 강유가 처음 교합하여 어려움이 생겨나는 것이다.

험난한 가운데 움직이니, 크게 '형통하고 바르다'.

'動乎險中'은 괘덕을 말한 것이다. 준(☳)은 아랫괘가 진震이고 윗괘는 감坎이다. 진은 움직임(動)이고 감은 험난함(險)이다. 그런즉 준은 '험난한 가운데 움직이는 것(動乎險中)'이다. 진의 괘덕으로 움직임(動)을 취하였다.

② 4번 몽蒙 「단」

蒙, 山下有險, 險而止, 蒙.

몽은 산 아래에 험난함이 있는 것이니, 험난하여 멈추는 것이 몽이다.

'險而止'는 괘덕을 말한 것이다. 몽(☶)은 아랫괘가 감坎이고 윗괘는 간艮이다. 감은 험險이고 간은 멈춤(止)이다. 그런즉 몽은 또 '험난하여 멈추는 것'이다. 간의 괘덕으로 멈춤(止)을 취하였다.

③ 5번 수需 「단」

需, 須也, 險在前也. 剛健而不陷, 其義不困窮矣.

수는 기다린다는 뜻이며, 험난함이 앞에 있다.

강건하여 험난함에 빠지지 않으니, 마땅히 곤궁하지 않은 것이다.

'剛健而不陷'은 괘덕을 말한 것이다. 수(☵)는 아랫괘가 건乾이고 윗괘는 감坎이다. 건은 강건함(剛健)이고 감은 빠짐(陷)이다. 그런즉 수는 '강건하여 험난함에 빠지지 않는 것'이다. 감의 괘덕으로 빠짐(陷)을 취하였다.

　④ 6번 송訟「단」
　　訟, 上剛下險, 險而健, 訟.
　　송은 위는 강이고 아래는 험이니, 험난하고 강건한 것이 송이다.

'險而健'은 괘덕을 말한 것이다. 송(䷅)은 아랫괘가 감坎이고 윗괘는 건乾이다. 감은 험난함(險)이고 건은 강건함(健)이다. 그런즉 송은 '험난하고 강건한 것'이다. 건의 괘덕으로 강건함(健)을 취하였다.

　⑤ 7번 사師「단」
　　剛中而應, 行險而順, 以此毒天下, 而民從之, '吉'又何'咎'矣.
　　강이 가운데 자리에서 유와 응하고, 험난함에 행하나 순종하며,
　　이것으로 천하를 다스려 백성들이 따르니, '길'하고 또 무슨 '허물'이 있겠는가?

'行險而順'은 괘덕을 말한 것이다. 사(䷆)는 아랫괘가 감坎이고 윗괘는 곤坤이다. 감은 험險이고 곤은 순順이다. 그런즉 사는 '험난함에 행하나 순종하는 것'이다. 곤의 괘덕으로 유순함(順)을 취하였다.

　⑥ 10번 이履「단」
　　履, 柔履剛也. 說而應乎乾, 是以'履虎尾, 不咥人, 亨.'
　　이는 유가 강을 밟고 있는 것이다. 기뻐하여 강건함에 응하니,
　　그래서 '호랑이 꼬리를 밟았으나 사람을 물지 않으니 형통하다'고 한 것이다.

'說而應乎乾'은 괘덕을 말한 것이다. '열說'은 '열悅'로 읽으며, 기뻐한다는 뜻이다. '호乎'는 '어於'와 같다. '건乾'은 '건健'으로 해야 맞다. '열說'과 '건健'은 괘덕이다. 이(䷉)는 아랫괘가 태兌이고 윗괘는 건乾이다. 태는 기뻐함(說)이고 건은 강건함(健)이다. 그런즉 이는 '기뻐하여 강건함에 응한다'는 것이다. 태의 괘덕으로 기뻐함(說)을 취하였다.

⑦ 35번 진晉 「단」

順而麗乎大明, 柔進而上行, 是以'康侯用錫馬蕃庶, 晝日三接'也.

유순하여 해에 붙어 있고, 유가 나아가 위로 오르니,

그래서 '강후가 하사 받은 말을 많이 번식시켰는데, 하루에 세 번 교접시켰다'는
것이다.

'順而麗乎大明'은 괘덕을 말한 것이다. '리麗'는 붙는다는 뜻의 부附이다. '대명大明'
은 해(日)이다. 진(☷)은 아랫괘가 곤坤이고 윗괘는 리離이다. 곤은 유순함(順)이고, 리
는 붙음(麗)이고, 또 해(大明)이다. '붙음(麗)'은 리의 괘덕이고, 해(大明)는 리의 괘상이
다. 그런즉 진은 '유순하여 해에 붙어 있는 것'이다. 리의 괘덕으로 붙음(麗)을 취하였
다.

⑧ 48번 정井 「단」

巽乎水而上水, 井.

나무 두레박을 물에 넣어 물을 퍼 올리는 것이 정이다.

'손호수巽乎水'는 '목손호수木巽乎水'라고 해야 한다. '목손호수木巽乎水'는 곧 '목입우
수木入于水'이다. 정(☵)은 아랫괘가 손巽이고 윗괘는 감坎이다. 손은 나무(木)이고 또
들어감(入)이며, 감은 물(水)이다. '손호수巽乎水'는 나무 두레박이 물에 들어간다는 것
이고, '상수上水'는 물을 퍼 올린다는 뜻이다. '손호수이상수巽乎水而上水'는 나무 두레
박을 물에 넣어 물을 퍼 올린다는 말이다. 손의 괘덕으로 들어감(入)을 취하였다.

「단」은 괘상을 말하면서 먼저 윗괘를 들고 이어 아랫괘를 말하였고, 괘덕을 말하
면서 먼저 아랫괘를 들고 이어 윗괘를 말하였다. 이것은 「단」의 통례이다. 예외로, 괘
상을 말하면서 먼저 아랫괘를 들고 이어 윗괘를 말한 것은 3번 준, 21번 서합, 36번
명이, 48번 정井, 50번 정鼎, 다섯 괘이다. 또 괘덕을 말하면서 먼저 윗괘를 들고 이어
아랫괘를 말한 것은 39번 건蹇 「단」 한 괘이다.

「단」에서 취한 괘덕을 모두 정리하면 다음과 같다.

건乾 … 강건함(剛健), 강건함(健).

곤坤 … 유순함(順).

진震 … 움직임(動).

손巽 … 겸손함(巽), 들어감(入).

감坎 … 험난함(險), 빠짐(陷).

리離 … 밝음(明), 문명(文明), 총명(聰明), 붙음(麗).

간艮 … 멈춤(止).

태兌 … 기뻐함(說).

「설괘」 제7장은 「단」에서 취한 괘덕을 정리한 것이다.

여기까지가 제7장이며, 팔괘의 괘덕卦德을 기술하였다. 괘덕은 괘정卦情 혹은 괘성卦性이라고도 하며, 괘의 기본 성질과 덕행과 기능 등을 가리켜 표현한 말이다. 주희는 「단」의 해석에서 일관되게 '괘덕'이라는 용어를 사용하였고, 본장에는 "팔괘의 성정을 말한 것(此言八卦之性情也)"이라고 하였다. 공영달은 취의取義하여 괘의로 해석하였고, 우번은 취상取象하여 괘상으로 해석하였는데, 뒷사람들은 하나같이 두 사람의 해석을 바탕으로 하였다. 본장에서 팔괘의 배열은 건·곤·진·손·감·리·간·태의 순으로 되어 있는데, 제10장의 배열을 따른 것이다. 즉 소옹의 '후천팔괘차서' 혹은 '문왕팔괘차서'의 배열이다.

乾爲馬. 坤爲牛. 震爲龍. 巽爲雞. 坎爲豕. 離爲雉. 艮爲狗. 兌爲
羊.

제8장은 팔괘가 상징하는 여덟 동물을 기술하였다.

乾爲馬. 坤爲牛. 震爲龍. 巽爲雞. 坎爲豕. 離爲雉. 艮爲狗. 兌爲羊.
건은 말이다. 곤은 소이다. 진은 용이다. 손은 닭이다. 감은 돼지이다.
리는 꿩이다. 간은 개다. 태는 양이다.

乾爲馬

건(☰)은 말이다. 괘의로 말하면, 건은 하늘이며 하늘은 강건하다. 말은 강건하므로 건은 말이다. 공영달은 "건은 하늘을 상징하며, 하늘의 운행은 강건하니, 그러므로 말이다(乾象天, 天行健, 故爲馬也)"라고 하였다. 괘상으로 말하면, 건은 세 효가 순양이므로 강건하니, 말의 상이다.

제11장에 "건은 좋은 말이고, 늙은 말이고, 여윈 말이고, 얼룩말이다(爲良馬, 爲老馬, 爲瘠馬, 爲駁馬)"라고 하였고, 또 "진은 말에 있어 크게 울고, 발이 희고, 다리가 길고, 이마에 흰 점이 있는 것이다(其於馬也, 爲善鳴, 爲馵足, 爲作足, 爲的顙)"라고 하였다. 또 "감은 말에 있어 등마루가 아름다운 것이고, 성질이 민첩한 것이고, 머리를 숙이는 것이고, 발굽이 얇은 것이다(其於馬也, 爲美脊, 爲亟心, 爲下首, 爲薄蹄)"라고 하였다.

坤爲牛

곤(☷)은 소이다. 괘의로 말하면, 곤은 땅이며 땅은 유순하다. 소는 유순하므로 곤은 소이다. 공영달은 "곤은 땅을 상징하며, 무거운 것을 싣고 유순하니, 그러므로 소이다(坤象地, 任重而順, 故爲牛也)"라고 하였다. 괘상으로 말하면, 곤은 세 효가 순음이므로 유순하니, 소의 상이다. 제11장에 "곤은 송아지와 어미 소이다(爲子母牛)"라고 하였다.

震爲龍

진(☳)은 용이다. 괘의로 말하면, 진은 우레며 우레는 구름 속에서 움직이고, 용은 구름 속에서 날 수 있으니, 진은 용이다. 공영달은 "진은 용이며, 진이 움직이는 것은 용이 움직이는 것을 상징하니, 그러므로 용이다(震爲龍, 震動象龍動物, 故爲龍也)"라고 하였다. 괘상으로 말하면, 진은 한 양효가 두 음효 아래에 있으니, 물속에 잠겨 있는 용이 위로 올라가는 상이다. 제11장에도 "진은 용(爲龍)"이라고 하였다.

巽爲雞

손(☴)은 닭이다. '계雞'는 '계鷄'와 같다. 괘의로 말하면, 손은 바람이며 바람이 불어 만물이 움직이고, 닭은 새벽에 울어 만물이 움직이니, 손은 닭이다. 공영달은 "손은 닭이고, 손은 호령이며, 닭은 때를 알리니, 그러므로 닭이다(巽爲雞, 巽主號令, 雞能知時, 故爲雞也)"라고 하였다. 괘상으로 말하면, 손은 한 음효가 두 양효 아래에 있으니, 날아 올라가지 못하는 닭의 상이다.

坎爲豕

감(☵)은 돼지이다. '시豕'는 돼지이다. 괘의로 말하면, 감은 물이며, 물이 고여 있는 곳은 돼지가 좋아하므로 감은 돼지이다. 공영달은 "감은 돼지이고, 감은 도랑이며, 돼지는 더럽고 습한 곳에 있으니, 그러므로 돼지이다(坎爲豕, 坎主水瀆, 豕處汚濕, 故爲豕也)"라고 하였다. 괘상으로 말하면, 감은 한 양효가 두 음효 가운데에 있으니, 우리에 갇혀 있는 돼지의 상이다.

離爲雉

리(☲)는 꿩이다. 괘의로 말하면, 리는 불이며 꿩의 무늬는 불처럼 선명하므로 리는 꿩이다. 공영달은 "리는 꿩이고, 리는 문채가 밝은 것이며, 꿩은 무늬가 빛나니, 그러므로 꿩이다(離爲雉, 離爲文明, 雉有文章, 故爲雉也)"라고 하였다. 괘상으로 말하면, 리는 한 음효가 두 양효 사이에 있으니, 날아가는 꿩의 상이다.

艮爲狗

간(☶)은 개다. 괘의로 말하면, 간은 산이고 산은 멈춰 있으며, 개는 멈추어 집을 지키는 것이므로 간은 개다. 공영달은 "간은 개이고, 간은 멈춤이며, 개는 다른 사람이 들어오는 것을 잘 지킬 수 있으니, 그러므로 개이다(艮爲狗, 艮爲停止, 狗能善守禁止外人, 故爲狗也)"라고 하였다. 괘상으로 말하면, 간은 한 양효가 두 음효 위에 있으니, 외부의 사람이 못 들어오게 하는 개의 상이다. 제11장에도 "간은 개(爲狗)"라고 하였다.

兌爲羊

태(☱)는 양이다. 괘의로 말하면, 태는 못이고 못은 만물이 기뻐하는 것이며, 양은 유순하여 사람이 기뻐하는 것이므로 태는 양이다. 공영달은 "태는 양이니, 태는 기뻐함이다. 왕이가 말하기를 양은 기르기 쉬운 가축이라고 하였으니, 그러므로 양이다(兌爲羊, 兌說也, 王廙云羊者順之畜, 故爲羊也)"라고 하였다. 괘상으로 말하면, 태는 한 음효가 두 양효 위에 있으니, 뿔이 양쪽으로 갈라진 양의 상이다. 제11장에도 "태는 양(爲羊)"이라고 하였다.

여기까지가 제8장이며, 팔괘가 상징하는 여덟 동물을 기술하였다. 공영달은 "멀리 사물에서 취한 것을 간략하게 밝혔다(略明遠取諸物)"라고 하였다. 본장에서 팔괘의 배열은 건·곤·진·손·감·리·간·태의 순으로 되어 있는데, 제10장의 배열을 따른 것이다. 즉 소옹의 '후천팔괘차서' 혹은 '문왕팔괘차서'의 배열이다.

「설괘」가 팔괘에 배합한 여덟 동물은 괘효사와 무슨 관련이 있는가? 괘효사에 나오는 동물과 관련 지어 알아보겠다.

1) 乾爲馬. 건은 말이다.
괘효사에 '말(馬)'은 11곳 기록되어 있는데, 건괘에는 말이 기록되어 있지 않다.

① 2번 곤괘坤卦
　　坤. 元亨. 利牝馬之貞. 君子有攸往, 先迷後得主. (利). 西南得朋, 東北喪朋. 安貞吉.

곤. 가장 형통하다. 암말의 점은 이롭다.

군자가 갈 곳이 있어, 먼저 미혹하나 뒤에 (천하의) 주인의 자리를 얻는다.

서쪽과 남쪽은 벗을 얻고, 동쪽과 북쪽은 벗을 잃는다. 안전을 묻는 점은 길하다.

② 3번 준괘屯卦

六二. 屯如邅如, 乘馬班如, 匪寇婚媾. 女子貞不字, 十年乃字.

사람들이 모여 돌고 있는데,

(신랑이) 말을 타고 (앞으로 나아가지 못하고) 빙빙 돌고 있으니,

도적이 아니라 혼인하는 것이다. 여자는 시집가지 않다가 십 년이 되어 시집
간다.

③ 六四. 乘馬班如, 求婚媾, 往吉, 无不利.

말을 타고 빙빙 돌며 혼인을 구하니, 가면 길하여 이롭지 않음이 없다.

④ 上六. 乘馬班如, 泣血漣如.

말을 타고 빙빙 돌며, 피눈물을 줄줄 흘린다.

⑤ 22번 비괘賁卦

六四. 賁如皤如, 白馬翰如, 匪寇婚媾.

화려하게 꾸미고, 머리는 새하얗고, 백마는 나는 듯 달린다.

도적이 아니라 혼인하는 것이다.

⑥ 26번 대축괘大畜卦

九三. 良馬逐, 利艱貞. 曰閑輿衛, 利有攸往.

좋은 말을 교배시키니, 어려움에 대한 점은 이롭다.

매일 수레를 타고 가축을 지키는 것을 훈련하니, 갈 곳이 있으면 이롭다.

⑦ 35번 진괘晉卦

晉. 康侯用錫馬蕃庶, 晝日三接.

진. 강후가 다른 나라와 싸워 노획한 말이 많아 왕에게 바쳤는데, 하루에 세 번
이겼다.

⑧ 36번 명이괘明夷卦

六二. 明夷夷于左股, 用拯馬壯, 吉.

명이가 왼쪽 다리를 다쳤는데, 타고 가는 말이 튼튼하니, 길하다.

⑨ 38번 규괘睽卦

初九. 悔亡. 喪馬勿逐自復. 見惡人, 无咎.

뉘우침이 없어진다. 잃은 말은 찾지 않아도 스스로 돌아온다.
나쁜 사람을 만났으나 허물이 없다.

⑩ 59번 환괘渙卦

初六. 用拯馬壯, 吉.

타고 가는 말이 튼튼하니, 길하다.

⑪ 61번 중부괘中孚卦

六四. 月幾望, 馬匹亡, 无咎.

보름이 지나 말 한 필을 잃었으나, 허물이 없다.

이상, 괘효사에 말을 기록한 11곳을 정리하였다. 그 내용은 출병이 한 곳, 혼인이 4곳, 교배가 한 곳, 타고 가는 것이 2곳, 노획한 것이 한 곳, 말을 잃은 것이 2곳이다. 건괘에는 말이 기록되어 있지 않으니 「설괘」의 '乾爲馬'는 괘효사와 아무런 관련이 없다.

2) 坤爲牛. 곤은 소이다.

괘효사에 '소(牛)'는 8곳 기록되어 있는데, 곤괘에는 소가 기록되어 있지 않다.

① 25번 무망괘无妄卦

六三. 无妄之災, 或繫之牛, 行人得之, 邑人之災.

도리에 어긋남이 없는 재앙이다.
어떤 사람이 매어 둔 소를 행인이 얻었으니, 고을 사람의 재앙이다.

② 26번 대축괘大畜卦

六四. 童牛之牿, 元吉.

송아지의 뿔에 나무를 대어 놓으니, 가장 길하다.

③ 30번 리괘離卦

離. 利貞. 亨. 畜牝牛吉.

리. 이롭다는 점이다. 형통하다. 암소를 기르면 길하다.

④ 33번 둔괘遯卦

六二. 執之用黃牛之革, 莫之勝說.

황소 가죽으로 (가나라 사졸들을) 묶어두니, 벗겨내지 못한다.

⑤ 38번 규괘睽卦

六三. 見輿曳, 其牛 , 其人天且 , 无初有終.

수레를 끌고 가는 것을 보았는데,

소는 힘들게 당기고, 사람은 이마에 자자刺字하고 코가 잘린 죄인이었다.

처음에는 당겨지지 않았지만 뒤에는 마침내 끌고 갔다.

⑥ 49번 혁괘革卦

初九. 鞏用黃牛之革.

황소 가죽으로 묶는다.

⑦ 56번 여괘旅卦

上九. 鳥焚其巢, 旅人先笑後號 , 喪牛于易, 凶.

새가 그 둥지를 불태우고, 나그네가 먼저 웃다가 뒤에 울부짖는다.

역에서 소를 잃으니, 흉하다.

⑧ 63번 기제괘既濟卦

九五. 東鄰殺牛(以祭), 不如西鄰之禴祭, 實受其福. (吉).

동쪽 이웃에서 소를 잡아 성대하게 제사를 올리는 것이,

서쪽 이웃의 간소한 제사만 못하니, 실제 그 복을 받는다. (길하다).

이상, 괘효사에 소를 기록한 8곳을 정리하였다. 그 내용은 소를 잃은 것이 2곳, 제사에 희생으로 사용하는 것이 2곳, 황소 가죽을 말한 것이 2곳, 기르는 것이 한 곳, 짐을 싣고 가는 것이 한 곳 기록되어 있다. 곤괘에는 소가 기록되어 있지 않으니 「설괘」의 '坤爲牛'는 괘효사와 아무런 관련이 없다.

3) 震爲龍. 진은 용이다.
괘효사에 '용(龍)'은 6곳 기록되어 있는데, 진괘에는 용이 기록되어 있지 않다.

① 1번 건괘乾卦
　初九. 潛龍, 勿用.
　잠겨있는 용이니, 움직이지 말라.

② 九二. 見龍在田, 利見大人.
　나타난 용이 밭에 있으니, 대인을 만나보는 것이 이롭다.

③ 九五. 飛龍在天, 利見大人.
　나는 용이 하늘에 있으니, 대인을 만나보는 것이 이롭다.

④ 上九. 亢龍, 有悔.
　끝까지 올라간 용이니, 뉘우침이 있다.

⑤ 用九. 見羣龍无首, 吉.
　나타난 여러 용들의 우두머리가 없으니, 길하다.

⑥ 2번 곤괘坤卦
　上六. 龍戰于野, 其血玄黃.
　용이 들에서 싸우니, 그 피가 줄줄 흘러내린다.

이상, 괘효사에 용을 기록한 6곳을 정리하였다. 건곤 두 괘에만 기록이 있고, 진괘에는 용이 기록되어 있지 않으니 「설괘」의 '震爲龍'은 괘효사와 아무런 관련이 없다.

4) 巽爲雞. 손은 닭이다.

괘효사에 '닭(雞)'은 1곳 기록되어 있는데, 손괘에는 닭이 기록되어 있지 않다.

① 61번 중부괘中孚卦

上九. 翰音登于天, 貞凶.

닭이 하늘로 올라가니, 점은 흉하다.

'한음翰音'은 닭의 다른 이름이다. 손괘에는 닭이 기록되어 있지 않으니 「설괘」의 '巽爲雞'는 괘효사와 아무런 관련이 없다.

5) 坎爲豕. 감은 돼지이다.

괘효사에 '돼지(豕)'는 3곳 기록되어 있는데, 감괘에는 돼지가 기록되어 있지 않다.

① 26번 대축괘大畜卦

六五. 豶豕之牙, 吉.

거세한 돼지를 우리에 가두니, 길하다.

② 38번 규괘睽卦

上九. 睽孤見豕負塗, 載鬼一車. 先張之弧, 後說之弧, 匪寇婚媾. 往遇雨則吉.

나그네가 돼지가 등에 진흙을 묻힌 것과 한 수레 가득 귀신을 싣고 있는 것을 보고,

먼저 활을 당겨 쏘려고 하다가, 뒤에 활을 내려놓으니, 도적이 아니라 혼인하는 것이다.

가다가 비를 만났으나 길하다.

③ 44번 구괘姤卦

初六. 繫于金柅, 貞吉. 有攸往, 見凶. 羸豕孚蹢躅.

황동 실패에 매여 있으니, 점은 길하다.

갈 곳이 있으면 흉함을 보니, 돼지를 묶어 당기나 멈추어 나아가지 않는다.

이상, 괘효사에 돼지를 기록한 3곳을 정리하였다. 감괘에는 돼지가 기록되어 있지

않으니 「설괘」의 '坎爲豕'는 괘효사와 아무런 관련이 없다.

6) 離爲雉. 리는 꿩이다.
괘효사에 '꿩(雉)'은 2곳 기록되어 있는데, 리괘에는 꿩이 기록되어 있지 않다.

① 50번 정괘鼎卦
  九三. 鼎耳革, 其行塞, 稚膏不食, 方雨, 虧, 悔, 終吉.
  솥의 귀가 떨어져 나가 옮기지 못하여 꿩고기를 먹지 못하였는데,
  마침 비가 내려 꿩고기 맛이 헐었으니, 뉘우치나 마침내 길하다.

② 56번 여괘旅卦
  六五. 射雉, 一矢亡, 終以譽命.
  꿩을 쏘아 화살 하나로 잡으니, 마침내 명예와 이름을 얻었다.

이상, 괘효사에 꿩을 기록한 2곳을 정리하였다. 리괘에는 꿩이 기록되어 있지 않으니 「설괘」의 '離爲雉'는 괘효사와 아무런 관련이 없다.

7) 艮爲狗. 간은 개다.
괘효사에 '개(狗)'는 한 곳도 기록이 없다. 「설괘」의 '艮爲狗'는 괘효사와 아무런 관련이 없다.

8) 兌爲羊. 태는 양이다.
괘효사에 '양(羊)'은 4곳 기록되어 있는데, 태괘에는 양이 기록되어 있지 않다.

① 34번 대장괘大壯卦
  九三. 小人用壯, 君子用罔, 貞厲. 羝羊觸藩, 羸其角.
  소인은 힘을 쓰고 군자는 망을 사용하나, 점은 위태롭다.
  숫양이 울타리를 받으니 그 뿔을 매어 놓는다.

② 六五. 喪羊于易, 无悔.
  역에서 양을 잃었으나, 뉘우침이 없다.

③ 上六. 羝羊觸藩, 不能退, 不能遂, 无攸利. 艱則吉.

　숫양이 울타리를 받아 물러설 수도 나아갈 수도 없으니, 이로울 것 없다.

　어려움은 길하다.

④ 43번 쾌괘夬卦

　九四. 臀无膚, 其行次且. 牽羊悔亡, 聞言不信.

　볼기에 곤장을 맞아 살이 없어질 것 같아 가는 것을 망설이나,

　양을 끌고 가면 뉘우침이 없어진다. 들은 말은 참된 말이 아니다.

　이상, 괘효사에 양을 기록한 4곳을 정리하였다. 태괘에는 양이 기록되어 있지 않으니 「설괘」의 '兌爲羊'은 괘효사와 아무런 관련이 없다.

　결론적으로 말하여, 「설괘」가 팔괘에 배합한 여덟 동물은 괘효사와 그 어떤 관련도 없다. 이것은 「설괘」를 지은 사람의 창작이다.

　팔괘에 여덟 동물을 배합한 것은 12지지地支에 열두 동물을 배합한 것과 무슨 관련이 있을 것이다.

子…쥐.	丑…소.	寅…범.	卯…토끼.
辰…용.	巳…뱀.	午…말.	未…양.
申…잔나비.	酉…닭.	戌…개.	亥…돼지.

　팔괘가 상징하는 동물에는 12지지의 열두 동물 가운데 '쥐', '범', '토끼', '뱀', '잔나비'가 없고, 12지지에는 팔괘가 상징하는 동물 가운데 '꿩'이 없다. 팔괘에 여덟 동물을 배합한 것이 먼저인가? 12지지에 열두 동물을 배합한 것이 먼저인가? 아마 팔괘의 여덟 동물을 배합한 것에서 12지지의 열두 동물을 배합한 것으로 발전하였을 것이다.

제9장

乾爲首. 坤爲腹. 震爲足. 巽爲股. 坎爲耳. 離爲目. 艮爲手. 兌爲口.

제9장은 팔괘가 상징하는 사람의 신체 기관을 기술하였다.

乾爲首. 坤爲腹. 震爲足. 巽爲股. 坎爲耳. 離爲目. 艮爲手. 兌爲口.
건은 머리이다. 곤은 배이다. 진은 발이다. 손은 다리이다. 감은 귀이다.
리는 눈이다. 간은 손이다. 태는 입이다.

乾爲首

건(☰)은 머리이다. 괘의로 말하면, 건은 하늘이며 하늘은 가장 높은 곳에 있다. 머리는 사람의 가장 높은 곳에 있으므로 건은 머리이다. 공영달은 "건은 높고 위에 있으니, 그러므로 머리이다(乾尊而在上, 故爲首也)"라고 하였다. 괘상으로 말하면, 건은 순양의 괘이니, 머리의 상이다.

坤爲腹

곤(☷)은 배이다. 괘의로 말하면, 곤은 땅이며 땅은 만물을 싣는다. 배는 음식물을 저장하므로 곤은 배이다. 공영달은 "곤은 감싸 담을 수 있으니, 그러므로 배이다(坤能包藏含容, 故爲腹也)"라고 하였다. 괘상으로 말하면, 곤은 순음의 괘이니, 배의 상이다.

震爲足

진(☳)은 발이다. 괘의로 말하면, 진은 우레며 우레는 움직인다. 발은 항상 움직이므로 진은 발이다. 공영달은 "진은 발이고, 발은 움직일 수 있으니, 그러므로 발이다(震爲足, 足能動用, 故爲足也)"라고 하였다. 괘상으로 말하면, 진은 위에 두 음효, 아래에 한 양효가 있으니, 몸 아래에서 움직이는 발의 상이다.

巽爲股

손(☴)은 다리이다. 괘의로 말하면, 손은 바람이며 바람은 만물에 불어 들어가지 않는 곳이 없다. 다리는 움직여 가지 않는 곳이 없으므로 손은 다리이다. 공영달은 "손은 다리이니, 다리는 발을 따르므로 순종하는 것을 말한다. 그러므로 다리이다(巽爲股, 股隨於足則巽順之謂, 故爲股也)"라고 하였다. 괘상으로 말하면, 손은 위에 두 양효, 아래에 한 음효가 있으니, 사람의 몸 아래에 두 다리가 벌어져 있는 상이다.

坎爲耳

감(☵)은 귀이다. 괘의로 말하면, 감은 물이며 물은 움푹 파인 구덩이에 있다. 귀는 구덩이와 같으므로 감은 귀이다. 공영달은 "감은 귀이고, 북방의 괘이며, 듣는 것을 주로 하니, 그러므로 귀이다(坎爲耳, 坎北方之卦, 主聽, 故爲耳也)"라고 하였다. 괘상으로 말하면, 감은 한 양효가 두 음효 사이에 있으니, 안이 뚫려 있는 귀의 상이다. 제11장에 "감은 귀가 아픈 것(爲耳痛)"이라고 하였다.

離爲目

리(☲)는 눈이다. 괘의로 말하면, 리는 불이며 불은 밝다. 눈은 밝게 사물을 볼 수 있으므로 리는 눈이다. 공영달은 "리는 눈이고, 남방의 괘이며, 보는 것을 주로 하니, 그러므로 눈이다(離爲目, 南方之卦, 主視, 故爲目也)"라고 하였다. 괘상으로 말하면, 리는 한 음효가 두 양효 사이에 있으니, 눈꺼풀 사이에 밝은 눈동자가 있는 상이다.

艮爲手

간(☶)은 손이다. 괘의로 말하면, 간은 산이며 산은 멈춰 있다. 손은 물건을 만들어 완성하므로 간은 손이다. 공영달은 "간은 손이고, 멈춤이며, 손 또한 사물을 쥐고 멈출 수 있으니, 그러므로 손이다(艮爲手, 艮旣爲止, 手亦能止持其物, 故爲手也)"라고 하였다. 괘상으로 말하면, 간은 한 양효가 두 음효 위에 있으니, 몸의 상부에서 움직이는 손의 상이다.

兌爲口

태(☱)는 입이다. 괘의로 말하면, 태는 못이며 못은 만물이 기뻐하는 것이다. 입은 음식을 먹고 말을 하여 기뻐하므로 태는 입이다. 공영달은 "태는 입이고, 서방의 괘이며, 말을 주로 하니, 그러므로 입이다(兌爲口, 兌西方之卦, 主言語, 故爲口也)"라고 하였다. 괘상으로 말하면, 태는 한 음효가 두 양효 위에 있으니, 몸의 상부에 있는 입의 상이다. 제11장에 "태는 입과 혀(爲口舌)"라고 하였다.

여기까지가 제9장이며, 팔괘가 상징하는 사람의 신체 기관을 기술하였다. 공영달은 "가까이 몸에서 취한 것을 간략하게 밝혔다(略明近取諸身也)"라고 하였다. 본장에서 팔괘의 배열은 건·곤·진·손·감·리·간·태의 순으로 되어 있는데, 제10장의 배열을 따른 것이다. 즉 소옹의 '후천팔괘차서' 혹은 '문왕팔괘차서'의 배열이다.

「설괘」가 팔괘에 배합한 사람의 신체 기관은 괘효사와 무슨 관련이 있는가? 괘효사에 나오는 신체 기관과 관련 지어 알아보겠다.

1) 乾爲首. 건은 머리이다.
괘효사에 '머리(首)'는 5곳 기록되어 있는데, 건괘에는 머리가 기록되어 있지 않다.

① 8번 비괘比卦
上六. 比之无首, 凶.
왕을 보필하다가 머리가 없으니, 흉하다.

② 30번 리괘離卦
上九. 王用出征, 有嘉折首, 獲匪其醜, 无咎.
왕이 출정하여 가나라 왕을 참수하고,
저 적의 무리를 사로잡으니, 허물이 없다.

③ 36번 명이괘明夷卦
九三. 明夷(夷)于南狩, 得其大首. 不可疾貞.
명이가 남쪽 사냥에서 다쳤는데, 큰 머리를 잡았다.
질병에 대한 점은 불가하다.

'대수大首'는 '대신大臣'이다.

④ 63번 기제괘旣濟卦
　　上六. 濡其首, 厲.
　　머리를 적시니 위태롭다.

⑤ 64번 미제괘未濟卦
　　上九. 有孚于飮酒, 无咎. 濡其首, 有孚失是.
　　포로를 잡아 술을 마시니, 허물이 없다.
　　머리를 적시니, 포로를 잡았으나 바름을 잃었다.

이상, 괘효사에 머리를 기록한 5곳을 정리하였다. 건괘에는 머리가 기록되어 있지 않으니 「설괘」의 '乾爲首'는 괘효사와 아무런 관련이 없다.

2) 坤爲腹. 곤은 배이다.
괘효사에 '배(腹)'는 1곳 기록되어 있는데, 곤괘에는 배가 기록되어 있지 않다.

① 36번 명이괘明夷卦
　　六四. 入于左腹, 獲明夷之心, 于出門庭.
　　명이가 왼쪽 배를 다쳤는데, 명이를 굴에서 잡아서, 문 안뜰로 들어간다.

곤괘에는 배가 기록되어 있지 않으니 「설괘」의 '坤爲腹'은 괘효사와 아무런 관련이 없다.

3) 震爲足. 진은 발이다.
괘효사에 '발(足)'은 2곳 기록되어 있는데, 진괘에는 발이 기록되어 있지 않다.

① 23번 박괘剝卦
　　初六. 剝牀以足, 蔑貞, 凶.
　　수레 몸체의 바퀴를 두드려 만든다.
　　꿈을 점치니, 흉하다.

② 50번 정괘鼎卦

　　九四. 鼎折足, 覆公餗, 其形渥, 凶.

　　솥의 다리가 부러져 공公의 음식을 엎질러,

　　그 몸이 젖으니 흉하다.

이상, 괘효사에 발을 기록한 2곳을 정리하였다. 진괘에는 발이 기록되어 있지 않
으니 「설괘」의 '震爲足'은 괘효사와 아무런 관련이 없다.

4) 巽爲股. 손은 다리이다.

괘효사에 '다리(股)'는 2곳 기록되어 있는데, 손괘에는 다리가 기록되어 있지 않다.

① 36번 명이괘明夷卦

　　六二. 明夷夷于左股, 用拯馬壯, 吉.

　　명이가 왼쪽 다리를 다쳤는데,

　　타고 가는 말이 튼튼하니, 길하다.

② 31번 함괘咸卦

　　九三. 咸其股, 執其隨, 往吝.

　　허벅지를 느끼며, 그 살을 잡으니, 가면 어렵다.

이상, 괘효사에 다리를 기록한 2곳을 정리하였다. 손괘에는 다리가 기록되어 있지
않으니 「설괘」의 '巽爲股'는 괘효사와 아무런 관련이 없다.

5) 坎爲耳. 감은 귀이다.

괘효사에 '귀(耳)'는 3곳 기록되어 있는데, 감괘에는 귀가 기록되어 있지 않다.

① 21번 서합괘噬嗑卦

　　上九. 何校滅耳, 凶.

　　형틀을 지고 귀가 잘려 나가니, 흉하다.

② 50번 정괘鼎卦

　　九三. 鼎耳革, 其行塞, 稚膏不食, 方雨, 虧, 悔, 終吉.

　　솥의 귀가 떨어져 나가 옮기지 못하여 꿩고기를 먹지 못하였는데,

　　마침 비가 내려 꿩고기 맛이 헐었으니, 뉘우치나 마침내 길하다.

③ 六五. 鼎黃耳金鉉, 利貞.

　　솥에 황색 귀와 황동 고리를 걸었으니, 이롭다는 점이다.

이상, 괘효사에 귀를 기록한 3곳을 정리하였다. 감괘에는 귀가 기록되어 있지 않으니 「설괘」의 '坎爲耳'는 괘효사와 아무런 관련이 없다.

6) 離爲目. 리는 눈이다.

괘효사에 '눈(目)'은 한 곳도 기록이 없다. 「설괘」의 '離爲目'은 괘효사와 아무런 관련이 없다.

7) 艮爲手. 간은 손이다.

괘효사에 '손(手)'은 한 곳도 기록이 없다. 「설괘」의 '艮爲手'는 괘효사와 아무런 관련이 없다.

8) 兌爲口. 태는 입이다.

괘효사에 '입(口)'은 한 곳도 기록이 없다. 「설괘」의 '兌爲口'는 괘효사와 아무런 관련이 없다.

결론적으로 말하여, 「설괘」가 팔괘에 배합한 사람의 신체 기관은 괘효사와 그 어떤 관련도 없다. 이것은 「설괘」를 지은 사람의 창작이다.

乾, 天也, 故稱乎父. 坤, 地也, 故稱乎母. 震一索而得男, 故謂之長男. 巽一索而得女, 故謂之長女. 坎再索而得男, 故謂之中男. 離再索而得女, 故謂之中女. 艮三索而得男, 故謂之少男. 兌三索而得女, 故謂之少女.

제10장은 건곤 부모가 여섯 자식 괘를 낳는 것(乾坤生六子卦)을 기술하였다.

1. 건은 하늘이고 아버지이다.
   乾, 天也, 故稱乎父.
2. 곤은 땅이고 어머니이다.
   坤, 地也, 故稱乎母.
3. 진은 맏아들이다.
   震一索而得男, 故謂之長男.
4. 손은 맏딸이다.
   巽一索而得女, 故謂之長女.
5. 감은 둘째아들이다.
   坎再索而得男, 故謂之中男.
6. 리는 둘째딸이다.
   離再索而得女, 故謂之中女.
7. 간은 막내아들이다.
   艮三索而得男, 故謂之少男.
8. 태는 막내딸이다.

兌三索而得女, 故謂之少女.

乾, 天也, 故稱乎父. 坤, 地也, 故稱乎母. 震一索而得男, 故謂之長男. 巽
一索而得女, 故謂之長女. 坎再索而得男, 故謂之中男. 離再索而得女,
故謂之中女. 艮三索而得男, 故謂之少男. 兌三索而得女, 故謂之少女.
건은 하늘이니, 그러므로 아버지라고 일컫는다. 곤은 땅이니, 그러므로 어머니라고
일컫는다. 진은 (건이 곤에게) 한 번 구하여 아들을 얻은 것이니, 그러므로 맏아들이라
고 한다. 손은 (곤이 건에게) 한 번 구하여 딸을 얻은 것이니, 그러므로 맏딸이라고 한
다. 감은 (건이 곤에게) 두 번 구하여 아들을 얻은 것이니, 그러므로 둘째아들이라고 한
다. 리는 (곤이 건에게) 두 번 구하여 딸을 얻은 것이니, 그러므로 둘째딸이라고 한다.
간은 (건이 곤에게) 세 번 구하여 아들을 얻은 것이니, 그러므로 막내아들이라고 한다.
태는 (곤이 건에게) 세 번 구하여 딸을 얻은 것이니, 그러므로 막내딸이라고 한다.

1. 건은 하늘이고 아버지이다.

乾, 天也, 故稱乎父.
건(☰)은 하늘이니, 그러므로 아버지라고 일컫는다. '칭稱'은 칭하다, 일컫는다는
뜻이다. 고형은 비유하다는 뜻의 '비比'로 읽었는데, 뜻은 마찬가지이다. 건괘는 자연
계로 말하면 하늘이고, 인간계에 적용하면 아버지에 해당한다. 제11장에도 "건은 하
늘이고(乾爲天) 아버지이다(爲父)"라고 하였다.

2. 곤은 땅이고 어머니이다.

坤, 地也, 故稱乎母.
곤(☷)은 땅이니, 그러므로 어머니라고 일컫는다. 곤괘는 자연계로 말하면 땅이고,
인간계에 적용하면 어머니에 해당한다. 제11장에도 "곤은 땅이고(坤爲地) 어머니이
다(爲母)"라고 하였다. 「설괘」는 하늘을 아버지에, 땅을 어머니에 비유하였는데, 이것
은 『좌전』에서 비롯되었다. 『좌전』「민공閔公 2년」(B.C.660)에 건의 괘상으로 '아버지',
「민공閔公 원년」(B.C.661)에 곤의 괘상으로 '어머니'를 취하였다.

3. 진은 맏아들이다.

震一索而得男, 故謂之長男.

진(☳)은 건이 곤에게 한 번 구하여 아들을 얻은 것이니, 그러므로 맏아들이라고 한다. '색索'은 『석문』에 마융이 "셈한다는 뜻의 수數", 왕숙은 "구한다는 뜻의 구求"라고 하였다. 공영달은 "'색'은 구한다는 뜻의 구求이다. 건곤을 부모로 하여 그 자식을 구하는 것이다(索, 求也. 以乾坤爲父母, 而求其子也)"라고 하였다. '남녀'의 일이므로 구한다는 뜻으로 새기는 것이 더 합당하다. 진괘는 건괘가 곤괘에게 한 번 구하여, 건괘의 처음 양효와 곤괘의 둘째와 꼭대기 음효를 합하여 얻은 것이니, 진괘는 맏아들이다. 공영달은 "아버지의 기를 얻은 것은 아들이 된다(得父氣者爲男)"라고 하였다. 제11장에도 "진은 장남(爲長男)"이라고 하였다.

4. 손은 맏딸이다.

巽一索而得女, 故謂之長女.

손(☴)은 곤이 건에게 한 번 구하여 딸을 얻은 것이니, 그러므로 맏딸이라고 한다. 손괘는 곤괘가 건괘에게 한 번 구하여, 곤괘의 처음 음효와 건괘의 둘째와 꼭대기 양효를 합하여 얻은 것이니, 손괘는 맏딸이다. 공영달은 "어머니의 기를 얻은 것은 딸이 된다(得母氣者爲女)"라고 하였다.

5. 감은 둘째아들이다.

坎再索而得男, 故謂之中男.

감(☵)은 건이 곤에게 두 번 구하여 아들을 얻은 것이니, 그러므로 둘째아들이라고 한다. '재색再索'은 두 번 구한다는 뜻이다. 감괘는 건괘가 곤괘에게 두 번 구하여, 건괘의 둘째 양효와 곤괘의 처음과 꼭대기 음효를 합하여 얻은 것이니, 감은 둘째아들이다.

6. 리는 둘째딸이다.

離再索而得女, 故謂之中女.

리(☲)는 곤이 건에게 두 번 구하여 딸을 얻은 것이니, 그러므로 둘째딸이라고 한다. 리괘는 곤괘가 건괘에게 두 번 구하여, 곤괘의 둘째 음효와 건괘의 처음과 꼭대기 양효를 합하여 얻은 것이니, 리는 둘째딸이다. 제11장에도 "리는 둘째딸(爲中女)"이라고 하였다.

7. 간은 막내아들이다.

艮三索而得男, 故謂之少男.

간(☶)은 건이 곤에게 세 번 구하여 아들을 얻은 것이니, 그러므로 막내아들이라고 한다. '삼색三索'은 세 번 구한다는 뜻이다. 간괘는 건괘가 곤괘에게 세 번 구하여, 건괘의 꼭대기 양효와 곤괘의 처음과 둘째 음효를 합하여 얻은 것이니, 간은 막내아들이다.

8. 태는 막내딸이다.

兌三索而得女, 故謂之少女.

태(☱)는 곤이 건에게 세 번 구하여 딸을 얻은 것이니, 그러므로 막내딸이라고 한다. 태괘는 곤괘가 건괘에게 세 번 구하여, 곤괘의 꼭대기 음효와 건괘의 처음과 둘째 양효를 합하여 얻은 것이니, 태는 막내딸이다. 제11장에도 "태는 막내딸(爲少女)"이라고 하였다.

진(☳)·감(☵)·간(☶)은 모두 양괘이며, 아들이다. 손(☴)·리(☲)·태(☱)는 모두 음괘이며, 딸이다. 세 양괘는 건이 곤에 구하여 얻은 것이니 모두 한 개의 양효를 가지고 있고, 세 음괘는 곤이 건에 구하여 얻은 것이니 모두 한 개의 음효를 가지고 있다. 진(☳)은 처음 효가 양효이니, 건이 곤에게 한 번 구하여 얻은 맏아들이고, 손(☴)은 처음 효가 음효이니, 곤이 건에게 한 번 구하여 얻은 맏딸이다. 감(☵)은 둘째 효가 양효이니, 건이 곤에게 두 번 구하여 얻은 둘째아들이고, 리(☲)는 둘째 효가 음효이니, 곤이 건에게 두 번 구하여 얻은 둘째딸이다. 간(☶)은 셋째 효가 양효이니, 건이 곤에게 세 번 구하여 얻은 막내아들이고, 태(☱)는 셋째 효가 음효이니, 곤이 건에게 세 번 구하여 얻은 막내딸이다. 주희는 "'남녀'는 괘중 하나의 음효와 하나의 양효를 가리켜 말한 것이다(男女指卦中一陰一陽之爻而言)"라고 하였다.

이상, 가족의 구성은 모두 8인이며, 그 서열은 아버지, 어머니, 맏아들, 맏딸, 둘째아들, 둘째딸, 막내아들, 막내딸이다. 따라서 팔괘의 배열은 건·곤·진·손·감·리·간·태의 순이며, 남자인 건·진·감·간 4괘는 양괘, 여자인 곤·손·리·태 4괘는 음괘이다.

여기까지가 제10장이며, '건곤생육자괘乾坤生六子卦'를 말하였는데, 건곤 부모가 진·손·감·리·간·태의 여섯 자녀를 낳는 것을 기술하였다. 북송의 소옹은 본장을 그림으로 그려 '후천팔괘차서' 혹은 '문왕팔괘차서'라고 하였다. 주희의 『역학계몽』과 『주역본의』에 실려 있는 그림은 다음과 같다.

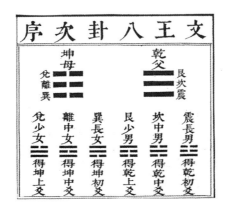

필자는 아직 말해야 할 것이 있다. '건곤육자괘'와 이에 따른 '양괘와 음괘의 구분'은 「설괘」의 창작이 아니라는 것이다. 이것은 춘추 점서역에서 비롯되어 전국 후기 「단」과 「계사」에 이르러 정립되었고, 한나라 때에 쓰인 「설괘」는 이 설을 정리한 것이다. 지금 이에 대해 기술하겠다.

1. 건곤육자괘

① 『좌전』 「민공閔公 원년」(B.C.661)
필만이 진晉나라에 벼슬하는 것에 대해 시초점을 쳐서, 준괘屯卦가 비괘比卦로 변하는 것을 얻었다. 신료가 점을 풀이하여 말하기를 "길합니다.……진이 땅이 되고, 수레가 말을 따르고, 발이 땅에 놓여 있게 되고, 형이 장남이 되고, 어미가 자식을 감싸 안고, 만민이 귀속하게 됩니다.……"

畢萬筮仕於晉, 遇屯䷂之比䷇. 辛廖占之, 曰 "吉.…… 震爲土, 車從馬, 足居之, 兄長之, 母覆之, 衆歸之.……"

준괘는 윗괘가 감(☵), 아랫괘는 진(☳)이다. 비괘는 윗괘가 감(☵), 아랫괘는 곤(☷)이다. 취한 괘상 가운데, 진(☳)은 장남, 곤(☷)은 어머니라고 하였다.

② 『좌전』 「민공閔公 2년」(B.C.660)
성계가 태어나려고 할 때, 그 아버지 환공이 점치는 관리인 초구의 아버지에게 거북점(卜)을 치게 하였다.…… 다시 시초점을 쳐서 대유괘大有卦가 건괘乾卦로 변하는 것을 얻었다. 점을 친 사람이 말하기를 "아버지와 같은 지위로 돌아가, 임금의 자리에 있는 것과 같이 공경을 받을 것입니다"라고 하였다.
成季之將生也, 桓公使卜楚丘之父卜之,…… 又筮之, 遇大有䷍之乾䷀, 曰 "同復于父, 敬如君所."

대유괘는 윗괘가 리(☲), 아랫괘는 건(☰)이다. 건괘는 위아래 모두 건(☰)이다. 취한 괘상 가운데, 건(☰)은 아버지라고 하였다.

③ 『국어』 「진어晉語」
진晉나라 공자 중이가 친히 시초점을 치면서 말하기를 "원컨대 진晉나라를 얻게 해 주옵소서"라고 하였다. 본괘(貞)인 준괘와 지괘(悔)인 예괘를 얻었는데, 나머지 세 음효의 영수가 모두 변하지 않는 8이었다.…… 사공계자가 말하기를 "길합니다.…… 곤은 어머니입니다. 진은 장남입니다. 어머니(坤)는 늙고 자식(震)은 강합니다. 그러므로 '예豫'라고 하였습니다.…… "
公子親筮之, 曰 "尚有晉國." 得貞屯䷂悔豫䷏, 皆八也.…… 司空季子曰 "吉.…… 坤, 母也. 震, 長男也. 母老子彊, 故曰 '豫'.…… "

준괘는 윗괘가 감(☵), 아랫괘는 진(☳)이다. 예괘는 윗괘가 진(☳), 아랫괘는 곤(☷)이다. 취한 괘상 가운데, 곤(☷)은 어머니, 진(☳)은 장남이라고 하였다.

'건곤육자괘'는 『좌전』과 『국어』에 대략적인 내용이 기록되어 있다. '건은 아버지', '곤은 어머니', '진은 장남'이라고 한 것 등을 보면 춘추 시대에 이미 건은 아버지(父),

곤은 어머니(母), 진은 맏아들(長男), 손은 맏딸(長女), 감은 둘째아들(中男), 리는 둘째 딸(中女), 간은 막내아들(少男), 태는 막내딸(少女)이라고 하였다. 「설괘」 제10장의 '건 곤육자괘乾坤六子卦'는 이것을 정리한 것이다.

2. 양괘와 음괘의 구분

「설괘」 제10장에서 배열한 팔괘 가운데,
건(☰)·진(☳)·감(☵)·간(☶) 4괘는 양괘,
곤(☷)·손(☴)·리(☲)·태(☱) 4괘는 음괘이다.

1) 『좌전』의 기록

① 『좌전』 「장공莊公 22년」(B.C.672)
진陳의 여공이…… 경중을 낳았다. 경중이 어렸을 때 주나라의 점치는 관리가 『주 역』으로 점을 쳐주겠다고 진나라 제후를 만났다. 진의 제후가 그에게 점을 치게 하 니 관괘觀卦가 비괘否卦로 변하는 것을 얻었다. 그가 말하기를 "…… 제후가 천자를 알현하러 가 뜰 안에 바칠 온갖 물건(百物)을 가득 늘어놓고 옥백을 바치니 천지간의 진귀한 물건은 다 구비하였으므로 '왕의 빈객이 되어 이롭다'라고 하였습니다.……" 陳厲公…… 生敬仲. 其少也, 周史有以周易見陳侯者. 陳侯使筮之, 遇觀䷓之否䷋. 曰 "…… 庭實旅百, 奉之以玉帛, 天地之美具焉, 故曰 '利用賓于王.'……"

관괘는 윗괘가 손(☴), 아랫괘는 곤(☷)이다. 비괘는 윗괘가 건(☰), 아랫괘는 곤 (☷)이다. 취한 괘상 가운데, 건(☰)은 천자, 곤(☷)은 제후이고, 또 건(☰)은 옥玉, 곤 (☷)은 비단(帛)이다. 즉 건은 양괘, 곤은 음괘이다.

② 『좌전』 「희공僖公 25년」(B.C.635)
진秦의 제후(穆公)가 황하의 위로 군사를 이끌고 가서 천자를 도성으로 들여보내려 고 하였다. 진晉의 제후(文公)가…… "시초점을 쳐 보라"고 하여 시초점을 치니 대유 괘大有卦가 규괘睽卦로 변하는 것을 얻었다. 점치는 관리가 말하기를 "길합니다.…… 또 이 괘는 하늘이 변해서 못이 되어 해에 대하고 있습니다. 이것은 천자가 마음을 내려 공(文公)을 맞이하는 뜻이니 이 또한 좋지 않습니까?……"

秦伯師于河上, 將納王. 晉侯曰 ……"筮之." 筮之. 遇大有䷍之睽䷥, 曰 "吉. …… 且是卦也, 天爲澤以當日. 天子降心以逆公, 不亦可乎? ……"

대유괘는 윗괘가 리(☲), 아랫괘는 건(☰)이다. 규괘는 윗괘가 리(☲), 아랫괘는 태(☱)이다. 취한 괘상 가운데, 건(☰)은 하늘(天), 태(☱)는 못(澤), 리(☲)는 해(日)이다. 하늘(乾)은 천자, 못(兌)은 마음을 내리는 것(降心), 해(離)는 공공이다. 하늘(천자)이 낮은 곳에 처하여 못으로 변하여(강심) 해(신하)에 대하고 있다는 것이다. 건은 천자, 리는 신하이다. 즉 건은 양괘, 리는 음괘이다.

③ 『좌전』「양공襄公 25년」(B.C.548)
제나라 당棠 지역의 관인의 아내는 동곽언의 누님이었다. 동곽언은 최무자의 가신이었다. 당의 관인이 죽자 동곽언은 최무자가 탄 수레를 몰고 가 조문을 하였다. 최무자가 죽은 자의 아내 강씨를 보고 아름답다고 여겨 동곽언을 통하여 아내로 맞이하려고 하였다.…… 최무자가 시초점을 쳐 보니 곤괘困卦가 대과괘大過卦로 변하는 것을 얻었다. 점치는 관리들은 모두 "길하다"고 하였다. 진문자에게 보여주니 말하기를 "남편은 바람(風)을 따르고, 바람은 아내를 떨어뜨리니, 아내로 맞이할 수 없습니다.……"
齊棠公之妻, 東郭偃之姊也. 東郭偃臣崔武子. 棠公死, 偃御武子以弔焉. 見棠姜而美之, 使偃取之.…… 武子筮之, 遇困䷜之大過䷛. 史皆曰 "吉." 示陳文子, 文子曰 "夫從風, 風隕妻, 不可娶也.……"

곤괘는 윗괘가 태(☱), 아랫괘는 감(☵)이다. 대과괘는 윗괘가 태(☱), 아랫괘는 손(☴)이다. 취한 괘상 가운데, 감(☵)은 남편, 손(☴)은 바람, 태(☱)는 아내이다. 그래서 "남편(감)은 바람(風)을 따르고, 바람(손)은 아내(태)를 떨어뜨리니, 아내로 맞이할 수 없다"라고 한 것이다. 즉 감은 양괘, 태는 음괘이다.

④ 『좌전』「소공昭公 원년」(B.C.541)
진晉의 제후가 진秦나라에 의원을 요청하자, 진秦의 제후는 의원 화를 보내어 그의 병을 보도록 하였다. 화는 진찰을 하고 진晉나라 제후에게 말하기를 "다스릴 수 없는 병입니다. 이 병은 여색을 가까이 하여 생겨난 고蠱와 같은 병이라고 이릅니다.…… 조맹이 "무엇을 고라고 이르는가?" 하고 물으니, 화가 대답하기를 "……『주역』에서

여자가 남자를 홀리고 바람이 산을 떨어뜨리는 것을 고라고 합니다.……"라고 하였다.

晉侯求醫於秦, 秦伯使醫和視之, 曰 "疾不可爲也. 是謂近女室, 疾如蠱.…… 趙孟曰 "何謂蠱?" 對曰 "…… 在周易, 女惑男, 風落山, 謂之蠱䷑,……"

고괘는 윗괘가 간(☶), 아랫괘는 손(☴)이다. 취한 괘상에서, 손(☴)은 여자요 바람이고, 간(☶)은 남자요 산이다. 즉 손은 음괘, 간은 양괘이다.

⑤ 『좌전』 「소공昭公 12년」(B.C.530)

남괴가 반란을 일으키려고 하였다.…… 남괴가 남몰래 시초점을 쳐서, 곤괘坤卦가 비괘比卦로 변하는 것을 얻었다. 점 글에 "황색 치마를 입었으니, 크게 길하다"라고 하였다.…… 혜백이 말하기를 "나는 일찍이 이 효사를 배웠다. 충성스럽고 신의 있는 일은 잘되어지나 그렇지 않으면 반드시 실패한다. 밖으로는 강하고 안으로는 온화한 것이 충이다. 화평하여 바름을 행하는 것이 신이다. 그러므로 '황색 치마를 입었으니, 크게 길하다'라고 한 것이다.……"

南蒯之將叛也.…… 南蒯枚筮之, 遇坤䷁之比䷇. 曰 "黃裳, 元吉."…… 惠伯曰 "吾嘗學此矣, 忠信之事則可, 不然必敗. 外彊內溫, 忠也. 和以率貞, 信也. 故曰 '黃裳, 元吉.'……"

곤괘는 위아래 모두 곤(☷)이다. 비괘는 윗괘가 감(☵), 아랫괘는 곤(☷)이다. '외外'는 윗괘, '내內'는 아랫괘이다. 감(☵)은 강한 것(險)이고 곤(☷)은 온화한 것(順)이다. 그러므로 "밖으로는 강하고 안으로는 온화한 것이 충이다(外彊內溫, 忠也)"라고 하였다. 또 감(☵)은 물이고 조화이며, 곤(☷)은 땅이고 편안함이다. 그러므로 "화평하여 바름을 행하는 것이 신이다(和以率貞, 信也)"라고 하였다. 즉 감은 양괘, 곤은 음괘이다.

⑥ 『좌전』 「소공昭公 32년」(B.C.510)

기미 날에 소공이 훙거하였다.…… 진晉나라 조간자가 태사 채묵에게 "노나라 계씨는 그의 임금을 나라 밖으로 쫓아내었으나 백성들은 복종하고 다른 제후들은 따랐다. 임금이 다른 나라에서 죽었으나 그에게 죄가 있다고 하는 자가 없다" 하고 물었다. 채묵이 대답하기를 "…… 사직에는 항상 떠받들어야 할 주인이 없고, 군신 간에 정해진 자리가 없는 것은 옛날부터 그러하였습니다.……『주역』의 괘에 '우레가 하늘을 타는 것을 대장'이라고 하였습니다. 이것은 하늘의 도인 것입니다."라고 하였다.

己未, 公薨.……趙簡子問於史墨曰"季氏出其君, 而民服焉, 諸侯與之. 君死於外, 而莫之或罪也." 對曰"……社稷無常奉, 君臣無常位, 自古以然.……在易卦, 雷乘乾曰大壯䷡. 天之道也."

대장괘는 윗괘가 진(☳), 아랫괘는 건(☰)이다. 진은 우레(雷), 건은 하늘(天)이다. 그래서 "우레가 하늘을 타는 것을 대장"이라고 하였다. 즉 우레가 하늘을 타고 있으니 크게 건장하다는 것이다. 인간사에 비유하면, 진(☳)은 신하(계씨), 건(☰)은 임금(소공)에 해당되며, 대장괘는 신하가 임금 위에서 권세를 쥐고 임금을 능멸하고 있는 상이다. 즉 신하가 임금 위에서 크게 건장하다는 것이다. 즉 진도 양괘, 건도 양괘이다. 진(신하, 계씨)이 건(임금, 소공)보다 더욱 강력한 힘을 가졌다는 것이다.

2) 「단」의 기록

① 17번 수隨 「단」
隨, 剛來而下柔, 動以說, 隨.
수는 강이 와서 유 아래에 있고, 움직여 기뻐하는 것이 수이다.

수괘는 윗괘가 태(☱), 아랫괘는 진(☳)이다. '강'은 아랫괘 진을, '유'는 윗괘 태를 가리킨다. 즉 진은 양괘, 태는 음괘이다.

② 18번 고蠱 「단」
蠱, 剛上而柔下, 巽而止, 蠱.
고는 강이 위에 있고 유가 아래에 있으며, 겸손하여 멈추는 것이 고이다.

고괘는 윗괘가 간(☶), 아랫괘는 손(☴)이다. '강'은 윗괘 간을, '유'는 아랫괘 손을 가리킨다. 즉 간은 양괘, 손은 음괘이다.

③ 22번 비賁 「단」
'賁, 亨', 柔來而文剛, 故'亨'. 分剛上而文柔, 故'小利有攸往'.

이 문장은 다음과 같이 고쳐 써야 바르다.

　　'賁, 亨', 柔下而文剛, 故'亨'. 剛上而文柔, 故'小利有攸往'.
　　'비가 형통하다'는 것은 유가 아래에서 강을 꾸미니,
　　그러므로 '형통하다'는 것이다.
　　강이 위에서 유를 꾸미니, 그러므로 '갈 곳이 있으면 조금 이롭다'는 것이다.

　필자의『주역 단·상·문언전』(2019년) 156~157쪽을 참고하라.
　비괘는 윗괘가 간(☶), 아랫괘는 리(☲)이다. '유'는 아랫괘 리를, '강'은 윗괘 간을 가리킨다. 즉 간은 양괘, 리는 음괘이다.

　④ 31번 함咸「단」
　　咸, 感也. 柔上而剛下, 二氣感應以相與.
　　함은 감응한다는 뜻이다.
　　유가 위에 강은 아래에 있어, 두 기가 감응하여 함께 있다.

　함괘는 윗괘가 태(☱), 아랫괘는 간(☶)이다. '유'는 윗괘 태를, '강'은 아랫괘 간을 가리킨다. 태는 못이고 간은 산이다. 산과 못은 기를 통한다. 즉 태는 음괘, 간은 양괘이다.

　⑤ 32번 항恒「단」
　　恒, 久也. 剛上而柔下, 雷風相與, 巽而動, 剛柔皆應, 恒.
　　항은 항구하다는 뜻이다. 강이 위에 유는 아래에 있어,
　　우레와 바람이 함께 있으며, 겸손하여 움직이고,
　　강유가 모두 응하는 것이 항이다.

　항괘는 윗괘가 진(☳), 아랫괘는 손(☴)이다. '강'은 윗괘 진을, '유'는 아랫괘 손을 가리킨다. 즉 진은 양괘, 손은 음괘이다.

　⑥ 38번 규睽「단」
　　睽, 火動而上, 澤動而下. 二女同居, 其志不同行.

규는 불이 움직여 위로 올라가고, 못이 움직여 아래로 내려간다.
두 여자가 동거하나, 그 뜻은 함께 행하지 아니한다.

규괘는 윗괘가 리(☲), 아랫괘는 태(☱)이다. 리는 불(火)이고 태는 못(澤)이다. 불은 위로 올라가고 못은 아래로 내려가니 서로 어긋난다. 또 리(☲)는 둘째딸(中女)이고 태(☱)는 막내딸(少女)이다. 두 여자가 동거하나 그 뜻은 함께 행하지 아니한다. 즉 리와 태는 모두 음괘이다.

⑦ 49번 혁革「단」
革, 水火相息, 二女同居, 其志不相得, 曰革.
혁은 물과 불이 서로 없애고, 두 여자가 동거하여,
그 뜻이 서로 사이좋게 지낼 수 없는 것을 '혁'이라고 한다.

혁괘는 윗괘가 태(☱), 아랫괘는 리(☲)이다. 태는 못(澤)이고 못에는 물(水)이 있으며, 리는 불(火)이다. 물과 불이 서로 없앤다. 또 태(☱)는 막내딸(少女)이고, 리(☲)는 둘째딸(中女)이니, 두 여자가 동거한다. 즉 태와 리는 모두 음괘이다.

⑧ 60번 절節「단」
'節, 亨', 剛柔分而剛得中.
'절이 형통하다'는 것은 강유가 나누어져 있고
강이 가운데 자리를 얻었기 때문이다.

절괘는 윗괘가 감(☵), 아랫괘는 태(☱)이다. '강'이 위에 있고 '유'가 아래에 있으니, '강유가 나누어져 있다'는 것이다. 즉 감은 양괘, 태는 음괘이다.

3)「계사」의 기록

①「계사」상·3장
是故卦有小大, 辭有險易.
그러므로 괘에는 작은 것과 큰 것이 있고,
점 글에는 험한 것과 평이한 것이 있다.

'괘卦'는 괘체를 가리킨다. 『역전』은 양을 '대大', 음을 '소小'라고 하였다. '소대小大'
는 음괘와 양괘를 가리킨다. "괘에는 음괘와 양괘가 있다"는 것이다.

② 「계사」 하·4장
　　陽卦多陰, 陰卦多陽, 其故何也? 陽卦奇, 陰卦耦, 其德行何也?
　　陽一君而二民, 君子之道也. 陰二君而一民, 小人之道也.
　　양괘는 음효가 많고, 음괘는 양효가 많은데, 그 까닭은 무엇인가?
　　양괘는 홀수이고, 음괘는 짝수인데, 그 덕행은 어떠한가?
　　양괘는 한 임금에 두 백성이니, 군자의 도이다.
　　음괘는 두 임금에 한 백성이니, 소인의 도이다.

'양괘'는 진(☳)·감(☵)·간(☶) 세 괘를 가리키며, 모두 한 양효에 두 음효가 있으
므로, "음효가 많다"고 한 것이다. 건(☰)은 순양의 괘이므로 제외하였다. '음괘'는 손
(☴)·리(☲)·태(☱) 세 괘를 가리키며, 모두 한 음효에 두 양효가 있으므로, "양효가
많다"고 한 것이다. 곤(☷)은 순음의 괘이므로 제외하였다. 앞의 질문에 답한 것이
'陽一君而二民', '陰二君而一民'이고, 뒤의 질문에 답한 것이 '君子之道也', '小人之
道也'이다.

이상, '건곤육자괘'와 '양괘와 음괘의 구분'은 춘추 점서역에서 비롯되어 전국 후
기 「단」과 「계사」에 이르러 완전히 정립되었고, 한나라 때에 쓰인 「설괘」는 이것을
정리하였다는 것을 기술하였다.

제11장

乾爲天, 爲圜, 爲君, 爲父, 爲玉, 爲金, 爲寒, 爲冰, 爲大赤, 爲
良馬, 爲老馬, 爲瘠馬, 爲駁馬, 爲木果. 坤爲地, 爲母, 爲布, 爲
釜, 爲吝嗇, 爲均, 爲子母牛, 爲大輿, 爲文, 爲衆, 爲柄, 其於地
也爲黑. 震爲雷, 爲龍, 爲玄黃, 爲旉, 爲大塗, 爲長子, 爲決躁,
爲蒼筤竹, 爲萑葦. 其於馬也, 爲善鳴, 爲馵足, 爲作足, 爲的顙.
其於稼也, 爲反生. 其究爲健, 爲蕃鮮. 巽爲木, 爲風, 爲長女, 爲
繩直, 爲工, 爲白, 爲長, 爲高, 爲進退, 爲不果, 爲臭. 其於人也,
爲寡髮, 爲廣顙, 爲多白眼. 爲近利市三倍, 其究爲躁卦. 坎爲水,
爲溝瀆, 爲隱伏, 爲矯輮, 爲弓輪. 其於人也, 爲加憂, 爲心病, 爲
耳痛, 爲血卦, 爲赤. 其於馬也, 爲美脊, 爲亟心, 爲下首, 爲薄
蹄, 爲曳. 其於輿也, 爲多眚, 爲通, 爲月, 爲盜. 其於木也, 爲堅
多心. 離爲火, 爲日, 爲電, 爲中女, 爲甲胄, 爲戈兵. 其於人也,
爲大腹, 爲乾卦, 爲鱉, 爲蟹, 爲蠃, 爲蚌, 爲龜. 其於木也, 爲科
上槁. 艮爲山, 爲徑路, 爲小石, 爲門闕, 爲果蓏, 爲閽寺, 爲指,
爲狗, 爲鼠, 爲黔喙之屬. 其於木也, 爲堅多節. 兌爲澤, 爲少女,
爲巫, 爲口舌, 爲毀折, 爲附決. 其於地也, 爲剛鹵, 爲妾, 爲羊.

제11장은 팔괘의 괘상을 정리하였다. 괘상의 용도는 점을 풀이하는 데 있다.

1. 건괘의 괘상 14가지를 정리하였다.

乾爲天, 爲圜, 爲君, 爲父, 爲玉, 爲金, 爲寒, 爲冰, 爲大赤, 爲良馬, 爲
老馬, 爲瘠馬, 爲駁馬, 爲木果.
건은 하늘이고, 둥글고, 임금이고, 아버지이고, 옥이고, 쇠이고, 추운 것이고, 얼음이
고, 크게 붉은 것이고, 좋은 말이고, 늙은 말이고, 여윈 말이고, 얼룩말이고, 목과이다.

乾爲天

건(☰)은 하늘이다. 건은 자연계로 말하면 하늘이다. 제10장에 "건은 하늘(乾, 天
也)"이라고 하였다. 『좌전』「장공莊公 22년」(B.C.672)에 "건은 하늘(乾, 天也)"이라 하였
고, 「단」「상」에서도 '건은 하늘'이라는 괘상을 취하였다.

爲圜

건은 둥글다. 『석문』에 "'환圜'은 둥글다는 뜻의 원圓"이라고 하였다. 옛날 사람들은
하늘은 둥글고 땅은 반듯하다(天圓地方)고 여겼다. 건은 하늘이고 하늘은 둥글다. 「계
사」에서도 '건은 둥글다'라는 괘상을 취하였다.

爲君

건은 임금이다. 건은 나라에 있어 임금이다. 『좌전』「민공閔公 2년」(B.C.660)에 건의
괘상으로 '임금(君)'을 취하였고, 『국어』「주어周語」에서도 '임금(君)'을 취하였다.

爲父

건은 아버지이다. 건은 인간계로 말하면 아버지이다. 제10장에 "건은 하늘이니, 그
러므로 아버지라고 일컫는다(乾, 天也, 故稱乎父)"라고 하였다. 『좌전』「민공閔公 2년」
(B.C.660)에 건의 괘상으로 '아버지(父)'를 취하였다.

爲玉

건은 옥이다. 건은 강剛하니, 옥에 해당한다. 『좌전』「장공莊公 22년」(B.C.672)에 건
의 괘상으로 '옥'을 취하였다.

爲金

건은 쇠이다. 건은 강하니, 쇠에 해당한다. 『집해』에 최경은 "천체는 청명하고 강하니, 그러므로 옥이고 쇠이다(天體淸明而剛, 故爲玉爲金)"라고 하였다. 공영달은 "강의 청명함을 취한 것(取其剛之淸明也)"이라고 하였다. 「계사」에서도 '건은 쇠'라는 괘상을 취하였다.

爲寒

건은 추운 것이다. 건은 방위로는 서북의 괘이고, 계절로는 추말秋末 동초冬初에 해당하며, 절기로는 입동立冬이다. 이 시기에는 천기가 추우므로 건은 추운 것이다.

爲冰

건은 얼음이다. 천기가 추워 물이 얼므로 건은 얼음이다. '추위(寒)'와 '얼음(冰)'은 음에 해당하는 것인데, 이것을 건에 해당시킨 것은 이해하기 어렵다. 공영달은 "서북의 춥고 얼음이 어는 곳을 취한 것(取其西北寒冰之地也)"이라고 하였다. 고형은 "이 네 글자는 당연히 아래 문장 '곤위지坤爲地 위모爲母'의 뒤에 있어야 한다(此四字似當在下文 '坤爲地爲母'之下). 잘못하여 여기에 들어갔을 것이다(誤竄于此). 추운 것은 음기이고(寒爲陰氣), 얼음은 음에 속하는 것이니(冰爲陰物), 그러므로 곤은 추운 것이고 얼음이다(故坤爲寒, 爲冰)"라고 하였다.

爲大赤

건은 크게 붉은 것이다. 하늘은 밝고, 붉은 것은 밝은 것이다. 『집해』에 우번은 "태양은 붉은 것(太陽爲赤)"이라고 하였다. 하늘에는 태양이 있고 태양은 크게 붉으므로 건은 크게 붉은 것이다. 공영달은 "성한 양의 색을 취한 것(取其盛陽之色也)"이라고 하였다.

爲良馬

건은 좋은 말이다. 제8장에서 "건은 말(乾爲馬)"이라고 하였다. 건은 강건하며, 말은 강건하므로 건은 말이다. '양마良馬'는 좋은 말이다. 『집해』에 우번은 "건은 훌륭하므로 좋은 것이다(乾善, 故良也)"라고 하였고, 공영달은 "튼튼하게 잘 가는 것을 취한 것(取其行健之善也)"이라고 하였으며, 고형은 "양마는 재력으로 말한 것(良馬以材力言)"이라고 하였다.

爲老馬

건은 늙은 말이다. '노마老馬'는 늙은 말이다. 『집해』에 구가역은 "기가 쇠한 것을 말한 것(言氣衰也)"이라 하였고, 공영달은 "튼튼하게 가는 것이 오래 된 것을 취한 것(取其行健之久也)"이라고 하였으며, 고형은 "늙은 말은 나이로 말한 것(老馬以年齡言)"이라고 하였다.

爲瘠馬

건은 여윈 말이다. '척瘠'은 여위다, 파리하다는 뜻이다. '척마瘠馬'는 여윈 말이다. 『집해』에 최경은 "뼈는 양이고 고기는 음이다. 건은 순 양효인데 뼈가 많으니, 그러므로 여윈 말이다(骨爲陽, 肉爲陰. 乾, 純陽爻, 骨多, 故爲瘠馬也)"라고 하였고, 공영달은 "튼튼하게 가는 것이 심한 것을 취한 것(取其行健之甚)"이라고 하였으며, 고형은 "여윈 말은 육체로 말한 것(瘠馬以肉體言)"이라고 하였다.

爲駁馬

건은 얼룩말이다. '박駁'은 얼룩덜룩하다는 뜻이다. '박마駁馬'는 얼룩말이다. 『집해』에 송충은 "하늘에는 오행의 색이 있으니, 그러므로 얼룩말이다(天有五行之色, 故爲駁馬也)"라고 하였고, 고형은 "얼룩말은 털의 색으로 말한 것(駁馬以毛色言)"이라고 하였다.

爲木果

건은 목과이다. '과果'는 과실, 열매이다. '목과木果'는 나무에 열리는 과실이다. 『집해』에 송충은 "여러 별들이 하늘에 나타나는 것이 과실이 나무에 나타나는 것과 같으니, 그러므로 목과이다(群星著天, 似果實著木, 故爲木果)"라고 하였고, 공영달도 같은 말을 하였다. 고형은 "건은 둥글다(乾爲圓). 목과 또한 원형이니(木果亦圓形), 그러므로 건은 목과이다(故乾爲木果)"라고 하였다.

여기까지 건괘가 상징하는 14가지를 기록하였다.

2. 곤괘의 괘상 12가지를 정리하였다.

坤爲地, 爲母, 爲布, 爲釜, 爲吝嗇, 爲均, 爲子母牛, 爲大輿, 爲文, 爲衆, 爲柄, 其於地也爲黑.

곤은 땅이고, 어머니이고, 베이고, 솥이고, 인색한 것이고, 균등하고, 송아지와 어미 소(혹은 암소)이고, 큰 수레이고, 무늬이고, 무리이고, 자루이고, 흙에 있어서 검은 것이다.

坤爲地

곤(☷)은 땅이다. 곤은 자연계로 말하면 땅이다. 제10장에 "곤은 땅(坤, 地也)"이라고 하였다. 『좌전』 「장공莊公 22년」(B.C.672)에 "곤은 땅(坤, 土也)"이라 하였고, 『국어』 「진어」에도 "곤은 땅(坤, 土也)"이라고 하였으며, 「단」 「상」 「계사」에서도 '곤은 땅'이라는 괘상을 취하였다.

爲母

곤은 어머니이다. 곤은 인간계로 말하면 어머니에 해당한다. 제10장에 "곤은 땅이니, 그러므로 어머니라고 일컫는다(坤, 地也, 故稱乎母)"라고 하였다. 『좌전』 「민공閔公 원년」(B.C.661)에 곤의 괘상으로 '어머니(母)'를 취하였고, 『국어』 「진어晉語」에도 "곤은 어머니(坤, 母也)"라고 하였다.

爲布

곤은 베이다. 땅이 평평하듯 베도 평평하며, 땅은 넓고 감싸며 베도 넓고 감싸니, 곤은 베이다. 공영달은 "땅이 넓게 싣는 것을 취한 것(取其地廣載也)"이라고 하였다.

爲釜

곤은 솥이다. '부釜'는 솥이다. 땅은 솥이다. 땅은 만물을 성장시키며, 솥은 음식물을 성숙시킨다. 공영달은 "만물을 화생하여 성숙시키는 것을 취한 것(取其化生成熟也)"이라고 하였다. 고형은 "땅은 사물을 낳아 성숙시켜(地之生物能成熟之) 사람에게 먹을 것을 제공한다(以供人食). 솥은 사물을 삶아 익혀(釜之煮物亦能熟之) 사람에게 먹을 것을 제공하니(以供人食), 그러므로 땅은 솥이다(故坤爲釜)"라고 하였다.

爲吝嗇

곤은 인색한 것이다. 땅은 인색하다는 말이다. 공영달은 "땅이 생물을 낳아 옮기지 않는 것을 취한 것(取其地生物不轉移也)"이라고 하였다. 땅은 만물을 품고 기르는데, 인색하다는 것은 이해가 가지 않는다.

爲均

곤은 균등하다. '균均'은 균등히 하는 것이다. 땅은 만물에 균등하다. 『집해』에 최경은 "땅이 만물을 낳는데 선악을 가리지 않는 것을 취하였으니, 그러므로 균등한 것이다(取地生萬物, 不擇善惡, 故爲均也)"라고 하였고, 공영달은 "땅의 도는 평평하고 균등한 것이다(其地道平均也)"라고 하였으며, 고형은 "땅은 만물에 있어 싣지 않는 것이 없으며(地之于萬物无不載之), 기르지 않는 것이 없으니(无不育之), 그러므로 곤은 균등하다(故坤爲均)"라고 하였다.

爲子母牛

곤은 송아지와 어미 소이다. 제8장에서 "곤은 소(坤爲牛)"라고 하였다. '자우子牛'는 송아지이고, '모우母牛'는 어미 소이다. 『집해』에 구가역은 "흙은 낳아 기를 수 있고, 소 또한 품고 기르니, 그러므로 송아지와 어미 소이다(土能生育, 牛亦含養, 故爲子母牛也)"라고 하였고, 공영달은 "많이 번식하고 길러 유순한 것을 취한 것(取其多蕃育而順之也)"이라고 하였다. 고형은 "'자子'는 자牸로 읽어야 한다(子讀爲牸). 『광아』「석수釋獸」에 '자牸는 암컷 자雌'라고 하였다(廣雅釋獸‥'牸, 雌也'). '자모우牸母牛'는 암소의 속칭이다(牸母牛卽牝牛之俗稱也). 혹은 '자모우子母牛'는 자우와 모우를 말한 것이며(或曰‥子母牛謂子牛與母牛也), 모우는 암소이고(母牛卽牝牛), 자우는 어린 소이니(子牛卽童牛), 송아지이다(牛犢也)"라고 하였다.

爲大輿

곤은 큰 수레이다. '여輿'는 수레(車)이다. 공영달은 "만물을 실을 수 있음을 취한 것(取其能載萬物也)"이라 하였고, 고형은 "땅은 만물을 싣고(地載萬物), 큰 수레는 사람과 물건을 실을 수 있으니(大車能載人載物), 그러므로 곤은 큰 수레이다(故坤爲大輿)"라고 하였다.

爲文

곤은 무늬이다. '문文'은 '문紋'으로 읽으며 무늬이다. 『집해』에 구가역은 "만물은 서로 섞이니, 그러므로 무늬이다(萬物相雜, 故爲文也)"라고 하였고, 공영달은 "만물의 색이 섞이는 것을 취한 것(取其萬物之色雜也)"이라고 하였으며, 고형은 "땅에는 초목의 무늬가 있으니(地有草木之文), 그러므로 곤은 무늬이다(故坤爲文)"라고 하였다.

為衆

곤은 무리, 백성이다. '중衆'은 많은 사람, 백성을 가리킨다. 건은 임금이고, 곤은 백성이다. 공영달은 "땅이 만물을 싣는 것은 하나가 아님을 취한 것(取其地載物非一也)"이라고 하였다. 『좌전』「민공閔公 원년」(B.C.661)에 곤의 괘상으로 무리(衆)를 취하였고, 『국어』「진어晉語」에는 "감은 무리(坎, 衆也)"라고 하였다.

為柄

곤은 자루이다. 『집해』에 최경은 "만물이 의지하는 근본(萬物依之爲本)"이라 하였고, 공영달은 "사물을 낳는 근본을 취한 것(取其生物之本也)"이라고 하였다.

其於地也為黑

곤은 흙에 있어서 검은 것이다. '기其'는 곤을 가리킨다. '지地'은 흙이다. 하늘은 밝음을 상징하고(大赤), 땅은 어둠을 상징한다(爲黑). 검은 색은 어두우므로 곤은 흙에 있어서 검다는 것이다. 공영달은 "지극한 음의 색을 취한 것(取其極陰之色也)"이라고 하였다.

여기까지 곤괘가 상징하는 12가지를 기록하였다.

3. 진괘의 괘상 16가지를 정리하였다.

震為雷, 為龍, 為玄黃, 為尃, 為大塗, 為長子, 為決躁, 為蒼筤竹, 為萑葦. 其於馬也, 為善鳴, 為馵足, 為作足, 為的顙. 其於稼也, 為反生. 其究為健, 為蕃鮮.
진은 우레고, 용이고, 검고 누런색이고, 꽃이고, 큰 길이고, 맏아들이고, 빠른 것이고, 푸른 대나무이고, 갈대이고, 말에 있어 크게 울고, 발이 희고, 다리가 길고, 이마에 흰 점이 있고, 농작물에 있어서 거꾸로 자라나는 것이고, 궁극에는 강건한 것이고, 무성하고 신선한 것이다.

震為雷

진(☳)은 우레다. 진은 자연계로 말하면 우레다. 『좌전』「희공僖公 15년」(B.C.645)에 "진은 우레(爲雷)"라고 하였고, 「소공昭公 32년」(B.C.510)에 진의 괘상으로 '우레'를 취하였으며, 『국어』「진어」에도 "진은 우레(震, 雷也)"라고 하였고, 「단」「상」「계사」에서

도 '진은 우레'라는 괘상을 취하였다.

爲龍

진은 용이다. 제8장에서 "진은 용(震爲龍)"이라고 하였다. 우레는 구름 속에서 울고, 용은 구름 속에서 날아다닌다. 그러므로 진은 용이다.

爲玄黃

진은 검고 누런색이다. '현玄'은 검은 색, '황黃'은 누런색이다. 『집해』에 우번은 "하늘과 땅이 뒤섞인 것(天地之雜物)"이라 하였고, 공영달은 "서로 섞여 푸른색을 이룬 것을 취한 것(取其相雜而成蒼色也)"이라고 하였으며, 고형은 "'현황'은 검고 누런색이 혼합된 색이다(玄黃謂玄黃混合之色). 검고 누런색이 혼합되면 푸른색에 가깝다(玄黃混合近于靑色). 팔괘를 여덟 방위와 사계절, 오행, 다섯 색과 서로 배합하면(以八卦與八方四時五行五色相配), 진은 동방이고, 정춘이고, 나무이고, 푸른색이다(震爲東方, 爲正春, 爲木爲靑色). 그러므로 진은 현황이다(故震爲玄黃)"라고 하였다.

爲旉

진은 꽃이다. '부旉'에 대해 두 가지 해석이 있다. 『석문』에 간보는 "꽃의 통명(花之通名)"이라고 하였다. 진은 꽃이라는 말이다. 공영달은 "봄에 기가 이르러 초목이 모두 피어나 생하는 것을 취한 것(取其春時氣至, 草木皆吐旉布而生也)"이라 하였고, 고형은 "진은 정춘의 계절이고(震爲正春之季節), 모든 꽃들이 일제히 피어나니(此季節百花齊放), 그러므로 진은 꽃이다(故震爲旉)"라고 하였다. 또 『석문』에 "'부'는 또 전專으로도 썼다(旉本又作專)"라고 하였는데, 『집해』에는 '전專'으로 되어 있다. 고형은 "『설문』에 '전專은 방전이다…(專, 紡專…)'라고 하였는데, '방전紡專'은 방적추이며(紡專是紡專錘), 손으로 방적사를 돌리는 것이다(以手轉之以紡專). '진震'은 움직임이다(震, 動也). '전專' 또한 움직이는 것이니(專亦轉動), 그러므로 진은 전專이다(故震爲專)"라고 하였다. 두 가지 설은 모두 통한다.

爲大塗

진은 큰 길이다. '도塗'는 '도道'를 가차한 글자이다. '대도大塗'는 큰 길(大路)이다. 공영달은 "만물이 생하는 것을 취한 것(取其萬物之所生也)"이라 하였고, 고형은 "진은 움직임이다(震, 動也). 큰 길은 사람과 수레가 움직이는 길이니(大路爲人與車馬行動之道),

그러므로 진은 큰 길이다(故震爲大途)"라고 하였다.

爲長子

진은 맏아들이다. 진은 인간계로 말하면 맏아들이다. 제10장에 "진은 건이 곤에게 한 번 구하여 아들을 얻은 것이니, 그러므로 맏아들이라고 한다(震一索而得男, 故謂之長男)"라고 하였다. 제10장에서는 '長男', 여기에서는 '長子'라고 하였다.『좌전』「민공閔公 원년」(B.C.661)에 진의 괘상으로 '장남'을 취하였고,『국어』「진어晉語」에도 "진은 장남(震, 長男也)"이라고 하였다.

爲決躁

진은 빠른 것이다. 고형은 "'결決'은 결趏을 가차한 글자이다(決借爲趏).『광아』「석고」에 '결趏과 조躁는 빠르다는 뜻의 질疾'이라고 하였다(廣雅釋詁‥趏, 躁, 疾也). 진은 우레고, 우레의 움직임은 빠르며(震爲雷, 雷之動迅速), '결조趏躁'는 움직임이 빠른 것이니(趏躁是行動迅速), 그러므로 진은 빠른 것이다(故震爲趏躁)"라고 하였다.

爲蒼筤竹

진은 푸른 대나무이다. '창蒼'은 푸르다, '낭筤'은 어린 대(幼竹)이다.『집해』에 구가역九家易은 "창랑은 푸른 것(蒼筤, 靑也)"이라고 하였다. 공영달은 "대나무가 처음 날 때 색이 푸른데, 봄에 자라나는 아름다움을 취한 것(竹初生之時, 色蒼筤. 取其春生之美也)"이라고 하였다.

爲萑葦

진은 갈대이다. 고형은 "『석문』에 '추萑는 적薍'이라고 하였다(釋文引廣雅云‥萑, 薍也). 적薍은 갈대 적荻이다(薍卽荻). 추萑와 위葦는 동류이다(萑葦同類). 추萑는 줄기가 가느나 가운데가 실하고(萑莖細而中實), 위葦는 줄기가 거치나 가운데가 비었다(葦莖粗而中空). '추위'는 대나무 종류이며, 그 색은 푸르니(萑葦竹流, 其色靑), 그러므로 진은 갈대이다(故震爲萑葦)"라고 하였다.

其於馬也, 爲善鳴.

진은 말에 있어 크게 우는 것이다. '기其'는 진을 가리킨다.『집해』에 우번은 "진은 우레니, 그러므로 크게 우는 것이다(爲雷, 故善鳴也)"라고 하였고, 공영달은 "우레 소리가 멀리 들리는 것을 취한 것(取其象雷聲之遠聞也)"이라고 하였으며, 고형은 "'선명'은 울음소리가 큰 것(善鳴, 鳴聲廣大也)"이라고 하였다. '선명善鳴'은 울음소리가 좋다는 뜻이며, 크게 우는 것이다.

爲馵足

진은 발이 흰 말이다. '주馵'는 발이 흰 말이라는 뜻이다. 공영달은 "말의 뒷발이 흰 것을 주馵라고 하며, 움직여 나타나는 것을 취한 것이다(馬後足白爲馵, 取其動而見也)"라고 하였다.

爲作足

진은 다리가 긴 말이다. 고형은 "'작作'은 적踖자를 가차한 것이 아닌가 한다(作疑借爲踖). 두 글자는 옛날에 통용되었다(作踖古通用). 『설문』에 '적踖은 긴 정강이(踖, 長脛行也)'라고 하였다. '적족踖足'은 말의 다리가 길다는 것이다(脛長也)"라고 하였다. 공영달은 "움직여 튼튼히 가는 것을 취한 것(取其動而行健也)"이라고 하였다.

爲的顙

진은 말의 이마에 흰 점이 있는 것이다. '적的'은 『석문』에 "『설문』은 적馰으로 되어 있다(說文作馰)"라고 하였다. '적馰'은 말의 이마에 흰 점이 박힌 것(馬白額)이다. 『집해』에 우번은 "'적'은 희다는 뜻의 백이고, '상'은 이마라는 뜻의 액이다.……『시경』에 '말의 이마가 희다'고 한 것이 이것이다(的, 白. 顙, 額也.……詩經云 '有馬白顚' 是也)"라고 하였다. '적상的顙'은 '적상馰顙'이며, 말의 이마에 흰 점이 있는 것이다.

其於稼也, 爲反生.

진은 농작물에 있어서 거꾸로 자라나는 것이다. '기其'는 진을 가리킨다. '가稼'는 농작물이다. '반생反生'은 거꾸로 자라나는 것이며, 열매는 땅 아래에 있고 줄기와 잎은 땅 위에 있는 것이다. 요즘의 뿌리채소이다. 진(☳)은 두 음효가 위에 있고, 한 양효는 아래에 있으니, 거꾸로 자라는 농작물의 상이다. 『집해』에 송충은 "음이 위에 있고, 양이 아래에 있으므로 거꾸로 자라나는 것이다(陰在上, 陽在下, 故爲反生)"라고 하였다. 『석문』에 "마와 콩에 속하는 것은 거꾸로 자라 싹을 이고 나온다(麻豆之屬反生, 戴孚甲而出也)"라고 하였다.

其究爲健

진은 궁극에는 강건한 것이다. '기其'는 진을 가리킨다. 공영달은 "'구'는 끝이라는 뜻의 극(究, 極也)"이라고 하였다. 진은 우레고, 우레의 움직임은 지극히 강건하니, 궁극에는 강건하다는 말이다.

爲蕃鮮

진은 무성하고 신선한 것이다. '번蕃'은 풀이 무성하다, '선鮮'은 신선하다는 뜻이다. 진은 초목이 무성하고 신선하다는 말이다. 공영달은 "'선'은 밝다는 뜻의 명이다. 봄에 초목이 무성히 자라나 선명한 것을 취한 것이다(鮮, 明也. 取其春時, 草木蕃育而鮮明)"라고 하였다.

여기까지 진괘가 상징하는 16가지를 기록하였다.

4. 손괘의 괘상 16가지를 정리하였다.

巽爲木, 爲風, 爲長女, 爲繩直, 爲工, 爲白, 爲長, 爲高, 爲進退, 爲不果, 爲臭. 其於人也, 爲寡髮, 爲廣顙, 爲多白眼. 爲近利市三倍, 其究爲躁卦.
손은 나무이고, 바람이고, 맏딸이고, 곧은 먹줄이고, 장인이고, 희고, 길고, 높고, 진퇴하는 것이고, 결단력이 없는 것이고, 냄새이고, 사람에 있어 머리카락이 적은 것이고, 이마가 넓은 것이고, 눈에 흰자위가 많은 것이고, 시장에서 3배에 가까운 이익을 얻는 것이고, 궁극에는 움직여 멈추지 않는 괘이다.

巽爲木

손(☴)은 나무이다. 손은 자연계로 말하면 나무이다. 『집해』에 송충은 "양은 움직이고 음은 고요하다. 두 양이 위에서 움직이고, 한 음이 아래에서 고요하니 나무와 같다(陽動陰靜, 二陽動於上, 一陰安靜於下, 有似於木也)"라고 하였다. 「단」「상」「계사」에서 '손은 나무'라는 괘상을 취하였다.

爲風

손은 바람이다. 공영달은 "양이 위에서 나무를 흔드는 것을 취한 것(取其陽在上搖木也)"이라고 하였다. 『좌전』「장공莊公 22년」(B.C.672)에 "손은 바람(巽, 風也)"이라 하였고, 「희공僖公 15년」(B.C.645)에도 "손은 바람(蠱之貞, 風也)"이라 하였으며, 『좌전』「양공양공(公襄公) 25년」(B.C.548)에도 손의 괘상으로 '바람(風)'을 취하였고, 「단」「상」에서도 '손은 바람'이라는 괘상을 취하였다.

爲長女

손은 맏딸이다. 손은 인간계로 말하면 맏딸이다. 제10장에 "손은 곤이 건에게 한 번 구하여 딸을 얻은 것이니, 그러므로 맏딸이라고 한다(巽一索而得女, 故謂之長女)"라고 하였다. 『집해』에 순상은 "유가 아래에 있다(柔在初)"라고 하였다. 유가 아래에 있으면 맏딸, 가운데에 있으면 둘째딸, 꼭대기에 있으면 막내딸이다.

爲繩直

손은 곧은 먹줄이다. '승繩'은 먹줄이며, '직直'은 곧다는 뜻이다. 공영달은 "만물이 가지런하도록 호령하는 것은 먹줄이 곧은 나무와 같음을 취한 것(取其號令齊物, 如繩之直木也)"이라고 하였다. 고형은 "장인은 나무를 다듬어 그릇을 만들거나 혹은 나무를 깎아 집을 짓는데(匠人制木爲器或斲木蓋屋), 먹줄을 기준으로 하여 곧음을 취하니(引繩爲準以取直), 그러므로 손은 곧은 먹줄이다(故巽爲繩直)"라고 하였다. 「계사」에서 '손은 줄(繩)'이라는 괘상을 취하였다.

爲工

손은 장인이다. 공영달은 "곧은 먹줄의 유를 취한 것(取繩直之類)"이라고 하였다. 고형은 "손은 나무이다(巽爲木). 공인은 나무를 다듬어 그릇을 만들거나 혹은 나무를 깎아 집을 지으니(工人制木爲器或斲木蓋屋), 그러므로 손은 장인이다(故巽爲工)"라고 하였다.

爲白

손은 흰색이다. 공영달은 "바람이 불어 먼지를 없애는 것을 취하였으므로 새하얗다(取其風吹去塵, 故潔白也)"라고 하였다. 고형은 "손은 나무이다(巽爲木). 나무는 껍질을 벗기면 그 색깔이 희니(木去其皮, 其色白), 그러므로 손은 흰색이다(故巽爲白)"라고 하였다.

爲長

손은 긴 것이다. 손은 나무이고 나무는 길다. 『집해』에 최경은 "바람이 불어 멀리

가는 것을 취하였으니, 그러므로 긴 것이다(取風行之遠, 故爲長)"라고 하였다.

爲高

손은 높은 것이다. 손은 나무이고 나무는 높다. 공영달은 "나무가 자라 높이 올라가는 것(又木生而上也)"이라고 하였다. 고형은 "손은 바람이고(巽爲風), 바람은 위로 하늘 끝까지 이르니(風上至雲霄), 그러므로 손은 높다(故巽爲高)"라고 하였다. '위승직爲繩直'부터 여기까지 모두 나무를 두고 말한 것이다.

爲進退

손은 진퇴하는 것이다. 손은 바람이며, 바람은 앞으로도 불고 뒤로도 분다. 『집해』에 순상은 "바람은 부는 것이 무상하니, 그러므로 진퇴하는 것(風行无常, 故進退)"이라고 하였다.

爲不果

손은 결단력이 없는 것이다. '과果'는 결단하다는 뜻의 결決이다. 손은 바람이며, 바람은 이쪽으로도 저쪽으로도 분다. 『집해』에 순상은 "바람은 혹 동으로 혹 서로 불어가므로 결단력이 없는 것이다(風行或東或西, 故不果)"라고 하였다.

爲臭

손은 냄새이다. '취臭'는 냄새이다. 『석문』에 "왕숙은 '향취香臭'로 썼다(王肅作爲香臭)"라고 하였다. 고형은 "손은 바람이고(巽爲風), 바람이 불면 사물의 냄새는 멀리까지 가니(風吹則物之氣味遠聞), 그러므로 손은 냄새이다(故巽爲臭)"라고 하였다. '위진퇴爲進退'부터 여기까지 모두 바람을 두고 한 말이다.

其於人也, 爲寡髮.

손은 사람에 있어서 머리카락이 적은 것이다. '기其'는 손을 가리킨다. '과寡'는 적다, '발髮'은 머리카락이다. '과발寡髮'은 머리털이 적은 것이다. 공영달은 "'과'는 적은 것이다. 바람이 나무의 꽃잎을 떨어뜨리면 나무에 있는 것은 적어지니, 사람의 머리털이 적은 것이 이와 같은 유이다(寡, 少也. 風落樹之華葉, 則在樹者稀疎, 如人之少髮亦類於此)"라고 하였다. 『석문』에는 "'과'는 본래 선宣으로도 되어 있다. 검은 색과 흰색이 섞여 있는 것이 선발이다(本又作宣. 黑白雜爲宣髮)"라고 하였고, 『집해』에도 '선宣'으로 되어 있다. 즉 "손은 사람에 있어 검은색과 흰색이 섞여 있는 머리털이다"는 말이다. 두 가지 해석 모두 통한다.

爲廣顙

손은 이마가 넓은 것이다. '광廣'은 넓다, '상顙'은 이마이다. '광상廣顙'은 이마가 넓은 것이다. 공영달은 "머리털이 적다는 뜻(髮寡少之義)"이라고 하였다.

爲多白眼

손은 눈에 흰자위가 많은 것이다. '다백안多白眼'은 눈에 흰자위가 많은 것이다. 공영달은 "조급한 사람의 눈은 그 색이 흰자위가 많은 것을 취한 것이다(取躁人之眼, 其色多白也)"라고 하였다.

爲近利市三倍

손은 시장에서 3배에 가까운 이익을 얻는 것이다. 고형은 "손은 나무이다(巽爲木). 사람은 수목을 기르고(人栽植樹木), 수목이 성장하면(樹木長成), 혹 그 열매를 팔거나(或售其果), 혹 그 목재를 팔거나 하여(或賣其材), 시장에서 3배에 가까운 이익을 얻을 수 있으니(可得近于三倍之利于市), 그러므로 손은 시장에서 3배에 가까운 이익을 얻는 것이다(故巽爲近利市三倍)"라고 하였다.

其究爲躁卦

손은 궁극에는 움직여 멈추지 않는 괘이다. '기其'는 손을 가리킨다. 공영달은 "'구'는 끝이라는 뜻의 극(究, 極也)"이라 하고, "바람이 지극히 조급하게 부는 것을 취한 것(取其風之近極於躁急也)"이라고 하여, '조괘躁卦'를 조급한 괘라고 해석하였다. 고형은 "'조躁'는 움직여 멈추지 않는 것이다(躁, 動而不止也). 손은 바람이고(巽爲風), 바람이라는 것은 움직여 멈추지 않는 것이니(風之爲物動而不止), 그러므로 손은 궁극에는 움직여 멈추지 않는 괘이다(故巽之終極爲躁卦)"라고 하였다. 두 가지 해석은 모두 통한다.

여기까지 손괘가 상징하는 16가지를 기록하였다.

5. 감괘의 괘상 20가지를 정리하였다.

坎爲水, 爲溝瀆, 爲隱伏, 爲矯輮, 爲弓輪. 其於人也, 爲加憂, 爲心病, 爲耳痛, 爲血卦, 爲赤. 其於馬也, 爲美脊, 爲亟心, 爲下首, 爲薄蹄, 爲曳.
其於輿也, 爲多眚, 爲通, 爲月, 爲盜. 其於木也, 爲堅多心.

감은 물이고, 도랑이고, 숨어 엎드리는 것이고, 바로잡는 것이고, 활과 수레바퀴이고,
사람에 있어 근심을 더하는 것이고, 마음병이고, 귀가 아픈 것이고, 혈괘이고, 붉고,
말에 있어 등마루가 아름다운 것이고, 성질이 민첩한 것이고, 머리를 숙이는 것이고,
발굽이 얇은 것이고, 끌어당기는 것이고, 수레에 있어 많이 부서지는 것이고, 통하는
것이고, 달이고, 도적이고, 나무에 있어 단단하나 부드러운 것이다.

坎爲水

감(☵)은 물이다. 감은 자연계로 말하면 물이다. 『집해』에 송충은 "감은 양이 가운
데에 있어 안이 밝으니 물과 같다(坎陽在中, 內光明, 有似於水)"라고 하였다. 『국어』「진
어晉語」에 "감은 물(坎, 水也)"이라 하였고, 「단」「상」「계사」에서도 '감은 물'이라는 괘
상을 취하였다.

爲溝瀆

감은 도랑이다. '독瀆'은 도랑이라는 뜻의 구溝이다. '구독溝瀆'은 도랑이다. 공영달
은 "물이 흘러가는데 통하지 않음이 없음을 취한 것(取其水行, 無所不通也)"이라고 하였
다.

爲隱伏

감은 숨어 엎드리는 것이다. 『집해』에 우번은 "양이 곤 속에 숨어 있으니, 그러므
로 은복이다(陽藏坤中, 故爲隱伏也)"라고 하였고, 공영달은 "물이 땅 속에 숨어 있는 것
을 취한 것(取其水藏地中也)"이라고 하였다.

爲矯輮

감은 바로잡는 것이다. 『집해』에 송충은 "굽은 것을 곧게 하는 것이 '교矯'이고, 곧
은 것을 굽게 하는 것이 '유輮'이다. 물이 흘러가는 것이 곧을 수 있고 굽을 수 있으
니, 그러므로 바로잡는 것이라 하였다(曲者更直爲矯, 直者更曲爲輮. 水流有曲直, 故爲矯輮)"
라고 하였다. 공영달도 이를 따랐다.

爲弓輪

감은 활과 수레바퀴이다. 『집해』에 우번은 "바로 잡을 수 있으니, 그러므로 활과 수레바퀴이다(可矯輮, 故爲弓輪)"라고 하였다. 활과 수레바퀴는 모두 바로 잡아 만든 물건이다. 공영달은 "'궁'은 강하게 날아가는 것이 물을 강하게 쏜 것과 같음을 취한 것이고, '윤'은 굴러가는 것이 물이 흘러가는 것과 같다(弓者, 激矢取如水激射也. 輪者, 運行如水行也)"라고 하였다.

其於人也, 爲加憂.

감은 사람에 있어 근심을 더하는 것이다. '기其'는 감을 가리킨다. '가加'는 더하다, '우憂'는 근심하다는 뜻이다. '가우加憂'는 근심을 더한다는 뜻이다. 공영달은 "험난함을 근심하는 것을 취한 것(取其憂險難也)"이라고 하였다. 감은 구덩이이며, 험난한 것이니, 사람이 험난함에 처하면 근심이 증가한다.

爲心病

감은 마음병이다. 공영달은 "험난함을 근심하니, 그러므로 마음병이다(憂其險難, 故心病也)"라고 하였다. 근심이 증가하면 마음에 병이 생긴다.

爲耳痛

감은 귀가 아픈 것이다. 공영달은 "감은 피로한 괘이고, 또 북방에서 듣는 것을 주로 하니, 듣는 것이 피로하면 귀가 아프다(坎爲勞卦也, 又北方主聽, 聽勞則耳痛也)"라고 하였다. 고형은 "감은 물이고 또 귀이다(坎爲水, 又爲耳). 귀 속에 물이 있으면 귀가 아프게 되니(耳中有水, 則成耳病), 그러므로 감은 귀가 아픈 것이다(故坎爲耳病)"라고 하였다. 제9장에 "감은 귀(坎爲耳)"라고 하였다.

爲血卦

감은 혈괘이다. 공영달은 "사람에게 피가 있는 것은 땅에 물이 있는 것과 같음을 취한 것이다(取其人之有血, 猶地有水也)"라고 하였다.

爲赤

감은 붉다. 피는 붉으니, 감은 붉다. 공영달은 "또한 피의 색을 취한 것(亦取血之色)"이라고 하였다.

其於馬也, 爲美脊.

감은 말에 있어서 등마루가 아름다운 것이다. '기其'는 감을 가리킨다. '척脊'은 등마루이다. '미척美脊'은 등마루가 아름답다는 말이다. 말은 등마루가 우아하고 아름답다. 『집해』에 송충은 "양이 가운데에 있으니, 말의 등마루의 상이다(陽在中央, 馬脊之象也)"라고 하였고, 공영달도 이를 따랐다.

爲亟心

감은 성질이 민첩한 것이다. 『설문』 이부二部에 "'극亟'은 민첩하고 빠르다는 뜻(亟, 敏疾也)"이라고 하였다. 공영달은 "'극'은 빠르다는 뜻의 급(亟, 急也)"이라고 하였다. '극심亟心'은 말의 성질이 민첩하다는 말이다. 『집해』에 최경은 "가운데의 양강이 움직이는 것을 취하였으니, 그러므로 성질이 민첩한 것이다(取其內陽剛動, 故爲亟心也)"라고 하였다. 공영달도 이렇게 해석하였다.

爲下首

감은 머리를 숙이는 것이다. 『집해』에 순상은 "물이 흘러가는데 머리는 아래로 향하여 흘러간다(水之流, 首卑下也)"라고 하였고, 공영달도 이를 따랐다. 고형은 "'하수下首'는 말이 항상 고개를 숙이는 것을 말한다(下首謂馬常低頭也). 정신이 분발하지 않는다는 것이다(精神不振)"라고 하였다.

爲薄蹄

감은 발굽이 얇은 것이다. '박薄'은 얇다(不厚), '제蹄'는 발굽이다. 공영달은 "물이 흘러가는데 땅에 붙어 흘러가는 것을 취한 것(取其水流, 迫地而行也)"이라고 하였다. 고형은 "'박제薄蹄'는 말발굽이 얇은 것을 말한다(薄蹄謂馬薄蹄也). 길을 갈 때 발이 쉽게 아프다(走路足易痛)"라고 하였다.

爲曳

감은 끌어당기는 것이다. '예曳'는 끌어당긴다는 뜻의 인引이다. 『집해』에 송충은 "물은 땅을 마찰하며 흘러가니, 그러므로 끌어당기는 것이다(水摩地而行, 故曳)"라고 하였다. 고형은 "감은 물이고(坎爲水), 물은 사물을 만나면(水遇物), 그 힘은 사물을 이기니(其力勝物), 휩쓸고 흘러간다(則沖之走)"라고 하였다.

其於輿也, 爲多眚.

감은 수레에 있어 많이 부서지는 것이다. '기其'는 감을 가리킨다. '여輿'는 수레(車)이다. 『집해』에 우번은 "'생'은 부서지다는 뜻의 패(眚, 敗也)"라고 하였다. 고형은 "감은 도랑이고 구덩이다(坎爲溝瀆, 爲坑陷). 수레가 도랑과 구덩이를 만나면(車遇溝瀆坑陷), 혹은 방해를 받아 갈 수 없거나(或阻而不能走), 혹은 빠져나올 수 없으며(或陷而不能出), 심지어 전복되기도 하니(甚至傾覆), 모두 항상 있는 일이다(皆常有之事). 이것이 많이 깨어지는 것이니(是爲多挫敗), 그러므로 수레에 있어 많이 부서지는 것이다(故曰··其于輿也, 爲多眚)"라고 하였다.

爲通

감은 통하는 것이다. 감은 물이고, 물은 사방으로 통한다. 또 감은 수레이며, 수레는 사방으로 통한다. 『집해』에 우번은 "물은 도랑을 흐르니, 그러므로 통한다(水流瀆, 故通也)"라고 하였다.

爲月

감은 달이다. 공영달은 "달은 물의 정기임을 취한 것(取其月是水之精也)"이라고 하였다. 고형은 "감은 물이고(坎爲水), 물은 차갑고 희고 빛이 있으며(水寒白有光), 달 또한 차갑고 희고 빛이 있다(月亦寒白有光). 물이 땅 위를 흘러가고(水流行于地上), 달은 하늘 위에서 운행하니(月運行于天上), 그러므로 감은 달이다(故坎爲月)"라고 하였다.

爲盜

감은 도적이다. 『집해』에 우번은 "물은 몰래 흘러가니, 그러므로 도적이다(水行潛竊, 故爲盜也)"라고 하였고, 공영달도 이를 따랐다.

其於木也, 爲堅多心.

감은 나무에 있어 단단하나 부드러운 것이다. '기其'는 감을 가리킨다. '견堅'은 단단하다는 뜻의 강剛이다. 『집해』에 우번은 "양강이 가운데에 있으니, 그러므로 단단하나 부드러운 것이다(陽剛在中, 故堅多心)"라고 하였다. 공영달도 이를 따랐다. 고형은 "감(☵)은 한 양효가 안에 있고(坎是一陽爻在內), 두 음효가 밖에 있으니(兩陰爻在外), 즉 안은 강하고 밖은 부드러운 것이다(即內剛而外柔). '목견다심'은 그 줄기는 안이 강하나 밖은 부드럽다는 것이다(木堅多心, 其幹是內剛而外柔)"라고 하였다.

여기까지 감괘가 상징하는 20가지를 기록하였다.

6. 리괘의 괘상 14가지를 정리하였다.

離爲火, 爲日, 爲電, 爲中女, 爲甲冑, 爲戈兵. 其於人也, 爲大腹, 爲乾卦, 爲鱉, 爲蟹, 爲蠃, 爲蚌, 爲龜. 其於木也, 爲科上槁.
리는 불이고, 해이고, 번개이고, 둘째딸이고, 갑옷과 투구이고, 창과 병기이고, 사람에 있어 큰 배이고, 건조한 괘이고, 자라고, 게고, 소라고, 조개고, 거북이고, 나무에 있어 줄기 윗부분이 시든 것이다.

離爲火
리(☲)는 불이다. 리는 자연계로 말하면 불이다. 『집해』에 최경은 "괘에서 양이 밖에 있는 것을 취하여, 불이 밖에서 비추는 것을 상징하였다(取卦陽在外, 象火之外照也)"라고 하였다. 『좌전』 「희공僖公 15년」(B.C.645)에 "리는 불(爲火)"이라 하였고, 「단」 「상」에서도 '리는 불'이라는 괘상을 취하였다.

爲日
리는 해이다. 공영달은 "해는 불의 정기임을 취한 것(取其日是火精也)"이라고 하였다. 『좌전』 「희공僖公 25년」(B.C.635)에 리의 괘상으로 '일日'을 취하였고, 「단」 「상」 「계사」에서도 '리는 해'라는 괘상을 취하였다.

爲電
리는 번개이다. 『집해』에 정현은 "불이 밝은 것을 취한 것이다. 오래 밝으면 해와 같고, 잠시 밝으면 번개와 같다(取火明也, 久明似日, 暫明似電也)"라고 하였다. 「단」 「상」에서도 '리는 번개'라는 괘상을 취하였다.

爲中女
리는 둘째딸이다. 리는 인간계로 말하면 둘째딸이다. 제10장에 "리는 곤이 건에게 두 번 구하여 딸을 얻은 것이니, 그러므로 둘째딸이라고 한다(離再索而得女, 故謂之中女)"라고 하였다. 『집해』에 순상은 "유가 가운데에 있다(柔在中也)"라고 하였다. 유가 아래에 있으면 맏딸, 가운데에 있으면 둘째딸, 꼭대기에 있으면 막내딸이다.

爲甲冑

리는 갑옷과 투구이다. '갑甲'은 갑옷이고, '주冑'는 투구이다. 공영달은 "강이 밖에 있음을 취한 것(取其剛在外也)"이라고 하였다. 리(☲)는 두 양효가 밖에, 한 음효가 안에 있다. 양은 단단하나 음은 부드럽다. 사람의 입고 있는 갑옷과 투구는 단단하나 몸은 부드럽다.

爲戈兵

리는 창과 병기이다. '과戈'는 창, '병兵'은 병기이다. 공영달은 "강이 밖에 있어 강이 스스로 지키는 것을 취한 것(取其剛在於外, 以剛自捍也)"이라고 하였다. 리(☲)는 두 양효가 밖에, 한 음효가 안에 있다. 밖의 두 양효는 갑주甲冑와 과병戈兵을 상징하고, 안의 한 음효는 사람의 몸을 상징한다. 갑옷과 투구, 창과 병기로 사람의 몸을 지키는 것은 바로 밖의 두 양이 안의 음을 지키는 것이다.

其於人也, 爲大腹.

리는 사람에 있어 큰 배이다. '기其'는 리를 가리킨다. '대복大腹'은 배가 크다는 것이다. 『집해』에 우번은 "해는 항상 가득하니, 아이를 밴 여자와 같다(象日常滿, 如姙身婦)"라고 하였다. 공영달은 "음기를 품은 것을 취한 것(取其懷陰氣也)"이라고 하였다. 리의 가운데 음효는 사람에게 배와 같다.

爲乾卦

리는 건조한 괘이다. '건乾'은 건조하다는 뜻이다. 『석문』에 정현은 "'건'은 당연히 건조하다는 뜻의 간幹으로 해야 한다(鄭云乾當爲幹)"라고 하였다. 『집해』에 우번은 "불과 해는 사물을 마르게 하니, 그러므로 건조한 괘이다(火日熯燥物, 故爲乾卦)"라고 하였다. 공영달은 "해가 말리는 것을 취한 것(取其日所煊也)"이라고 하였다. 고형은 "리는 불이고, 해이다(離爲火, 爲日). 불과 해는 사물을 건조시키니(火日能使物乾燥), 그러므로 리는 건조한 괘이다(故離爲乾卦)"라고 하였다.

爲鼈

리는 자라다. '별鼈'은 '별鱉'이며, 자라다.

爲蟹

리는 게다. '해蟹'는 게다.

爲蠃

리는 소라이다. '나蠃'는 '나螺'이며, 소라이다.

爲蚌

리는 조개이다. '방蚌'은 조개이다.

爲龜

리는 거북이다. '귀龜'는 거북이다.

『집해』에 우번은 "이 다섯 가지는 모두 밖은 강이고 안은 유인 것을 취하였다(此五者皆取外剛內柔也)"라고 하였다. 리(☲)는 두 양효가 밖에, 한 음효가 안에 있다. 자라, 게, 소라, 조개, 거북은 모두 밖은 단단한 껍질이고 안에는 부드러운 몸이 있다.

其於木也, 爲科上槁.

리는 나무에 있어 줄기 윗부분이 시든 것이다. '기其'는 리를 가리킨다. '과科'에 대해, 『집해』에 우번은 '절折', 『광아』「석고」에는 '본本', 「석언」에는 '조條', 『정의』에는 '공空'이라고 하였다. 고형은 "'과科'는 과棵자를 가차한 것이며(科借爲棵), 나무줄기이다(木幹也)"라고 하였다. '고槁'는 마른 나무(枯)이다. '과상고棵上槁'는 줄기 윗부분이 시들었다는 뜻이다. 『집해』에 송충은 "음이 안에 있으니 가운데가 비었다. 나무는 가운데가 비면 나무줄기의 윗부분이 시든다(陰在內則空中, 木中空, 則上科槀也)"라고 하였고, 공영달도 이를 따랐다.

여기까지 리괘가 상징하는 14가지를 기록하였다.

7. 간괘의 괘상 11가지를 정리하였다.

艮爲山, 爲徑路, 爲小石, 爲門闕, 爲果蓏, 爲閽寺, 爲指, 爲狗, 爲鼠, 爲黔喙之屬. 其於木也, 爲堅多節.

간은 산이고, 오솔길이고, 작은 돌이고, 문의 망루이고, 나무열매와 풀 열매이고, 혼인과 시인이고, 손가락이고, 개이고, 쥐이고, 입이 검은 짐승에 속하고, 나무에 있어 단단하나 마디가 많은 것이다.

艮爲山

간(☲)은 산이다. 간은 자연계로 말하면 산이다. 『집해』에 송충은 "두 음이 아래에 있고, 한 양이 위에 있다. 음은 흙이고, 양은 나무이다. 흙은 아래에서 쌓이고, 나무는 그 위에서 자라나니, 산의 상이다(二陰在下, 一陽在上. 陰爲土, 陽爲木. 土積於下, 木生其上, 山之象也)"라고 하였고, 공영달은 "음은 아래에 있어 멈춤이고, 양은 위에 있어 높은 것을 취하였으니, 그러므로 간은 산을 상징한다(取陰在下爲止, 陽在於上爲高. 故艮象山也)"라고 하였다. 『좌전』「희공僖公 15년」(B.C.645)에 "간은 산(其悔, 山也)"이라 하였고, 「단」「상」에서도 '간은 산'이라는 괘상을 취하였다.

爲徑路

간은 오솔길이다. '경로徑路'는 작은 길이다. 공영달은 "산은 비록 높지만 사잇길이 있음을 취한 것(取其山雖高, 有澗道也)"이라고 하였다.

爲小石

간은 작은 돌이다. 『집해』에 육적은 "간은 양괘 가운데 작은 것이니, 그러므로 작은 돌이다(艮, 剛卦之小, 故爲小石者也)"라고 하였고, 공영달도 이를 따랐다. 고형은 "간은 산이고(艮爲山), 산 위에는 작은 돌이 많으니(山上多小石), 그러므로 간은 작은 돌이다(故艮爲小石)"라고 하였다.

爲門闕

간은 문의 망루이다. '궐闕'은 망루이다. 『집해』에 우번은 "건은 문이고, 간은 양이 문밖에 있으므로 문의 망루이다. 두 개의 작은 산은 망루의 상이다(乾爲門, 艮陽在門外, 故爲門闕. 兩小山, 闕之象也)"라고 하였다. 고형은 "『설문』에 '궐은 문에서 보는 것(闕, 門觀也)'이라고 하였다. 문의 양 쪽에 망루를 쌓는데(門之兩旁築臺), 그 망루를 궐闕이라 하고(其臺謂之闕), 또 관觀이라고도 하였다(亦謂之觀). 간은 산이다(艮爲山). 문의 망루는 높으니(門闕崇高), 두 산이 대치하고 있는 것과 같다(似兩山對峙). 그러므로 간은 문의 망루이다(故艮爲門闕)"라고 하였다.

爲果蓏

간은 나무열매와 풀 열매이다. 『석문』에 응소應劭는 "나무열매를 '과果'라고 하고, 풀 열매를 '라蓏'라고 한다(木實曰果, 草實曰蓏)"라고 하였다. 『집해』에 송충과 공영달도 똑같이 해석하였다. 공영달은 "산골짜기 속에서 나오는 것을 취한 것(取其出於山谷之中也)"이라고 하였다. 간은 나무열매와 풀 열매이며, 산 속에서 나온다. 나무열매는 사과와 감 등이고, 풀 열매는 머루와 딸기 유이다.

爲閽寺

간은 혼인과 시인이다. 『석문』에 "'寺'는 음이 시(寺音侍)"라고 하였다. 『집해』에 송충은 "혼인閽人은 문을 지키고, 시인寺人은 거리를 지킨다. 간은 이 직종을 주관하니, 모두 금지하는 것을 관장하는 것이다(閽人主門, 寺人主巷. 艮爲主此職, 皆掌禁止者也)"라고 하였다. 혼인과 시인은 사람이 함부로 문이나 거리로 들어오는 것을 금지한다.

爲指

간은 손가락이다. 『집해』에 우번은 "간은 손이 마디가 많으니, 그러므로 손가락이다(艮手多節, 故爲指)"라고 하였다. 손가락은 다섯 개이고, 간(☶)은 괘획이 다섯이다.

爲狗

간은 개다. 제8장에서 "간은 개(艮爲狗)"라고 하였다.

爲鼠

간은 쥐이다. 공영달은 "개와 쥐는 모두 인가에 머무르고 있는 것을 취한 것(取其皆止人家也)"이라고 하였다. 고형은 "들쥐, 집쥐는 본래 모두 산중에서 나온 것이니(田野之鼠, 家中之鼠, 本皆由山中出), 그러므로 간은 쥐이다(故艮爲鼠)"라고 하였다.

爲黔喙之屬

간은 입이 검은 짐승에 속한다. 『집해』에 마융은 "'검훼'는 육식하는 짐승이며, 승냥이와 이리가 이에 속한다고 말한다. '검'은 검다는 뜻의 흑이다(黔喙, 肉食之獸, 謂豺狼之屬. 黔, 黑也)"라고 하였다. 『설문』에 구부口部에 "'훼'는 입이라는 뜻의 구(喙, 口也)"라고 하였다. 승냥이와 이리가 속하는 것은 그 입이 검은 색이므로 '검훼지속黔喙之屬'이라고 칭하는 것이다. 공영달은 "산에 사는 짐승을 취한 것(取其山居之獸也)"이라고 하였다.

其於木也, 爲堅多節.

간은 나무에 있어 단단하나 마디가 많은 것이다. '기其'는 간을 가리킨다. '견堅'은 단단하다. '다절多節'은 마디가 많다는 뜻이다. 『집해』에 우번은 "양이 밖에 있으니, 그러므로 마디가 많은 것이다. 소나무와 잣나무가 이에 속한다(陽剛在外, 故多節. 松柏之屬)"라고 하였다.

여기까지 간괘가 상징하는 11가지를 기록하였다.

8. 태괘의 괘상 9가지를 정리하였다.

兌爲澤, 爲少女, 爲巫, 爲口舌, 爲毀折, 爲附決. 其於地也, 爲剛鹵, 爲妾, 爲羊.

태는 못이고, 막내딸이고, 여자 무당이고, 입과 혀이고, 훼손하고 부러뜨리는 것이고, 붙어서 무너뜨리는 것이고, 땅에 있어 굳고 소금기가 있는 것이고, 첩이고, 양이다.

兌爲澤

태(☱)는 못이다. 태는 자연계로 말하면 못이다. 『집해』에 송충은 "음이 위에 있어 아래를 젖게 하니, 그러므로 못이다(陰在上, 令下濕, 故爲澤也)"라고 하였다. 공영달은 "음괘 가운데 작은 것이며, 땅의 유가 낮은 것을 취한 것(取其陰卦之小, 地類卑也)"이라고 하였다. 『좌전』「희공僖公 25년」(B.C.635)에 태의 괘상으로 '못(澤)'을 취하였고, 「단」「상」에서도 '태는 못'이라는 괘상을 취하였다.

爲少女

태는 막내딸이다. 태는 인간계로 말하면 막내딸이다. 제10장에 "태는 곤이 건에게 세 번 구하여 딸을 얻은 것이니, 그러므로 막내딸이라고 한다(兌三索而得女, 故謂之少女)"라고 하였다. 『집해』에 우번은 "곤이 세 번 구한 것이며, 자리는 끝이니, 그러므로 막내이다(坤三索, 位在末, 故少也)"라고 하였다. 유가 아래에 있으면 맏딸, 가운데에 있으면 둘째딸, 꼭대기에 있으면 막내딸이다.

爲巫

태는 무당이다. 공영달은 "입과 혀의 기관에서 취한 것(取其口舌之官也)"이라고 하였다. 고형은 "옛날에는 여자 무당을 '무巫'라 칭하였고(古稱女巫爲巫), 남자 무당을 '격覡'이라고 칭하였다(男巫爲覡). …… 태는 여자이고 입이다(兌爲女, 爲口). 여자 무당은 입에 의지하여 먹는 것을 취하니(女巫恃口取食), 그러므로 태는 여자 무당이다(故兌爲巫)"라고 하였다.

爲口舌

태는 입과 혀이다. 제9장에 "태는 입이다(兌爲口)"라고 하였다. 공영달은 "입과 혀는 말하는 도구인 것에서 취한 것(取口舌爲言語之具也)"이라고 하였다.

爲毀折

태는 훼손하고 부러뜨리는 것이다. '훼毀'은 훼손하다, '절折'은 부러지다(斷)는 뜻이다. 『집해』에 우번은 "둘째 효를 부러뜨리면 진의 발이니, 그러므로 훼손하고 부러뜨리는 것이다(二折震足, 故爲毀折)"라고 하였다. 고형은 "태는 못이다(兌爲澤). 못의 물이 진동하여(澤水振蕩), 그 가장자리를 휩쓸고 끊으니(沖毀沖斷其邊岸), 그러므로 태는 훼손하고 부러뜨리는 것이다(故兌爲毀折)"라고 하였다.

爲附決

태는 붙어서 무너뜨리는 것이다. '부附'는 붙다, '결決'은 터지다는 뜻이다. 고형은 "못은 기슭에 붙은 곳에서 제방을 무너뜨리고 흘러가니(在附岸之處潰決而流出), 그러므로 태는 또 붙어서 무너뜨리는 것이다(故兌又爲附決)"라고 하였다.

其於地也, 爲剛鹵.

태는 땅에 있어 굳고 소금기가 있는 것이다. '기其'는 태를 가리킨다. '노鹵'는 소금밭이다. 공영달은 "못의 물이 멈추면 짜고 소금기가 있는 것을 취한 것(取水澤所停則鹹鹵也)"이라고 하였다.

爲妾

태는 첩이다. 『집해』에 우번은 "셋째 막내딸은 자리가 천하니, 그러므로 첩이다(三少女, 位賤, 故爲妾)"라고 하였다. 『좌전』「양공襄公 25년」(B.C.548)에 태의 괘상으로 '아내(妻)'를 취하였다.

爲羊

태는 양이다. 제8장에서 "태는 양(兌爲羊)"이라고 하였다. 공영달은 "양의 성질이 유순한 것을 취한 것(取其羊性順也)"이라고 하였다.

여기까지 태괘가 상징하는 9가지를 기록하였다.

이상, 제11장에서 팔괘의 다양한 괘상을 열거하였는데, 『좌전』과 『국어』에서 취한 괘상을 인용하기도 하였고, 또 「단」과 「상」에서 취한 괘상을 인용하기도 하였으며, 그 외에 한나라 당시 점을 풀이하면서 취한 괘상을 열거하기도 하였다. 지금 『좌전』과 『국어』, 『역전』 「단」과 「상」과 「계사」에서 취한 괘상을 모두 정리하여 소개하겠다.

『좌전』에서 취한 괘상

건… 하늘(天), 임금(君), 옥玉, 아버지(父), 천자.

곤… 땅(土), 온화함(溫), 바름(貞), 신하(臣), 비단(帛), 말(馬), 어머니(母), 무리(衆).

진… 우레(雷), 신하(臣), 수레(車), 발(足), 형, 장남.

손… 바람(風), 여자(女).

감… 강함(彊), 화평(和), 무리(衆), 내(川), 물(水), 남편(夫).

리… 아들(子), 신하(臣), 불(火), 해(日), 새(鳥), 군자, 소(牛).

간… 산, 남자(男), 말(言).

태… 떨어져 나가는 것(說), 불태우는 것(焚), 못(澤), 강심(降心), 약弱, 아내(妻).

『국어』에서 취한 괘상

건… 임금.

곤… 땅(土), 순종(順), 어머니(母).

진… 수레(車), 우레(雷), 무武, 위엄(威), 장남.

감… 험난함(險), 수고로움(勞), 백성(衆), 문文, 순종(順).

팔괘에 8종의 자연 물상을 붙여 점을 해석한 것은 춘추 점서역에서 비롯되었다. 춘추 시대에 이미 팔괘는 8가지 자연 물상을 상징하고 있었다. 즉 건은 하늘(天), 곤은 땅(地), 진은 우레(雷), 손은 바람(風), 감은 물(水), 리는 불(火), 간은 산(山), 태는 못(澤)을 상징한 것이다. 「단」 「상」에 기록되어 있는 괘상은 이것을 바탕으로 하였다. 즉 춘추 시대에 사용한 괘상은 전국 후기 「단」 「상」에 이르러 완전히 정립되었고, 한나라 때 쓰인 「설괘」는 이것을 인용하였다. 지금 「단」과 「상」에서 사용한 괘상을 모두 정리하겠다.

『역전』「단」에서 취한 괘상

 건⋯강(剛), 하늘(天).

 곤⋯땅(地).

 진⋯우레(雷).

 손⋯바람(風), 나무(木).

 감⋯비(雨), 험난함(險).

 리⋯해(日), 불(火), 번개(電), 둘째딸(中女).

 간⋯산(山), 두터움(篤實).

 태⋯못(澤), 물(水), 막내딸(少女).

「단」에서 취한 괘덕

 건⋯강건함(剛健), 강건함(健).

 곤⋯유순함(順).

 진⋯움직임(動).

 손⋯겸손함(巽), 들어감(入).

 감⋯험난함(險), 빠짐(陷).

 리⋯밝음(明), 문명. 총명聰明, 붙음(麗).

 간⋯멈춤(止).

 태⋯기뻐함(說).

「대상」에서 취한 괘상

　건…하늘(天).
　곤…땅(地).
　진…우레(雷).
　손…바람(風), 나무(木).
　감…물(水), 비(雨), 구름(雲), 샘(泉).
　리…불(火), 해(明), 번개(電).
　간…산(山).
　태…못(澤).

「단」과 「상」이 취한 괘상이 별 차이가 없는 것은 제나라의 동일한 유생의 작품이
기 때문이다.

「계사」에서 취한 괘상 (하·2장)

　건…둥글다(圓), 쇠(金).
　태…소(牛)와 말(馬), 나무(木), 구덩이.
　리…해(日), 줄(繩).
　진…움직임(動), 수레(車), 우레(雷).
　손…나무(木).
　감…물(水).
　간…멈춤(止).
　곤…땅(地).

이상, 『좌전』과 『국어』, 「단」과 「상」과 「계사」 등 춘추전국 시대에 사용한 괘상을
모두 정리하였다.
　여기까지가 제11장이다. 본장은 제10장의 건·곤·진·손·감·리·간·태의 팔괘
배열 순서를 따라 팔괘가 상징하는 것을 각 괘별로 나누어 기록하였다. 『정의』와 『집
해』에서 혹은 괘의(取義)로, 혹은 괘상(取象)으로 해석하였는데, 뒷사람들은 대개 이
것을 따랐다. 열거한 괘상 가운데 『좌전』 『국어』 「단」 「상」에서 사용한 괘상 외의 것

은 한나라 유생이 그 당시 점을 치면서 사용한 괘상을 정리한 것이며, 오늘날 『주역』을 공부하면서 간혹 참고할 것은 있으나 대부분 자질구레하고 아무 쓸모없는 것들이다. 필자는 고전번역교육원에서 강의하면서 제11장은 수업 시간에 다 같이 한 번 정독하는 것으로 만족하고 기말 시험의 범위에서 제외하였다.

서괘
序卦

1. '서괘'의 뜻

「서괘」는 육십사괘의 배열 순서를 설명하면서 훈고訓詁 방식을 위주로 괘명의 뜻을 간단하게 해석한 것이다. 공영달은 말하였다.

> 「서괘」는 문왕이 괘효사 육십사괘를 상하 두 편으로 나누었는데,
> 레이지 없어 ~~순서는 그 이치가 나타나 있지 않았다.~~
> 그래서 공자가 상하 경에 대해 각각 서로 이어지는 뜻을 차례로 하였으니,
> 그러므로 「서괘」라고 하였다.
> 「序卦」者, 文王旣繇六十四卦分爲上下二篇, 其先後之次, 其理不見,
> 故孔子就上下二經, 各序其相次之義, 故謂之「序卦」焉.
> (『십삼경주소』 왕필 본 「서괘」 공영달 소)

공영달의 설명에서 '문왕'과 '공자'가 들어가 있는 문장은 모두 픽션이다. 누가 언제 육십사괘를 상하 두 편으로 나누었는가는 아직 알 수 없으며, 서로 이어지는 뜻을 차례로 설명하여 「서괘」를 지은 사람은 공자가 아니라 한나라 유생이다.

고형은 다음과 같이 말하였다.

「서괘」는 『역경』 육십사괘의 순서를 해석한 것이니, 그래서 편명이 「서괘」이다. 「서괘」는 건·곤·함·진 4괘는 괘상을 근거로 해석하였고, 나머지 괘는 모두 괘명을 근거로 해석하였는데, 혹은 『경』의 뜻과 일치하고, 혹은 『경』의 뜻과 일치하지 않는다. 지금 두 가지를 들어 말하겠다. 첫째, 「서괘」를 지은 사람과 「단」 「상」을 지은 사

람은 당연히 세 사람이다. 「서괘」가 괘명을 해석한 것은 대부분 「단」「상」과 서로 같다. 예를 들어, 건괘蹇卦의 건蹇에 대해 「단」은 "건은 어렵다는 뜻이다"라고 하였는데, 「상」도 같으며, 「서괘」 역시 "건은 어렵다는 뜻이다"라고 하였다. 췌괘萃卦의 췌萃에 대해 「단」은 "췌는 모인다는 뜻이다"라고 하였는데, 「상」도 같으며, 「서괘」 역시 "췌는 모인다는 뜻이다"라고 한 것이 그 예이다. 그러나 「서괘」는 괘명을 해석하면서 「단」「상」과 같지 않은 것도 있으니, 예를 들어 몽괘蒙卦의 몽蒙에 대해 「단」「상」은 모두 몽매하여 밝지 않은 것으로 해석하였는데, 「서괘」는 "몽은 싹이니, 사물이 어린 것이다"라고 하여 몽을 싹 맹萌으로 읽었다. 임괘臨卦의 임臨에 대해 「단」「상」은 모두 백성에 임하여 나라를 다스리는 것으로 해석하였는데, 「서괘」는 "임은 크다는 뜻이다"라고 한 것이 그 예이다. 이러한 것에서 「서괘」를 지은 사람은 다른 사람인 것을 증명할 수 있다. 둘째, 「서괘」 중에는 옛날의 소박하고 간단한 변증법 인소가 포함되어 있다. 객관사물은 항상 운동 변화하며 때로는 정면을 향하여 발전하고, 때로는 반면을 향하여 전화轉化한다고 여긴 것이다. 예를 들어, 항, 둔, 대장, 진, 명이의 순서를 해석하여 "항은 항구하다는 것이다. 사물은 오래 그 자리에 머물 수 없으니, 그러므로 둔괘로 받는다. 둔은 물러난다는 것이다. 사물은 끝까지 물러날 수 없으니, 그러므로 대장괘로 받는다. 사물은 끝까지 건장할 수 없으니, 그러므로 진괘로 받는다. 진은 나아가는 것이다. 나아가면 반드시 다치는 바가 있으니, 그러므로 명이괘로 받는다. 이는 다친다는 것이다"라고 하였다. 또 규, 건, 해, 손, 익, 쾌의 순서를 해석하여 "규는 어긋난다는 것이다. 어긋나면 반드시 어려움이 있으니, 그러므로 건괘로 받는다. 건은 어렵다는 것이다. 사물은 끝까지 어려울 수 없으니, 그러므로 해괘로 받는다. 해는 푼다는 것이다. 풀면 반드시 잃는 바가 있으니, 그러므로 손괘로 받는다. 잃는 것이 멈추지 않으면 반드시 더하니, 그러므로 익괘로 받는다. 더하는 것이 멈추지 않으면 반드시 터지니, 그러므로 쾌괘로 받는다. 쾌는 터진다는 것이다"라고 하였는데, 모두 사물이 혹은 정면을 향하여 발전하고 혹은 반면을 향하여 전화하는 것은 필연적인 규율이 있음을 말한 것이다. 이러한 관점은 선진사상사를 연구하는 데 마땅히 주의해야 한다. 「서괘」가 말한 것은 매우 간단하여 모두 개념화에 가깝고 또 견강부회한 말도 있으니 지나치게 높게 평가해서는 안 된다.

「序卦」一篇釋『易經』六十四卦之順序, 故題曰「序卦」. 「序卦」釋乾坤咸震四卦以卦象爲居, 釋其它諸卦皆以卦名爲居, 或合乎『經』意, 或不合『經』意. 今揭出兩事‥其一, 「序卦」作者與「彖傳」「象傳」作者當是三人. 「序卦」釋卦名多與「彖傳」「象傳」相同. 如蹇卦之蹇, 「彖傳」曰‥'蹇, 難也.' 「象傳」意同. 「序卦」亦曰‥'蹇者, 難也.' 萃卦之萃,

「彖傳」曰‥'萃, 聚也.'「象傳」意同.「序卦」亦曰‥'萃者, 聚也.'是其例. 但「序卦」釋卦名亦或有與「彖傳」「象傳」不同者, 如蒙卦之蒙,「彖傳」「象傳」皆釋爲蒙昧不明.「序卦」曰‥'蒙者, 蒙也, 物之穉也.'乃讀蒙爲萌芽之萌. 臨卦之臨,「彖傳」「象傳」皆釋爲臨民治國.「序卦」曰‥'臨者, 大也.'是其例. 可證「序卦」作者乃別一人也. 其二,「序卦」中含有古朴而簡單之辨證法因素. 認爲客觀事物總是運動變化, 有時向正面發展, 有時向反面轉化. 如釋恒, 遯, 大壯, 晉, 明夷之順序曰‥'恒者, 久也. 物不可以久居其所, 故受之以遯. 遯者, 退也. 物不可以終遯, 故受之以大壯. 物不可以終壯, 故受之以晉. 晉者, 進也. 進必有所傷, 故受之以明夷. 夷者, 傷也.'又如釋睽, 蹇, 解, 損, 益, 夬之順序曰‥'睽者, 乖也. 乖必有難, 故受之以蹇. 蹇者, 難也. 物不可以終難, 故受之以解. 解者, 緩也. 緩必有所失, 故受之以損. 損而不已必益, 故受之以益. 益而不已必決, 故受之以夬. 夬者, 決也.'皆謂事物或向正面發展, 或向反面轉化, 有其必然之規律也. 此種觀點, 研究先秦思想史, 宜予以注意. 惟其所論甚爲簡單, 均近于槪念化, 且有牽强之言, 不可予以過高之評價. (『周易大傳今注』642~643쪽)

고형의 설명을 요약하면 다음과 같다.

①「서괘」는 육십사괘의 순서를 해석하면서 건·곤·함·진 4괘는 괘상을 근거로, 나머지 괘는 모두 괘명을 근거로 해석하였다.

②「서괘」가 괘명을 해석한 것은 대부분「단」「상」과 같으나 같지 않은 것도 있으니,「서괘」와「단」「상」을 지은 사람은 모두 다르다.

③「서괘」중에는 옛날의 소박하고 간단한 변증법 인소가 포함되어 있다.

④「서괘」에는 억지로 갖다 붙인 말도 있으니 지나치게 높게 평가해서는 안 된다는 것이다.

진고응은 다음과 같이 말하였다.

「서괘」는 금본『주역』상하 경의 괘서卦序에 의거하여, 육십사괘의 배열순서와 앞뒤 괘가 서로 이어지는 철학적 내함을 설명한 것이다.

금본『주역』의 괘서는 본래 시초를 셈하여 괘를 이루는 자연스러운 결과이며, 괘와 괘가 이어지는 것은 두 괘씩 한 조로 하여 괘효의 '복覆이 아니면 변變'의 관계가 존재하고 있는 것 외에, 조와 조 사이에는 전혀 필연적인 관련이 없다. (예를 들어, 일과 이가 한 조이고, 삼과 사가 한 조이며, 오와 육이 한 조이다. 일과 이, 삼과 사, 오와 육은 그들 사이에 괘효의 관계가 존재하고 있지만, 이와 삼, 사와 오는 내재 관련이 없다.) 따라서「서괘」가 앞뒤 괘가 이어지는 필연성을 해설할 때, 어떤 곳은 억지로 갖다 붙이고, 심지어 후세 역학자들에게 비웃음을 받는 것을 면하지 못한다. 그러나 금본 괘서에서 합리성을 찾는 것은 결코 「서괘」를 지은 사람의 핵심 동기는 아닐 것이며, 합리성을 찾는 것에 의탁하여 지은 사람의 철학 사고에 녹아 들어가는 것이니, 따라서 자기의 역학 해설 체계를 건립하는 것이다.

이광지의 『주역절중』에 채청의 말을 인용하여 "「서괘」의 뜻은 인과로 이어지는 것(相因)이 있고, 반대 개념으로 이어지는 것(相反)이 있다. 반대 개념으로 이어지는 것은 극에 이르면 변하는 것이고, 인과로 이어지는 것은 아직 극에 이르지 않은 것이다"라고 하였다. 고형 또한 말하기를 "「서괘」 중에는 옛날의 소박하고 간단한 변증법 인소가 포함되어 있다. 객관사물은 항상 운동 변화하며 때로는 정면을 향하여 발전하고, 때로는 반면을 향하여 전화轉化한다고 여긴 것이다"라고 하였다. 『역』괘 사이에 상생相生하여 차례로 바뀌는 것과 상승相勝하여 제약하는 것이(예를 들어, "준은 사물이 처음 생겨나는 것이다. 사물이 생겨나면 반드시 어리니, 그러므로 몽괘로 받는다", "진은 움직인다는 것이다. 사물은 끝까지 움직일 수 없으니, 그러므로 간괘로 받는다"), 반영한 것은 곧 사물이 '어디에도 가니 멀리 가고, 멀리 가니 되돌아온다'는 운동 규율이다.

「서괘」는 금본 『역경』을 저본으로 하였으나, 아마 백서 본 『역경』의 영향을 받았을 것이다. 예를 들어, 백서 본에는 '이履'가 '예禮'로 되어 있는데, 「서괘」는 "사물이 축적된 연후에 예가 있느니, 그러므로 '이履'로 받는다"라고 하였고, 임괘臨卦는 백서 본에서 '림林'으로 되어 있는데('林'에는 임금, 무리, 크다 등의 뜻이 있다), 「서괘」는 "임은 크다는 것이다"라고 하였으며, 백서 본에는 '규暌'가 '괴乖'로 되어 있는데, 「서괘」는 "규는 어긋난다는 것이다"라고 하였다. 이 3개의 괘는 「잡괘」의 해설과 「서괘」는 분명히 같지 않으니, 예를 들어 "'이'는 멈추지 않는 것이다", "'임'과 '관'의 뜻은 혹 베푸는 것이고 혹 구하는 것이다", "'규'는 밖에서 떨어지는 것이다"라고 한 것이다. 이것으로부터 또한 「서괘」와 백서 본 『역경』이 관련이 있음을 알 수 있다.

『회남자』에 「서괘」의 글을 인용하여 "『역』에 말하기를"이라고 표한 것이 있다. 한대에서 조기에 「서괘」는 이미 『경』에 가까운 지위를 취득하였음을 알 수 있다.

「계사」에 "군자는 편안히 거하여 관찰하는 것은 『역』의 순서이다"라고 하였는데, 이것은 「서괘」를 바탕으로 한 것일 것이다. 그러나 「서괘」가 설명한 『역』서는 도리어 반드시 「계사」를 지은 사람이 말한 『역』서는 아니다.

「序卦傳」以今本 『周易』上下經的卦序爲依據, 論說六十四卦排列次序及前後相承的哲學內蘊.

今本『周易』的卦序本是揲蓍成卦的自然結果, 卦與卦的承繼, 除兩兩一組存在著卦爻'非覆卽變'的關係外, 組與組之間並無必然聯繫(如一與二爲一組, 三與四爲一組, 五與六爲一組. 一與二, 三與四, 五與六, 它們之間存在著卦爻的關係;而二與三, 四與五則無內在聯係). 因此,「序卦傳」在釋說其前後承繼的必然性時, 有些地方就不免牽强, 甚至爲後世『易』學家所譏. 但是, 爲今本卦序尋找合理性也許並非是「序卦傳」作者的核心動機, 而是以此爲依託而融入作者的哲學思考, 從而建立自己的『易』學釋說體系.

李光地『周易折中』引蔡清說‥「序卦」之義, 有相因者, 有相反者. 相反者, 極而變者也. 相因者, 其未至於極者也.」高亨也說‥「序卦」中含有古朴而簡單之辨證法因素. 認爲客觀事物總是運動變化, 有時向正面發展, 有時向反面轉化.」『易』卦之間的相生遞嬗與相勝制約(如"屯者, 物之始生也. 物生必蒙, 故受之以蒙", "震者, 動也. 物不可以終動, 止之, 故受之以艮"), 其所反映的卽是事物"逝曰遠, 遠曰反"的運動規律.

「序卦傳」以今本『易經』爲底本, 但可能也受了帛本『易經』之影響. 如帛本 '履' 作 '禮',「序卦」說 "物畜然後有禮, 故受之以 '履'"; '臨'卦帛本作 '林'('林', 有君, 衆, 大等義),「序卦」說'臨者大也'; 帛本 '睽' 作 '乖',「序卦」說'睽者乖也'. 這三個卦,「雜卦傳」的解說與「序卦」明顯不同, 如 "'履', 不處也", "'林''觀'之義, 或與或求", "'睽', 外也", 由此亦可見「序卦」與帛本『易經』有關係.

『淮南子』有徵引「序卦」之文而標 "'易'曰". 可見漢代中早期「序卦」已取得近乎經的地位.

「繫辭」"君子居而安者, '易'之序也", 此蓋爲「序卦」所本. 但「序卦」所陳說之『易』序, 卻不一定是「繫辭」作者所言之『易』序. (『周易注譯與硏究』721~722쪽)

진고응의 기록을 요약하면 다음과 같다.

① 「서괘」는 육십사괘의 배열순서와 그 철학적 내함을 설명한 것이다.

② 괘의 배열은 건과 곤은 변(착괘), 준과 몽, 수와 송은 복(종괘)으로 되어 있는데, 곤과 준, 몽과 수는 어떤 내재적인 관련이 없으므로 「서괘」의 해설에는 견강부회한 것이 있다. 그러나 이것이 문제가 아니며 지은 사람의 철학 사고에 녹아 들어가 자신의 역학 체계를 건립하는 것이다.

③ 또 「서괘」는 인과 관계로 이어지는 것과 반대 개념으로 이어지는 것이 있는데, 이것이 반영한 것은 사물의 운동 규율이다.

④ 또 「서괘」는 『백서』의 영향을 받았을 것이라는 것이다.

필자는 고형과 진고응의 「서괘」의 해설에 대한 전문을 번역하여 독자들에게 소개하였다.

현행 통행본의 육십사괘는 언제 누가 배열하였는지 알 수 없다. 다만 1973년에 발굴된 『백서주역』을 통해 추측할 수 있을 뿐이다. 『백서』와 통행본의 배열순서는 다르다. 각자 어떤 방식으로 배열되어 있는가에 대해 필자는 이미 『마왕퇴 출토 백서주역』(2012년) 상권 26~32쪽과 『고사주역』(2020년) 130~133쪽에 자세히 밝혔으므로 여기에 중복하여 설명하지 않겠다. 필자는 『백서』가 통행본의 원형일 것이라고 생각한다. 『백서』는 전한 초기에 필사된 것이고, 통행본 육십사괘 배열 순서를 설명한 「서괘」는 훨씬 뒤에 나왔기 때문이다. 『백서』 당시에는 아직 통행본의 배열순서가 정립되어 있지 않았으니, 통행본의 배열순서는 전한 초기 이후에 확립되었다. 그렇다면 「서괘」는 언제 누가 지었는가? 아래에 「서괘」에 대한 필자의 주장을 기술하겠다.

2. 「서괘」가 쓰인 시대와 지은 사람

「서괘」라는 편명은 전한 사마천의 『사기』 「공자세가」에 기록이 없으나 후한 반고班固의 『한서』 「예문지」에 기록이 있다. 『사기』 「공자세가」에 다음과 같이 기록하였다.

공자는 만년에 『역』을 좋아하여 「단」, 「계사」, 「상」, 「설괘」, 「문언」을 서하였다.
孔子晚而喜易, 序彖繫象說卦文言.

사마천 당시에는 「단」, 「계사」, 「상」, 「설괘」, 「문언」이 있었고 아직 「서괘」, 「잡괘」는 없었다. 『사기』에는 '십익'이니 '십 편'이니 하는 말이 없다.
『한서』 「예문지」에 다음과 같이 기록하였다.

공자는 「단」, 「상」, 「계사」, 「문언」, 「서괘」에 속하는 십 편을 지었다.
孔氏爲之彖象繫辭文言序卦之屬十篇.

반고(32~92)는 후한 1대 광무제(재위: 25~57) 때 태어나 4대 화제(재위: 88~105) 4년에 세상을 떠났으며, 반고 당시에 『역전』 십 편은 모두 있었다. 따라서 「서괘」는 전한 7대 무제武帝(재위: B.C.141 ~ B.C.87) 이후 후한 4대 화제和帝 이전의 한나라 유생의 작품이다. 『역전』 십 편은 전한 초기에서 후한 4대 화제 이전에 모두 있게 되었다.

여기에 한 가지 문제가 있다. 육십사괘 배열순서가 먼저 정해져 있고 후에 「서괘」가 나왔는가? 아니면 「서괘」를 지은 사람이 육십사괘의 배열을 정하면서 「서괘」를 지었는가? 하는 것이다. 만약 육십사괘 배열순서가 먼저 정해져 있고 뒤에 「서괘」가 나왔다면, 육십사괘 배열순서는 『백서』가 필사된 전한 5대 문제文帝(재위: B.C.180 ~ B.C.157) 이후 후한 4대 화제 이전에 확립되었다. 만약 「서괘」를 지은 사람이 육십사괘의 배열을 정하면서 「서괘」를 지었다면, 육십사괘 배열순서는 전한 7대 무제武帝 이후 후한 4대 화제 이전에 확립되었다.

주백곤은 『회남자』 「무칭훈繆稱訓」의 한 단락을 인용하여 「서괘」는 한초 이전에 이미 형성되었다고 주장하였다(此傳在漢初前已形成). 그런데 『회남자』의 내용과 통행본 「서괘」의 문장은 다르다.

> 『회남자』: 易曰 剝之不可遂盡也, 故受之以復.
> 「서괘」: 　剝者, 剝也. 物不可以終盡, 剝窮上反下, 故受之以復.
> 『회남자』: 역에 이르기를 박은 끝내 다할 수 없으니, 그러므로 복으로 받는다.
> 「서괘」: 　박은 다한다는 것이다. 사물은 끝까지 다할 수 없고,
> 　　　　위가 다하여 아래로 돌아가니, 그러므로 복괘로 받는다.

『회남자』는 '서괘왈'이라 하지 않고 '역왈'이라고 하였으며, 또 괘명 뒤에 주격조사 '之'가 붙어 있는데 「서괘」의 서술 형식에는 이런 예가 한 곳도 없다. 또 「서괘」에 '不可'가 2곳 기록되어 있는데, 바로 뒤에 동사가 연결되어 있지 『회남자』처럼 '수遂'라는 부사가 연결된 예는 없다.

> ① 頤者, 養也. 不養則不可動, 故受之以大過.
> ② 物不可窮也, 故受之以未濟. 終焉.

또 「서괘」는 '終'자를 사용하였지 '遂'라는 글자는 한 번도 사용하지 않았다. 또 『회남자』는 박剝에서 복復까지 2구절이지만, 「서괘」는 모두 4구절로 설명하였다. 따라서 『회남자』에 기록되어 있는 것을 「서괘」의 문장이라고 말할 수 없으며, 『회남자』의 이 짧은 한 단락을 가지고 「서괘」가 한초 이전에 이미 있었다고 단정할 수 없

다. 주백곤의 주장은 역설적으로 한초에는 아직 「서괘」가 없었다는 것을 증명해 주고 있다. 『회남자』의 내용은 「서괘」가 통행본처럼 완전하게 형성되기 전의 글일 것이다. 아마 「서괘」가 『회남자』의 영향을 받았을 것이다.

필자는 통행본 육십사괘의 배열순서는 전한의 여러 유생들을 거치면서 다듬어져 중후기에 점차 확립되었으며, 전한 후기 혹은 후한 초기의 어느 유생이 「서괘」를 지어 육십사괘의 배열 순서를 완전히 확립하였을 것이라고 생각한다. 『백서』(전한 초기)의 육십사괘 배열순서와 한 석경(후한 후기)의 배열순서가 이러한 생각을 갖게끔 한다. 그러나 이것은 필자의 생각일 뿐, 증명할 확실한 근거는 아직 없다. 이것을 증명하려면 땅 속 유물이 더 많이 발굴되기를 기다려야 한다.

3. 「서괘」의 설명 방식

「서괘」는 육십사괘의 배열을 설명하면서 앞뒤 괘가 ①인과 관계로 이어지는 것(相因)과 ②반대 개념으로 이어지는 것(相反) 두 가지 방식을 사용하였다. 또 괘명의 뜻을 설명하면서 ①뜻을 취한 것(取義)과 ②상을 취한 것(取象) 두 가지를 사용하였는데, 대부분 뜻을 취하였다. 앞뒤 괘가 서로 이어지도록 괘명의 뜻을 설명하면서 ①어떤 부분은 뜻이 자연스럽게 연결되는 곳도 있으나 ②어떤 부분은 억지로 통하여 이해할 수 없는 부분도 있다.

공영달은 다음과 같이 말하였다.

주씨가 「서괘」를 육문六門으로 정리하였는데, 첫째가 천도문, 둘째가 인사문, 셋째가 상인문, 넷째가 상반문, 다섯째가 상수문, 여섯째가 상병문이다. 건괘 다음에 곤괘가 오고, 태괘 다음에 비괘가 오는 것 등은 천도운수문이다. 송사(訟)에는 반드시 무리(師)가 있게 되고, 무리(師)에는 반드시 친근함(比)이 있는 것 등은 인사문이다. 소축괘를 따라 이괘가 나오고, 이괘를 따르므로 통하는 것(泰) 등은 상인문이다. 물러나는 것(遯)이 극에 이르면 건장함(壯)으로 돌아오고, 움직임이 끝나면 돌아와 멈추는 것 등은 상반문이다. 크게 있으면(大有)은 겸손함(謙)을 기다리고, 몽매함(蒙)은 길러짐을 기다리는 것 등은 상수문이다. 꾸밈(賁)이 다하면 떨어지고(剝), 나아감(晉)이 극에 이르면 상함(明夷)에 이르는 것 등은 상병문이다.

其周氏就「序卦」以六門往攝. 第一天道門, 第二人事門, 第三相因門, 第四相反門, 第

五相須門, 第六相病門. 如乾之次坤, 泰之次否等第, 是天道運數門也. 如訟必有師, 師必有比等, 是人事門也. 如因小畜生履, 因履故通等, 是相因門也. 如遯極反壯, 動竟歸止等, 是相反門也. 如大有須謙, 蒙稚待養等, 是相須門也. 如賁盡致剝, 進極致傷等, 是相病門也. (『십삼경주소』 왕필 본 「서괘」 공영달 소)

공영달은 주씨의 말을 인용하여 여섯 가지 방법으로 괘의 배열을 설명하였다고 하였는데, 이 여섯 가지는 너무 번잡하고 복잡하나, 이 가운데 가장 적합하게 취할 수 있는 것은 상인相因(인과 관계로 이어지는 것)과 상반相反(반대 개념으로 이어지는 것) 두 가지이다. 공영달은 계속 말하였다.

지금 육십사괘를 자세히 보면 두 개씩 서로 짝이 되어, 복(뒤집은 것—종괘)이 아니면 변(변하게 한 것—착괘)이다. 복(종괘)은 겉과 속에서 보고 두 괘를 이루는 것이니, 준과 몽, 수와 송, 사와 비의 부류가 그렇다. 변(착괘)은 복(종괘)을 반대로 하여 한 괘를 이루는 것이며, 서로 변하여 짝이 된 것이니, 건과 곤, 감과 리, 대과와 이, 중부와 소과의 부류가 그렇다.

今驗六十四卦, 二二相耦, 非覆卽變. 覆者, 表裏視之, 遂成兩卦, 屯蒙, 需訟, 師比之類是也. 變者, 反覆唯成一卦, 則變以對之, 乾坤, 坎離, 大過頤, 中孚小過之類是也. (같은 책)

'복覆'은 래지덕의 종괘綜卦이며, 한 괘를 아래(表)와 위에서(裏) 보는 것이다. 예를 들어, 준괘는 아래에서 보면 윗괘가 감이고 아랫괘는 진이다. 이를 위에서 보면 윗괘는 간이고 아랫괘는 감이 되어 몽괘가 되는 것이다.

屯　　　　蒙

'변變'은 래지덕의 착괘錯卦이며, 한괘의 음효는 양효로, 양효는 음효로 변하는 것이다. 예를 들어, 건괘는 여섯 양효로 되어 있는데, 이것이 음효로 변하면 곤괘가 되는 것이다.

乾　　　　　坤

『주역』의 육십사괘의 배열은 '복'이 아니면 '변'으로 되어 있다. '변'(착괘)으로 되어 있는 것이 모두 여덟 괘인데, 건乾과 곤坤, 이頤와 대과大過, 감坎과 리離, 중부中孚와 소과小過가 그렇다.

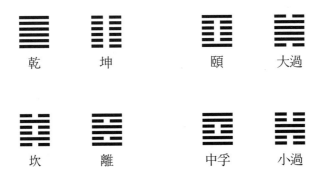

乾　　　坤　　　頤　　　大過

坎　　　離　　　中孚　　　小過

'복'(종괘)과 '변'(착괘)이 동시에 되는 것이 여덟 괘인데, 태泰와 비否, 수隨와 고蠱, 점漸과 귀매歸妹, 기제旣濟와 미제未濟가 그렇다.

泰　　　否　　　隨　　　蠱

漸　　　歸妹　　　旣濟　　　未濟

이들을 제외한 나머지 48괘는 모두 '복'(종괘)으로 되어 있다. 『주역』에서 괘의 배열은 먼저 한 괘를 그리고, 이 괘를 '복覆'(종괘)으로 하여 그다음에 이어지는 괘를 그렸으며, '복'으로 하여 본괘와 똑같아지는 여덟 괘는 '변變'(착괘)으로 하여 육십사괘를 배열한 것이다. 그 가운데 '복' 혹은 '변'으로 해도 같아지는 여덟 괘가 있게 되었다. 공영달은 이것을 말한 것이다.

4.「서괘」의 서술 형식

「서괘」는 육십사괘의 배열을 설명하면서 2가지 서술 형식을 사용하였다.

1) '괘명 + 괘명의 뜻 + 다음 괘로 이어지는 말 + 다음 괘'의 순서로 기술한 것이다.

> 예) 泰者, 通也. 物不可以終通, 故受之以否.
> 태는 형통하다는 것이다.
> 사물은 끝까지 형통할 수 없으니, 그러므로 비괘로 받는다.

2) '다음 괘로 이어지는 말 + 다음 괘'의 순서로 기술한 것이다.

> 예) 訟必有衆起, 故受之以師.
> 송사에는 반드시 무리들의 일어남이 있으니, 그러므로 사괘로 받는다.

지금「서괘」전문에서 2가지 형식 모두 열거하겠다.

1) 첫째 형식: 괘명 + 괘명의 뜻 + 다음 괘로 이어지는 말 + 다음 괘.
  ① 有天地, 然後萬物生焉. 盈天地之間者唯萬物, 故受之以屯.
  ② 屯者, 盈也. 屯者, 物之始生也. 物生必蒙, 故受之以蒙.
  ③ 蒙者, 蒙也, 物之穉也. 物穉不可不養也, 故受之以需.
  ④ 需者, 飮食之道也. 飮食必有訟, 故受之以訟.
  ⑤ 師者, 衆也. 衆必有所比, 故受之以比.
  ⑥ 比者, 比也. 比必有所畜, 故受之以小畜.
  ⑦ (履者, 禮也.) 履而泰, 然後安, 故受之以泰,
  ⑧ 泰者, 通也. 物不可以終通, 故受之以否.
  ⑨ 蠱者, 事也. 有事而後可大, 故受之以臨.

⑩ 臨者, 大也. 物大然後可觀, 故受之以觀.

⑪ 嗑者, 合也. 物不可以苟合而已, 故受之以賁.

⑫ 賁者, 飾也. 致飾然後亨則盡矣, 故受之以剝.

⑬ 剝者, 剝也. 物不可以終盡, 剝窮上反下, 故受之以復.

⑭ 頤者, 養也. 不養則不可動, 故受之以大過.

⑮ 坎者, 陷也. 陷必有所麗, 故受之以離. 離者, 麗也.

⑯ 恒者, 久也. 物不可以久居其所, 故受之以遯.

⑰ 遯者, 退也. 物不可以終遯, 故受之以大壯.

⑱ 晉者, 進也. 進必有所傷, 故受之以明夷.

⑲ 夷者, 傷也. 傷於外者必反其家, 故受之以家人.

⑳ 睽者, 乖也. 乖必有難, 故受之以蹇.

㉑ 蹇者, 難也. 物不可以終難, 故受之以解.

㉒ 解者, 緩也. 緩必有所失, 故受之以損.

㉓ 夬者, 決也. 決必有所遇, 故受之以姤.

㉔ 姤者, 遇也. 物相遇而後聚, 故受之以萃.

㉕ 萃者, 聚也. 聚而上者謂之升, 故受之以升.

㉖ 震者, 動也. 物不可以終動, 止之, 故受之以艮.

㉗ 艮者, 止也. 物不可以終止, 故受之以漸.

㉘ 漸者, 進也. 進必有所歸, 故受之以歸妹.

㉙ 豊者, 大也. 窮大者必失其居, 故受之以旅.

㉚ 巽者, 入也. 入而後說之, 故受之以兌.

㉛ 兌者, 說也. 說而後散之, 故受之以渙.

㉜ 渙者, 離也. 物不可以終離, 故受之以節.

2) 둘째 형식: 다음 괘로 이어지는 말 + 다음 괘.

① 訟必有衆起, 故受之以師.

② 物畜然後有禮, 故受之以履.

③ 物不可以終否, 故受之以同人.

④ 與人同者, 物必歸焉, 故受之以大有.

⑤ 有大者不可以盈, 故受之以謙.

⑥ 有大而能謙必豫, 故受之以豫.

⑦ 豫必有隨, 故受之以隨.

⑧ 以喜隨人者必有事, 故受之以蠱.

⑨ 可觀而後有所合, 故受之以噬嗑.

⑩ 復則不妄矣, 故受之以无妄.

⑪ 有无妄然後可畜, 故受之以大畜.

⑫ 物畜然後可養, 故受之以頤.

⑬ 物不可以終過, 故受之以坎.

⑭ 夫婦之道不可以不久也, 故受之以恒.

⑮ 物不可以終壯, 故受之以晉.

⑯ 家道窮必乖, 故受之以睽.

⑰ 損而不已必益, 故受之以益.

⑱ 益而不已必決, 故受之以夬.

⑲ 升而不已必困, 故受之以困.

⑳ 困乎上者必反下, 故受之以井.

㉑ 井道不可不革, 故受之以革.

㉒ 革物者莫若鼎, 故受之以鼎.

㉓ 主器者莫若長子, 故受之以震.

㉔ 得其所歸者必大, 故受之以豐.

㉕ 旅而无所容, 故受之以巽.

㉖ 節而信之, 故受之以中孚.

㉗ 有其信者必行之, 故受之以小過.

㉘ 有過物者必濟, 故受之以既濟.

㉙ 物不可窮也, 故受之以未濟. 終焉.

이상, 첫째 형식이 32괘, 둘째 형식이 29괘, 모두 61괘를 정리하였다. 육십사괘 가운데 세 괘가 없다. 첫 구절 '천지'는 건곤 두 괘를 가리키는데 건괘와 곤괘를 설명하지 않았고, 또 하경 첫째 함괘를 설명하지 않았다. 즉 「서괘」는 육십사괘를 설명하면서 61괘 괘명은 들었는데, 건, 곤, 함, 3괘의 괘명은 들지 않았다. 「서괘」에 이 3개의 괘명은 없다. 이 3괘를 셈하면 모두 육십사괘가 된다. 「서괘」는 이와 같이 2가지 형식을 사용하여 기술하였다.

5. 「서괘」가 사용한 중요한 용어

「서괘」에서 앞뒤 괘가 서로 이어지는 것을 설명하면서 사용한 몇 가지 중요한 용어를 살펴보겠다.

① '고수지이故受之以'라는 글이 상편 30괘 가운데 건곤 두 괘를 제외하고 28곳, 하편 34괘 가운데 처음의 함괘를 제외하고 33곳에 사용하고 있다. 이것은 앞뒤 괘가 인과 관계로 이어지든 반대 개념으로 이어지든 서로 이어받고 이어준다는 것을 말해주고 있다.

② '연후然後'가 상편 7곳 하편 7곳,

③ '이후而後'가 상편 2곳 하편 3곳에 기록되어 있다.

이 2가지는 앞뒤 괘의 인과 관계를 설명한 것이다.

④ '불가불不可不'이 상편 1곳 하편 1곳,

⑤ '불가不可'가 상편 1곳 하편 1곳,

⑥ '불가이不可以'가 상편 6곳 하편 7곳,

⑦ '불가이불不可以不'이 하편 1곳 기록되어 있으며,

⑧ 필연을 뜻하는 '필必'자가 상편 10곳 하편 15곳 기록되어 있다.

이 5가지는 앞뒤 괘가 서로 인과 관계로 이어지든 반대 개념으로 이어지든 필연적으로 그렇게 이어진다는 것을 말하고 있는 것이다. '불가이不可以'를 사용한 구절은 거의 반대 개념으로 이어지고, 그 외의 것은 모두 인과 관계로 이어진다.

다음에 인과 관계로 이어지는 것과 반대 개념으로 이어지는 것에 대해 한 번 살펴보겠다.

6. 인과 관계로 이어지는 것(相因說)

「서괘」는 괘를 대부분 인과 관계로 이어지도록 하였다. 이것에 대한 예는 너무 많아 모두 인용할 수 없으므로, 한 가지 예만 들어 보겠다.

有天地, 然後萬物生焉. 盈天地之間者唯萬物, 故受之以屯. 屯者, 盈也. 屯者, 物之始生也. 物生必蒙, 故受之以蒙. 蒙者, 蒙也, 物之穉也. 物穉不可不養也, 故受之以需. 需者, 飲食之道也. 飲食必有訟, 故受之以訟. 訟必有衆起, 故受之以師. 師者, 衆也. 衆必有所比, 故受之以比. 比者, 比也. 比必有所畜, 故受之以小畜. 物畜然後有禮, 故受之以履. (履者, 禮也.)

천지가 있은 연후에 만물이 생겨난다. 천지 사이에 가득 차 있는 것은 오직 만물이니, 그러므로 준괘로 받는다. 준은 가득 차 있다는 것이다. 준은 사물이 처음 생겨나는 것이다. 사물이 생겨나면 반드시 어리니, 그러므로 몽괘로 받는다. 몽은 어리다는 것이니, 사물이 어린 것이다. 사물이 어리면 기르지 않을 수 없으니, 그러므로 수괘로 받는다. 수는 음식의 도이다. 음식에는 반드시 송사가 있게 되니, 그러므로 송괘로 받는다. 송사에는 반드시 무리들의 일어남이 있으니, 그러므로 사괘로 받는다. 사는 무리이다. 무리에는 반드시 친근한 바가 있으니, 그러므로 비괘로 받는다. 비는 친근하다는 것이다. 친근하면 반드시 축적하는 바가 있으니, 그러므로 소축괘로 받는다. 재물이 축적된 연후에 예가 있으니, 그러므로 이괘로 받는다. (이는 예이다.)

건에서 곤으로, 곤에서 준으로, 준에서 몽으로, 몽에서 수로, 수에서 송으로, 송에서 사로, 사에서 비로, 비에서 소축으로, 소축에서 이로 이어지는 것이 앞뒤 인과 관계로 연결되어 있다. 즉 앞 괘는 뒤 괘의 원인이고, 뒤 괘는 앞 괘의 결과이며, 다시 뒤 괘의 원인이 되는 것이다. 인과 관계에는 '연후然後', '이후而後', '필必', '불가불不可不', '불가不可' '불가이불不可以不' 등의 용어를 사용하였다.

7. 반대 개념으로 이어지는 것(相反說)

「서괘」는 괘를 또 반대 개념으로 이어지는 것을 말하였는데, 필자가 정리한 바로는 다음의 아홉 문장이 있다.

① 泰者, 通也. 物不可以終通, 故受之以否. 物不可以終否, 故受之以同人. 與人同者, 物必歸焉, 故受之以大有. 有大者不可以盈, 故受之以謙.
태는 형통하다는 것이다. 사물은 끝까지 형통할 수 없으니, 그러므로 비괘로 받는다. 사물은 끝까지 막힐 수 없으니, 그러므로 동인괘로 받는다. 사람과 함께 하면 사물은 반드시 돌아올 것이니, 그러므로 대유괘로 받는다. 가진 것이 큰 것은 가득 찰 수 없으니, 그러므로 겸괘로 받는다.

② 剝者, 剝也. 物不可以終盡, (剝)窮上反下, 故受之以復.

박은 다한다는 것이다. 사물은 끝까지 다할 수 없고, 위가 다하여 아래로 돌아가니, 그러므로 복괘로 받는다.

③ 恒者, 久也. 物不可以久居其所, 故受之以遯. 遯者, 退也. 物不可以終遯, 故受之以大壯.

항은 항구하다는 것이다. 사물은 오래 그 자리에 머물 수 없으니, 그러므로 둔괘로 받는다. 둔은 물러난다는 것이다. 사물은 끝까지 물러날 수 없으니, 그러므로 대장괘로 받는다.

④ 晉者, 進也. 進必有所傷, 故受之以明夷. 夷者, 傷也.

진은 나아가는 것이다. 나아가면 반드시 다치는 바가 있으니, 그러므로 명이괘로 받는다. 이는 다친다는 것이다.

⑤ 蹇者, 難也. 物不可以終難, 故受之以解. 解者, 緩也.

건은 어렵다는 것이다. 사물은 끝까지 어려울 수 없으니, 그러므로 해괘로 받는다. 해는 푼다는 것이다.

⑥ 損而不已必益, 故受之以益. 益而不已必決, 故受之以夬. 夬者, 決也.

잃는 것이 멈추지 않으면 반드시 더하니, 그러므로 익괘로 받는다. 더하는 것이 멈추지 않으면 반드시 터지니, 그러므로 쾌괘로 받는다. 쾌는 터진다는 것이다.

⑦ 升而不已必困, 故受之以困. 困乎上者必反下, 故受之以井. 井道不可不革, 故受之以革. 革物者莫若鼎, 故受之以鼎.

올라가는 것이 멈추지 않으면 반드시 곤란하게 되니, 그러므로 곤괘로 받는다. 위에서 곤란한 것은 반드시 아래로 돌아오니, 그러므로 정괘로 받는다. 우물의 도는 바꾸지 않을 수 없으니, 그러므로 혁괘로 받는다. 사물을 바꾸는 것은 솥만한 것이 없으니, 그러므로 정괘로 받는다.

⑧ 震者, 動也. 物不可以終動, 止之, 故受之以艮. 艮者, 止也. 物不可以終止, 故受之以漸. 漸者, 進也. 進必有所歸, 故受之以歸妹.

진은 움직인다는 것이다. 사물은 끝까지 움직일 수 없으니, 그러므로 간괘로 받는다.

간은 멈춘다는 것이다. 사물은 끝까지 멈출 수 없으니, 그러므로 점괘로 받는다. 점은 나아간다는 것이다. 나아가면 반드시 돌아가는 바가 있으니, 그러므로 귀매괘로 받는다.

⑨ 豐者, 大也. 窮大者必失其居, 故受之以旅.……物不可以終離, 故受之以節.……有過物者必濟, 故受之以旣濟. 物不可窮也, 故受之以未濟. 終焉.
풍은 크다는 것이다. 큰 것을 다한 것은 반드시 그 있는 곳을 잃으니, 그러므로 여괘로 받는다.……사물은 끝까지 떨어질 수 없으니, 그러므로 절괘로 받는다.……그릇된 일이 있는 사람은 반드시 이루니, 그러므로 기제괘로 받는다. 사물은 다할 수 없으니, 그러므로 미제괘로 받아서 끝난다.

이상, 아홉 문장은 두 괘를 한 조로 하여 서로 반대되는 개념으로 연결되어 있으며, "앞 괘가 끝까지 무엇을 할 수 없으니, 그래서 뒤 괘로 이어진다", "앞 괘가 무엇 하는 것을 멈추지 않으면 반드시 무엇 하니 뒤 괘로 이어진다"는 논리를 주로 사용하였다. 여기에는 '불가이不可以', '불가不可', '종終', '궁窮' 등의 용어를 사용하였다.

상인相因과 상반相反의 설에 대해 고형은 다음과 같이 말하였다.

「서괘」중에는 옛날의 소박하고 간단한 변증법 인소가 포함되어 있다. 객관사물은 항상 운동 변화하며 때로는 정면을 향하여 발전하고, 때로는 반면을 향하여 전화轉化한다고 여긴 것이다.
序卦中含有古朴而簡單之辨證法因素. 認爲客觀事物總是運動變化, 有時向正面發展, 有時向反面轉化.

주백곤은 다음과 같이 말하였다.

상반설은 궁극에 이르면 반대되는 대립면으로 전화되는 사상을 표현하였다.
其相反說, 表現了窮極則反的對立面轉化的思想.

이들은 「서괘」의 상인 상반설을 마르크스의 변증법적 유물론에 맞추려고 애써 주장하였지만, 사실 육십사괘 괘명에는 이미 반대되는 뜻으로 나열된 것이 여럿 있다.

예를 들어, 건과 곤, 태와 비, 감과 리, 손과 익, 기제와 미제 등이 그렇다. 「서괘」는 다만 육십사괘의 괘명의 테두리 안에서 괘명을 따라 인과 관계로 자연스럽게 연결하였지, 정면을 향하여 '발전'한다는 것을 말하지 않았다. 또 괘명을 따라 반대되는 개념으로 자연스럽게 연결하였지 여기에 무슨 반면을 향하여 '전화'하느니, 궁극에 이르러 '대립면'으로 전화하느니 하는 말은 하지 않았다. 마르크스를 가지고 『주역』을 해석하는 것은 잘못된 것이다. 『주역절중周易折中』에 명의 채청蔡淸(1453~1508)은 다음과 같이 말하였다.

> 「서괘」의 뜻은 인과로 이어지는 것(相因)이 있고,
> 반대 개념으로 이어지는 것(相反)이 있다.
> 반대 개념으로 이어지는 것은 극에 이르면 변하는 것이고,
> 인과로 이어지는 것은 아직 극에 이르지 않은 것이다.
> 序卦之義, 有相因者, 有相反者. 相反者, 極而變者也. 相因者, 其未至於極者也.

오히려 이 해석이 깨끗하지 않은가? 극에 이르면 변하는 것(物極必反)은 자연의 이치이다. 『주역』을 마르크스나 서양철학에 억지로 끼워 맞춰 해석하면 『주역』은 본래의 의미를 잃어버리고 너절하게 된다.

8. 괘의와 괘상으로 해석한 것

「서괘」는 육십사괘의 배열 순서를 설명하면서, 괘의卦義를 가지고 괘명을 설명하였는데, 주로 훈고 방식을 취하였다. 그러나 괘상卦象을 가지고 설명한 것도 있다. 예를 들어, 건곤 두 괘는 천지를 들어 말하였고, 함괘는 부부로 해석하였으며, 진괘는 맏아들로 해석한 것 등이 그렇다. 이 네 괘 외에도 괘의와 괘상 두 가지 모두 적용시켜 해석할 수 있는 것이 세 쌍의 괘가 있다.

① 박剝과 복復

> 剝者, 剝也. 物不可以終盡, 剝窮上反下, 故受之以復.

박은 다한다는 것이다.

사물은 끝까지 다할 수 없고, 위가 다하여 아래로 돌아가니,

그러므로 복괘로 받는다.

'剝窮上反下'의 '박剝'자는 잘못 들어간 글자이다. 「서괘」는 '진盡'을 가지고 '박剝'을 해석하였다. '진盡'과 '궁窮'은 뜻이 같다. '반反'은 돌아간다는 뜻의 반返으로 읽는다. '궁상반하窮上反下'는 윗자리에서 다하면 아랫자리로 돌아간다는 말이다. 「서괘」는 '반反'을 가지고 '복復'을 해석하였다. '복復'은 돌아온다는 뜻이다.

剝   復

박괘의 꼭대기 양효(上九)가 윗자리에서 다하여 다시 복괘의 처음 양효(初九)로 돌아간다. 사물은 끝까지 다할 수 없고, 위가 다하여 아래로 돌아가니, 그러므로 복괘로 받는다는 말이다. 이러한 해석은 괘의와 괘상을 동시에 취해 말한 것이다.

② 진晉과 명이明夷

晉者, 進也. 進必有所傷, 故受之以明夷. 夷者, 傷也.

진은 나아가는 것이다.

나아가면 반드시 다치는 바가 있으니, 그러므로 명이괘로 받는다.

이는 다친다는 것이다.

「서괘」는 '상傷'을 가지고 '이夷'를 해석하였다. '이夷'는 다치다는 뜻의 상傷이다. '명이明夷'는 밝음이 상하였다는 말이다. 밝음이 상하였으니, 어둡다.

晉   明夷

진괘는 윗괘가 리이고 아랫괘는 곤이다. 리는 해이고 곤은 땅이다. 진괘의 괘상은 해가 땅 위에 떠오르는 것이다. 명이괘는 아랫괘가 리이고 윗괘는 곤이다. 리는 해이고 곤은 땅이다. 명이괘의 괘상은 해가 땅 속으로 들어가는 것이다. 해가 땅 속에 있으니, 밝음이 상하였다. 이러한 해석은 괘의와 괘상을 동시에 취해 말한 것이다.

③ 규睽와 건蹇

睽者, 乖也. 乖必有難, 故受之以蹇.
규는 어긋난다는 것이다.
어긋나면 반드시 어려움이 있으니, 그러므로 건괘로 받는다.

「서괘」는 '괴乖'를 가지고 '규睽'를 해석하였다. '규睽'는 어긋나다는 뜻의 괴乖이다. 「서괘」는 또 '난難'을 가지고 '건蹇'을 해석하였다. '건蹇'은 어렵다는 뜻의 난難이다.

睽　　　　　蹇

규괘는 윗괘가 리이고 아랫괘는 태이다. 리는 둘째딸이고 태는 막내딸이다. 두 여자가 동거하니 서로 뜻이 어긋나 어려움이 생겨난다. 건괘는 아랫괘가 간이고 윗괘는 감이다. 간은 산이고 감은 물이다. 산 위에 물이 있으니, 물은 평지처럼 흘러가기 어렵다. 이러한 해석은 괘의와 괘상을 동시에 취해 말한 것이다.

9. 이해할 수 없는 부분

「서괘」는 앞뒤 괘가 서로 이어지도록 괘명을 설명하면서 어떤 부분은 뜻이 자연스럽게 연결되는 곳도 있으나 어떤 부분은 억지로 통하여 이해할 수 없는 곳도 있다. 필자가 이해할 수 없는 부분을 정리해 보겠다.

① 可觀而後有所合, 故受之以噬嗑. 嗑者, 合也. 物不可以苟合而已, 故受之以賁.

賁者, 飾也.

볼 수 있는 이후에 합하는 바가 있으니, 그러므로 서합괘로 받는다. 합은 합한다는 것이다. 사물은 아무렇게나 합하기만 할 수 없으니, 그러므로 비괘로 받는다. 비는 꾸민다는 것이다.

'합合'은 서합괘를 해석한 것인데, 사물이 합할 수 없는 것이 어떻게 꾸민다는 뜻의 비괘로 이어지는가? 이 문장은 사물은 아무렇게나 합하기만 할 수 없으니, 그래서 꾸민다는 것으로 이해하면 될 것이다. 즉 사물은 합하기만 하지 않고 꾸민다는 것이다. 조금 억지스럽기는 하나 이렇게 이해하면 문장은 통한다.

② 物不可以終過, 故受之以坎. 坎者, 陷也.
사물은 끝까지 그릇될 수 없으니, 그러므로 감괘로 받는다. 감은 빠진다는 것이다.

'과過'는 대과괘를 해석한 것인데, 사물이 끝까지 그릇될 수 없는 것이 어떻게 빠진다는 뜻의 감괘로 이어질 수 있는지 이해할 수 없다. 한강백은 "그릇됨이 멈추지 않으면 빠진다(過而不已, 則陷沒也)"라고 하였고, 고형은 "함은 함정이고 구덩이다(陷, 阱也, 坑也). 사람은 끝까지 잘못할 수 없으니(人不可以終有過行), 잘못이 있으면(有過行), 구덩이를 만나고(則將遇坎坷), 험난함을 만난다(遭險難)"라고 하여 비슷하게 해석하였는데, 궁색한 느낌이 든다. 「서괘」는 '종과終過'라고 하였지, '과이불이過而不已', '유과행有過行'이라고 하지 않았다.

필자가 보기에 이 문장은 문맥이 통하지 않는다. 어떻게 "사물은 끝까지 그릇될 수 없으니, 그러므로 감괘로 받는다"가 되는가? '불과不過'를 가지고 괘명 '감坎'을 해석할 수 없다. 즉 그릇될 수 없는 것을 가지고 빠지다(坎)를 해석할 수 없다는 것이다. 이 구절은 다음과 같이 수정하여야 한다.

物過然後可陷, 故受之以坎. 坎者, 陷也.

이렇게 고치면 문맥이 통한다. 「서괘」는 '함陷'을 가지고 괘명 '감坎'을 해석하였다. '감坎'은 빠진다는 뜻의 함陷이다. "사물은 그릇된 연후에 빠질 수 있으니, 그러므로 감괘로 받는다. 감은 빠진다는 것이다"는 말이다. 즉 그릇되면 빠진다는 것이다.

③ 物不可以終壯, 故受之以晉. 晉者, 進也.

사물은 끝까지 건장할 수 없으니, 그러므로 진괘로 받는다. 진은 나아가는 것이다.

'장壯'은 대장괘를 해석한 것인데, 사물이 끝까지 건장할 수 없는 것이 어떻게 나아가다는 뜻의 진괘로 이어질 수 있는가? 고형은 '物不可以終壯'을 '物不可終止于壯'으로 해석하여, "사물은 끝까지 건장함에 멈출 수 없고(物不可終止于壯), 건장하면 나아가니(壯則前進), 날개가 건장하면 날고(壯于羽者則飛), 발이 건장하면 달리므로(壯于足則走), 그래서 대장괘 뒤에 진괘로 이어진다(故大壯卦之后繼以晉卦)"라고 하였다. 그런데 「서괘」는 '종장終壯'이라고 하였지, '종지우장終止于壯'이라고 하지 않았다.

필자가 보기에 이 문장은 문맥이 통하지 않는다. 어떻게 "사물은 끝까지 건장할 수 없으니, 그러므로 진괘로 받는다"가 되는가? '부종장不終壯'을 가지고 괘명 '진晉'을 해석할 수 없다. 즉 건장할 수 없는 것을 가지고 나아가다(晉)를 해석할 수 없다는 것이다. 이 구절은 다음과 같이 수정하여야 한다.

物壯然後可進, 故受之以晉. 晉者, 進也.

이렇게 고치면 문맥이 통한다. 「서괘」는 '진進'을 가지고 괘명 '진晉'을 해석하였다. '진晉'은 나아가다는 뜻의 진進이다. "사물은 건장한 연후에 나아갈 수 있으니, 그러므로 진괘로 받는다. 진은 나아가는 것이다"는 말이다. 즉 건장하면 나아간다는 것이다.

④ 得其所歸者必大, 故受之以豐. 豐者, 大也.

돌아가는 곳을 얻은 것은 반드시 크니, 그러므로 풍괘로 받는다.

풍은 크다는 것이다.

'귀歸'는 귀매괘를 해석한 것인데, 돌아가는 바를 얻은 자가 어떻게 크다는 뜻의 풍괘로 이어질 수 있는지 이해할 수 없다. 래지덕은 "가느다란 냇물은 강과 바다로 돌아가니, 강과 바다는 크다. 만민은 제왕에게로 귀속하니, 제왕은 크다. 지극한 선은 성현으로 돌아가니, 성현은 크다(細流歸於江海, 則江海大. 萬民歸於帝王, 則帝王大. 至善歸於聖賢, 則聖賢大)"라고 설명하였는데, 뭔가 궁색하다. 고형은 해석하지 않았다.

이상, 필자는 「서괘」에서 이해할 수 없는 부분을 네 가지 들었다. 이 시대를 살아가는 우리는 이러한 것들을 논리적으로 따져 시비할 필요가 없다. 「서괘」를 따라 읽으며 그렇게 받아들이면 된다.

10. 상경은 천도를, 하경은 인도를 말한 것인가?

「서괘」는 천지 건곤을 시작으로 육십사괘의 배열 순서를 혹은 인과 관계로 혹은 반대 개념으로 설명하였다. 『집해』에 동진의 간보는 다음과 같이 말하였다.

> 상경은 건곤에서 시작하니 모든 생물의 근본이다.
> 하경은 함항에서 시작하니, 인도의 으뜸이다.
> 上經始於乾坤, 有生之本也. 下經始於咸恒, 人道之首也.
> (『주역집해』 「서괘」 간보 주)

동진의 한강백은 다음과 같이 말하였다.

> 앞의 선비는 건괘에서 리괘까지 상경으로 하여, 천도를 밝힌 것이라 하고,
> 함괘에서 미제괘까지 하경으로 하여, 인도를 말한 것이라고 여겼다.
> 『역』은 여섯 효로 괘를 이루니, 삼재가 반드시 갖추어지고,
> 천과 인을 뒤섞어 변화를 본받았으니, 어찌 천도 인사가 있어,
> 상하 경에 치우치겠는가?
> 이것은 글만 지키고 뜻을 구하지 아니한 것이니, 그 뜻을 심히 잃은 것이다.
> 先儒以乾至離爲上經, 天道也. 咸至未濟爲下經, 人道也.
> 夫易六畫成卦, 三材必備, 錯綜天人, 以效變化, 豈有天道人事, 偏於上下哉.
> 斯蓋守文而不求義, 失之遠矣. (『십삼경주소』 왕필 본 「서괘」 한강백 주)

'선유先儒'는 도대체 누구를 가리키는지 알 수 없다. 한강백이 '선유先儒'라고 한 것은 누가 육십사괘를 상하 경으로 나누었는지 모른다는 것이다. 누가 언제 상경과 하경으로 나누었는지 아직 알 수 없다. 상경은 '천지'로 시작하고 하경은 '부부'로 시작하니, 상경은 천도를 밝힌 것이고 하경은 인도를 말한 것이라고 여긴 것이다. 한강백 이전에 이미 상경은 천도를, 하경은 인도를 말한 것이라는 설이 분명히 있었다. 그러

나 한강백은 상하 경을 천도와 인사로 나누어 말하는 것은 글만 지키고 뜻을 구하지 않은 것이며, 그 뜻을 멀리 잃은 것이라고 하였다.

당의 공영달은 이것을 더욱 분명하게 설명하였다.

> 상경에 "음식에는 반드시 송사가 있게 되며,
> 송사에는 반드시 무리들의 일어남이 있다"는 것을 밝혔다.
> 이것은 인사를 아울러 말한 것이지, 오로지 천도만을 말한 것이 아니다.
> (상경이) 오로지 천도만을 말한 것이 아니라면,
> 하경은 오로지 인사만을 말한 것이 아니다. 이치가 그러하다.
> 上經之內, 明飮食必有訟, 訟必有衆起.
> 是兼於人事, 不專天道. 旣不專天道, 則下經不專人事, 理則然矣.
> (『십삼경주소』 왕필 본 함괘 공영달 소)

공영달은 확실하게 말하였다. 상경에는 인사를 말한 것이 있으니 천도만을 말한 것이 아니며, 마찬가지로 하경도 인사만을 말한 것이 아니라는 것이다.

북송의 정이는 말하였다.

> 건곤은 천지의 도이며, 음양의 근본이니, 상편의 시작이 되고,
> 감리는 음양이 바탕을 이룬 것이니, 상편의 마침이 된다.
> 함항은 부부의 도이며, 생육의 근본이니, 하편의 시작이 되고,
> 미제는 감리가 합한 것이고, 기제는 감리가 교합한 것이며,
> 합하고 교합하여 만물을 낳으니, 음양이 공을 이룬 것이다.
> 그러므로 하편의 마침이 된다.
> 두 편의 괘가 나누어진 이후에 그 뜻을 미루어 순서로 하였으니,
> 「서괘」가 이것이다.
> 乾坤, 天地之道, 陰陽之本, 故爲上篇之首. 坎離, 陰陽之成質, 故爲上篇之終.
> 咸恒, 夫婦之道, 生育之本, 故爲下篇之首. 未濟, 坎離之合, 旣濟, 坎離之交,
> 合而交則生物, 陰陽之成功也, 故爲下篇之終.
> 二篇之卦旣分, 而後推其義以爲之次, 序卦是也. (『易傳』「上下篇義」)

정이는 음양을 가지고 설명하면서, 건곤은 음양의 근본이니 상편의 시작이고, 감리는 음양의 바탕을 이룬 것이니 상편의 마침이며, 함항은 생육의 근본이니 하편의 시작이고, 미제기제는 음양이 공을 이룬 것이니 하편의 마침이라고 하였다. 그는 결코 "상편은 천도를, 하편은 인도를 말한 것"이라는 말은 하지 않았다. 다만 "건곤은 천지의 도", "함항은 부부의 도"라는 것을 말하였다.

남송의 주희는 말하였다.

> 「서괘」는 천지만물 남녀부부를 말하였는데,
> 이것은 함항을 부부의 도로 하여 말하였기 때문이지,
> 옛사람과 같이 천도와 인사로 나누어 말한 것이 아니다.
> 대체로 상경은 건곤감리를 시작과 끝으로 하였고,
> 하경은 간태진손을 시작과 끝으로 하였다.
> 序卦自言天地萬物男女夫婦, 是因咸恒爲夫婦之道說起, 非如舊人分天道人事之說. 大率上經用乾坤坎離爲始終. 下經便當用艮兌巽震爲始終.
>
> (『朱子語類』卷第七十七「序卦」환연몽연屢淵 기록)

주희가 말한 '구인舊人'은 한강백이 말한 '선유先儒'일 것이다. 문장 가운데 '下經便當用艮兌巽震爲始終'은 '下經便當用艮兌坎離爲始終'으로 고쳐 써야 말이 맞다. 상경에서 '乾坤坎離'를 말하였으니, 하경에는 '艮兌巽震'으로 바꾼 것이다. '간태艮兌'는 31번 함괘(䷞)를, '손진巽震'은 32번 항괘(䷟)를 말한 것이다. '손진巽震'을 '감리坎離'로 바꿔 써야 64번 미제괘(䷿)가 되어, 함괘와 더불어 '始終'이 되는 것이다. 주희 역시 「서괘」는 천도와 인사로 나누어 말한 것이 아니다"라고 확실하게 말하였다.

「서괘」는 상경에서 천도, 하경에서는 인도를 말한 것이 아니라, 상하 경 모두 육십사괘의 배열 순서를 밝힌 것이다. 또 괘효사에서도 상경은 천도를, 하경은 인도를 말한 것이 아니라, 상하 경 모두 점 글을 기술한 것이다. 그런데 오늘날에 이르기까지 수많은 사람들이 상경은 천도를, 하경은 인도를 말한 것이라고 헛소리를 하고 있는 것이다. 『주역』을 학문으로 연구하는 후학들은 재야의 시정잡배들처럼 주워들은 풍월로 횡설수설하지 말고 학문적 근거를 가지고 똑바로 분별해야 한다.

「서괘」는 "사물은 다할 수 없으니, 그러므로 미제괘로 받아서 끝난다(物不可窮也, 故受之以未濟. 終焉)"라고 하였는데, '미제未濟'는 이루어지지 않았다(未完成)는 뜻이다. 『주

역』의 육십사괘가 미제괘로 끝나는 것은 자연계와 인간계의 생멸변화는 영원히 끝나지 않는다는 의미를 나타낸 것이다. 우주에 '완성'이라는 것은 없다. 시작도 끝도 없이 가면 오고 오면 또 간다. 영원히 '미완성'이다.

　『십삼경주소』의 왕필 본 「서괘」는 동진東晉의 한강백이 주를, 당의 공영달이 소를 달았는데 분 편 되어 있지 않다. 당의 이정조의 『주역집해』에도 「서괘」는 분 편 되어 있지 않으며, 북송 호원의 『주역구의』에도 분 편 되어 있지 않다. 오늘날의 「서괘」의 분 편은 남송 주희의 『주역본의』를 따른 것이다. 주희는 「서괘」를 '상편'과 '하편'으로 나누어 기술하였고, 래지덕, 왕부지 등 후인들은 모두 이를 따랐다. 필자는 주희의 분 편을 따라 '상편' '하편'으로 나누어 기술하였다.

有天地, 然後萬物生焉. 盈天地之間者唯萬物, 故受之以屯. 屯者, 盈也. 屯者, 物之始生也. 物生必蒙, 故受之以蒙. 蒙者, 蒙也, 物之穉也. 物穉不可不養也, 故受之以需. 需者, 飮食之道也. 飮食必有訟, 故受之以訟. 訟必有衆起, 故受之以師. 師者, 衆也. 衆必有所比, 故受之以比. 比者, 比也. 比必有所畜, 故受之以小畜. 物畜然後有禮, 故受之以履. (履者, 禮也.)

천지가 있은 연후에 만물이 생겨난다. 천지 사이에 가득 차 있는 것은 오직 만물이니, 그러므로 준괘로 받는다. 준은 가득 차 있다는 것이다. 준은 사물이 처음 생겨나는 것이다. 사물이 생겨나면 반드시 어리니, 그러므로 몽괘로 받는다. 몽은 어리다는 것이니, 사물이 어린 것이다. 사물이 어리면 기르지 않을 수 없으니, 그러므로 수괘로 받는다. 수는 음식의 도이다. 음식에는 반드시 송사가 있게 되니, 그러므로 송괘로 받는다. 송사에는 반드시 무리들의 일어남이 있으니, 그러므로 사괘로 받는다. 사는 무리이다. 무리에는 반드시 친근한 바가 있으니, 그러므로 비괘로 받는다. 비는 친근하다는 것이다. 친근하면 반드시 축적하는 바가 있으니, 그러므로 소축괘로 받는다. 재물이 축적된 연후에 예가 있으니, 그러므로 이괘로 받는다. (이는 예이다.)

　有天地, 然後萬物生焉.
　‘천天’은 건(☰)의 괘상이고, ‘지地’는 곤(☷)의 괘상이다. 자연계의 ‘천지天地’는 『주역』에서 ‘건곤’이다. ‘천지’는 우주이 문이고, ‘건곤’은 『주역』의 문이다. ‘건乾’은 1번 괘이고, ‘곤坤’은 2번 괘이다. 자연계의 ‘만물萬物’은 『주역』에서 62괘이다. 「계사」 상·9장에 "두 편의 책수는 11,520이니, 만물의 수에 해당한다(二篇之策, 萬有

一千五百二十, 當萬物之數)"라고 하였다. 육십사괘의 시초 수를 자연계의 만물에 비유한 것이다. 「서괘」는 육십사괘의 배열을 자연계에 비유하여, '건곤'이 육십사괘의 머리에 있는 것을 가지고, '천지'를 머리에 두고 만물의 시작을 상징하는 것으로 여겼다. "천지가 있은 연후에 만물이 생겨난다"라는 말이다. 건곤이 있은 연후에 62괘가 있게 된다는 것이다.

盈天地之間者唯萬物, 故受之以屯.

'영盈'은 가득 차다는 뜻의 만滿이다. "천지 사이에 가득 차 있는 것은 오직 만물"이라는 말이다. 건곤 사이에 가득 차 있는 것은 오직 62괘라는 것이다. '수受'는 잇다는 뜻의 계繼이다. '지之'는 천지, 즉 건곤을 가리킨다. '이以'는 개사이며, 용用의 뜻이다. '준屯'은 3번 괘이다. '수지이준受之以屯'은 준으로써 건곤을 받는다는 말이다. 준 「단」에 "강과 유가 처음 교합하여 어려움이 생겨난다(剛柔始交而難生)"라고 하였다. 건곤이 처음 교합하여 '준'이 생겨난다는 것이다. 「단」은 '난難'을 가지고 괘명 '준屯'을, 「서괘」는 '영盈'을 가지고 괘명 '준屯'을 해석하였다.

屯者, 盈也.

「단」과 「상」은 '준'을 어렵다는 뜻의 난難, 모은다는 뜻의 취聚로 해석하였으나, 「서괘」는 가득 차다는 뜻의 영盈이라고 하였다. "천지 사이에 가득 차 있는 것은 오직 만물이니, 그러므로 준괘로 받는다. 준은 가득 차 있다는 것이다"라는 말이다.

屯者, 物之始生也.

'物之始生也'는 『집해』에 '萬物之始生也'로 되어 있다. 「서괘」의 통례로 보면 '物之始生也'가 맞다. 사물이 처음 생겨나는 것이다. 「서괘」는 또 '준'을 사물이 처음 생겨나는 것으로 해석하였다. 이렇게 해석해야 다음 괘로 이어질 수 있기 때문이다. "준은 사물이 처음 생겨나는 것이다"라는 말이다

物生必蒙, 故受之以蒙.

'몽蒙'은 어리다는 뜻의 치穉이다. 「서괘」는 '치穉'를 가지고 '몽蒙'을 해석하였다. '물생필몽物生必蒙'은 사물이 생겨나면 반드시 어리다는 뜻이다. '수受'는 잇다(繼), '지之'는 준을 가리키며, '이以'는 용用, '몽蒙'은 4번 괘이다. '수지이몽受之以蒙'은 몽으로써 준을 받는다는 것이다. 「서괘」는 '몽蒙'을 가지고 괘명 '몽蒙'을 해석하였다. "사물

이 생겨나면 반드시 어리니, 그러므로 몽괘로 받는다"라는 말이다.

蒙者, 蒙也, 物之穉也.

'몽蒙'에 대해 두 가지 해석이 있다.

첫째, '몽'을 싹(萌)으로 해석하는 것이다. "사물이 처음 생겨나면(物之始生), 사물은 반드시 싹이 튼다(物生必萌)"라는 말이다. 『집해』에 정현은 "'몽'은 어리고 작은 모양이다. 제나라 사람들은 '맹'을 '몽'이라 하였다(蒙, 幼少之貌. 齊人謂萌爲蒙也)"라고 하였다. 고형은 「서괘」는 몽을 싹(萌)으로 해석하였다(序卦釋蒙爲萌). '몽자蒙者, 몽아蒙也'는 곧 '몽자蒙者, 맹아萌也'이다. '몽蒙'과 '맹萌'은 옛날에 통용되었다(蒙與萌古通用也)"라고 하였다.

둘째, '몽'을 어리다, 몽매하다는 뜻으로 해석하는 것이다. 「서괘」는 '치穉'를 가지고 '몽蒙'을 해석하였다. "사물이 처음 생겨나면(物之始生), 사물은 반드시 어리다(物生必蒙)"라는 말이다. 『설문』 화부禾部에 "'치穉'는 어린 벼이다. 화禾로 되어 있고, 서屖는 성음이다(穉, 幼禾也. 从禾, 屖聲)"라고 하였다. '치穉'는 '치稺'와 같다. 『석문』에도 '치稺'로 되어 있고, "또 치稚로도 썼다(本或作稚)"라고 하였다. '치穉'와 '치稺'와 '치稚'는 같으며, 어리다는 뜻이다. 사물이 어리고 작은 것을 가리키며, 초목 등은 싹이 틀 때 모두 어리니, 그러므로 몽은 사물이 어린 것이다. 『집해』에 최경은 "만물은 처음 생겨난 후, 점차 어리게 자라나니, 그러므로 '사물은 생겨나면 반드시 어리다'고 말한 것이다(萬物始生之後, 漸以長穉, 故言物生必蒙)"라고 하였다.

두 가지 해석은 모두 통한다. "준은 사물이 처음 생겨나는 것이다. 사물이 생겨나면 반드시 어리니, 그러므로 몽괘로 받는다. 몽은 어리다는 것이니, 사물이 어린 것이다"라는 말이다. 「단」과 「상」은 '몽'을 몽매하다는 뜻으로 해석하였다.

物穉不可不養也, 故受之以需.

'물物'은 사물, '치穉'는 어리다, '불가불不可不'은 하지 않을 수 없다, '양養'은 기른다는 뜻의 육育이다. '수受'는 잇다(繼), '지之'는 몽을 가리키며, '이以'는 용用, '수需'는 5번 괘이다. '수지이수受之以需'는 수로써 몽을 받는다는 것이다. 「서괘」는 '양養을 가지고 괘명 '수需'를 해석하였다. 『석문』 수괘에 "'수'는 음식의 도이며, 기른다는 양의 뜻이다(需, 飮食之道也, 訓養)"라고 하였다. "사물이 어리면 기르지 않을 수 없으니, 그러므로 수괘로 받는다"라는 말이다.

需者, 飲食之道也.

기르는 것은 반드시 음식으로 기르니, 그러므로 '수'를 음식의 도라고 한 것이다. 즉 먹어서 기른다는 것이다. 왜 '수'가 음식의 도가 되는가? 이렇게 해석해야 앞의 몽괘를 받아 다음 송괘로 문장이 자연스럽게 이어질 수 있기 때문이다. 즉 '수'를 '음식의 도'로 해석한 것은 「서괘」를 지은 사람이 앞뒤 문장을 연결하기 위해 자의적으로 해석한 것이다. 「단」과 「상」은 기다린다는 뜻의 대待로 해석하였다. "사물이 어리면 기르지 않을 수 없으니, 그러므로 수괘로 받는다. 수는 음식의 도이다"라는 말이다.

飲食必有訟, 故受之以訟.

『설문』 언부言部에 "'송訟'은 다투는 것이다. 언言으로 되어 있고, 공公은 성음이다 (訟, 爭也. 从言, 公聲)"라고 하였다. 허신은 형성 문자로 보았는데, 말로 싸우는 것이다. 단옥재는 "공정하게 말하는 것이다(公言之也)", "송사하는 말은 곧 공정한 말(訟言, 公言也)"이라 하고, 회의 문자로도 보았다(此形聲包會意). 『석문』에 "'송訟'은 재才와 용用의 반절이다. 다투는 것이며, 공정하게 말하는 것이다(訟, 才用反. 爭也. 言之於公也)", 『집해』에 정현은 "다투는 것(訟, 猶爭也)", 주희는 "말싸움(訟, 爭辯也)"이라고 하였다. '송訟'은 송사이다. 「서괘」는 '송訟'을 가지고 괘명 '송訟'을 해석하였다. 「단」과 「상」도 같은 뜻이다. '음식필유송飲食必有訟'은 음식에는 반드시 송사가 있게 된다는 것이다. 먹는 것에는 생존경쟁이 따르기 마련이다. 한강백은 "태어남이 있으면 재물이 있고, 재물이 있으면 다툼이 일어난다(夫有生則有資, 有資則爭興也)"라고 하였다. "음식에는 반드시 송사가 있게 되니, 그러므로 송괘로 받는다"라는 말이다. '송訟'은 6번 괘이다.

訟必有衆起, 故受之以師.

'중기衆起'는 무리들이 일어난다는 뜻이다. '송필유중기訟必有衆起'는 송사에는 반드시 무리들이 일어난다는 것이다. 송사에는 무리들이 패가 갈려 싸우기 마련이다. 「서괘」는 '중衆'을 가지고 괘명 '사師'를 해석하였다. '사師'는 무리 중衆이다. 「단」과 「상」도 같은 뜻으로 말하였다. "송사에는 반드시 무리들이 일어남이 있으니, 그러므로 사괘로 받는다"라는 말이다. '사師'는 7번 괘이다.

師者, 衆也.

"사는 무리라는 뜻의 중衆이다"라는 말이다. 무리는 군사로 되고 백성도 된다.

衆必有所比, 故受之以比.

'비比'는 친근하다는 뜻의 친親이다. '중필유소비衆必有所比'는 무리에는 반드시 친근한 바가 있다는 것이다. 「서괘」는 '비比'를 가지고 괘명 '비比'를 해석하였다. 「단」은 "'비'는 보필하다는 뜻의 보(比, 輔也)", 「상」은 친근하다는 뜻의 친親으로 해석하였다. 한강백(親比), 래지덕(親附), 유백민(親密), 진고응(親比) 등은 친근하다는 뜻으로, 고형은 보필하다는 뜻으로 새겼다. 필자가 보기에 「서괘」는 친근하다는 뜻으로 새겼다. 이렇게 해석해야 다음 구절로 문장이 자연스럽게 이어진다. "무리에는 반드시 친근한 바가 있으니, 그러므로 비괘로 받는다"라는 말이다. '비比'는 8번 괘이다.

比者, 比也.

"비는 친근하다는 뜻의 비比이다"라는 말이다.

比必有所畜, 故受之以小畜.

'축畜'은 『석문』에 "또 축蓄으로도 썼다(本亦作蓄)"라고 하였다. '축畜'은 '축蓄'으로 읽으며, 축적하는 것이다. '비필유소축比必有小畜'은 친근하면 반드시 축적하는 바가 있다는 것이다. '소축小畜'은 축적하는 것이 적다는 뜻이다. 「단」은 소축(☴)의 괘체를 가지고 한 음(六四)이 다섯 양을 축적한다는 뜻으로, 「상」은 축적한 것이 적다(小有所畜)는 뜻으로 새겼다. 「서괘」는 '축畜'을 가지고 괘명 '소축小畜'을 해석하였다. "친근하면 반드시 축적하는 바가 있으니, 그러므로 소축괘로 받는다"라는 말이다. '소축'는 9번 괘이다. 고형은 "보필하는 사람은 반드시 봉토나 곡록을 받으니(比必有所畜, 謂輔佐人者必受封土或穀祿), 재물을 축적한다는 말이다(積蓄財物也)"라고 설명하였다.

物畜然後有禮, 故受之以履.

'물物'은 재물이다. '물축연후유례物畜然後有禮'는 재물이 축적된 연후에 예가 있다는 것이다. 「서괘」는 '예禮'를 가지고 괘명 '이履'를 해석하였다. 「단」과 「상」은 밟다(踐)는 뜻으로 새겼다. "재물이 축적된 연후에 예가 있으니, 그러므로 이괘로 받는다"라는 말이다. '이履'는 10번 괘이다.

(履者, 禮也.)

통행본 「서괘」에는 이 구절이 없다. 왕필 『주역약례周易略例』 「괘략卦略」에는 '이자履者, 예야禮也' 한 구절이 들어가 있다. 『집해』에도 있다. 『백서』에는 '이履'가 '예禮'로 되어 있다. '예禮'는 사람이 실천하는 것이고, '이履'는 실천하다, 실행하다는 뜻이므로, 두 글자는 뜻이 같아 옛날에 통용되었다. 한강백은 "이는 예다. 예는 때에 알맞게 사용하는 것이다(履者, 禮也. 禮所以適時用也)"라고 하였다. "재물이 축적된 연후에 예가 있으니, 그러므로 이괘로 받는다. 이는 예이다"라는 말이다. 우리말에서 "의식이 족해야 예절을 안다"는 것과 같다.

履而泰, 然後安, 故受之以泰, 泰者, 通也. 物不可以終通, 故受之以否. 物不可以終否, 故受之以同人. 與人同者, 物必歸焉, 故受之以大有. 有大者不可以盈, 故受之以謙. 有大而能謙必豫, 故受之以豫. 豫必有隨, 故受之以隨. 以喜隨人者必有事, 故受之以蠱. 蠱者, 事也. 有事而後可大, 故受之以臨. 臨者, 大也. 物大然後可觀, 故受之以觀.

예를 하여 형통한 연후에 편안하니, 그러므로 태괘로 받는다. 태는 형통하다는 것이다. 사물은 끝까지 형통할 수 없으니, 그러므로 비괘로 받는다. 사물은 끝까지 막힐 수 없으니, 그러므로 동인괘로 받는다. 사람과 함께 하면 사물은 반드시 돌아올 것이니, 그러므로 대유괘로 받는다. 가진 것이 큰 것은 가득 찰 수 없으니, 그러므로 겸괘로 받는다. 가진 것이 크면서 겸허할 수 있으면 반드시 즐거우니, 그러므로 예괘로 받는다. 즐거우면 반드시 따르는 사람이 있으니, 그러므로 수괘로 받는다. 기쁨으로 남을 따르는 사람은 반드시 일을 처리하니, 그러므로 고괘로 받는다. 고는 일이다. 일을 처리한 이후에 클 수 있으니, 그러므로 임괘로 받는다. 임은 크다는 것이다. 사물은 큰 연후에 볼 수 있으니, 그러므로 관괘로 받는다.

　履而泰, 然後安, 故受之以泰.
　『집해』에는 '履然後安'으로 되어 있고 '而泰' 두 글자가 없다. '履然後安'으로 읽는 것이 무난하다. '이履'는 '예禮'이다. '이이태履而泰'는 예를 하여 형통하다는 것이고, '이연후안履然後安'은 예를 한 연후에 편안하다는 것이다. "예를 하여 형통한 연후에 편안하니, 그러므로 태괘로 받는다"라는 말이다. '태泰'는 11번 괘이다.

泰者, 通也.

'통通'은 형통하다는 뜻이다.「서괘」는 '통通'을 가지고 괘명 '태泰'를 해석하였다.「단」과「상」도 같다. "태泰는 형통하다는 뜻의 통通이다"는 말이다. 『집해』에 요신은 "윗사람을 편안하게 하고 백성을 다스리는 데는 예보다 나은 것이 없다. 예가 있은 연후에 형통하고, 형통한 연후에 편안하다(安上治民, 莫過於禮. 有禮然後泰, 泰然後安也)"라고 하였다. "예를 하여 형통한 연후에 편안하니, 그러므로 태괘로 받는다. 태는 형통하다는 것이다"라는 말이다.

物不可以終通, 故受之以否.

'물物'은 사물이다. '불가이不可以'는 무엇을 할 수 없다, '종통終通'은 끝까지 통한다는 뜻이다. '물불가이종통物不可以終通'은 사물은 끝까지 통할 수 없다는 것이다. '비否'는 막혀서 통하지 않는 것이다.「서괘」는 '불통不通'을 가지고 괘명 '비否'를 해석하였다.「단」과「상」도 같다. 『집해』에 최경은 "사물은 극에 이르면 되돌아온다. 그러므로 끝까지 형통하지 않고 막히는 것이다(物極則反, 故不終泰通而否矣)"라고 하였다. "사물은 끝까지 형통할 수 없으니, 그러므로 비괘로 받는다"라는 말이다. '비否'는 12번 괘이다.

物不可以終否, 故受之以同人.

'물불가이종비物不可以終否'는 사물은 끝까지 막힐 수 없다는 것이다. '동인同人'은 사람과 더불어 같이 한다는 뜻이다.「단」은 응하는 것,「상」은 사람과 함께 하는 것으로 해석하였다. 한강백은 "막히면 곧 생각이 통하여, 사람마다 뜻을 같이 하니, 그러므로 문을 나서 사람과 더불어 같이 행할 수 있고, 꾀하지 않아도 합할 수 있다(否則思通, 人人同志, 故可出門同人, 不謀而合)"라고 하였다. "사물은 끝까지 막힐 수 없으니, 그러므로 동인괘로 받는다"라는 말이다. '동인同人'은 13번 괘이다.

與人同者, 物必歸焉, 故受之以大有.

'여인동與人同'은 사람과 더불어 같이한다는 뜻이다.「서괘」는 '여인동與人同'을 가지고 괘명 '동인同人'을 해석하였다. '물필귀언物必歸焉'은 사물은 반드시 돌아온다는 것이다. '대유大有'는 가진 것이 크다는 뜻이다. 『집해』에 최경은 "사람을 따르고자 하면 사람은 반드시 자신에게 귀착할 것이니, 크게 가지게 된다(以欲從人, 人必歸己, 所以成大有)"라고 하였다. "사람과 함께 하면 사물은 반드시 돌아올 것이니, 그러므로 대유괘로 받는다"라는 말이다. '대유大有'는 14번 괘이다.

有大者不可以盈, 故受之以謙.

'유대有大'는 가진 것이 크다는 뜻이다. 「서괘」는 '유대有大'를 가지고 괘명 '대유大有'를 해석하였다. 「단」은 대유(☰)의 괘체를 가지고 한 음(六五)이 다섯 양을 가지고 있다는 뜻으로, 「상」은 가진 것이 크다(所有者大)는 뜻으로 새겼다. 『집해』에는 '有大者'가 '有大有'로 되어 있다. '유대자불가이영有大者不可以盈'은 가진 것이 큰 것은 가득 찰 수 없다는 것이다. 「서괘」는 '불영不盈'을 가지고 괘명 '겸謙'을 해석하였다. '겸謙'은 겸허하다는 뜻이다. "가진 것이 큰 것은 가득 찰 수 없으니, 그러므로 겸괘로 받는다"라는 말이다. 즉 많이 가진 사람은 교만해서 안 되므로 겸허한 괘로 받는다는 것이다. '겸謙'은 15번 괘이다.

有大而能謙必豫, 故受之以豫.

'예豫'는 즐겁다는 뜻의 낙樂이다. '유대이능겸필예有大而能謙必豫'는 가진 것이 크면서 겸허할 수 있으면 반드시 즐겁다는 것이다. 그래서 예괘로 이어진다는 것이다. 「서괘」는 '예豫'를 가지고 괘명 '예豫'를 해석하였다. 「단」과 「상」도 즐겁다(樂)는 뜻으로 새겼다. "가진 것이 크면서 겸허할 수 있으면 반드시 즐거우니, 그러므로 예괘로 받는다"라는 말이다. '예豫'는 16번 괘이다.

豫必有隨, 故受之以隨.

'수隨'는 따른다는 뜻의 종從이다. '예필유수豫必有隨'는 즐거우면 반드시 따르는 사람이 있다는 것이다. 「서괘」는 '수隨'를 가지고 괘명 '수隨'를 해석하였다. 「단」은 따르다(從), 「상」은 따르다(從), 뒤쫓다(追)는 뜻으로 새겼다. "즐거우면 반드시 따르는 사람이 있으니, 그러므로 수괘로 받는다"라는 말이다. '수隨'는 17번 괘이다.

以喜隨人者必有事, 故受之以蠱.

'이以'는 개사이며, 용用의 뜻이다. '이희수인以喜隨人'은 기쁨으로써 남을 따른다는 것이다. '유사有事'는 '유위有爲'와 같으며, 일을 하는 바가 있다는 뜻이다. 「서괘」는 '사事'를 가지고 괘명 '고蠱'를 해석하였다. '고蠱'는 일 사事이다. 「단」과 「상」도 같다. "기쁨으로 남을 따르는 사람은 반드시 일을 처리하니, 그러므로 고괘로 받는다"라는 말이다. '고蠱'는 18번 괘이다.

蠱者, 事也.

"고는 일이라는 뜻의 사事이다"라는 말이다.

有事而後可大, 故受之以臨.

'유사有事'는 일을 처리하는 것이다. '유사이후가대有事而後可大'는 일을 처리한 이후에 클 수 있다는 것이다. 「서괘」는 '대大'를 가지고 괘명 '임臨'을 해석하였다. '임臨'은 크다는 뜻의 대大이다. 「단」과 「상」은 백성에 임하는 것(臨民), 백성을 다스리는 것(治民)으로 해석하였다. '대大'는 하는 일이 성대하다는 뜻이다. 『집해』에 송충은 '사립공성事立功成', 한강백은 '가대지업可大之業'이라고 하였다. "일을 처리한 이후에 클 수 있으니, 그러므로 임괘로 받는다"라는 것이다. '임臨'은 19번 괘이다.

臨者, 大也.

"임은 크다는 뜻의 대大이다"라는 말이다.

物大然後可觀, 故受之以觀.

'관觀'은 보다는 뜻이다. '물대연후가관物大然後可觀'은 사물은 큰 연후에 볼 수 있다는 것이다. 「서괘」는 '관觀'을 가지고 괘명 '관觀'을 해석하였다. 「단」과 「상」도 같다. 『집해』에 우번은 "임괘를 반대로 하면 관괘가 되는데, 관괘는 두 양효가 위에 있으므로 볼 수 있는 것이다(臨反成觀, 二陽在上, 故可觀也)", 최경은 "덕업이 큰 사람은 사람에게 정사를 보일 수 있음을 말한 것이다(言德業大者, 可以觀政於人也)"라고 하였다. 우번은 괘상으로, 최경은 괘의로 해석하였다. "사물은 큰 연후에 볼 수 있으니, 그러므로 관괘로 받는다"라는 말이다. '관觀'은 20번 괘이다.

可觀而後有所合, 故受之以噬嗑. 嗑者, 合也. 物不可以苟合而已, 故受之以賁. 賁者, 飾也. 致飾然後亨則盡矣, 故受之以剝. 剝者, 剝也. 物不可以終盡, 剝窮上反下, 故受之以復. 復則不妄矣, 故受之以无妄. 有无妄然後可畜, 故受之以大畜. 物畜然後可養, 故受之以頤. 頤者, 養也. 不養則不可動, 故受之以大過. 物不可以終過, 故受之以坎. 坎者, 陷也. 陷必有所麗, 故受之以離. 離者, 麗也.

볼 수 있는 이후에 합하는 바가 있으니, 그러므로 서합괘로 받는다. 합은 합한다는 것이다. 사물은 아무렇게나 합하기만 할 수 없으니, 그러므로 비괘로 받는다. 비는 꾸민다는 것이다. 꾸밈을 다한 연후에 아름다움은 다하니, 그러므로 박괘로 받는다. 박은 다한다는 것이다. 사물은 끝까지 다할 수 없고, 위가 다하여 아래로 돌아가니, 그러므로 복괘로 받는다. 돌아오면 망령되지 않으니, 그러므로 무망괘로 받는다. 망령됨이 없는 것이 있은 연후에 (재물이) 축적될 수 있으니, 그러므로 대축괘로 받는다. 재물이 축적된 연후에 기를 수 있으니, 그러므로 이괘로 받는다. 이는 기른다는 것이다. 기르지 않으면 움직일 수 없으니, 그러므로 대과괘로 받는다. 사물은 끝까지 그릇될 수 없으니, 그러므로 감괘로 받는다. 감은 빠진다는 것이다. 빠지면 반드시 붙는 곳이 있으니, 그러므로 리괘로 받는다. 리는 붙는다는 것이다.

可觀而後有所合, 故受之以噬嗑.

'이而'는 '이以'와 같다. '가관이후유소합可觀而後有所合'은 볼 수 있는 이후에 합하는 바가 있다는 것이다. '서噬'는 씹는다, '합嗑'은 합한다는 뜻이다. '서합噬嗑'은 음식을 씹어 그 입이 합한다는 뜻이다. 「단」의 '뇌전합雷電合'과 「서괘」의 '유소합有所合'은 모두 '합合'을 가지고 '합嗑'을 해석한 것이다. 「서괘」는 '합合'을 가지고 괘명 '서합噬嗑'을 해석하였다. 「단」은 입속에 음식물이 있는 것(頤中有物), 「상」은 입속에 음식물을 넣고 위아래 턱을 합하여(嗑) 씹다(噬)는 뜻으로 새겼다. 『집해』에 우번은 "입속에 음식물이 있으니, 그러므로 합한다고 말한 것이다(頤中有物食, 故曰合也)", 한강백은 "볼 수 있으면 다르니, 비로소 합하여 모인다(可觀則異, 方合會也)"라고 하였다. 우번은 『주역』의 본뜻으로 해석하였고, 한강백은 「서괘」의 뜻으로 해석하였다. 「서괘」는 '합合'을 '유소합有所合', 즉 다른 사람과 회합하는 것으로 해석하였다. "볼 수 있는 이후에 합하는 바가 있으니, 그러므로 서합괘로 받는다"라는 것이다. '서합噬嗑'은 21번 괘이다.

嗑者, 合也.

"합은 합한다는 뜻의 합合이다"라는 말이다.

物不可以苟合而已, 故受之以賁.

'구苟'는 함부로, 아무렇게나, 그럭저럭 되는 대로 하다는 뜻이다. '구합苟合'은 아무렇게나 합한다는 것이다. 「서괘」는 '불구합不苟合'을 가지고 괘명 '비賁'를 해석하였다. '비賁'는 꾸민다는 뜻의 식飾이다. 「단」과 「상」도 같다. 사물은 아무렇게나 합하기만 할 수 없으니, 그래서 꾸민다는 것이다. 이 구절은 "사물은 아무렇게나 합하기만 할 수 없으니, 그러므로 비괘로 받는다." 혹은 "사물은 아무렇게나 합할 수 없을 뿐이니, 그러므로 비괘로 받는다"라고 해석하여도 통한다. '비賁'는 22번 괘이다.

賁者, 飾也.
"비는 꾸민다는 뜻의 식飾이다"라는 말이다.

致飾然後亨則盡矣, 故受之以剝.
고형은 "'치致'는 다하다는 뜻의 극極과 같다(致猶極也)"라고 하였다. '치식致飾'은 꾸밈을 다한다는 뜻이다. '형亨'은 형통하다는 뜻의 통通과 아름답다는 뜻의 미美로 새길 수 있다. 고형은 아름답다는 뜻으로 읽었는데(亨, 美也), 꾸미는 것은 아름답게 꾸미는 것이므로 아름답다는 뜻으로 읽는 것이 문장이 순조롭다. '치식연후형즉진致飾然後亨則盡'은 꾸밈을 다한 연후에 아름다움은 다한다는 것이다. 「서괘」는 '진盡'을 가지고 괘명 '박剝'을 해석하였다. '박剝'은 다한다는 뜻의 진盡이다. 「단」은 떨어져 나가다(剝, 剝也), 「상」도 떨어져 나가다(剝落)는 뜻으로 새겼다. 『집해』에 순상은 "꾸밈이 다하면 바탕으로 돌아가 무늬는 떨어지니, 그러므로 박이다(極飾反素, 文章敗, 故爲剝也)"라고 하여, '박剝'을 '패敗'로 읽었다. 한강백은 "꾸밈을 다하면 참모습을 잃는다(極飾則實喪也)"라고 하였다. "꾸밈을 다한 연후에 아름다움은 다하니, 그러므로 박으로 받는다"라는 말이다. '박剝'은 23번 괘이다.

剝者, 剝也.
"박은 다한다는 뜻의 박剝이다"라는 말이다.

物不可以終盡, 剝窮上反下, 故受之以復.
이 구절에 대해 3가지 독법이 있다.

첫째, 전통적인 독법이다. '物不可以終盡, 剝窮上反下, 故受之以復.'으로 읽는다. 『집해』이하 주희와 래지덕 등 모두 이렇게 읽었다. "사물은 끝까지 다할 수 없고, 박괘는 위가 다하여 아래로 돌아가니, 그러므로 복괘로 받는다"라는 말이다.

둘째, 고형은 '物不可以終盡剝, 窮上反下, 故受之以復.'으로 읽었다. 그는 "'진盡' 자는 앞의 '형즉진亨則盡'을 따라 잘못 들어간 글자가 아닌가 한다(盡字疑涉上文'亨則盡'而衍). 「서괘」의 이러한 종류의 구절에는 다만 '종終' 자를 사용하였지(序卦上下文此類語

句只用終字) '진盡'자는 사용하지 않았다(不用盡字)"라고 하였다. 진고응도 고형을 따라 읽었다. "사물은 끝까지 다할 수 없고, 위가 다하여 아래로 돌아가니, 그러므로 복괘로 받는다"라는 말이다.

셋째, 필자는 '剝'자는 잘못 들어간 것으로 보았다. '物不可以終盡, 窮上反下, 故受之以復.'으로 읽었다. 「서괘」에서 '不可以終' 뒤에 괘명이 있는 곳은 없으며, 괘명의 뜻을 연결하였다. 예를 들겠다. ①'物不可以終通', ②'物不可以終否', ③'物不可以終過', ④'物不可以終遯', ⑤'物不可以終壯', ⑥'物不可以終難', ⑦'物不可以終動', ⑧'物不可以終止', ⑨'物不可以終離' 등 모두 9곳이다. 이 가운데 ②'비否'와 ④'둔遯'은 괘명이 아니라 괘명을 설명하는 동사로 사용된 것이다. 또 「서괘」에는 다음 괘로 괘명이 이어지는 것을 설명하는 글에 앞의 괘명을 들은 예가 없다. "사물은 끝까지 다할 수 없고, 위가 다하여 아래로 돌아가니, 그러므로 복괘로 받는다"라는 말이다. 3가지 해석 모두 통한다.

「서괘」는 '진盡'을 가지고 괘명 '박剝'을 해석하였고, '진盡'과 '궁窮'은 뜻이 같다. '반反'은 돌아간다는 뜻의 반返으로 읽는다. '궁상반하窮上反下'는 윗자리에서 다하여 아랫자리로 돌아간다는 말이다. 「서괘」는 '반反'을 가지고 괘명 '복復'을 해석하였다. '복復'은 돌아온다는 뜻이다. 「단」과 「상」도 같다. 박괘의 꼭대기 양효(上九)는 윗자리에서 다하여 다시 복괘의 처음 양효(初九)로 돌아간다.

剝　　復

"사물은 끝까지 다할 수 없고, 위가 다하여 아래로 돌아가니, 그러므로 복괘로 받는다"라는 말이다. '복復'은 24번 괘이다.

復則不妄矣, 故受之以无妄.

'복즉불망復則不妄'은 돌아오면 망령되지 않는다는 것이다. 「서괘」는 '불망不妄'을 가지고 괘명 '무망无妄'을 해석하였다. '무망无妄'은 망령됨이 없다는 뜻이다. 「단」과 「상」도 같다. 『집해』에 최경은 "사물은 근본으로 돌아오면 참되니, 그러므로 '돌아오면 망령됨이 없다'고 말한 것이다(物復其本, 則爲誠實, 故言復則无妄矣)"라고 하였다. "돌아오면 망령되지 않으니, 그러므로 무망괘로 받는다"라는 말이다. '무망无妄'은 25번 괘이다.

有无妄然後可畜, 故受之以大畜.

『집해』에는 '연후然後' 앞에 '물物'자가 있다. 고형은 '물'자가 있는 것이 맞는다고 하였으나, '물'자가 있으면 문장 구성이 바로 되지 않으며, '연후然後' 뒤에 '물物'자가 들어가야 한다. 고형은 이 구절을 해설하면서 '而後財物方可積蓄'이라고 하여, '然後' 뒤에 '物'자를 넣어 해석하였다. 「서괘」에 '연후然後'는 모두 14곳 기록되어 있는데, '연후' 뒤에 명사가 나오는 곳이 2곳 있다. ①상경 앞부분에 '然後萬物生焉', ② 하경 앞부분에 '有上下然後禮義有所錯'라고 하였다. '물'자가 없어도 뜻은 통한다. 「서괘」에 '然後' 뒤에 '可'로 이어지는 것이 3곳 있다. '物'은 재물을 가리킨다. '축畜'은 축적하다는 뜻의 축蓄으로 읽으며, 축물蓄物, 즉 재물을 축적한다는 뜻이다. '유무망연후가축有无妄然後可畜'은 망령됨이 없는 것이 있은 연후에 (재물이) 축적될 수 있다는 것이다. 「서괘」는 '축畜'을 가지고 괘명 '대축大畜'을 해석하였다. '대축大畜'은 축적한 것이 크다(小畜者大)는 뜻이다. 「단」과 「상」도 같다. "망령됨이 없는 것이 있은 연후에 (재물이) 축적될 수 있으니, 그러므로 대축괘로 받는다"라는 말이다. '대축大畜'은 26번 괘이다.

物畜然後可養, 故受之以頤.

'물物'은 재물이다. '물축연후가양物畜然後可養'은 재물이 축적된 연후에 기를 수 있다는 것이다. 「서괘」는 '양養'을 가지고 괘명 '이頤'를 해석하였다. '이頤'는 기른다는 뜻의 양養이다. 「단」은 기르다(養), 「상」은 먹는 것(食物)으로 뜻을 새겼는데, 사람은 먹어서 생명을 기른다. 『집해』에 우번은 이頤「단」을 인용하여 "천지는 만물을 기르고, 성인은 현인과 만민을 기른다(天地養萬物, 聖人養賢以及萬民)"라고 하였다. "재물이 축적된 연후에 기를 수 있으니, 그러므로 이괘로 받는다"라는 말이다. '이頤'는 27번 괘이다.

頤者, 養也.

"이는 기른다는 뜻의 양養이다"라는 말이다.

不養則不可動, 故受之以大過.

'불양즉불가동不養則不可動'은 기르지 않으면 움직일 수 없다는 것이다. 「서괘」는

'불가동不可動'을 가지고 괘명 '대과大過'를 해석하였다. '대과大過'는 크게 잘못되었다는 뜻이다. 움직일 수 없으니 크게 잘못되었다는 것이다. 「단」은 대과(䷛)의 괘체를 가지고 큰 것(四陽)이 잘못되었다(大者過也)는 뜻으로, 「상」은 크게 잘못되었다(大爲過錯)는 뜻으로 새겼다. 고형은 "그 몸을 기르지 않으면 몸에 병이 생긴다(不養其身則身病). 그 집안을 기르지 않으면 집안은 무너진다(不養其家則家敗). 그 신하를 기르지 않으면 신하는 반란을 일으킨다(不養其臣則臣叛). 백성을 기르지 않으면 백성은 난을 일으킨다(奪民之養則民亂). 그래서 기르지 않으면 작위하는 바가 있을 수 없으니(是以不養則不可有所作爲), 이것이 잘못이 큰 것이다(是過之大者), 그러므로 이괘 다음에 대과괘로 이어진다(故頤卦之後繼以大過)"라고 설명하였다. "기르지 않으면 움직일 수 없으니, 그러므로 대과괘로 받는다"라는 말이다. '대과大過'는 28번 괘이다.

物不可以終過, 故受之以坎.

이 구절은 문맥이 통하지 않는다. 어떻게 "사물은 끝까지 그릇될 수 없으니, 그러므로 감괘로 받는다"가 되는가? '불과不過'를 가지고 괘명 '감坎'을 해석할 수 없다. 즉 그릇될 수 없는 것을 가지고 빠지다(坎)를 해석할 수 없다는 것이다. 이 구절은 '物過然後可陷, 故受之以坎'으로 하는 것이 바르다. 「서괘」는 '함陷'을 가지고 괘명 '감坎'을 해석하였다. '감坎'은 빠진다는 뜻의 함陷이다. 「단」은 험난하다(險), 「상」은 구덩이(坑)라는 뜻으로 새겼다. "사물은 그릇된 연후에 빠질 수 있으니, 그러므로 감괘로 받는다"라는 말이다. 즉 그릇되면 빠진다는 것이다. '감坎'은 29번 괘이다.

한강백은 "그릇됨이 멈추지 않으면 빠진다(過而不已, 則陷沒也)"라고 하였고, 고형은 "함은 함정이고 구덩이다(陷, 阱也, 坑也). 사람은 끝까지 잘못할 수 없으니(人不可以終有過行), 잘못이 있으면(有過行), 구덩이를 만나고(則將遇坎坷), 험난함을 만난다(遭險難)"라고 하여 비슷하게 해석하였는데, 궁색한 느낌이 든다. 「서괘」는 '종과終過'라고 하였지, '과이불이過而不已', '유과행有過行'이라고 하지 않았다.

坎者, 陷也.

"감은 빠진다는 뜻의 함陷이다"라는 말이다.

陷必有所麗, 故受之以離.

'함필유소리陷必有所麗'는 빠지면 반드시 붙는 곳이 있다는 것이다. 「서괘」는 '리麗'를 가지고 괘명 '리離'을 해석하였다. '리麗'는 붙는다는 뜻의 착着이다. 「단」은 붙는다

(離, 麗也), 「상」도 붙는다(麗)는 뜻으로 새겼다. 한강백은 "사물은 극에 이르면 변하니, 빠지는 것이 다하면 도리어 붙는 바가 있다(物極則變, 極陷則反所麗也)"라고 하였다. "빠지면 반드시 붙는 곳이 있으니, 그러므로 리괘로 받는다"라는 말이다. '리離'는 30번 괘이다.

離者, 麗也.
"리는 붙는다는 뜻의 리麗이다"는 말이다.
상경의 마지막 리괘離卦와 하경의 처음 함괘咸卦는 서로 연결되지 않는다.
여기까지가 상경이며, 30괘의 배열 순서를 설명하였다.

有天地然後有萬物, 有萬物然後有男女, 有男女然後有夫婦, 有
夫婦然後有父子, 有父子然後有君臣, 有君臣然後有上下, 有上
下然後禮義有所錯. 夫婦之道不可以不久也, 故受之以恒. 恒者,
久也. 物不可以久居其所, 故受之以遯. 遯者, 退也. 物不可以終
遯, 故受之以大壯. 物不可以終壯, 故受之以晉. 晉者, 進也. 進
必有所傷, 故受之以明夷. 夷者, 傷也. 傷於外者必反其家, 故受
之以家人. 家道窮必乖, 故受之以睽. 睽者, 乖也. 乖必有難, 故
受之以蹇. 蹇者, 難也. 物不可以終難, 故受之以解. 解者, 緩也.
緩必有所失, 故受之以損. 損而不已必益, 故受之以益.

천지가 있은 연후에 만물이 있고, 만물이 있은 연후에 남녀가 있고, 남녀가 있은 연
후에 부부가 있고, 부부가 있은 연후에 부자가 있고, 부자가 있은 연후에 군신이 있
고, 군신이 있은 연후에 상하가 있고, 상하가 있은 연후에 예의가 베푸는 바가 있다.
부부의 도는 오래 가지 않을 수 없으니, 그러므로 항괘로 받는다. 항은 항구하다는
것이다. 사물은 오래 그 자리에 머물 수 없으니, 그러므로 둔괘로 받는다. 둔은 물러
난다는 것이다. 사물은 끝까지 물러날 수 없으니, 그러므로 대장괘로 받는다. 사물은
끝까지 건장할 수 없으니, 그러므로 진괘로 받는다. 진은 나아가는 것이다. 나아가면
반드시 다치는 바가 있으니, 그러므로 명이괘로 받는다. 이는 다친다는 것이다. 밖에
서 다친 사람은 반드시 자신의 집으로 돌아오니, 그러므로 가인괘로 받는다. 가도가
궁하면 반드시 어긋나니, 그러므로 규괘로 받는다. 규는 어긋난다는 것이다. 어긋나
면 반드시 어려움이 있으니, 그러므로 건괘로 받는다. 건은 어렵다는 것이다. 사물은
끝까지 어려울 수 없으니, 그러므로 해괘로 받는다. 해는 푼다는 것이다. 풀면 반드

시 잃는 바가 있으니, 그러므로 손괘로 받는다. 잃는 것이 멈추지 않으면 반드시 더하니, 그러므로 익괘로 받는다.

有天地然後有萬物
"천지가 있은 연후에 만물이 있다"라는 말이다. '천지天地'는 자연의 하늘과 땅이다.

有萬物然後有男女
"만물이 있은 연후에 남녀가 있다"라는 말이다.

有男女然後有夫婦
"남녀가 있은 연후에 부부가 있다"라는 말이다.

有夫婦然後有父子
"부부가 있은 연후에 부자가 있다"라는 말이다.

有父子然後有君臣
"부자가 있은 연후에 군신이 있다"라는 말이다.

有君臣然後有上下
"군신이 있은 연후에 상하가 있다"라는 말이다.

有上下然後禮義有所錯
"상하가 있은 연후에 예의가 베푸는 바가 있다"라는 말이다.
『집해』에 우번은 "'조'는 놓는다는 뜻의 치(錯, 置也)"라고 하였고, 간보는 "베푼다는 뜻의 시(錯, 施也)"라고 하였다. '조錯'는 베푼다는 뜻의 조措자를 가차한 것이다.
「서괘」는 상경에서 '천지'를 머리에 두고 만물의 시작을 상징하였고, 하경에서 천지―만물―남녀―부부로 이으면서, 천지에서 만물을, 만물에서 남녀를, 남녀에서 부부를 이끌어 내어 '부부'를 시작으로 여겼다. '부부夫婦'는 31번 함괘를 가리켜 말한 것이며, 부부를 기점으로, 다시 부자―군신―상하―예의로 이으면서 부부는 부자, 군신, 상하, 예의의 근본이 되는 것을 말하였다.
함괘는 윗괘가 태兌(☱)이고 아랫괘는 간艮(☶)이다. 태는 막내딸(少女)이고 간은 막내아들(少男)이다. 그런즉 함괘의 괘상은 막내아들이 막내딸 아래에 있는 것이다. 「단」에 "유가 위에 강은 아래에 있어, 두 기가 감응하여 함께 있다.…… 남자가 여자의 아래에 있다(柔上而剛下, 二氣感應以相與.…… 男下女)"라고 하였고, 『순자』「대략大略」에 "『역』의 함괘에 부부의 도가 나타나 있다. 부부의 도는 바르지 않을 수 없으니, 군신과 부자의 근본이다. 함은 느끼는 것이다. 높은 것이 낮은 것 아래에 있고, 남자가 여자의 아래에 있으며, 유가 위에 강이 아래에 있다. 빙사(선비를 초빙하는 예)의 뜻과 친영(신랑이 신부를 맞이하는 예)도이니, 시작을 중히 하는 것이다(易之咸, 見夫婦. 夫婦之道, 不可不正也, 君臣父子之本也. 咸, 感也. 以高下下, 以男下女, 柔上而剛下. 聘士之義, 親迎之道, 重始也)"라고 하였다. 함의 괘상은 남녀가 결합하여 부부가 되는 것이다. 「서괘」는 '유부부有夫婦'를 가지고 함괘를 해석하였다. 「단」과 「상」은 감응하다(感)는 뜻으로 새겼다. 부부는 감응한다.

"천지가 있은 연후에 만물이 있고, 만물이 있은 연후에 남녀가 있고, 남녀가 있은 연후에 부부가 있고, 부부가 있은 연후에 부자가 있고, 부자가 있은 연후에 군신이 있고, 군신이 있은 연후에 상하가 있고, 상하가 있은 연후에 예의가 베푸는 바가 있다"라는 말이다. 「서괘」는 천지—만물—남녀—부부—부자—군신—상하—예의를 시간적 순서로 열거하였다.

夫婦之道不可以不久也, 故受之以恒.
'부부지도'는 31번 함괘를 가리켜 말한 것이다. 「서괘」는 '구久'를 가지고 괘명 '항恒'을 해석하였다. '항恒'은 항구하다는 뜻의 구久이다. 「단」과 「상」도 같다. 한강백은 "부부의 도는 항구한 것을 귀하게 여긴다(夫婦之道, 以恒爲貴)"라고 하였다. "부부의 도는 오래 가지 않을 수 없으니, 그러므로 항괘로 받는다"라는 말이다. '항恒'은 32번 괘이다.

恒者, 久也.
"항은 항구하다는 뜻의 구久이다"라는 말이다.

物不可以久居其所, 故受之以遯.
『집해』에는 '物不可以終久於其所'로 되어 있는데, 뜻이 더욱 분명하다. "사물은 끝까지 자신의 자리에 오래 머물 수 없다"는 말이다. '거기소居其所'는 자신의 자리에 머문다는 뜻이다. 「서괘」는 '불구거소不久居所'를 가지고 괘명 '둔遯'을 해석하였다. '둔遯'은 물러나다는 뜻의 퇴退이다. 「단」과 「상」은 은둔하다(隱)는 뜻으로 새겼다. "사물은 오래 그 자리에 머물 수 없으니, 그러므로 둔괘로 받는다"라는 말이다. '둔遯'은 33번 괘이다.

遯者, 退也.
"둔은 물러난다는 뜻의 퇴退이다"라는 말이다.

物不可以終遯, 故受之以大壯.
'물불가이종둔物不可以終遯'은 사물은 끝까지 물러날 수 없다는 것이다. 「서괘」는 '부종둔不終遯'을 가지고 괘명 '대장大壯'을 해석하였다. '대장大壯'은 크게 건장하다는 뜻이다. 「단」은 대장괘(䷡)의 괘체를 가지고 해석하여 큰 것이 건장하다(大者壯也)는 뜻으로, 「상」은 크게 건장하다(大壯)는 뜻으로 새겼다. 고형은 "'둔'은 그 세력이 쇠퇴하는 것이다(遯者, 其勢衰微也). 쇠퇴하는 것은 반드시 왕성할 때가 있으니(衰微者必有盛壯之時), 그러므로 대장괘로 이어진다(故遯卦之後繼以大壯卦)"라고 하였다. "사물은 끝까지 물러날 수 없으니, 그러므로 대장괘로 받는다"라는 말이다. '대장大壯'은 34번 괘이다.

物不可以終壯, 故受之以晉.
이 구절은 문맥이 통하지 않는다. 어떻게 "사물은 끝까지 건장할 수 없으니, 그러므로 진괘로 받는다"가 되는가? '부종장不終壯'을 가지고 괘명 '진晉'을 해석할 수 없다. 즉 건장할 수 없는 것을 가지고 나아가다를 해석할 수 없다는 것이다. 이 구절은 '物壯然後可進, 故受之以晉'으로 하는 것이 바르다. 「서괘」는 '진進'을 가지고 괘명 '진晉'을 해석하였다. '진晉'은 나아가다는 뜻의 진進이다. 「단」과 「상」도 같다. "사물은 건장한 연후에 나아갈 수 있으니, 그러므로 진괘로 받는다"라는 말이다. 즉 건장하면 나아간다는 것이다. '진晉'은 35번 괘이다.
고형은 '物不可以終壯'을 '物不可終止于壯'으로 해석하여, "사물은 끝까지 건장함에 멈출 수 없고(物不可終止于壯), 건장하면 나아가니(壯則前進), 날개가 건장하면 날고(壯于羽者則飛), 발이 건장하면 달리므로(壯于足則走), 그래서 대장괘 뒤에 진괘로 이어진다(故大壯卦之后繼以晉卦)"라고 설명하였다. 그런데 「서괘」는 '종장終壯'이라고 하였지, '종지우장終止于壯'이라고 하지 않았다.

晉者, 進也.

"진은 나아간다는 뜻의 진進이다"라는 말이다.

進必有所傷, 故受之以明夷.

'진필유소상進必有所傷'은 나아가면 반드시 다치는 바가 있다는 것이다. 잘 나가는 것은 반드시 넘어진다는 의미이다. 「서괘」는 '상傷'을 가지고 괘명 '명이明夷'를 해석하였다. '이夷'는 다치다는 뜻의 상傷이다. '명이明夷'는 밝음이 손상을 입었다는 뜻이다. 「단」은 밝음이 어두워졌다(晦其明), 「상」은 해가 땅 속으로 들어갔다(明入地中)는 뜻으로 해석하였다. 진괘는 윗괘가 리이고 아랫괘는 곤이다. 리는 해이고 곤은 땅이다. 진괘의 괘상은 해가 땅 위에 떠오르는 것이다. 명이괘는 아랫괘가 리이고 윗괘는 곤이다. 리는 해이고 곤은 땅이다. 명이괘의 괘상은 해가 땅 속으로 들어가는 것이다.

晉　　　　　明夷

『집해』에 구가역은 "해(리)가 곤 아래에 있으니, 밝음이 상하였다. 나아가는 것이 극에 이르면 당연히 내려와서 다시 땅 속으로 들어가는 것을 말한다(日在坤下, 其明傷也. 言晉極當降復入于地)"라고 하였다. "나아가면 반드시 다치는 바가 있으니, 그러므로 명이괘로 받는다"라는 말이다. '명이明夷'는 36번 괘이다.

夷者, 傷也.

"이는 다친다는 뜻의 상傷이다"라는 말이다.

傷於外者必反其家, 故受之以家人.

'상어외자傷於外者'는 밖에서 다친 사람이다. '반反'은 돌아온다는 뜻의 반返으로 읽는다. 「서괘」는 '반기가反其家'를 가지고 괘명 '가인家人'을 해석하였다. '가인家人'은 집안사람(一家之人)이라는 뜻이다. 「단」과 「상」도 같다. 『집해』에 우번은 "나아갈 때는 밖에 있으나 집안사람은 안에 있으니 그러므로 가인家人으로 돌아가는 것이다(晉時在外, 家人在內, 故反家人)"라고 하였다. "밖에서 다친 사람은 반드시 자신의 집으로 돌아오니, 그러므로 가인괘로 받는다"라는 말이다. '가인家人'은 37번 괘이다.

家道窮必乖, 故受之以睽.

'가도家道'는 부자, 형제, 부부의 도이다. 「단」에 "어버이는 어버이답고 자식은 자식다우며, 형은 형답고 아우는 아우다우며, 남편은 남편답고 아내는 아내다우면 집안의 도는 바르다(父父子子, 亨亨弟弟, 夫夫婦婦, 而家道正)"라고 하였다. '가도궁家道窮'은 가족 간의 질서가 궁하다는 것이다. 「서괘」는 '괴乖'를 가지고 괘명 '규睽'를 해석하였다. '괴乖'는 어긋나다는 뜻의 규睽이다. 「단」과 「상」도 같다. "가도가 궁하면 반드시 어긋나니, 그러므로 규괘로 받는다"라는 말이다. '규睽'는 38번 괘이다.

睽者, 乖也.

"규는 어긋난다는 뜻의 괴乖이다"라는 말이다.

乖必有難, 故受之以蹇.

'괴필유난乖必有難'은 어긋나면 반드시 어려움이 있다는 것이다. 「서괘」는 '난難'을 가지고 괘명 '건蹇'을 해석하였다. '건蹇'은 어렵다는 뜻의 난難이다. 「단」과 「상」도 같다. 『집해』에 최경은 「단」에서 인용하여 "두 여자가 동거하니, 그 뜻이 어긋나 어려움이 생겨난다(二女同居, 其志乖而難生)"라고 하였다.

睽　　　　　蹇

규괘는 윗괘가 리이고 아랫괘는 태이다. 리는 둘째딸이고 태는 막내딸이다. 두 여자가 동거하니 서로 뜻이 어긋나 어려움이 생겨난다. 건괘는 아랫괘가 간이고 윗괘는 감이다. 간은 산이고 감은 물이다. 산 위에 물이 있으니, 물은 평지처럼 흘러가기 어렵다. "어긋나면 반드시 어려움이 있으니, 그러므로 건괘로 받는다"라는 말이다. '건蹇'은 39번 괘이다.

蹇者, 難也.

"건은 어렵다는 뜻의 난難이다"라는 말이다.

物不可以終難, 故受之以解.

'물불가이종난物不可以終難'은 사물은 끝까지 어려울 수 없다는 것이다. 「서괘」는 '부종난不終難'을 가지고 괘명 '해解'를 해석하였다. '해解'는 푼다는 뜻의 완緩이다. 「단」과 「상」도 같다. "사물은 끝까지 어려울 수 없으니, 그러므로 해괘로 받는다"라는 말이다. '해解'는 40번 괘이다.

解者, 緩也.

"해는 푼다는 뜻의 완緩이다"라는 말이다.

緩必有所失, 故受之以損.

'완필유소실緩必有所失'은 풀면 반드시 잃는 바가 있다는 것이다. 「서괘」는 '실失'을 가지고 괘명 '손損'을 해석하였다. '손損'은 잃는다는 뜻의 실失이다. 「단」은 덜어내다(減), 「상」은 덜어내다(減), 잃다(失)는 뜻으로 새겼다. "풀면 반드시 잃는 바가 있으니, 그러므로 손괘로 받는다"라는 말이다. '손損'은 41번 괘이다.

損而不已必益, 故受之以益.

'이已'는 멈춘다는 뜻의 지止이다. '불이不已'는 멈추지 않는다는 뜻이다. '손이불이필익損而不已必益'은 잃는 것이 멈추지 않으면 반드시 더한다는 것이다. 즉 잃는 것이 극에 이르면 더한다는 의미이다. 「서괘」는 '익益'을 가지고 괘명 '익益'을 해석하였다. '익益'은 더하다는 뜻의 가加이다. 「단」과 「상」도 같다. 『집해』에 최경은 "잃는 것이 끝나면 잃지 않고 더한다(損終則弗損, 益之)"라고 하였다. "잃는 것이 멈추지 않으면 반드시 더하니, 그러므로 익괘로 받는다"라는 말이다. '익益'은 42번 괘이다.

益而不已必決, 故受之以夬. 夬者, 決也. 決必有所遇, 故受之以姤. 姤者, 遇也. 物相遇而後聚, 故受之以萃. 萃者, 聚也. 聚而上者謂之升, 故受之以升. 升而不已必困, 故受之以困. 困乎上者必反下, 故受之以井. 井道不可不革, 故受之以革. 革物者莫若鼎, 故受之以鼎. 主器者莫若長子, 故受之以震. 震者, 動也. 物不可以終動, 止之, 故受之以艮. 艮者, 止也. 物不可以終止, 故受之以漸. 漸者, 進也. 進必有所歸, 故受之以歸妹.

더하는 것이 멈추지 않으면 반드시 터지니, 그러므로 쾌괘로 받는다. 쾌는 터진다는
것이다. 터지면 반드시 만나는 바가 있으니, 그러므로 구괘로 받는다. 구는 만난다
는 것이다. 사물은 서로 만난 이후에 모이게 되니, 그러므로 췌괘로 받는다. 췌는 모
인다는 것이다. 모여서 위로 올라가는 것을 승이라고 하니, 그러므로 승괘로 받는다.
올라가는 것이 멈추지 않으면 반드시 곤란하게 되니, 그러므로 곤괘로 받는다. 위에
서 곤란한 것은 반드시 아래로 돌아오니, 그러므로 정괘로 받는다. 우물의 도는 바꾸
지 않을 수 없으니, 그러므로 혁괘로 받는다. 사물을 바꾸는 것은 솥만한 것이 없으
니, 그러므로 정괘로 받는다. 나라의 주인은 맏아들만한 것이 없으니, 그러므로 진괘
로 받는다. 진은 움직인다는 것이다. 사물은 끝까지 움직일 수 없고 멈추니, 그러므
로 간괘로 받는다. 간은 멈춘다는 것이다. 사물은 끝까지 멈출 수 없으니, 그러므로
점괘로 받는다. 점은 나아간다는 것이다. 나아가면 반드시 돌아가는 바가 있으니, 그
러므로 귀매괘로 받는다.

益而不已必決, 故受之以夬.
‘이已’는 멈춘다는 뜻의 지止이다. ‘불이不已’는 멈추지 않는다는 뜻이다. ‘익이불이
필결益而不已必決’은 더하는 것이 멈추지 않으면 반드시 터진다는 것이다. 즉 더하는
것이 극에 이르면 터진다는 의미이다. 「서괘」는 ‘결決’을 가지고 괘명 ‘쾌夬’를 해석하
였다. ‘쾌夬’는 터지다는 뜻의 결決이다. 「단」은 쾌괘(䷪)의 괘체로 해석하여 결단하다
(夬, 決也)는 뜻으로 새겼다. 쾌괘는 아래의 다섯 양효가 꼭대기의 한 음효를 결단하고
있으니, 한 음은 다섯 양에 의해 장차 무너지는 상이다(剛決柔也). 「상」은 터지다, 결
단하다는 뜻으로 새겼다. 한강백은 “더하는 것이 멈추지 않으면 가득 차게 되므로 반
드시 터진다(益而不已則盈, 故必決也)”라고 하였다. “더하는 것이 멈추지 않으면 반드시
터지니, 그러므로 쾌괘로 받는다”라는 말이다. ‘쾌夬’는 43번 괘이다.

夬者, 決也.
“쾌는 터진다는 뜻의 결決이다”는 말이다.

決必有所遇, 故受之以姤.
‘우遇’는 만나다는 뜻의 봉逢이다. ‘결필유소우決必有所遇’는 터지면 반드시 만나는

바가 있다는 것이다. 「서괘」는 '우遇'를 가지고 괘명 '구姤'를 해석하였다. '구姤'는 만나다는 뜻의 우遇이다. 「단」과 「상」도 같다. "터지면 반드시 만나는 바가 있으니, 그러므로 구괘로 받는다"라는 말이다. '구姤'는 44번 괘이다.

姤者, 遇也.
"구는 만난다는 뜻의 우遇이다"라는 말이다.

物相遇而後聚, 故受之以萃.
'취聚'는 모이다는 뜻의 회會이다. '물상우이후취物相遇而後聚'는 사물은 서로 만난 이후에 모인다는 것이다. 「서괘」는 '취聚'를 가지고 괘명 '췌萃'를 해석하였다. '췌萃'는 모이다는 뜻의 취聚이다. 「단」과 「상」도 같다. "사물은 서로 만난 이후에 모이게 되니, 그러므로 췌괘로 받는다"라는 말이다. '췌萃'는 45번 괘이다.

萃者, 聚也.
"췌는 모인다는 뜻의 취聚이다"라는 말이다.

聚而上者謂之升, 故受之以升.
'취이상자聚而上者'는 모여서 위로 올라가는 것이다. 「서괘」는 '상上'을 가지고 괘명 '승升'을 해석하였다. '승升'은 위로 올라가다는 뜻의 상上이다. 「단」과 「상」도 같다. "모여서 위로 올라가는 것을 승이라 하니, 그러므로 승괘로 받는다"라는 말이다. '승升'은 46번 괘이다.

升而不已必困, 故受之以困.
'이已'는 멈춘다는 뜻의 지止이다. '불이不已'는 멈추지 않는다는 뜻이다. '승이불이필곤升而不已必困'은 올라가는 것이 멈추지 않으면 반드시 곤란하게 된다는 것이다. 「서괘」는 '곤困'을 가지고 괘명 '곤困'을 해석하였다. '곤困'은 곤란하다는 뜻이다. 「단」은 곤궁하다(窮), 「상」은 곤궁하다(窮), 곤란하다(困)는 뜻으로 새겼다. "올라가는 것이 멈추지 않으면 반드시 곤란하게 되니, 그러므로 곤괘로 받는다"라는 말이다. '곤困'은 47번 괘이다.

困乎上者必反下, 故受之以井.

'곤호상자困乎上者'는 위에서 곤란한 것이다. '반反'은 돌아온다는 뜻의 반返으로 읽는다. 「서괘」는 '하下'를 가지고 괘명 '정井'을 해석하였다. '정井'은 우물이다. 우물은 낮은 곳에 있다. 「단」과 「상」도 같다. 고형은 "우물은 낮은 자리에 처한 것이니(井處于卑下之位者), 사람이 낮은 자리에 처한 것에 비유한 것이다(以喩人處于卑下之位者)"라고 하였다. "위에서 곤란한 것은 반드시 아래로 돌아오니, 그러므로 정괘로 받는다"라는 말이다. '정井'은 48번 괘이다.

井道不可不革, 故受之以革.

'정도불가불혁井道不可不革'은 우물의 도는 바꾸지 않을 수 없다는 것이다. 「서괘」는 '혁革'을 가지고 괘명 '혁革'을 해석하였다. '혁革'은 바꾼다는 뜻의 개改이다. 「단」은 개혁(革)과 바꾸다(改), 「상」도 같은 뜻으로 새겼다. 한강백은 "우물이 오래되면 더러워지니, 마땅히 그 원인을 바꿔야 한다(井久則濁穢, 宜革易其故)"라고 하였다. "우물의 도는 바꾸지 않을 수 없으니, 그러므로 혁괘로 받는다"라는 말이다. '혁革'은 49번 괘이다.

革物者莫若鼎, 故受之以鼎.

'혁물자革物者'는 사물을 바꾸는 것이다. '막莫'은 무無, '약若'은 여如와 같다. '막약정莫若鼎'은 솥만한 것이 없다는 것이다. 「서괘」는 '정鼎'을 가지고 괘명 '정鼎'을 해석하였다. '정鼎'은 솥이다. 「단」과 「상」도 같다. 「잡괘」에 "정은 새 것을 취하는 것(鼎, 取新也)"이라고 하였다. 한강백은 "혁은 옛 것을 없애는 것이고, 정은 새 것을 취하는 것이다. 이미 옛 것을 없앴다면 마땅히 도구를 만들고 법을 세워 새 것을 다스려야 한다. 정은 살아있는 것을 삶아 익혀 새 것을 이루는 도구이다(革, 去故. 鼎, 取新. 旣以去故, 則宜制器立法以治新也. 鼎所以 和齊生物, 成新之器也)"라고 하였다. "사물을 바꾸는 것은 솥만한 것이 없으니, 그러므로 정괘로 받는다"라는 말이다. '정鼎'은 50번 괘이다.

主器者莫若長子, 故受之以震.

'주主'는 주관하다는 뜻의 장掌이다. '기器'는 솥(鼎)을 가리킨다. '주기자主器者'는 솥을 주관하는 사람, 즉 나라의 주인이다. 「서괘」는 '장자長子'를 가지고 괘명 '진震'을 해석하였다. '장자長子'는 맏아들이다. 「단」과 「상」은 우레(雷)로 뜻을 새겼다. 「설괘」제10장은 '장남長男', 제11장은 '장자長子'라고 하였다. 『집해』에 최경은 "정은 음식을 삶아 익혀 상제에게 제사를 올리는 것이다. 이 도구를 주관하는 사람은 맏아들만한 것이 없으니 제주로 여기는 것이다(鼎所烹餁, 享於上帝. 主此器者, 莫若冢嫡, 以爲其祭主也)"라고 하였다. 고형은 "정은 귀한 도구이다(鼎爲寶器). 옛날에 왕과 제후와 대부의 나라와 고을을 또한 기器라고 칭하였다(古代王侯大夫之國與邑亦稱之爲器).『노자』에 '천하는 신령한 도구이니, 억지로 다스릴 수 없다'고 하였는데(老子曰‥天下神器, 不可爲也)', '천하'는 실제로 나라이며(天下實際是國), 이것이 그 예이다(是其例). 고대 종법의 세습 제도는(古代宗法世襲制度) 왕과 제후와 대부의 나라와 고을은 원칙적으로 맏아들이 계승하였다(王侯大夫之國與邑原則上由長子繼承)"라고 설명하였다. '진震'은 맏아들이다. "나라의 주인은 맏아들만한 것이 없으니, 그러므로 진괘로 받는다"라는 말이다. '진震'은 51번 괘이다.

震者, 動也.
"진은 움직인다는 뜻이 동動이다"라는 말이다. 「서괘」는 또 '진震'을 '동動'으로 읽어 다음 문장으로 연결하였다.

物不可以終動, 止之, 故受之以艮.
'지지止之'에 대해 3가지 해석이 있다.
첫째, 『교감기校勘記』에 "'지止' 앞에 '동필動必' 두 글자가 있다(止上有動必二字)"라고 하였다. "사물은 끝까지 움직일 수 없고, 움직이면 반드시 멈추니, 그러므로 간괘로 받는다"라는 말이다. 「서괘」는 '지止'를 가지고 괘명 '간艮'을 해석하였다.
둘째, '止之'로만 읽어도 통한다. "사물은 끝까지 움직일 수 없고 멈추니, 그러므로 간괘로 받는다"라는 말이다. 「서괘」는 '지止'를 가지고 괘명 '간艮'을 해석하였다.
셋째, '지지止之'를 잘못 들어간 글자로 보고 생략하는 것이다. "사물은 끝까지 움직일 수 없으니, 그러므로 간괘로 받는다"라는 말이다. 「서괘」는 '부종동不終動'을 가지고 괘명 '간艮'을 해석하였다. 3가지 해석은 모두 통한다.
'간艮'은 멈춘다는 뜻의 지止이다. 「단」과 「상」도 같다. "진은 움직인다는 것이다. 사물은 끝까지 움직일 수 없으니, (움직이는 것은 반드시 멈추니) 그러므로 간괘로 받는다"라는 말이다. '간艮'은 52번 괘이다.

艮者, 止也.
"간은 멈춘다는 뜻의 지止이다"라는 말이다.

物不可以終止, 故受之以漸.

'물불가이종지物不可以終止'는 사물은 끝까지 멈출 수 없다는 것이다. 「서괘」는 '부종지不終止'를 가지고 괘명 '점漸'을 해석하였다. '점漸'은 나아가다는 뜻의 진進이다. 「단」과 「상」도 같다. "사물은 끝까지 멈출 수 없으니, 그러므로 점괘로 받는다"라는 말이다. '점漸'은 53번 괘이다.

漸者, 進也.

"점은 나아간다는 뜻의 진進이다"라는 말이다.

進必有所歸, 故受之以歸妹.

'진필유소귀進必有所歸'는 나아가면 반드시 돌아가는 바가 있다는 것이다. 「서괘」는 '귀歸'를 가지고 괘명 '귀매歸妹'를 해석하였다. '귀매歸妹'는 여자가 시집가는 것이다. 「단」과 「상」도 같다. "나아가면 반드시 돌아가는 바가 있으니, 그러므로 귀매괘로 받는다"라는 말이다. '귀매歸妹'는 54번 괘이다.

得其所歸者必大, 故受之以豐. 豐者, 大也. 窮大者必失其居, 故受之以旅. 旅而无所容, 故受之以巽. 巽者, 入也. 入而後說之, 故受之以兌. 兌者, 說也. 說而後散之, 故受之以渙. 渙者, 離也. 物不可以終離, 故受之以節. 節而信之, 故受之以中孚. 有其信者必行之, 故受之以小過. 有過物者必濟, 故受之以旣濟. 物不可窮也, 故受之以未濟. 終焉.

돌아가는 곳을 얻은 것은 반드시 크니, 그러므로 풍괘로 받는다. 풍은 크다는 것이다. 큰 것을 다한 것은 반드시 그 있는 곳을 잃으니, 그러므로 여괘로 받는다. 나그네는 몸을 둘 곳이 없으니, 그러므로 손괘로 받는다. 손은 들어간다는 것이다. 들어간 이후에 기뻐하니, 그러므로 태괘로 받는다. 태는 기뻐한다는 것이다. 기뻐한 이후에 떨어지니, 그러므로 환괘로 받는다. 환은 떨어진다는 것이다. 사물은 끝까지 떨어질 수 없으니, 그러므로 절괘로 받는다. 절도(혹은 제도)가 있으면 믿으니, 그러므로 중부괘로 받는다. 믿음이 있는 사람은 반드시 행하니, 그러므로 소과괘로 받는다. 그릇된 일이 있는 사람은 반드시 이루니, 그러므로 기제괘로 받는다. 사물은 다할 수 없으니, 그러므로 미제괘로 받아서 끝난다.

得其所歸者必大, 故受之以豐.

'기其'는 어조사이다. 없어도 상관없다. '득기소귀자필대得其所歸者必大'는 돌아가는 곳을 얻은 것은 반드시 크다는 것이다. 「서괘」는 '대大'를 가지고 괘명 '풍豐'을 해석하였다. '풍豐'은 크다는 뜻의 대大이다. 「단」과 「상」도 같다. 래지덕은 "가느다란 냇물은 강과 바다로 돌아가니, 강과 바다는 크다. 만민은 제왕에게로 귀속하니, 제왕은 크다. 지극한 선은 성현으로 돌아가니, 성현은 크다(細流歸於江海, 則江海大. 萬民歸於帝王, 則帝王大. 至善歸於聖賢, 則聖賢大)"라고 설명하였다. "돌아가는 곳을 얻은 것은 반드시 크니, 그러므로 풍괘로 받는다"라는 말이다. '풍豐'은 55번 괘이다.

豐者, 大也.

"풍은 크다는 뜻의 대大이다"라는 말이다.

窮大者必失其居, 故受之以旅.

'궁窮'은 다하다는 뜻의 극極이다. '궁대자窮大者'는 큰 것을 다한 것이고, '실기거失其居'는 자신이 있는 곳을 잃는다는 뜻이다. 「서괘」는 '실기거失其居'를 가지고 괘명 '여旅'를 해석하였다. '여旅'는 나그네이다. 「단」과 「상」도 같다. 고형은 "큰 것을 다하면 교만하고 사치스럽고 음탕하고 난폭하여(極大者則驕奢淫暴), 반드시 넘어지고 무너져서 그 있는 곳을 잃게 되고(必覆敗而失其所), 밖으로 도피하여 나그네가 되니(逃外作客), 그러므로 풍괘 뒤에 여괘로 이어진다(故豐卦之後繼以旅卦)"라고 설명하였다. "큰 것을 다한 것은 반드시 그 있는 곳을 잃으니, 그러므로 여괘로 받는다"라는 말이다. '여旅'는 56번 괘이다.

旅而无所容, 故受之以巽.

'이而'는 주격조사로 사용되었다. '무소용无所容'은 받아들이는 곳이 없다, 즉 몸을 둘 곳이 없다는 뜻이다. 「서괘」는 '무소용无所容'을 가지고 괘명 '손巽'을 해석하였다. '손巽'은 들어간다는 뜻의 입入이다. 「단」과 「상」도 같다. 한강백은 "나그네는 몸을 둘 곳이 없으니, 손은 들어가는 바를 얻는 것이다(旅而无所容, 以巽則得所入也)"라고 하였다. 고형은 "나그네는 몸을 의탁할 곳이 없어(旅客无所容身), 반드시 한 곳에 들어가게 된다(必入于一處)"라고 하였다. "나그네는 몸을 둘 곳이 없으니, 그러므로 손괘로 받는다"라는 말이다. '손巽'은 57번 괘이다.

巽者, 入也.
"손은 들어간다는 뜻의 입入이다"라는 말이다.

入而後說之, 故受之以兌.
'열說'은 기뻐하다는 뜻의 열悅이다. '입이후열지入而後說之'는 들어간 이후에 기뻐한다는 것이다. 「서괘」는 '열說'을 가지고 괘명 '태兌'를 해석하였다. '태兌'는 기뻐하다는 뜻의 열說이다. 「단」과 「상」도 같다. 고형은 "나그네가 어느 곳에 들어가(旅客入于一處), 묵을 곳을 얻으면 기뻐하니(得所棲宿, 則喜悅之), 그러므로 손괘 뒤에 태괘로 이어진다(故巽卦之後繼以兌卦)"라고 하였다. "들어간 이후에 기뻐하니, 그러므로 태괘로 받는다"라는 말이다. '태兌'는 58번 괘이다.

兌者, 說也.
"태는 기뻐한다는 뜻의 열說이다"라는 말이다.

說而後散之, 故受之以渙.
'산散'은 떨어지다는 뜻의 리離이다. '지之'는 형식 목적어이다. '열이후산지說而後散之'는 기뻐한 이후에 떨어진다는 것이다. 「서괘」는 '산散'을 가지고 괘명 '환渙'을 해석하였다. '환渙'은 떨어지다는 뜻의 리離이다. 「단」은 물이 세차게 거침없이 흘러간다(水流洶湧奔蕩), 「상」은 흩어지다(散), 물이 세차게 흘러가다는 뜻으로 새겼다. 고형은 "나그네가 자신의 거처를 기뻐하나(旅客喜悅其寓所) 또한 오래 머무를 수 없어(亦不能久居) 반드시 떨어져 떠나니(必離散而去), 그러므로 태괘 뒤에 환괘로 이어진다(故兌卦之後繼以渙卦)"라고 설명하였다. "기뻐한 이후에 떨어지니, 그러므로 환괘로 받는다"라는 말이다. '환渙'은 59번 괘이다.

渙者, 離也.
"환은 떨어진다는 뜻의 리離이다"라는 말이다. 「서괘」는 '환'을 '산散'과 '리離' 두 가지 뜻으로 새겼는데, 두 글자는 뜻이 같다.

物不可以終離, 故受之以節.

'물불가이종리物不可以終離'는 사물은 끝까지 떨어질 수 없다는 것이다. 「서괘」는 '부종리不終離'를 가지고 괘명 '절節'을 해석하였다. '절節'에 대해, 「단」은 절도, 「상」은 절제로 읽었다. 한강백과 정이는 절제, 절도의 뜻으로 읽었고, 유염과 고형은 제도의 뜻으로 읽었다. 두 가지 다 통한다. 고형은 "한 집안 사람이 마음이 떨어지고 덕이 떨어지면(一家之人離心離德), 그 집은 반드시 깨어진다(其家必破). 한 나라 사람이 마음이 떨어지고 덕이 떨어지면(一國之人離心離德), 그 나라는 반드시 망한다(其國必亡). 제도가 있어 이를 유지하면(有制度以維制之), 서로 떨어지지 않으니(則不相離), 그러므로 환괘 뒤에 절괘로 이어진다(故渙卦之後繼以節卦)"라고 설명하였다. "사물은 끝까지 떨어질 수 없으니, 그러므로 절괘로 받는다"라는 말이다. '절節'은 60번 괘이다.

節而信之, 故受之以中孚.

'절이신지節而信之'는 절도 혹은 제도가 있으면 믿는다는 것이다. 「서괘」는 '신信'을 가지고 괘명 '중부中孚'를 해석하였다. '중中'은 '충忠'으로 읽으며, 참되다는 뜻의 성誠이다. '부孚'는 믿음이라는 뜻의 신信이다. '중부中孚'는 '충신忠信'이며, 곧 믿음이다. 「단」은 믿음(信), 「상」은 마음속(中)이 진실한 것(孚)으로 뜻을 새겼다. 한강백은 "'부'는 믿는다는 것이다. 이미 절도가 있으면 마땅히 믿어서 지켜야 한다(孚, 信也. 既已有節, 則宜信以守之)"라고 하였다. "절도(혹은 제도)가 있으면 믿으니, 그러므로 중부괘로 받는다"라는 말이다. '중부中孚'는 61번 괘이다.

有其信者必行之, 故受之以小過.

'기其'는 어조사이며, '지之'는 형식 목적어이다. '유기신자필행지有其信者必行之'는 믿음이 있는 사람은 반드시 행한다는 것이다. 「서괘」는 '필행지必行之'를 가지고 괘명 '소과小過'를 해석하였다. '소과小過'는 작은 과실이라는 뜻이다. 행하면 조금 잘못이 있기 마련이라는 것이다. 「단」은 소과괘(䷽)의 괘체를 가지고 작은 것이 잘못되었다(小者過也)는 뜻으로 새겼다. 소과괘는 위아래 두 개씩 모두 네 음이 있고, 가운데 두 양이 있으니, 작은 것(음)이 잘못되었다는 것이다. 「상」은 조금 지나치다(小有過越)는 뜻으로 새겼다. 한강백은 "믿음을 지키는 사람이 바름을 잃어 믿음을 받지 아니한다면, 믿음이 과실이 되는 것이다(守其信者, 則失貞而不諒之道, 而以信爲過)"라고 하였다. 고형은 "사물은 때에 따라 변하고(事物因時而變), 사람은 믿음을 가지고 있으면 반드시 자신의 말을 행하니(人有其信而必行其言), 말과 행동은 때의 마땅함에 부합하지 않을 수 있어(則言行可能不合時宜), 작은 과실을 조성할 수 있으니(造成小過失), 그러므로 중부괘 뒤에 소과괘로 이어진다(故中孚卦之後繼以小過卦)"라고 설명하였다. "믿음이 있는 사람은 반드시 행하니, 그러므로 소과괘로 받는다"라는 말이다. '소과小過'는 62번 괘이다.

有過物者必濟, 故受之以旣濟.

고형은 "'물物'은 사事와 같다(物猶事也)"라고 하였다. '유과물자有過物者'는 그릇된 일이 있는 사람이라는 뜻이다. '제濟'는 이룬다는 뜻의 성成이다. 「서괘」는 '제濟'를 가지고 괘명 '기제旣濟'를 해석하였다. '기제旣濟'는 이미 이루어졌다는 뜻이다. 「단」과 「상」도 같다. 한강백은 "행동은 공손함이 지나치고, 예의는 검소함이 지나치니, 세상을 바로잡고 풍속을 고무할 수 있어 이루는 바가 있다(行過乎恭, 禮過乎儉, 可以矯世勵俗, 有所濟也)"라고 하였다. 고형은 "사람이 행하는 일에 작은 과실이 있으면(人行事有小過) 가르침과 훈계를 받아(取得敎訓) 과실을 고쳐 스스로 새롭게 되어(改過自新), 지난날의 과오를 뒷날의 경계로 삼으면(懲前毖後) 일은 반드시 이루는 것이 있으니(則事必有成), 그러므로 소과괘 뒤에 기제괘로 이어진다(故小過卦之後繼以旣濟卦)"라고 설명하였다. "그릇된 일이 있는 사람은 반드시 이루니, 그러므로 기제괘로 받는다"라는 말이다. 즉 실패는 성공의 어머니라는 것이다. '기제旣濟'는 63번 괘이다.

物不可窮也, 故受之以未濟. 終焉.

'궁窮'은 다하다는 뜻의 진盡이다. '불가궁不可窮'은 다할 수 없다는 뜻이다. 「서괘」는 '불가궁不可窮'을 가지고 괘명 '미제未濟'를 해석하였다. '미제未濟'는 이루어지지 않았다는 뜻이다. 「단」과 「상」도 같다. "사물은 다할 수 없으니, 그러므로 미제괘로 받아서 끝난다"라는 말이다. 자연계와 인간계의 생멸 변화는 영원히 끝나지 않는다는 것이다. '미제未濟'는 64번 괘이다.

여기까지가 하경이며, 34괘의 배열 순서를 설명하였다.

「서괘」가 취한 괘명의 뜻을 정리함

1. 건乾 …… 하늘(天).
2. 곤坤 …… 땅(地).
3. 준屯 …… 가득 차 있는 것(盈). 사물이 처음 생겨나는 것(物之始生也).
4. 몽蒙 …… 어리다(穉).

5. 수需 ······ 음식의 도(飮食之道).

6. 송訟 ······ 송사(訟).

7. 사師 ······ 무리(衆).

8. 비比 ······ 친근하다(比).

9. 소축小畜 ······ 축적하다(畜).

10. 이履 ······ 예(禮).

11. 태泰 ······ 형통하다(通).

12. 비否 ······ 막히다(不通).

13. 동인同人 ······ 사람과 함께 하는 것(與人同).

14. 대유大有 ······ 가진 것이 큰 것(有大者).

15. 겸謙 ······ 겸허(謙).

16. 예豫 ······ 즐겁다(豫).

17. 수隨 ······ 따르다(隨).

18. 고蠱 ······ 일(事).

19. 임臨 ······ 크다(大).

20. 관觀 ······ 보다(觀).

21. 서합噬嗑 ······ 음식물을 씹는 것. 합하다(噬者, 合也).

22. 비賁 ······ 꾸미다(飾).

23. 박剝 ······ 다하다(盡).

24. 복復 ······ 돌아오다(反).

25. 무망无妄 ······ 도리에 어긋남이 없다(不妄).

26. 대축大畜 ······ 축적하다(畜).

27. 이頤 ······ 기르다(養).

28. 대과大過 ······ 그릇되다(過).

29. 감坎 ······ 빠지다(陷).

30. 리離 ······ 붙다(麗).

31. 함咸 ······ 부부의 도(夫婦之道).

32. 항恒 ······ 항구하다(久).

33. 둔遯 ······ 물러나다(退).

34. 대장大壯 ······ 건장하다(壯).

35. 진晉 ······ 나아가다(進).

36. 명이明夷······ 밝음이 상한 것(夷者, 傷也).

37. 가인家人······ 집안사람(家).

38. 규睽······ 어긋나다(乖).

39. 건蹇······ 어렵다(難).

40. 해解······ 풀다(緩).

41. 손損······ 잃다(失).

42. 익益······ 더하다(益).

43. 쾌夬······ 터지다(決).

44. 구姤······ 만나다(遇).

45. 췌萃······ 모이다(聚).

46. 승升······ 위로 오르다(上).

47. 곤困······ 곤란하다(窮).

48. 정井······ 우물(井).

49. 혁革······ 바꾸다(革).

50. 정鼎······ 솥(鼎).

51. 진震······ 맏아들(長子). 움직이다(動).

52. 간艮······ 멈추다(止).

53. 점漸······ 나아가다(進).

54. 귀매歸妹······ 돌아가다(歸).

55. 풍豐······ 크다(大).

56. 여旅······ 나그네(旅).

57. 손巽······ 들어가다(入).

58. 태兌······ 기뻐하다(悅).

59. 환渙······ 떨어지다(離).

60. 절節······ 절도(節).

61. 중부中孚······ 믿음(信).

62. 소과小過······ 그릇되다(過).

63. 기제旣濟······ 이루다(濟).

64. 미제未濟······ 다할 수 없다(不可窮).

잡괘
雜 卦

1. '잡괘'의 뜻

「잡괘」는 육십사괘를 32개의 짝으로 나누고, 앞뒤 혹은 뒤 앞에 있는 두 괘를 한 조로 하여, 순서를 뒤섞어, 한두 글자를 가지고 훈고訓詁 방식으로 괘명의 뜻을 간단하게 설명한 것이다.

한강백은 다음과 같이 말하였다.

> 「잡괘」는 여러 괘를 뒤섞고 그 뜻을 뒤섞어,
> 혹은 같은 것으로 서로 부류를 하고,
> 혹은 다른 것으로 서로 밝힌 것이다.
> 「雜卦」者, 雜糅衆卦, 錯綜其義, 或以同相類, 或以異相明也.
> (『십삼경주소』 왕필 본 「잡괘」 한강백 주)

「잡괘」는 육십사괘를 뒤섞고 그 괘명의 뜻을 뒤섞어, 혹은 괘명의 뜻이 비슷한 것이 한 조가 되기도 하고, 혹은 괘명의 뜻이 다른 것이 한 조가 되기도 하여, 괘명의 뜻을 밝힌 것이라는 말이다.

공영달은 다음과 같이 말하였다.

> 우번은 말하였다. 「잡괘」는 육십사괘를 뒤섞은 것이라는 뜻이며,
> 「서괘」처럼 괘를 순서대로 말하지 아니하고 뒤섞어 별도로 말한 것이다.
> 이것은 성인이 일어남에 때에 따라 지은 것이고, 때의 알맞음에 따른 것이니,
> 반드시 모두 서로 인과 관계로 이어지도록 한 것이 아니며,

당연히 손익과 같은 반대 개념의 뜻으로 이어진 것도 있다.

虞氏云,「雜卦」者, 雜六十四卦以爲義, 其於「序卦」之外別言也.

此者, 聖人之興, 因時而作, 隨其時宜, 不必皆相因襲, 當有損益之義也.

(『십삼경주소』 왕필 본 「잡괘」 공영달 소)

「잡괘」는 육십사괘의 순서를 차례로 해석한 「서괘」와 달리 육십사괘를 뒤섞어 해석한 것이며, 때로는 인과 관계로, 때로는 반대 개념으로 해석하였다는 말이다.

고형은 다음과 같이 말하였다.

「잡괘」는 『역경』 육십사괘의 의의를 분별하여 논술한 것이다. 각 괘의 순서를 따라 기술하지 아니하고 그 괘를 뒤섞어 설명하였으니, 그래서 편명이 「잡괘」이다. 말한 것이 매우 간단하니, 각 괘는 겨우 한두 글자, 많아야 한두 구절을 사용하여(한 괘만 3구절을 사용하였다) 그 괘의 특점과 요지를 들추어내었다. 「잡괘」가 말한 것에 『경』의 뜻과 부합하는 것이 있으니, "건은 강건하고, 곤은 유순하다", "겸은 가볍게 여기는 것이고, 예는 태만해지는 것이다"는 것이 그 예이다. 『경』의 뜻과 부합하지 않는 것도 있는데, "비는 즐거운 것이고, 사는 근심하는 것이다"가 그것이다. 비괘 셋째 음효에 "보필하는 왕이 현명하지 않다"(『석문』에는 왕숙 본을 인용하여 '人'자 아래에 '凶'자가 있다고 하였다), 꼭대기 음효에 "왕을 보필하다가 머리가 없으니, 흉하다"라고 하였는데, 이것은 비에 근심이 있는 것이다. 사괘 둘째 양효에 "군대에 있으면 길하여 허물이 없으니, 왕이 세 번 명령을 내린다", 꼭대기 음효에 "대군의 명이 있어 나라를 받고 고을을 받는다"라고 하였는데, 이것은 사에 즐거움이 있는 것이다. 이것이 그 예이다. 「잡괘」가 말한 것에 「단」「상」「서괘」와 서로 같은 것이 있으니, "항은 항구하다는 것이다", "건은 어렵다는 것이다"가 그 예이다. 「단」「상」「서괘」와 서로 같지 않은 것도 있는데, '비는 즐거운 것이고, 사는 근심하는 것이다'와 같은 것은 3전에는 모두 없다. 또 "리는 위에, 감은 아래에 있다"와 같은 것도 3전에 또한 없다. 이것이 그 예이다. 또 「잡괘」는 지은 사람이 사물의 모순 대립에 대한 간단하고도 조잡한 인식을 갖고 있는 것을 반영하였다. 예를 들어, "손과 익은 융성과 쇠퇴의 시작이다", "비와 태는 그 사류가 반대되는 것이다", "혁은 옛 것을 없애는 것이고, 정은 새 것을 취하는 것이다"와 같이, 이 또한 지극히 옛날의 소박한 변증법의 인소이다. 전편 모두 운을 사용하였다.

「雜卦」一篇分別論述 『易經』六十四卦之意義. 其論述不盡依各卦之順序, 錯綜交雜

其卦而說之, 故題曰「雜卦」. 所言甚簡, 每卦僅用一兩字多至一兩句(只有一卦用三句) 揭出其卦之特點或要旨. 其說有合于『經』意者, 如云'乾剛坤柔.''謙輕而豫怠也.'是其例. 有不合于經意者, 如云'比樂師憂.'而比六三曰··'比之匪人.'(『釋文』引王肅本人下有凶字) 上六曰··'比之无首凶.'是比亦有憂也. 師九二曰··'在師中吉无咎, 王三錫命.'上六曰··'大君有命, 開國承家.'是師亦有樂也. 是其禮. 又其說有與「彖傳」「象傳」「序卦」相同者, 如云'恒, 久也.''蹇, 難也.'是其例. 有與「彖傳」「象傳」「序卦」不同者, 如'比樂師憂'之說, 彼三傳皆无之. 又如'離上而坎下也.'彼三傳亦无之. 是其例. 又此篇反映作者對于事物之矛盾對立具有簡單而粗淺之認識. 如云'損益, 盛衰之始也.''否泰, 反其類也.''革, 去故也. 鼎, 取新也.'是亦極古朴之辨證法因素也. 全篇皆用韻語. (『周易大傳今注』653~654쪽)

고형의 설명을 요약하면 다음과 같다.

① 「잡괘」는 괘를 뒤섞어 한두 글자, 한두 구절을 사용하여 그 괘의 특점과 요지를 드러내었다.

② 「잡괘」가 말한 것은 『경』의 뜻과 부합하는 것도 있고 부합하지 않는 것도 있다.

③ 또 「단」「상」「서괘」와 서로 같은 것도 있고 같지 않은 것도 있다.

④ 또 「잡괘」에는 옛날의 소박한 변증법의 요소도 있다.

⑤ 전편 모두 운을 사용하였다는 것이다.

진고응은 다음과 같이 말하였다.

'잡'자에는 뒤섞다, 집약하다는 뜻이 있으니, 「잡괘」는 곧 여러 괘를 뒤섞어 그 뜻을 총괄하여 말한 것이다. 「계사」는 '잡'자를 익히 사용하였으니, 이것은 아마 「계사」의 '잡물찬덕雜物撰德', '잡이불월雜而不越'에서 나왔을 것이다.

각 괘는 모두 괘효의 '복이 아니면 변'이라는 원칙에 따라 두 괘씩 배열하여(대과 이하의 여덟 괘는 제외) 금본 『역경』의 원래의 괘서를 뒤섞어 흩었으며, 모순 대립의 각도에서 괘의 뜻을 설명하였다. 문자는 간략하고, 문장 전체가 운을 맞추어 기억하기가 쉽다.

금본 『역경』은 괘효의 '복이 아니면 변'을 원칙으로 하여 두 괘씩 짝이 되는 32조의 괘로 나누었으니, 이러한 점에서 「잡괘」와 금본 『역경』은 꼭 같다. 금본 『역경』의 상경 머리 괘는 '건'·'곤'이고, 하경 머리 괘는 '함'·'항'(제31, 32)이며, 「잡괘」 또한 '함'이 31번, '항'이 32번 괘이니, 또한 금본 『역경』과 서로 맞다. 따라서 「잡괘」는 당연히 금본『역경』계통에 속한다.

끝부분 여덟 괘에 대해 주희는 "괘는 서로 짝이 되지 않으니, 혹 착간이 있는 것이 아닌지 의심이 간다. 지금 운은 맞으니 또 틀림이 없는 것 같은데, 무슨 뜻인지 자세히 알 수 없다"라고 하였는데(『본의』), 지금 주자의 뜻에 따라 잠시 의심을 남겨 놓겠다.

「잡괘」가 기왕 금본『역경』을 독본으로 하였다면, 무엇 때문에 원래 있는 괘서를 뒤섞어 흩었는가? 대개 「잡괘」는 「서괘」 뒤에 지었으니, 지은 사람은 「서괘」가 견강부회한 잘못이 있음을 알고, 고의적으로 원래의 괘의 순서를 흩뜨려, 육십사괘 각 조의 두 괘 사이에는 내재적 관련이 있으나, 조와 조 사이에는 본래 필연적인 관계가 없으니, 『역』을 공부하는 사람은 「서괘」에 구속되어 자신을 가둘 필요가 없다는 것을 보인 것이다. 그다음, 엄격하게 운을 맞춘 형식과 관계가 있을 것이다. 괘서가 다른 종류의『역경』을 독본으로 하였는가에 대해서는 알 수가 없다. 「잡괘」는 쾌를 結로 해석하였는데, 「계사」 하·2장에서 말한 "줄을 묶어 그물을 만들었다"는 것의 팔괘 취상이 쾌괘와 서로 같으나, 「잡괘」와 「계사」 사이에 어느 정도 관련이 있는지는 알지 못한다.

'雜'字有錯雜, 歸總之義, 「雜卦傳」卽是錯雜衆卦而總論其義. 「繫辭」習用 '雜'字. 此蓋出於「繫辭」 '雜物撰德', '雜而不越'.

各卦皆按照卦之 '非覆卽變'的原則兩兩排列('大過'以下的後八卦除外)而錯雜打散今本『易經』原有卦序, 並從矛盾對立的角度釋說卦義. 文字簡約, 通篇協韻, 易以記憶.

今本『易經』以卦爻 '非覆卽變'爲原則分爲兩兩相對的三十二組卦, 在這一點上「雜卦傳」與之正相同; 今本『易經』上經首卦爲 '乾' '坤', 下經首卦爲 '咸' '恒'(第三十一, 三十二), 「雜卦傳」也是 '咸'三十一, '恒'三十二, 亦與今本『易經』相合. 因此, 「雜卦傳」當屬今本『易經』的系統.

末尾八卦, '卦不反對, 或疑其錯簡, 今以韻協之, 又似非誤, 未詳何義'(朱熹『本義』), 今從朱子之意而暫存疑.

「雜卦傳」旣以今本『易經』爲讀本, 爲何要錯雜打散原有卦序? 蓋「雜卦傳」作於「序卦傳」之後, 作者見其有牽强附會之病, 特有意打散原卦序, 以見六十四卦每組的兩卦之間有內在聯繫, 而組與組之間本無必然關係, 使習『易』之人不必爲「序卦」所拘而畫地爲牢. 其次, 與嚴格的協韻形式可能也有關係. 至於是否有另外一種卦序的『易經』爲其讀本, 則無從得知. 其以 '夬'卦作結, 與「繫下」二章論 '作結繩

而爲網罟'的八卦取象之終於 '夬'卦相同, 不知二者是否有一定聯繫. (『周易注譯與研究』735~736쪽)

진고응의 기록을 요약하면 다음과 같다.

① 「잡괘」는 여러 괘를 뒤섞어 그 뜻을 총괄하여 말한 것이며, 「계사」의 '잡'자에서 나왔을 것이다.

② 각 괘는 모두 '복이 아니면 변'이라는 원칙에 따라 두 괘씩 배열하고, 원래의 괘서를 뒤섞어, 모순 대립의 각도에서 괘의 뜻을 설명하였다.

③ 문자는 간략하고, 문장 전체가 운을 사용하였다.

④ 「잡괘」는 금본 『역경』 계통에 속한다.

⑤ 「잡괘」가 괘를 뒤섞은 이유에 대해, ㉠「잡괘」는 「서괘」 뒤에 나왔고, 「서괘」가 견강부회한 잘못이 있어 고의적으로 괘의 순서를 뒤섞었으니, 『역』을 공부하는 사람은 「서괘」에 구속될 필요가 없다는 것이며, ㉡또 엄격하게 운을 맞춘 형식과 관계가 있을 것이라고 하였다.

끝부분에서 진고응은 "「잡괘」는 쾌를 結로 해석하였다"고 하였는데, 「잡괘」는 '쾌夬'를 '決'로 해석하였지 '結'로 해석하지 않았다. 또 「계사」 하·2장 '作結繩而爲網罟'를 인용하였는데, 이것은 잘못 인용한 것이며, '上古結繩而治'를 인용하는 것이 맞다. 재주가 지나치면 쉽게 넘어진다.

필자는 고형과 진고응의 「잡괘」의 해설에 대한 전문을 번역하여 독자들에게 소개하였다. 아래에 「잡괘」에 대한 필자의 주장을 소개하겠다.

2. 「잡괘」가 쓰인 시대와 지은 사람

「잡괘」가 쓰인 시대와 지은 사람은 「서괘」의 그것과 내용이 대략 같다. 『사기』 「공자세가」에 다음과 같이 기록하였다.

공자는 만년에 『역』을 좋아하여 「단」, 「계사」, 「상」, 「설괘」, 「문언」을 서하였다.
孔子晚而喜易, 序彖繫象說卦文言.

사마천 당시에는 「단」, 「계사」, 「상」, 「설괘」, 「문언」이 있었고 아직 「서괘」, 「잡괘」

는 없었다. 『사기』에는 '십익'이니 '십 편'이니 하는 기록이 없다.

『한서』 「예문지」에 다음과 같이 기록하였다.

> 공자는 「단」, 「상」, 「계사」, 「문언」, 「서괘」에 속하는 십 편을 지었다.
> 孔氏爲之象象繫辭文言序卦之屬十篇.

「예문지」에는 「잡괘」를 말하지 않았지만 '序卦之屬十篇'이라고 하여 당시 이미 「잡괘」가 있었음을 기술하였다. 반고가 『한서』를 기술한 당시에 『역전』 '십 편'은 모두 있었다. 반고(32~92)는 후한 4대 화제 4년에 세상을 떠났으니, 「잡괘」는 사마천이 섬겼던 전한 7대 무제武帝(재위: B.C.141~B.C.87) 이후 후한 4대 화제和帝(재위: 88~105) 이전의 한나라 유생이 지은 것이다. 『역전』 십 편은 전한 초기에서 후한 4대 화제 이전에 모두 있게 되었다.

「잡괘」는 「서괘」와 짝으로 말한 것이다. 「서괘」는 육십사괘를 순서대로 말한 것이고, 「잡괘」는 순서를 뒤섞어 말한 것이다. 이 두 편은 동일한 사람이 지은 것인가? 필자는 그렇지 않다고 생각한다. 「서괘」는 전혀 운을 사용하지 않았지만, 「잡괘」는 정교하게 운에 맞춰 괘명을 해석하였다. 쓰인 순서는 당연히 「서괘」가 앞이고 「잡괘」가 뒤이다.

3. 왜 괘를 뒤섞어 기술하였는가?

'잡괘'는 괘를 뒤섞었다는 뜻이다. 「잡괘」는 왜 육십사괘를 뒤섞어 기술하였는가? 그 이유는 운을 맞추기 위해서이다. 즉 「잡괘」가 「잡괘」가 된 단 하나의 이유는 같은 운을 사용한 괘들을 한 단위로 엮어 정리하였기 때문이다. 몇 가지 예를 들겠다.

① 乾剛坤柔.
　比樂師憂.
　臨觀之義, 或與或求.
　건은 강건하고, 곤은 유순하다.
　비는 즐거운 것이고, 사는 근심하는 것이다.
　임과 관의 뜻은 혹 베푸는 것이고 혹 구하는 것이다.

1번 건괘와 2번 곤괘—8번 비괘와 7번 사괘—19번 임괘와 20번 관괘가 각각 한 조가 되어 문장을 구성하였다. 왜 1번과 2번 괘 다음에 8번과 7번 괘가 오고, 왜 그 다음에 19번과 20번 괘가 왔는가? 운을 맞추기 위해서 이렇게 괘를 뒤섞었다는 것이다. '乾剛坤柔'의 '유柔'와 '比樂師憂'의 '우憂'와 '或與或求'의 '구求'는 운이다. '유柔'와 '우憂'와 '구求'의 운을 맞추기 위해 괘를 이렇게 뒤섞어 기술한 것이다. 또 8번 비괘와 7번 사괘는 왜 앞뒤 괘의 순서를 바꾸었는가? 역시 운을 맞추기 위해서이다. '師憂比樂'이라고 하면 괘의 순서는 맞지만 운이 맞지 않는다. '유柔'와 '우憂'와 '구求'의 운을 맞추기 위해서 8번 비괘와 7번 사괘는 앞뒤 순서를 바꾼 것이다. 그런데 왜 1번과 2번 괘 다음에 19번과 20번 괘를 배열하고 그다음에 8번과 7번 괘를 배열하지 않았는가? 즉 1번과 2번—8번과 7번—19번과 20번 순서로 괘를 배열한 이유는 무엇인가? 안타깝게도 필자는 그 이유를 아직 알지 못한다.

② 震, 起也. 艮, 止也.
　損益, 盛衰之始也.
　大畜, 時也. 无妄, 災也.
　萃聚而升不來也.
　謙輕而豫怠也.
　진은 움직이는 것이고, 간은 멈추는 것이다.
　손과 익은 융성과 쇠퇴의 시작이다.
　대축은 때를 기다리는 것이고, 무망은 재앙을 방비하는 것이다.
　췌는 모이는 것이고, 승은 위로 올라가 내려오지 않는 것이다.
　겸은 가볍게 여기는 것이고, 예는 태만해지는 것이다.

50번 진괘와 51번 간괘—41번 손괘와 42번 익괘—26번 대축괘와 25번 무망괘—45번 췌괘와 46번 승괘—15번 겸괘와 16번 예괘가 각각 한 조가 되어 문장을 구성하였다. 이렇게 열 괘를 한 문장으로 묶어 기술한 것은 오로지 운을 맞추기 위해서이다. 문장에서 '기起', '지止', '시始', '시時', '재災', '내來', '태怠'는 운이다. 26번 대축괘와 25번 무망괘의 앞뒤 순서를 바꾼 것은 문장을 잇기 위해서이다. 즉 "군자가 덕을 크게 쌓아 때를 기다려 움직이는 것이지, 도리에 어긋나게 함부로 움직이면 재앙을 초래한다"는 의미이다. 그런데 50번과 51번 괘 다음에 26번과 25번 혹은 45번과 46번 혹은 15번과 16번 괘를 배열하지 않고 왜 41번과 42번 괘를 배열하였는가? 즉 50번과 51번—41번과 42번—26번과 25번—45번과 46번—15번과 16번 순서로 괘를 배열한 이유가 무엇인가? 안타깝게도 필자는 그 이유를 아직 알지 못한다.

③ 大有, 衆也. 同人, 親也.
革, 去故也. 鼎, 取新也.
小過, 過也. 中孚, 信也.
豊, 多故也. 親寡旅也.
대유는 많다는 것이고, 동인은 친하다는 것이다.
혁은 옛 것을 없애는 것이고, 정은 새 것을 취하는 것이다.
소과는 과실이고, 중부는 믿음이다.
풍은 친한 사람이 많은 것이고, 여는 친한 사람이 적은 것이다.

14번 대유괘와 13번 동인괘—49번 혁괘와 50번 정괘—62번 소과괘와 61번 중부괘—55번 풍괘와 56번 여괘가 각각 한 조가 되어 문장을 구성하였다. 이렇게 여덟 괘를 한 문장으로 묶어 기술한 것은 오로지 운을 맞추기 위해서이다. 문장에서 '친親', '신新', '신信', '친親'은 운이다. '親寡旅也'는 「잡괘」의 형식에 따라 '旅, 寡親也'로 고쳐 써야 바르다. 14번 대유괘와 13번 동인괘, 62번 소과괘와 61번 중부괘의 앞뒤 순서를 바꾼 것은 역시 운을 맞추기 위해서이다. 그런데 14번과 13번—49번과 50번—62번과 61번—55번과 56번 순서로 괘를 배열한 이유는 무엇인가? 안타깝게도 필자는 그 이유를 아직 알지 못한다.

「잡괘」가 육십사괘의 앞뒤 혹은 뒤 앞의 괘를 한 조로 하여 이것을 뒤섞어 기술한 것은 오로지 운을 맞추기 위해서이다. 괘명을 풀이하면서 같은 운을 사용한 괘들을 한 문장으로 엮으니 자연히 육십사괘를 뒤섞어 기술할 수밖에 없었던 것이다. 즉 운에 맞추어 괘명의 뜻을 설명하다보니 저절로 「잡괘」가 된 것이다. 운을 모르고 「잡괘」를 이해할 수 없다.

4. 「잡괘」의 서술 형식

「잡괘」는 괘명의 뜻을 설명하면서 2가지 서술 형식을 취하였다. 하나는 앞뒤 괘가 반대되는 뜻을 취한 것이고, 또 하나는 앞뒤 괘가 서로 관련이 없는 뜻을 취한 것이다. 아래에 모두 열거하겠다.

1) 반대의 뜻을 취한 것.

① 乾剛坤柔. (剛과 柔는 뜻이 반대이다.)

② 比樂師憂. (樂과 憂는 뜻이 반대이다.)

③ 臨觀之義, 或與或求. (與와 求는 뜻이 반대이다.)

④ 震, 起也. 艮, 止也. (起와 止는 뜻이 반대이다.)

⑤ 損益, 盛衰之始也. (盛과 衰는 뜻이 반대이다.)

⑥ 兌見而巽伏也. (見과 伏은 뜻이 반대이다.)

⑦ 隨, 无故也. 蠱則飭也. (无故와 飭은 뜻이 반대이다.)

⑧ 剝, 爛也. 復, 反也. (爛과 反은 뜻이 반대이다.)

⑨ 晉, 晝也. 明夷, 誅也. (晝와 誅는 뜻이 반대이다.)

⑩ 井通而困相遇也. (通과 相遇는 뜻이 반대이다.)

⑪ 解, 緩也. 蹇, 難也. (緩과 難은 뜻이 반대이다.)

⑫ 睽, 外也. 家人, 內也. (外와 內는 뜻이 반대이다.)

⑬ 否泰, 反其類也. (否와 泰는 뜻이 반대이다.)

⑭ 革, 去故也. 鼎, 取新也. (去故와 取新은 뜻이 반대이다.)

⑮ 小過, 過也. 中孚, 信也. (過와 信은 뜻이 반대이다.)

⑯ 豊, 多故也. 親寡旅也. (多故와 寡親은 뜻이 반대이다.)

⑰ 離上而坎下也. (上과 下는 뜻이 반대이다.)

2) 서로 관련이 없는 뜻을 취한 것.

① 屯, 見而不失其居. 蒙, 雜而著. (見而不失其居와 雜而著는 뜻이 관련이 없다.)

② 大畜, 時也. 无妄, 災也. (時와 災는 뜻이 관련이 없다.)

③ 萃聚而升不來也. (聚와 不來는 뜻이 관련이 없다.)

④ 謙輕而豫怠也. (輕과 怠는 뜻이 관련이 없다.)

⑤ 噬嗑, 食也. 賁, 无色也. (食과 无色은 뜻이 관련이 없다.)

⑥ 咸, 速也. 恒, 久也. (速과 久는 뜻이 관련이 없다.)

⑦ 渙, 離也. 節, 止也. (離와 止는 뜻이 관련이 없다.)

⑧ 大壯則止, 遯則退也. (止와 退는 뜻이 관련이 없다.)

⑨ 大有, 衆也. 同人, 親也. (衆과 親은 뜻이 관련이 없다.)

⑩ 小畜, 寡也. 履, 不處也. (寡와 不處는 뜻이 관련이 없다.)

⑪ 需, 不進也. 訟, 不親也. (不進과 不親은 뜻이 관련이 없다.)

이상, 「잡괘」의 서술 형식에서 1)앞뒤 괘가 반대되는 뜻을 취한 것이 17조, 2)앞 뒤 괘가 서로 관련이 없는 뜻을 취한 것이 11조이다. 「잡괘」의 끝부분 대과 이하 여 덟 괘는 서로 짝이 되지 않으므로 정리하지 않았다.

5. 괘의 배열 및 설명 방식

「잡괘」는 괘를 배열하면서, 육십사괘 중 혹은 앞 괘와 뒤 괘, 혹은 뒤 괘와 앞 괘를 한 조로 하여, 그 순서를 뒤섞어, ①종괘 ②착괘 ③종괘와 착괘를 모두 적용하여 짝 으로 배열하였다. 또 괘명을 설명하면서, ①괘의 ②괘상 ③괘의와 괘상 두 가지를 모 두 취하여 해석하였다. 그리고 끝부분의 여덟 괘는 서로 짝이 되지 않는 괘가 배열되 어 있다. 지금 순서대로 자세히 설명하겠다.

1. 괘의 순서

1) 종괘로 짝을 지은 것은 32쌍의 괘 가운데 23쌍이다. 순서대로 열거하겠다.
①비比와 사師, ②임臨과 관觀, ③준屯과 몽蒙, ④진震과 간艮, ⑤손損과 익益, ⑥대 축大畜과 무망无妄, ⑦췌萃와 승升, ⑧겸謙과 예豫, ⑨서합噬嗑과 비賁, ⑩태兌와 손巽, ⑪박剝과 복復, ⑫진晉과 명이明夷, ⑬정井과 곤困, ⑭함咸과 항恒, ⑮환渙과 절節, ⑯ 해解와 건蹇, ⑰규睽와 가인家人, ⑱대장大壯과 둔遯, ⑲대유大有와 동인同人, ⑳혁革과 정鼎, ㉑풍豐과 여旅, ㉒소축小畜과 이履, ㉓수需와 송訟.

이상 23쌍의 괘는 종괘로 짝을 지어 배열한 것이다. 이 외에 끝부분의 구姤, 쾌夬는 짝으로 하지 않고 각각 말하였다.

2) 착괘로 짝을 지은 것은 3쌍이다.
①건乾과 곤坤, ②소과小過와 중부中孚, ③리離와 감坎.

3쌍의 괘 외에 끝부분의 이頤, 대과大過는 짝으로 하지 않고 각각 말하였다.

3) 종괘와 착괘 모두 적용되는 것은 2쌍이다.
①수隨와 고蠱, ②비否와 태泰.

2쌍의 괘 외에 끝부분의 점漸, 귀매歸妹, 기제旣濟, 미제未濟는 짝으로 하지 않고 각각 말하였다.

이상, 인용한 괘의 괘 그림은 「서괘」 앞부분에 모두 그려져 있으므로 여기에서는 생략하였다.

『소씨역전蘇氏易傳』에 위와 같은 괘의 배열을 잘 정리해 두었다.

괘를 섞은 것을 보면, 육십사괘는 (「서괘」처럼) 모두 두 괘가 서로 이어지지 아니하고, 복(종괘)이 아니면 변(착괘)으로 이어져 있다. 변(착괘)으로 이어지는 것은 여덟이니, 건과 곤, 이와 대과, 감과 리, 중부와 소과이다. 복(종괘)과 변(착괘)으로 이어지는 것은 여덟이니, 태와 비, 수와 고, 점과 귀매, 기제와 미제이다. 그 나머지 48괘는 모두 복(종괘)으로 이어져 있다. 괘는 본래 복(종괘)으로 서로 이어지는 것인데, 부득이하여 변(착괘)으로 이은 것이다. 왜 부득이 하다고 하는가? 변(착괘)으로 이어지는 8괘는 모두 복(종괘)으로 할 수 없기 때문이다.
以雜卦觀之, 六十四卦, 皆兩不相從, 非覆則變也. 變者八, 乾坤也, 頤大過也, 坎離也, 中孚小過也. 覆變者八, 泰否也, 隨蠱也, 漸歸妹也, 旣濟未濟也. 其餘四十八皆覆也. 卦本以覆相從, 不得已而從變也. 何爲其不得已? 變者八, 皆不可覆者也.

'착괘'와 '종괘'는 명의 래지덕의 용어이다. 소동파 당시에는 아직 이 용어를 사용하지 않았으므로 전통적인 용어인 '복'과 '변'이라는 용어를 사용한 것이다. 필자는 『소씨역전』에서 인용하여 필자의 견해를 다시 정리하였다.

2. 앞뒤 괘의 배열

「잡괘」는 두 괘를 한 조로 하여 괘명을 들면서 1)앞 괘를 먼저 들고 이어 뒤 괘를 들은 것, 2)뒤 괘를 먼저 들고 이어 앞 괘를 들은 것, 두 가지 방식을 사용하였다. 지금 차례로 정리하겠다.

1) 앞 괘를 먼저 들고 이어 뒤 괘를 들은 것.
　　① 乾剛坤柔. (건은 1번, 곤은 2번 괘이다.)
　　② 臨觀之義, 或與或求. (임은 19번, 관은 20번 괘이다.)
　　③ 屯, 見而不失其居. 蒙, 雜而著. (준은 3번, 몽은 4번 괘이다.)
　　④ 震, 起也. 艮, 止也. (진은 51번, 간은 52번 괘이다.)
　　⑤ 損益, 盛衰之始也. (손은 41번, 익은 42번 괘이다.)
　　⑥ 萃聚而升不來也. (췌는 45번, 승은 46번 괘이다.)
　　⑦ 謙輕而豫怠也. (겸은 15번, 예는 16번 괘이다.)
　　⑧ 噬嗑, 食也. 賁, 无色也. (서합은 21번, 비는 22번 괘이다.)
　　⑨ 隨, 无故也. 蠱則飭也. (수는 17번, 고는 18번 괘이다.)
　　⑩ 剝, 爛也. 復, 反也. (박은 23번, 복은 24번 괘이다.)
　　⑪ 晉, 晝也. 明夷, 誅也. (진은 35번, 명이는 36번 괘이다.)
　　⑫ 咸, 速也. 恒, 久也. (함은 31번, 항은 32번 괘이다.)
　　⑬ 渙, 離也. 節, 止也. (환은 59번, 절은 60번 괘이다.)
　　⑭ 革, 去故也. 鼎, 取新也. (혁은 49번, 정은 50번 괘이다.)
　　⑮ 豊, 多故也. 親寡旅也. (풍은 55번, 여는 56번 괘이다.)
　　⑯ 小畜, 寡也. 履, 不處也. (소축은 9번, 이는 10번 괘이다.)
　　⑰ 需, 不進也. 訟, 不親也. (수는 5번, 송은 6번 괘이다.)

2) 뒤 괘를 먼저 들고 이어 앞 괘를 들은 것.
　　① 比樂師憂. (비는 8번, 사는 7번 괘이다.)
　　② 大畜, 時也. 无妄, 災也. (대축은 26번, 무망은 25번 괘이다.)
　　③ 兌見而巽伏也. (태는 58번, 손은 57번 괘이다.)
　　④ 井通而困相遇也. (정은 48번, 곤은 47번 괘이다.)
　　⑤ 解, 緩也. 蹇, 難也. (해는 40번, 건은 39번 괘이다.)

⑥ 睽, 外也. 家人, 內也. (규는 38번, 가인은 37번 괘이다.)

⑦ 否泰, 反其類也. (비는 12번, 태는 11번 괘이다.)

⑧ 大壯則止, 遯則退也. (대장은 34번, 둔은 33번 괘이다.)

⑨ 大有, 衆也. 同人, 親也. (대유는 14번, 동인은 13번 괘이다.)

⑩ 小過, 過也. 中孚, 信也. (소과는 62번, 중부는 61번 괘이다.)

⑪ 離上而坎下也. (리는 30번, 감은 29번 괘이다.)

1)앞 괘를 먼저 들고 이어 뒤 괘를 들은 것이 17조, 2)뒤 괘를 먼저 들고 이어 앞 괘를 들은 것이 11조가 된다. 「잡괘」의 끝부분 대과 이하 여덟 괘는 서로 짝이 되지 않으므로 정리하지 않았다.

뒤 괘를 먼저 들고 이어 앞 괘를 들은 이유는, 1)운을 맞추기 위해서, 2)여러 이유 가 있어서이다. 차례로 설명하겠다.

1) 운을 맞추기 위한 것.

① 比樂師憂.

比는 8번, 師는 7번 괘이다.

앞 구절: 乾剛坤柔.

본 구절: 比樂師憂.

뒤 구절: 臨觀之義, 或與或求.

'유柔', '우憂', '구求'는 운이다.

② 兌見而巽伏也.

兌는 58번, 巽은 57번 괘이다.

앞 구절: 噬嗑, 食也. 賁, 无色也.

본 구절: 兌見而巽伏也.

뒤 구절: 隨, 无故也. 蠱則飭也.

'식食', '색色', '복伏', '칙飭'은 운이다.

③ 井通而困相遇也.

井은 48번, 困은 47번 괘이다.

앞 구절: 晉, 晝也. 明夷, 誅也.

본 구절: 井通而困相遇也.

'주晝', '주誅', '우遇'는 운이다.

④ 大有, 衆也. 同人, 親也.

　　大有는 14번, 同人은 13번 괘이다.

　　본 구절: 大有, 衆也. 同人, 親也.

　　뒤 구절: 革, 去故也. 鼎, 取新也.

'친親', '신新'은 운이다.

⑤ 小過, 過也. 中孚, 信也.

　　小過는 62번, 中孚는 61번 괘이다.

　　앞 구절: 大有, 衆也. 同人, 親也.

　　앞 구절: 革, 去故也. 鼎, 取新也.

　　본 구절: 小過, 過也. 中孚, 信也.

'친親', '신新', '신信'은 운이다.

⑥ 離上而坎下也.

　　리는 30번, 감은 29번 괘이다.

　　본 구절: 離上而坎下也.

　　뒤 구절: 小畜, 寡也. 履, 不處也.

'하下', '처處'는 운이다.

(고염무『역음』: 下, 音戶; 寡, 古音古; 處, 八語. 以上去通爲一韻.)

2) 여러 이유가 있는 것.

① 大畜, 時也. 无妄, 災也.

大畜은 26번, 无妄은 25번 괘이다.

문장을 잇기 위해 앞뒤 괘의 순서를 바꾸었다.

"군자가 덕을 크게 쌓아 때를 기다려 움직이는 것이지,

도리에 어긋나게 함부로 움직이면 재앙을 초래한다"는 것이다.

② 解, 緩也. 蹇, 難也.

解는 40번, 蹇은 39번 괘이다.

「서괘」에 반대로 하여 앞뒤 괘의 순서를 바꾸었다.

「서괘」: 蹇者, 難也. 物不可以終難, 故受之以解. 解者, 緩也.

蹇은 어렵다는 것이다. 사물은 끝까지 어려울 수 없으니,

그러므로 해괘로 받는다. 해는 푼다는 것이다.

「서괘」는 "어려우면 풀린다"는 것을 말하였고,

「잡괘」는 앞뒤 괘의 순서를 바꾸어 "풀리면 또 어렵다"는 의미로 말하였다.

③ 睽, 外也. 家人, 內也.

睽는 38번, 家人은 37번 괘이다.

언어의 습관에 따라 앞뒤 괘의 순서를 바꾸었다.

『역전』은 습관적으로 '外'를 먼저 말하고 이어 '內'를 말하였다.

「계사」하·8장에 예가 있다.

外內使知懼

안팎으로 경계해야 할 바를 알게 한다.

④ 否泰, 反其類也.

否는 12번, 泰는 11번 괘이다.

「서괘」에 반대로 하여 앞뒤 괘의 순서를 바꾸었다.

「서괘」: 泰者, 通也. 物不可以終通, 故受之以否.

태는 형통하다는 것이다.

사물은 끝까지 형통할 수 없으니, 그러므로 비괘로 받는다.

「서괘」는 "통하면 막힌다"는 것을 말하였고,
「잡괘」는 앞뒤 괘의 순서를 바꾸어 "막히면 또 통한다"는 의미로 말하였다.

　⑤ 大壯則止, 遯則退也.
　　大壯은 34번, 遯은 33번 괘이다.
　　문장을 잇기 위해 앞뒤 괘의 순서를 바꾸었다.
　　"건장함이 극에 이르면 멈추게 되고, 멈춘 다음에는 물러나게 된다"는 것이다.

　뒤 괘를 먼저 들고 이어 앞 괘를 들은 11조 가운데, 1)운을 맞추기 위한 것이 모두 6조, 2)여러 이유가 있는 것이 5조이다. 이 가운데 ①문장을 잇기 위해 앞뒤 괘의 순서를 바꾼 것이 2조, ②「서괘」에 반대로 하여 앞뒤 괘의 순서를 바꾼 것이 2조, ③언어의 습관에 따라 앞뒤 괘를 바꾼 것이 한 조이다. 이 5조는 필자 나름대로 설명을 하였는데 후학들은 혹 다른 이유가 있는지 더욱 깊이 살펴야 한다.

3. 괘명의 설명

　1) 괘의로 해석한 것은 32쌍의 괘 가운데 모두 18쌍이다. 순서대로 열거하겠다.
　①비比와 사師, ②임臨과 관觀, ③준屯과 몽蒙, ④손損과 익益, ⑤대축大畜과 무망无妄, ⑥췌萃와 승升, ⑦겸謙과 예豫, ⑧서합噬嗑과 비賁, ⑨수隨와 고蠱, ⑩정井과 곤困, ⑪함咸과 항恒, ⑫환渙과 절節, ⑬대유大有와 동인同人, ⑭혁革과 정鼎, ⑮소과小過와 중부中孚, ⑯풍豊과 여旅, ⑰리離와 감坎, ⑱소축小畜과 이履.

　이상 18쌍의 괘는 괘의로 괘명을 해석하였다. 이 외에 끝부분의 점漸, 이頤, 귀매歸妹 3괘는 짝으로 말하지 않고 각각 해석하였다.

　2) 괘상으로 해석한 것은 2쌍이다.
　①박剝과 복復, ②진晉과 명이明夷.

　이 2쌍의 괘 외에 끝부분의 대과大過, 구姤, 쾌夬 3괘는 짝으로 말하지 않고 각각 해석하였다.

3) 괘의와 괘상 두 가지로 해석한 것은 8쌍이다.

①건乾과 곤坤, ②진震과 간艮, ③태兌와 손巽, ④해解와 건蹇, ⑤규睽와 가인家人, ⑥비否와 태泰, ⑦대장大壯과 둔遯, ⑧수需와 송訟.

이 8쌍의 괘 외에 끝부분의 기제旣濟, 미제未濟는 짝으로 말하지 않고 각각 해석하였다.

필자는 본인의 해석에 의거하여 이와 같은 분석하였다. 후학들은 「잡괘」를 해석하면서, 괘의 혹은 괘상 혹은 이 두 가지를 적용시켜 나름대로 얼마든지 해석할 수 있다.

4. 서로 짝이 되지 않는 괘

「잡괘」 끝부분의 여덟 괘는 그 배열이 짝이 되지 않으며, 어지럽게 되어 있다.

28번 대과大過(兌上巽下)와 44번 구姤(乾上巽下)
53번 점漸(巽上艮下)과 27번 이頤(艮上震下)
63번 기제旣濟(坎上離下)와 54번 귀매歸妹(震上兌下)
64번 미제未濟(離上坎下)와 43번 쾌夬(兌上乾下)

이 여덟 괘는 짝이 되어 서로 맞지 않게 배열되어 있는 것이다. 이에 대해 주희는 "대과괘 이하부터 괘는 서로 짝이 되지 않으니, 혹 착간이 있는 것이 아닌지 의심이 간다. 지금 운은 맞으니 또 틀림이 없는 것 같은데, 무슨 뜻인지 자세히 알 수 없다(自大過以下, 卦不反對, 或疑其錯簡. 今以韻協之, 又似非誤, 未詳何義)"라고 하였다.

고형은 다음과 같이 주장하였다.

'대과전야大過顚也' 이하의 구절은 그 순서가 뒤섞여 혼란스럽다.
『주역』을 지은 사람은 육십사괘를 32개의 짝으로 나누었다.
'이頤'와 '대과大過'는 한 짝이다.

'점漸'과 '귀매歸妹'는 한 짝이다.

'쾌夬'와 '구姤'는 한 짝이다.

'기제旣濟'와 '미제未濟'는 한 짝이다.

「잡괘」는 비록 육십사괘의 순서를 따르지 않았지만

각각 한 짝의 괘를 서로 이어 해설을 하였으니,

이것은 당연히 전편의 통례이다.

앞의 56괘가 모두 그러하나,

오직 이 여덟 괘만은 그렇지 않으니 뒤섞여 있는 것이 분명한 것이다.

송의 채연蔡淵이 개정을 가하자,

원의 오징吳澄, 명의 하해何楷 등 모두 이를 따랐다.

지금 아래에 개정된 것을 기록하겠다.

大過, 顚也(전顚과 앞의 친親은 운이다). 頤, 養正也.

旣濟, 定也(정正과 정定은 운이다). 未濟, 男之窮也.

歸妹, 女之終也(궁窮과 종終은 운이다). 漸, 女歸待男行也.

姤, 遇也, 柔遇剛也(행行과 강剛은 운이다).

夬, 決也, 剛決柔也, 君子道長, 小人道憂也(유柔와 우憂는 운이다).

이렇게 개정하면 서로 짝이 되는 괘가 이어져서 위의 해설한 예과 일치하며,

또 그 운을 잃지 않는다.

自‘大過顚也’以下諸句, 語序錯亂.

周易作者乃將六十四卦分爲三十二偶.

頤與大過爲一偶.

漸與歸妹爲一偶.

夬與姤爲一偶.

旣濟與未濟爲一偶.

雜卦雖不依六十四卦之順序,

但每一偶卦相連作解, 則當爲全篇之通例.

前五十六卦皆然,

獨此八卦不然, 其有錯亂, 明矣.

宋人蔡淵加以改定, 元吳澄, 明何楷皆從之.

今錄于下‥

"大過, 顚也. (顚與上文親協韻) 頤, 養正也.

旣濟, 定也. (正定協韻) 未濟, 男之窮也.

歸妹, 女之終也. (窮終協韻) 漸, 女歸待男行也.

姤, 遇也, 柔遇剛也. (行剛協韻)

夬, 決也, 剛決柔也, 君子道長, 小人道憂也. (柔憂協韻)"

如此改定, 旣合偶卦相連作解之例, 又不失其韻, 蓋是也.

(『주역대전금주』662~663쪽)

「잡괘」 끝부분의 서로 짝이 되지 않는 여덟 괘는 고형이 정리한 대로 따라 읽는 것이 바르다.

6. 「잡괘」의 운

「잡괘」는 괘명의 뜻을 설명하면서 운을 사용하였다. 「잡괘」 앞부분만 순서대로 예를 들겠다.

乾剛坤柔.

比樂師憂.

臨觀之義, 或與或求.

'유柔', '우憂', '구求'는 운이다.

고염무『역음』: '柔', 十八尤; '憂', 十八尤; '求', 十八尤.

屯, 見而不失其居.

蒙, 雜而著.

'거居', '저著'는 운이다.

고염무『역음』: '居', 九魚; '著', 九御. 以平去通爲一韻.

震, 起也.

艮, 止也.

損益, 盛衰之始也.

大畜, 時也.

无妄, 災也.

萃, 聚而升不來也.

謙輕而豫怠也.

'震, 動也'로 하는 것이 맞는데 운을 맞추기 위해 의도적으로 '震, 起也'로 바꿔 썼다.

'기起', '지止', '시始', '시時', '재災', '래來', '태怠'는 운이다.

고염무『역음』: '起', 六止; '止', 六止; '始', 六止; '時', 七之; '災', 十六咍;

'來', 十六咍; '怠', 十五海. 以平上通爲一韻.

噬嗑, 食也.

賁, 无色也.

兌見而巽伏也.

隨, 无故也. 蠱則飭也.

'隨, 无故也. 蠱, 有事也'가 되어야 서로 짝이 맞는데,

운을 맞추기 위해 의도적으로 '飭'자로 바꿔 썼다.

'식食', '색色', '복伏', '칙飭'은 운이다.

고염무『역음』: '食', 二十四職; '色', 二十四職; '伏', 古音蒲北反. '飭', 二十四職.

剝, 爛也. 박은 떨어지는 것이고,

復, 反也. 복은 돌아오는 것이다.

'剝, 落也'로 하는 것이 맞는데 운을 맞추기 위해 의도적으로 '剝, 爛也'로 바꿔 썼다.

'난爛', '반反'은 운이다.

고염무『역음』: '爛', 二十八翰; '反', 二十阮. 以上去通爲一韻.

晉, 晝也. 진은 낮이고,

明夷, 誅也. 명이는 밤이다.

井通而困相遇也. 정은 통하는 것이고, 곤은 서로 막아 통하지 않는 것이다.

'明夷, 夜也'로 하는 것이 맞는데 운을 맞추기 위해 의도적으로 '明夷, 誅也'로 바꿔 썼다.

'주晝', '주誅', '우遇'는 운이다.

고염무『역음』: '晝', 古音注, 考晝字, 易一見, 左傳一見, 並同. 後人誤入.

四十九宥韻. '誅', 十虞; '遇', 十遇. 以平去通爲一韻.

이와 같이 「잡괘」는 정연하게 운을 사용하였다.

운을 맞추기 위해 의도적으로 글자를 바꿔 쓴 곳이 있는데, 아래에 모두 정리하겠다.

① 震, 起也. 艮, 止也.

'震, 動也'가 짝이 맞다.

운을 맞추기 위해 의도적으로 '震, 起也'로 바꿔 썼다.

'起', '止'와 뒤 구절의 '始', '時', '災', '來', '怠'는 모두 운이다.

② 隨, 无故也. 蠱則飭也.

'隨, 无故也. 蠱, 有事也'로 해야 짝이 맞다.

운을 맞추기 위해 의도적으로 '蠱則飭也'로 바꿔 썼다.

앞 구절의 '食', '色', '伏'과 본 구절의 '飭'은 운이다.

③ 剝, 爛也. 復, 反也.

'剝, 落也'가 짝이 맞다.

운을 맞추기 위해 의도적으로 '剝, 爛也'로 바꿔 썼다.

'爛', '反'은 운이다.

④ 晉, 晝也. 明夷, 誅也.

'明夷, 夜也'가 짝이 맞다.

운을 맞추기 위해 의도적으로 '明夷, 誅也'로 바꿔 썼다.

'晝', '誅'와 뒤 구절의 '遇'는 운이다.

⑤ 井通而困相遇也.

'井通而困不通也'가 짝이 맞다.

운을 맞추기 위해 의도적으로 '井通而困相遇也'로 바꿔 썼다.

앞 구절의 '晝', '誅'와 본 구절의 '遇'는 운이다.

이상, 운을 맞추기 위해 의도적으로 글자를 바꿔 쓴 5곳을 지적하였다.

여기까지, 필자는 「잡괘」가 운을 사용한 것에 대해 간단하게 예를 들었다. 「잡괘」는 운을 맞추기 위해 앞뒤 괘의 순서를 바꾸기도 하였고, 의도적으로 글자를 바꿔 쓰기도 하였다. 필자가 정리한 운은 고전번역교육원 서울본원 3학년 학생들에게 4차례 강의하면서 정리한 것이며, 유백민과 스즈키가 정리한 운과 별 차이가 없다. 세 사람 모두 고염무의 『역음』을 참고하여 기술하였다.

『주역』의 육십사괘 괘효사와 「단」, 「상」, 「문언」, 「계사」, 「설괘」, 「잡괘」는 모두 운을 사용하였다. 「서괘」만 운을 사용하지 않았는데, 육십사괘의 배열 순서를 운에 맞추어 기술하는 것이 불가능하였을 것이다. 『주역』을 공부하면서 운을 모르고 내용을 이해한다는 것은 있을 수 없는 일이다. 또 운을 모르면서 『주역』을 운운한다는 것도 있을 수 없는 일이다. 왜냐하면 『주역』은 운에 맞추어 문장을 지었기 때문이다. 운을 알고 나면 "공자가 십익을 지었다"는 유치한 말은 더 이상 하지 않게 될 것이다. 운도 모르면서 『주역』은 마치 혼자만 아는 양 뒤죽박죽 횡설수설 지껄이는 것은 강원도의 어느 막돼먹은 시정잡배에게 『주역』을 주워들은 '희대의 돌팔이'가 하는 짓이다. 『주역』을 학문으로 연구하는 후학들은 운의 중요성을 분명히 알아야 한다.

7. 설명할 수 없는 내용

「잡괘」는 육십사괘를 뒤섞어 기술한 것인데, 왜 그런 순서로 괘를 뒤섞었는가? 필자는 「잡괘」가 괘를 뒤섞어 그 순서로 배열한 이유를 설명할 수 없다. 지금 같은 운에 맞추어 기술한 문장을 한 단위로 하여 그 순서를 모두 인용하겠다. 「잡괘」의 끝부분 대과 이하 여덟 괘는 서로 짝이 되지 않으므로 정리하지 않았다.

① 1번 건乾과 2번 곤坤 ─8번 비比와 7번 사師 ─19번 임臨과 20번 관觀.

② 3번 준屯과 4번 몽蒙.

③ 51번 진震과 52번 간艮 ─41번 손損과 42번 익益 ─26번 대축大畜과 25번 무망无妄 ─45번 췌萃와 46번 승升 ─15번 겸謙과 16번 예豫.

④ 21번 서합噬嗑과 22번 비賁 ─58번 태兌와 57번 손巽 ─17번 수隨와 18번 고蠱.

⑤ 23번 박剝과 24번 복復.

⑥ 35번 진晉과 36번 명이明夷 ─48번 정井과 47번 곤困.

⑦ 31번 함咸과 32번 항恒 ─59번 환渙과 60번 절節.

⑧ 40번 해解와 39번 건蹇.

⑨ 38번 규睽와 37번 가인家人 ─12번 비否와 11번 태泰 ─34번 대장大壯과 33번 둔遯.

⑩ 14번 대유大有와 13번 동인同人 ─49번 혁革과 50번 정鼎 ─62번 소과小過와 61번 중부中孚 ─55번 풍豐과 56번 여旅.

⑪ 30번 리離와 29번 감坎 ─9번 소축小畜과 10번 이履.

⑫ 5번 수需와 6번 송訟.

①에서 ⑫까지 각 조는 각각 동일한 운을 사용하였다. 그런데 ①에서 왜 1번 건

乾과 2번 곤坤—8번 비比와 7번 사師—19번 임臨과 20번 관觀의 순서로 배열하였는가? 이미 앞에서 말하였지만 필자는 이것을 이해할 수 없다.

또 ①의 여섯 괘 뒤에 어떻게 ②의 3번 준屯과 4번 몽蒙을 배열하였는가? 또 ②의 3번 준屯과 4번 몽蒙 뒤에 어떻게 ③의 51번 진震과 52번 간艮—41번 손損과 42번 익益—26번 대축大畜과 25번 무망无妄—45번 췌萃와 46번 승升—15번 겸謙과 16번 예豫의 순서로 배열하였는가? 필자는 이것을 이해할 수 없다. ③의 괘 뒤에 왜 ④의 괘를, 그 뒤에 왜 ⑤의 괘를, 그 뒤에 왜 ⑥의 괘를, 그 뒤에 왜 ⑦의 괘를, 그 뒤에 왜 ⑧의 괘를, 그 뒤에 왜 ⑨의 괘를, 그 뒤에 왜 ⑩의 괘를, 그 뒤에 왜 ⑪의 괘를, 그 뒤에 왜 ⑫의 괘를 차례로 배열하였는가? 필자는 이해할 수 없다.

이와 같이, 필자는 「잡괘」가 육십사괘를 뒤섞어 왜 그런 순서로 배열하였는지 그 이유를 이해할 수 없다. 이해할 수 없으니 설명할 수도 없다. 『주역』을 학문으로 연구하는 후학들은 이 문제에 관심을 가지고 연구해야 한다. 「잡괘」가 육십사괘를 뒤섞어 배열한 그 순서의 비밀을 반드시 풀어야 하며, 이것은 학문하는 사람이 해결해야 할 중대한 문제이다.

乾剛坤柔. 比樂師憂. 臨觀之義, 或與或求.

건은 강건하고, 곤은 유순하다.
비는 즐거운 것이고, 사는 근심하는 것이다.
임과 관의 뜻은 혹 베푸는 것이고 혹 구하는 것이다.

문장에서 '유柔', '우憂', '구求'는 운이다.
유백민: '柔', 十八尤; '與下憂', 十八尤; '求', 十八尤; 爲韻.
스즈키: '유柔', '우憂', '구求'.

乾剛坤柔
건은 강건하고 곤은 유순하다. '건'은 1번 괘이고, '곤'은 2번 괘이다.

乾   坤

　건 「단」에 "위대하다. 건이여! 만물은 이것에서 비롯되나니, 곧 하늘에 속한다(大哉乾元! 萬物資始, 乃統天)"라고 하여, 건을 하늘로 보았다. 「상」에 "하늘의 운행이 강건한 것이 건의 상이다(天行健)"라고 하여, 건을 강건한 것으로 해석하였다. 곤 「단」에 "곤은 두터이 만물을 실으니, 덕이 미치는 것이 끝이 없다(坤厚載物, 德合無疆)"라고 하여, 곤을 땅으로 보았다. 「상」에 "땅의 형세가 유순한 것이 곤의 상이다(地勢坤)"라고 하여, 건을 유순한 것으로 해석하였다. 「서괘」에 "천지가 있은 연후에 만물이 생겨난다(有天地, 然後萬物生焉)"라고 하여, 건은 하늘, 곤은 땅으로 해석하였다. 「잡괘」는 건은 강건한 것, 곤은 유순한 것으로 해석하였다.

괘로 말하면, 건은 여섯 효가 양으로 구성되어 있으니 강건하다. 곤은 여섯 효가 음으로 구성되어 있으니 유순하다. 자연계로 말하면, 건은 하늘이고 하늘은 강건하다. 곤은 땅이며 땅은 유순하다. 인간계로 말하면, 건은 아버지이고 강건하다. 곤은 어머니이며 유순하다. 그래서 건은 강건하고 곤은 유순하다.

比樂師憂

비는 즐거운 것이고, 사는 근심하는 것이다. '비'는 8번 괘이고, '사'는 7번 괘이다. 운을 맞추기 위하여 앞뒤 괘의 순서를 바꾸었다. '유柔', '우憂', '구求'는 운이다.

比   師

비 「단」에 "'비'는 보필하다는 뜻의 보(比, 輔也)"라고 하였다. '비락比樂'은 신하가 임금을 보필하니 즐겁다는 말이다. 「상」에 "땅 위에 물이 있는 것이 비의 상이다. 선왕은 이 상을 본받아 만국을 세우고 제후와 친근하게 지낸다(地上有水, 比. 先王以建萬國, 親諸侯)"라고 하였다. 비괘는 아랫괘가 곤이고 윗괘는 감이다. 곤은 땅이고 감은 물이다. 땅 위에 물이 있으니, 서로 친근하여 해치지 않는다. 「상」은 '친親'을 가지고 괘명 '비比'를 해석하였다. '비락'은 서로 친근하니 즐겁다는 말이다. 「서괘」는 "비는 친근하다는 것이다(比者, 比也)"라고 하였다. 「잡괘」는 비는 즐거운 것으로 뜻을 새겼다. 한강백은 "친근하면 즐겁다(親比則樂)"라고 하였다. 그래서 비는 즐거운 것이다.

사 「단」에 "師, 衆也"라고 하였는데, '중衆'은 무리이고 백성이며 군사이다. 「상」에 "땅 가운데 물이 있는 것이 사의 상이다. 군자는 이 상을 본받아 백성을 포용하여 무리를 기른다(地中有水, 師. 君子以容民畜衆)"라고 하였다. 사괘는 윗괘가 곤이고 아랫괘는 감이다. 곤은 땅이고 감은 물이다. 땅 가운데 물이 있으니, 무리들이 모여 있는 상이다. 「상」은 '민民'과 '중衆'을 가지고 괘명 '師'를 해석하였다. 즉 '師'는 백성과 군사라는 뜻으로 새긴 것이다. 「서괘」는 "사는 무리이다(師者, 衆也)"라고 하였다. 「잡괘」는 '사師'를 군사의 뜻으로 새겼다. '우憂'는 근심하다는 뜻의 여慮이다. '사우師憂'는 사는 근심하는 것이라는 말이다. 군사는 나라의 화근이다. 군대가 강하면 멸망하고(兵强則

減), 나무가 단단하면 부러진다(木强則折). 또 군사가 출병하여 전쟁터로 나아가 싸우니 근심한다고 해석하여도 통한다. 한강백은 "군대를 움직이면 근심한다(動衆則憂)"라고 하였다. 그래서 사는 근심하는 것이다.

臨觀之義, 或與或求.

임과 관의 뜻은 혹 베푸는 것이고 혹 구하는 것이다. '임'은 19번 괘이고, '관'은 20번 괘이다.

臨　　　　觀

임 「단」에 "임은 강이 점점 자라나고, 기뻐하고 유순하며, 강이 가운데 자리에서 응하는 것이다(臨, 剛浸而長, 說而順, 剛中而應)"라고 하였다. 즉 군자의 도는 점점 자라나고, 기뻐하여 유순하며, 임금이 중도를 지니고 백성과 호응한다는 말이다. 이것이 곧 나라를 다스리고 백성에 임하는 도이다. 「상」에 "못 위에 땅이 있는 것이 임의 상이다. 군자는 이 상을 본받아 백성을 교화하고 생각하는 것이 끝이 없고, 백성을 포용하고 보호하는 것이 한이 없다(澤上有地, 臨. 君子以敎思無窮, 容保民無疆)"라고 하였다. 임괘는 아랫괘가 태이고 윗괘는 곤이다. 태는 못이고 곤은 땅이다. 못 위에 땅이 있으니, 땅은 높고 못은 낮아 높은 땅이 낮은 못에 임하고 있다. '임臨'은 백성에 임하는 것이다(臨民). 「서괘」는 "임은 크다는 것이다(臨者, 大也)"라고 하였다.

관 「단」에 "큰 것이 위에서 보며, 유순하고 겸손하며, 중정하여 천하 사람을 살피는 것이 관이다(大觀在上, 順而巽, 中正以觀天下, 觀)"라고 하였다. 즉 임금이 윗자리에서 백성을 살피며, 유순하고 겸손한 덕을 지니고 있고, 중정의 도를 지니고 천하 사람을 살펴보는 것이라는 말이다. 「단」은 '관觀'을 가지고 괘명 '관觀'을 해석하였다. '관觀'은 백성을 살피는 것이다. 「상」에 "바람이 땅 위에서 부는 것이 관의 상이다. 선왕은 이 상을 본받아 나라를 순시하여 백성을 살피며 교화를 베푼다(風行地上, 觀. 先王以省方觀民設敎)"라고 하였다. 관괘는 윗괘가 손이고 아랫괘는 곤이다. 손은 바람이고 곤은 땅이다. 바람이 땅 위에 불고 있으니, 이르지 않는 곳이 없고 보지 않는 것이 없다. 「서괘」에 "사물은 큰 연후에 볼 수 있으니, 그러므로 관괘로 받는다(物大然後可觀, 故受之以觀)"라고 하였다.

'혹或'은 4글자로 맞추기 위해서 넣은 것이며 무슨 의미가 있는 것이 아니다. '여
與'는 베푼다는 뜻의 시施, '구求'는 구한다는 뜻의 색索이다. 임은 백성에게 임하여 정
사를 베푸는 것이고, 관은 백성을 살펴서 정사를 구하는 것이라는 말이다. 『집해』에
순상은 "'임'은 교화하고 생각하는 것이 끝이 없으므로 베푸는 것이고, '관'은 백성을
살피며 교화를 베풀므로 구하는 것이다(臨者, 教思无窮, 故爲與. 觀者, 觀民設教, 故爲求也)"
라고 하였다. 그래서 임과 관의 뜻은 혹 베푸는 것이고 혹 구하는 것이다.

屯, 見而不失其居. 蒙, 雜而著.

준은 나타나 그 있을 곳을 잃지 않는 것이고,
몽은 뒤섞여 드러나는 것이다.

문장에서 '거居', '저著'는 운이다.
유백민: '居', 九魚; 與下'著', 九御; 以平去通爲一韻.
스즈키: '거居', '저著'.

屯, 見而不失其居.
준은 나타나 그 있을 곳을 잃지 않는 것이다. '준'은 3번 괘이다.

屯

준 「단」에 "준은 강유가 처음 교합하여 어려움이 생겨나는 것이다(屯, 剛柔始交而難
生)"라고 하여, '난難'을 가지고 괘명 '준屯'을 해석하였다. 「상」에 "구름과 우레가 함
께 일어나는 것이 준의 상이다. 군자는 이 상을 본받아 천하를 다스린다(雲雷, 屯. 君子
以經綸)"라고 하였다. 준괘는 윗괘가 감이고 아랫괘는 진이다. 감은 구름이고 진은 우
레다. 구름과 우레가 함께 일어나니, 비바람이 몰아쳐 천하가 어려운 상이다. 군자는
이 상을 본고 이를 본받아 천하의 어려움을 잘 다스린다는 말이다. 「서괘」에 "준은
사물이 처음 생겨나는 것(屯, 物之始生也)"이라고 하였다. 준은 사물이 처음 생겨나 땅
위에 나타나서, 각각 그 있을 곳에 있다는 말이다. '현見'은 나타나다는 뜻의 현現이

다. '불실기거不失其居'는 자신이 있을 곳을 잃지 않는다는 뜻이다. 「잡괘」는 '준'을 나타나 그 있을 곳을 잃지 않는 것이라고 뜻을 새겼다. 주희는 "준은 진이 감을 만난 것이다. 진은 움직이므로 감의 험난함을 보고 나아가지 않는 것이다(屯, 震遇坎. 震動故見坎險不行也)"라고 하였다. 준은 아랫괘가 진(☳)이고 윗괘가 감(☵)이다. 진은 움직임(動)이고 감은 험난함(險)이다. 주희는 준괘의 상하 두 괘상으로 해석하였다. 그래서 준은 나타나 그 있을 곳을 잃지 않는 것이다.

蒙, 雜而著.
몽은 뒤섞여 드러나는 것이다. '몽'은 4번 괘이다.

蒙

몽 「단」에 "몽은 산 아래에 험난함이 있는 것이니, 험난하여 멈추는 것이 몽이다 (蒙, 山下有險, 險而止, 蒙)"라고 하였다. 몽괘는 윗괘가 간이고 아랫괘는 감이다. 간은 산이고 감은 험險이며, 또 간은 멈춤이다. 산 아래에 험난함이 있어, 험난하여 멈추고 어디로 가야 할지 알지 못하니, 몽매하여 어둡다. 「상」에 "산 아래에 샘이 나오는 것이 몽의 상이다(山下出泉, 蒙)"라고 하였다. 산 아래에 샘이 나오니, 어디로 흘러가야 할지 모르는 상이다. 「단」과 「상」은 '몽'을 몽매하다는 뜻으로 새겼다. 「서괘」에 "몽은 어리다는 것이니, 사물이 어린 것이다(蒙者, 蒙也, 物之穉也)"라고 하였다.
'잡雜'은 뒤섞이는 것이고, '저著'는 드러나는 것이다. '잡이저雜而著'는 몽은 사물이 어릴 때, 뒤섞여 드러난다는 말이다. 혹은 「서괘」를 따라 '잡雜'을 치穉로 읽어, "몽은 어리나 드러나는 것이다"라고 해석하여도 뜻은 통한다. 주희는 "몽은 감이 간을 만난 것이다. 감은 어둡고 간은 밝다(蒙, 坎遇艮. 坎幽昧, 艮光明也)"라고 하였다. 몽은 아랫괘가 감(☵)이고 윗괘가 간(☶)이다. 감은 물(水)이고 간은 산(山)이다. 물은 어둡고(雜) 산은 밝다(著). 주희는 몽괘의 상하 두 괘상으로 해석하였다. 그래서 몽은 뒤섞여 드러나는 것이다.

震, 起也. 艮, 止也. 損益, 盛衰之始也.
大畜, 時也. 无妄, 災也. 萃聚而升不來也. 謙輕而豫怠也.

진은 움직이는 것이고, 간은 멈추는 것이다.
손과 익은 융성과 쇠퇴의 시작이다.
대축은 때를 기다리는 것이고, 무망은 재앙을 방비하는 것이다.
췌는 모이는 것이고, 승은 위로 올라가 내려오지 않는 것이다.
겸은 가볍게 여기는 것이고, 예는 태만해지는 것이다.

문장에서 '기起', '지止', '시始', '시時', '재災', '내來', '태怠'는 운이다.
유백민: '起', 六止; 與下'止', 六止; '始', 六止; '時', 七之; '災', 十六哈; '來', 十六哈;
  '怠', 十五海(虞本作怡); 以平上通爲一韻.
스즈키: '기起', '지止', '시始', '시時', '재災', '내來', '태怠'.

震, 起也. 艮, 止也.
진은 움직이는 것이고, 간은 멈추는 것이다. '진'은 51번 괘이고, '간'은 52번 괘이
다.

震   艮

'震, 起也'는 '震, 動也'로 하는 것이 바르다. '지止'와 운을 맞추기 위해 의도적으로
'기起'자로 바꿔 썼다. '기起'와 '지止'는 운이다. '기起'는 움직인다는 동動으로 뜻을 새
겨야 한다. 진 「상」에 "우레가 겹쳐 있는 것이 진의 상이다(洊雷, 震)"라고 하였다. 우레
가 겹쳐 있으니, 우레가 연이어 일어난다. 간 「단」에 "간은 멈춘다는 뜻이다(艮, 止也)"
라고 하였고, 「상」에 "산이 겹쳐 있는 것이 간의 상이다. 군자는 이 상을 본받아 생각
하는 것이 그 본분을 벗어나지 아니한다(兼山, 艮. 君子以思不出其位)"라고 하여, 간을 산
과 멈추다(止)는 뜻으로 새겼다. 「설괘」 제7장에 "진은 움직임이다. 간은 멈춤이다(震,
動也. 艮, 止也)"라고 하였고, 또 제11장에 "진은 우레(震爲雷)"라고 하고, 또 "맏아들(長
子)"이라고 하였다. 「서괘」에 "나라의 주인은 맏아들만한 것이 없으니, 그러므로 진괘

로 받는다. 진은 움직인다는 것이다(主器者莫若長子, 故受之以震. 震者, 動也)"라고 하여, 진을 맡아들과 움직임 두 가지 뜻으로 새겼다.

진은 우레며, 우레의 성향은 움직이는 것이다. 간은 산이며, 산의 성향은 멈추는 것이다. 즉 진은 동動이고 간은 정靜이다. 『집해』에 우번은 "진은 아래의 양효가 움직이므로 움직이는 것이고, 간은 위의 양효가 멈추므로 멈추는 것이다(震陽動行, 故起. 艮陽終止, 故止)"라고 하였다. 진(☳)은 아래에 한 양효가 움직여 위로 올라가는 상이고, 간(☶)은 위의 한 양효가 꼭대기에 머물러 있는 상이다. 그래서 진은 움직이는 것이고, 간은 멈추는 것이다.

損益, 盛衰之始也.

손과 익은 융성과 쇠퇴의 시작이다. '손'은 41번 괘이고, '익'은 42번 괘이다.

損   益

손 「단」에 "손은 아래를 덜어 위를 더하는 것이니, 그 도는 위로 운행한다(損, 損上益下, 其道上行)"라고 하였다. 「상」에 "산 아래에 못이 있는 것이 손의 상이다(山下有澤, 損)"라고 하였다. 손괘는 윗괘가 간이고 아랫괘는 태이다. 간은 산이고 태는 못이다. 산 아래에 못이 있으니, 못은 자신을 낮추어 산을 높인다. 「서괘」에 "풀면 반드시 잃는 바가 있으니, 그러므로 손으로 받는다(緩必有所失, 故受之以損)"라고 하여, '실失'을 가지고 괘명 '손損'을 해석하였다. '손損'은 덜어내다(減)는 뜻이다.

익 「단」에 "익은 위를 덜어 아래를 더하는 것이니, 백성의 기쁨은 끝이 없다(益, 損上益下, 民說無疆)"라고 하였다. 「상」에 "바람과 우레가 익의 상이다(風雷, 益)"라고 하였다. 익괘는 윗괘가 손이고 아랫괘는 진이다. 손은 바람이고 진은 우레다. 바람과 우레가 함께 있으니, 서로 그 힘을 더한다. 「서괘」에 "잃는 것이 멈추지 않으면 반드시 더하니, 그러므로 익으로 받는다(損而不已必益, 故受之以益)"라고 하여, '益'을 가지고 괘명 '益'을 해석하였다. '익益'은 더하다(增)는 뜻이다.

'성盛'은 융성하다(隆), '쇠衰'는 쇠퇴하다(退)는 뜻이다. '손損'(덜어내는 것)이 극에 이르면 융성하기 시작한다. '익益'(더하는 것)이 극에 이르면 쇠퇴하기 시작한다. 「서괘」에 "더하는 것이 멈추지 않으면 반드시 터진다(益而不已必決)"라고 하였다. 그래서 손은 융성의 시작이고, 익은 쇠퇴의 시작이다.

大畜, 時也. 无妄, 災也.
대축은 때를 기다리는 것이고, 무망은 재앙을 방비하는 것이다. '대축'은 26번 괘이고, '무망'은 25번 괘이다. 문장을 잇기 위해 앞뒤 괘의 순서를 바꾸었다.

대축 「단」에 "대축은 강건하고 두터우며, 찬란한 빛이 날로 새롭다(大畜, 剛健篤實, 輝光日新)"라고 하였다. 대축괘는 아랫괘가 건이고 윗괘는 간이다. 건은 하늘이고 간은 산이다. 하늘은 강건하고(剛健) 산은 두텁다(篤實). 하늘은 강건하고 산은 두터우며, 찬란한 빛이 날로 새로우니, 온갖 생물이 자라나 축적한 것이 크다. 「상」에 "하늘이 산 속에 있는 것이 대축의 상이다(天在山中, 大畜)"라고 하였다. 대축괘는 아랫괘가 건이고 윗괘는 간이다. 건은 하늘이고 간은 산이다. 하늘이 산 속에 있으니, 산이 축적하고 있는 것이 크다. 「서괘」에 "망령됨이 없는 것이 있은 연후에 축적할 수 있으니, 그러므로 대축괘로 받는다(有无妄, 然後可畜, 故受之以大畜)"라고 하였다. '축畜'은 '축蓄'이며, 축적하다는 뜻이다. '대축大畜'은 축적한 것이 크다는 뜻이다. '시時'는 대시待時, 즉 때를 기다린다는 뜻이다. 한강백은 "때에 따라 축적하니, 클 수가 있다(因時而畜, 故能大也)"라고 하였다.
무망 「단」에 "무망은 강이 윗괘에서 와서 아랫괘의 주효가 되고, 움직여 강건하며, 강이 가운데 자리에서 응한다(无妄, 剛自外來而爲主於內, 動而健, 剛中以應)"라고 하였다. 즉 무망은 강이 윗괘에서 와서 아랫괘의 주효가 되고, 움직여 강건하며, 강이 가운데 자리에서 유와 응하는 것이니, 도리에 어긋나고 터무니없는 것이 아니라는 것이다. 「상」에 "하늘 아래에 우레가 운행하는 것이 무망의 상이다(天下雷行, 物與无妄)"라고 하였다. 무망괘는 윗괘가 건이고 아랫괘는 진이다. 하늘 아래에 우레가 울리니, 만물은 나서 자라나는 것이 도리에 어긋남이 없다. 「서괘」에 "돌아오면 망령되지 않으니, 그러므로 무망괘로 받는다(復則不妄矣, 故受之以无妄)"라고 하여, '불망不妄'을 가지고 괘명 '무망无妄'을 해석하였다. '무망无妄'은 도리에 어긋남이 없다는 뜻이다. '재災'는 방재防災, 즉 재앙을 방비한다는 뜻이다.

'大畜'은 군자가 덕을 축적하여 때를 기다려 움직여야 한다는 말이다. '无妄'은 도리에 어긋남이 없이 움직여 재앙을 방비한다는 말이다. 즉 도리에 어긋나게 함부로 움직이면 재앙을 불러들인다는 말이다. 군자가 덕을 크게 쌓아 때를 기다려 움직이는 것이지, 도리에 어긋나게 함부로 움직이면 재앙을 초래한다는 말이다. 그래서 대축은 때를 기다리는 것이고, 무망은 재앙을 방비하는 것이다.

고형은 "'시時'는 '치庤'를 가차한 것이 아닌가 한다(時疑借爲庤). 두 글자는 같은 성음 계열이며(時庤同聲系), 옛날에 통용되었다(古通用).……'치庤'는 저축하다는 뜻이며(庤乃積儲之義), 대축괘의 뜻은 축적하는 것이다(大畜卦之義爲積蓄)"라고 하였다. 또 "'무망'은 좋은 결과를 얻는 것이고(无妄得善果), 재앙이 아니므로(不爲災也), '재災' 앞에 당연히 '불不'자가 있어야 한다(災上當有不字). 아래구절에 들어가야 하는데(竄入下句), 옮겨 쓰면서 잘못하였다(轉寫之誤也). '무망无妄, 부재야不災也'는 사람이 행하는 일에 망령됨이 없으면(謂人之行事无妄謬), 재앙이 아니라는 말이다(則不災也)"라고 하였다. 과연 고형다운 해석이다.

萃聚而升不來也.

췌는 모이는 것이고, 승은 위로 올라가 내려오지 않는 것이다. '췌'는 45번 괘이고, '승'은 46번 괘이다.

췌   승

췌 「단」에 "췌는 모인다는 뜻이다(萃, 聚也)"라고 하였다. 「상」에 "못이 땅 위에 있는 것이 췌의 상이다(澤上於地, 萃)"라고 하였다. 췌괘는 윗괘가 태이고 아랫괘는 곤이다. 태는 못이고 곤은 땅이다. 못이 땅 위이 있으니, 못의 물은 땅 위에 모인다. 「서괘」에 "사물은 서로 만난 이후에 모이게 되니, 그러므로 췌괘로 받는다. 췌는 모인다는 것이다(物相遇而後聚, 故受之以萃. 萃者, 聚也)"라고 하였다.

승 「단」에 "유가 때에 따라 위로 오른다(柔以時升)"라고 하였다. 승괘는 처음 음효가 위로 올라가 넷째 효, 다섯째 효, 꼭대기 효에 이른다는 말이다. 즉 신하의 지위가 때에 맞게 위로 오른다는 것이다. 「상」에 "땅 속에서 나무가 자라나오는 것이 승의 상이다(地中生木, 升)"라고 하였다. 승괘는 윗괘가 곤이고 아랫괘는 손이다. 곤은 땅이고 손은 나무이다. 땅 속에서 나무가 자라나오니, 점차 위로 올라간다. 「서괘」에 "모여서 위로 올라가는 것을 승이라 하니, 그러므로 승괘로 받는다(聚而上者謂之升. 故受之以升)"라고 하였다. 한강백은 "'내'는 돌아온다는 것이다. 지금 위로 올라가므로 돌아오지 않는 것이다(來, 還也. 方在上升, 故不還也)"라고 하였다. '승불래升不來'는 승은 위로 올라가는 것이므로 내려오지 않는다는 뜻이다. '내來'는 위에서 아래로 내려오는 것이고, 아래에서 위로 올라가는 것은 '왕往'이라고 한다. 그래서 췌는 모이는 것이고, 승은 위로 올라가 내려오지 않는 것이다.

고형은 "'승불래'는 뜻이 통하지 않는다(升不來義不可通). '불不'자는 당연히 앞 구절의 '재災'자 앞에 있어야 한다(不字當在上句災字上). '승'은 위로 나아가는 것이다(升, 上進也). '내來'는 당연히 '내倈'로 읽어야 한다(來當讀爲倈). 두 글자는 옛날에 통용되었다(來倈古通用). 『광아』 「석고」에 '내는 펼친다는 뜻의 신(倈, 伸也)'이라고 하였다. 승괘의 승升은 위로 나아간다는 것이고(升卦之升是上進), 위로 나아간다는 것은 곧 위로 향해 펼치는 것이다(上進則向上伸展)"라고 하였다. 과연 고형다운 해석이다.

謙輕而豫怠也

겸은 가볍게 여기는 것이고, 예는 태만해지는 것이다. '겸'은 15번 괘이고, '예'는 16번 괘이다.

謙　　　　　豫

겸 「단」에 "겸허하면 존귀한 자리에 처하여도 그 겸허함이 빛나고, 낮은 곳에 처하여도 남이 업신여기지 못한다(謙, 尊而光, 卑而不可踰)"라고 하였다. 「상」에 "땅 속에 산이 있는 것이 겸의 상이다(地中有山, 謙)"라고 하였다. 겸괘는 윗괘가 곤이고 아랫괘는 간이다. 곤은 땅이고 간은 산이다. 산은 본래 땅 위에 높이 있는 것이나, 지금 땅 아래에 있다. 「서괘」에 "가진 것이 큰 것은 가득 찰 수 없으니, 그러므로 겸괘로 받는다(有大者不可以盈, 蠱受之以謙)"라고 하였다. 한강백은 "겸허한 사람은 스스로 무겁게 여기지 않는다(謙者不自重大)"라고 하였다. '경輕'은 스스로 무겁게 여기지 않는 것이다. 자신을 가볍게 여기면 여길수록 더욱 무거워진다.

예 「단」에 "예는 강이 응하여 뜻을 행하고, 유순하여 움직이는 것이 예이다(豫, 剛應

而志行, 順以動, 豫)"라고 하였다. 예괘는 넷째 양효가 여러 음과 응하니 뜻이 순조롭게 실현하며, 유순하여 움직이니 즐겁다는 말이다. 즉 임금이 여러 신하들과 호응하니 그 뜻을 실행하고, 유순하여 움직이니, 즐겁다는 것이다. 「상」에 "우레가 땅에서 나와 움직이는 것이 예의 상이다(雷出地奮, 豫)"라고 하였다. 예괘는 윗괘가 진이고 아랫괘는 곤이다. 진은 우레고 움직임이며, 곤은 땅이다. 천기가 따뜻할 때 우레는 땅 위에 나온다. 우레가 땅에서 나와 움직이니, 때는 봄이다. 만물은 다시 생을 얻어 천지가 즐겁다. 「서괘」에 "가진 것이 크면서 겸허할 수 있으면 반드시 즐거우니, 그러므로 예괘로 받는다(有大而能謙必豫, 故受之以豫)"라고 하였다. '예豫'는 즐겁다는 뜻의 낙樂이다. '태怠'는 나태하다는 뜻의 해懈이다. 즐거우면 태만하여 안일해진다. 겸허하면 자신을 가볍게 여기게 되고, 즐거우면 결국 태만해진다는 말이다. 그래서 겸은 가볍게 여기는 것이고, 예는 태만해지는 것이다.

고형은 "'경輕'은 '경勁'을 가차한 것이다(輕借爲勁). 두 글자는 같은 성음 계열이며(輕勁同聲系), 옛날에 통용되었다(古通用). '경勁'은 강하다는 뜻의 강強이고, '강強'은 근면하다는 뜻의 근勤이다"라고 하였다. 사람이 겸허하면 근면하고, 즐거우면 나태해진다는 말이다.

噬嗑, 食也. 賁, 无色也. 兌見而巽伏也.
隨, 无故也. 蠱則飭也.

서합은 먹는 것이고, 비는 색이 없는 것이다.
태는 드러나는 것이고, 손은 엎드리는 것이다.
수는 일이 없는 것이고, 고는 일을 하는 것이다.

문장에서 '식食', '색色', '복伏', '칙飭'은 운이다.
유백민: '食', 二十四職; 與下'色', 二十四職; '伏', 古音蒲北反; '飭', 二十四職; 爲韻.
스즈키: '식食', '색色', '복伏', '칙飭'.

噬嗑, 食也. 賁, 无色也.
서합은 먹는 것이고, 비는 색이 없는 것이다. '서합'은 21번 괘이고, '비'는 22번 괘이다.

噬嗑   賁

　서합 「단」에 "입 속에 음식물이 있는 것이 서합이다(頤中有物曰噬嗑)"라고 하였다. 「상」에 "우레와 번개가 함께 일어나는 것이 서합의 상이다(電雷, 噬嗑)"라고 하였다. 서합괘는 아랫괘가 진이고 윗괘는 리이다. 진은 우레고 리는 번개이다. 우레와 번개가 함께 일어나니 그 힘은 서로 합한다. 「상」은 '서합'을 입속에 음식물을 넣고 위아래 턱을 합하여(嗑) 씹다(噬)는 뜻으로 새겼다. 「서괘」에 "볼 수 있는 이후에 합하는 바가 있으니, 그러므로 서합괘로 받는다. 합은 합한다는 것이다(可觀而後有所合, 故受之以噬嗑. 嗑者, 合也)"라고 하였다. '서합'은 입에 음식물을 넣고 먹는 것(食)이다.

　비 「단」에 "'비가 형통하다'는 것은 유가 와서 강을 꾸미니, 그러므로 '형통하다'는 것이다('賁, 亨', 柔來以文剛, 故'亨')"라고 하였다. 비괘는 아랫괘 리가 유이고, 윗괘 간은 강이다. 리가 아래에서 위에 있는 간을 꾸미니 형통하다는 것이다. 즉 백성은 아래에서 임금을 꾸미고, 여자는 아래에서 남자를 꾸민다는 것이다. 「상」에 "산 아래에 불이 있는 것이 비의 상이다(山下有火, 賁)"라고 하였다. 비괘는 윗괘가 간이고 아랫괘는 리이다. 간은 산이고 리는 불이다. 산 아래에 불이 있으니, 불은 산을 꾸민다. 「서괘」에 "비는 꾸민다는 것이다(賁者, 飾也)"라고 하였다. '무색无色'은 색이 없는 것이며, 곧 바탕이다. 바탕은 색이 없으므로 꾸미는 것이다. 또 꾸밈을 다하면 바탕으로 돌아가니 바탕은 색이 없는 것이다. 그래서 서합은 먹는 것이고, 비는 색이 없는 것이다.

兌見而巽伏也

　태는 드러나는 것이고, 손은 엎드리는 것이다. '태'는 58번 괘이고, '손'은 57번 괘이다. 운을 맞추기 위해 앞뒤 괘의 순서를 바꾸었다. '식食', '색色', '복伏', '칙飭'은 운이다.

兌   損

　태 「단」에 "태는 기뻐한다는 뜻이다(兌, 說也)"라고 하였다. 「상」에 "두 개의 못이 서로 연이어 있는 것이 태의 상이다(麗澤, 兌)"라고 하였다. 두 개의 못이 서로 연이어 있으니, 물은 기뻐하여 교류한다. 「설괘」 제7장에 "태는 기뻐함(兌, 說也)"이라고 하였다. 「서괘」에 "태는 기뻐한다는 것이다(兌者, 說也)"라고 하였다. '태兌'는 기쁘다는 뜻의 열悅이다. '현見'은 나타나다는 뜻의 현現이다. 기쁨은 밖으로 나타난다.

손 「단」에 "강이 가운데 자리에 들어가 뜻을 실행한다(剛巽乎中正以志行)"라고 하였다. 「상」에 "바람과 바람이 서로 따라 부는 것이 손의 상이다(隨風, 巽)"라고 하였다. 바람과 바람이 서로 따라서 불고 있으니, 어디에도 들어가지 않는 곳이 없다. 「서괘」에 "손은 들어간다는 것이다(巽者, 入也)"라고 하였다. 「단」 「상」 「서괘」는 모두 '손'을 들어간다는 뜻의 입入으로 새겼다. 「잡괘」에서 '손巽'은 겸손(遜)이다. '복伏'은 엎드린다는 뜻이다. 겸손하면 자신을 낮추어 엎드리게 된다.

한강백은 "태는 기쁨을 나타내는 것을 귀히 여기고, 손은 물러나 낮추는 것을 귀히 여긴다(兌貴顯說, 巽貴卑退)"라고 하였다. 주희는 "태는 음이 밖에 나타나 있고, 손은 음이 안에 엎드려 있다(兌陰外見, 巽陰內伏)"라고 하였다. 태괘는 아래 윗괘 모두 태이다. 태(☱)는 음효가 꼭대기에 있다. 손은 아래 윗괘 모두 손이다. 손(☴)은 음효가 아래에 있다. 그래서 태는 드러나는 것이고, 손은 엎드리는 것이다.

隨, 无故也. 蠱則飭也.
수는 일이 없는 것이고, 고는 일을 하는 것이다. '수'는 17번 괘이고, '고'는 18번 괘이다.

隨　　　　　蠱

'고故'는 일 사事이다. '무고无故'는 일이 없는 것이다. 수 「단」에 "수는 강이 와서 유 아래에 있고, 움직여 기뻐하는 것이 수이다(隨, 剛來而下柔, 動以說, 隨)"라고 하였다. 수괘는 아랫괘가 진이고 윗괘는 태이다. 진은 양괘이고 강이다. 태는 음괘이고 유이다. 즉 임금이 와서 백성 아래에 있고, 임금은 움직이고 백성은 기뻐하니, 천하 사람이 모두 따른다. 「단」은 '수'를 따르다(從)는 뜻으로 새겼다. 「상」에 "못 속에 우레가 있는 것이 수의 상이다. 군자는 이 상을 본받아 날이 저물면 내실에 들어가 편안히 쉰다(澤中有雷, 隨. 君子以嚮晦入宴息)"라고 하였다. 수괘는 윗괘가 태이고 아랫괘는 진이다. 태는 못이고 진은 우레다. 천기가 차가울 때 우레는 못 속으로 들어가니, 우레는 천기를 따라 휴식을 취한다. 또 수는 우레가 못 속에 있으므로 때는 겨울이다. 농경 시대에 겨울에는 일이 없다. 그래서 수는 일이 없는 것이다. 「서괘」에 "즐거우면 반드시 따르는 사람이 있으니, 그러므로 수괘로 받는다(豫必有隨, 故受之以隨)"라고 하였다. 「단」「상」「서괘」는 모두 '수'를 따른다는 뜻으로 새겼다. 「잡괘」는 일이 없는 것으로 뜻을 새겼다.

'고蠱'는 일 事이다. 이 구절은 당연히 '蠱, 有事也'가 되어야 '隨, 无故也'와 짝이 된다. 수는 일이 없는 것이니, 고는 당연히 일을 하는 것이다. '유사有事'로 하면 운이 맞지 않으니 운을 맞추기 위해 의도적으로 '칙飭'자로 바꿔 썼다. '식食', '색色', '복伏', '칙飭'은 운이다. '칙飭'은 『석문』에 "일을 (정비)하다는 뜻의 정치整治"라고 하였다. 한 강백은 "'칙'은 일을 하는 것(飭, 整治也)"이라 하고, "고는 그 일을 하는 것(蠱所以整治其事也)"이라고 하였다. 『집해』에는 '칙飭'이 '식飾'으로 되어 있다.

고 「단」에 "고는 강이 위에 있고 유가 아래에 있으며, 겸손하여 멈추는 것이 고이다(蠱, 剛上而柔下, 巽以止, 蠱)"라고 하였다. 고괘는 간이 위에 있고 손이 아래에 있다. 간은 강이고 손은 유이다. 즉 임금은 위에 백성은 아래에 있고, 백성은 겸손하고 임금은 멈추어 권력을 남용하지 않으니 천하의 일이 이루어진다. 「상」에 "산 아래에 바람이 있는 것이 고괘의 상이다. 군자는 이 상을 본받아 백성을 구제하고 덕을 기른다(山下有風, 蠱. 君子以振民育德)"라고 하였다. 고괘는 윗괘가 간이고 아랫괘는 손이다. 간은 산이고 손은 바람이다. 산 아래에 바람이 불고 있으니, 일이 일어난다. 「서괘」에 "'고'는 일이라는 뜻의 사(蠱, 事也)"라고 하였다. 그래서 고는 일이 있어 그 일을 하는 것이다.

剝, 爛也. 復, 反也.

박은 떨어지는 것이고, 복은 돌아오는 것이다.

문장에서 '난爛', '반反'은 운이다.
유백민: '爛', 二十八翰; 與下'反', 二十阮; 以上去通爲一韻.
스즈키: '난爛', '반反'.

剝, 爛也. 復, 反也.

박은 떨어지는 것이고, 복은 돌아오는 것이다. '박'은 23번 괘이고, '복'은 24번 괘이다.

剝   復

박 「단」에 "박은 떨어져 나간다는 뜻이니, 유가 강을 변하게 하는 것이다(剝, 剝也, 柔變剛也)"라고 하였다. 박괘는 아래가 다섯 음이고, 꼭대기에 한 양이 있다. 한 양이 뭇 음에 의해 장차 떨어져 나가는 상이다. 「상」에 "산이 땅에 붙어 있는 것이 박의 상이다(山附於地, 剝)"라고 하였다. 박괘는 윗괘가 간이고 아랫괘는 곤이다. 간은 산이고 곤은 땅이다. 산이 땅에 붙어 있으니, 산은 땅에 의해 장차 떨어져 나간다. 「서괘」에 "꾸밈을 다한 연후에 아름다움은 다하니, 그러므로 박괘로 받는다. 박은 다한다는 것이다(致飾然後亨則盡矣, 故受之以剝. 剝者, 剝也)"라고 하였다. 「단」과 「상」은 '박'을 떨어져 나가다는 뜻으로, 「서괘」는 다하다(盡)는 뜻으로 새겼다. 「잡괘」에서 '박剝'은 떨어지다는 뜻의 낙落이다. '剝, 爛也'는 '剝, 落也'로 하는 것이 바르다. '낙落'은 '반反'과 운이 맞지 않으니 운을 맞추기 위해 의도적으로 '난爛'자로 바꿔 썼다. '爛'은 익다(熟), 썩다(腐敗)는 뜻이다. 한강백은 "사물은 익으면 떨어진다(物熟則剝落也)"라고 하였는데, '난爛'을 익다는 뜻의 숙熟으로 새겼다. 사물은 익거나 썩으면 떨어진다. 고형은 '난'을 부패하다는 뜻으로 새기고(爛, 腐爛也), 부패한 것은 반드시 떨어진다(腐爛者必剝落)고 하였다.

복 「단」에 "강이 돌아왔다(剛反)"라고 하였다. '반反'은 '반返'으로 읽는다. 복괘는 아래가 한 양이고 위에 다섯 음이 있으니, 양이 돌아온 것이다. 「상」에 "우레가 땅 속에 있는 것이 복의 상이다(雷在地中, 復)"라고 하였다. 복괘는 아랫괘가 진이고 윗괘는 곤이다. 진은 우레고 곤은 땅이다. 우레가 땅 속에 있으니, 우레가 땅 속으로 돌아왔다. 「서괘」에 "사물은 끝가지 다할 수 없고, 위가 궁하여 아래로 돌아가니 그러므로 복괘로 받는다(物不可以終盡, 剝窮上反下, 故受之以復)"라고 하였다. '복復'은 돌아온다는 뜻의 반返이다. '박'은 꼭대기의 한 음이 떨어지는 것이고, '복'은 아래에 한 음이 돌아오는 것이다. 그래서 박은 떨어지는 것이고, 복은 돌아오는 것이다.

晉, 晝也. 明夷, 誅也. 井通而困相遇也.

진은 낮이고, 명이는 밤이다.
정은 통하는 것이고, 곤은 서로 막아 통하지 않는 것이다.

문장에서 '주晝', '주誅', '우遇'는 운이다.
유백민: '誅', 十虞; 與下'遇', 十遇; 以平去爲一韻.
스즈키: '주誅', '우遇'.
고염무『역음』: 晉晝, 古音注. 考晝字, 易一見, 左傳一見, 並同. 後人誤入. 四十九
　　　　　　宥韻.

晉, 晝也. 明夷, 誅也.
진은 낮이고, 명이는 밤이다. '진'은 35번 괘이고, '명이'는 36번 괘이다.

　　　　　　　　晉　　　　　　明夷

　　진「단」에 "진은 나아간다는 뜻이다. 해가 땅 위에 떠오르는 것이다(晉, 進也. 明出地
上)"라고 하였다. 「상」에 "해가 땅 위에 떠오르는 것이 진의 상이다(明出地上, 晉)"라고
하였다. 진괘는 윗괘가 리이고 아랫괘는 곤이다. 리는 해이고 곤은 땅이다. 해가 땅
위에 떠오르면 위로 나아간다. 「서괘」에 "진은 나아가는 것이다(晉者, 進也)"라고 하였
다. 그래서 진은 낮이다.
　　명이「단」에 "해가 땅 속으로 들어가는 것이 명이이다(明入地中, 明夷)"라고 하였다.
「상」에 "해가 땅 속으로 들어가는 것이 명이의 상이다(明入地中, 明夷)"라고 하였다. 명
이괘는 아랫괘가 리이고 윗괘가 곤이다. 리는 해이고 곤은 땅이다. 해가 땅 속에 들
어갔으니 밝음이 상하여 어둡다. 즉 해가 땅 속으로 들어갔으니 밤이다. 「서괘」에
"이는 다친다는 것이다(夷者, 傷也)"라고 하였다. 밝음이 상하여 어둡다. '明夷, 誅也'
는 '明夷, 夜也'로 하는 것이 바르다. 운을 맞추기 위해 의도적으로 '주誅'자로 바꿔
썼다. '주晝', '주誅', '우遇'는 운이다. '주誅'에 대해, 『석문』에 순상은 "없어지다는 뜻의
멸滅", 육적, 한강백은 "다치다는 뜻의 상傷"이라고 하였다. '멸滅'과 '상傷'은 같은 뜻

이다. 해가 없어지고 밝음이 상하였으니 밤이다. 그래서 명이는 밤이라고 하였다. 고형은 '주誅'를 벌罰로 새기고(誅猶罰也), 해가 땅 속에 들어가는 것을 인간사에 비유하여(明夷之卦象是日入地中, 以喩人事), 현인이 벌을 받아 감옥에 갇힌 것(賢人受罰而被囚拘也)이라고 하였다.

井通而困相遇也

정은 통하는 것이고, 곤은 서로 막아 통하지 않는 것이다. '정'은 48번 괘이고, '곤'은 47번 괘이다. 운을 맞추기 위해 앞뒤 괘의 순서를 바꾸었다. '주晝', '주誅', '우遇'는 운이다.

井   困

정「단」에 "나무 두레박을 물에 넣어 물을 퍼 올리는 것이 정이다(巽乎水而上水, 井)"라고 하였다. 정괘는 아랫괘가 손이고 윗괘는 감이다. 손은 나무이고 들어감이며, 감은 물이다. 그런즉 손의 괘상은 나무 두레박을 물에 넣어 물을 퍼 올리는 것이다. 「상」에 "나무 위에 물이 있는 것이 정의 상이다(木上有水, 井)"라고 하였는데, 나무 두레박을 우물에 넣어 물을 퍼 올리는 것이 정의 상이다. 「서괘」에 "위에서 곤란한 것은 반드시 아래로 돌아오니, 그러므로 정괘로 받는다(困乎上者必反下, 故受之以井)"라고 하였다. 우물은 아래에 있다. 정은 우물이다.

곤「단」에 "곤은 강이 가려진 것이다(困, 剛揜也)"라고 하였다. 곤괘는 둘째 양효가 셋째 음효에, 다섯째 양효가 꼭대기 음효에 덮여 가려져 있다. 즉 유덕한 군자(二五)가 천박한 소인(三上)에 의해 덮여 가려져 곤궁한 지경에 처해 있다는 것이다. 「상」에 "못에 물이 없는 것이 곤의 상이다(澤无水, 困)"라고 하였다. 곤괘는 윗괘가 태이고 아랫괘는 감이다. 태는 못이고 감은 물이다. 물이 못 아래에 있으니, 못에 물이 없는 것이다. 못에 물이 없으니 수초와 고기는 말라죽는다. 「서괘」에 "올라가는 것이 멈추지 않으면 반드시 곤란하게 되니, 그러므로 곤괘로 받는다(升而不已必困, 故受之以困)"라고 하였다. 곤은 곤궁하다(窮), 곤란하다(困)는 뜻이다. '井通而困相遇也'는 '井通而困不通也'로 하는 것이 바르다. "정은 통하는 것이고 곤은 통하지 않는 것이다"는 말이다. 운을 맞추기 위해 의도적으로 '상우相遇'로 바꿔 섰다. '우遇'는 막다, 저지하다는 뜻의 저抵이다. '곤상우困相遇'는 곤은 서로 막아 통하지 않는다는 말이다. 정(우물)은 만물을 길러 다함이 없으니 통하는 것이고, 곤(곤경)은 궁한 것이니 서로 막아 통하지 않는 것이다. 그래서 정은 통하는 것이고, 곤은 서로 막아 통하지 않는 것이다.

咸, 速也. 恒, 久也. 渙, 離也. 節, 止也.

함은 빠른 것이고, 항은 항구한 것이다.
환은 떨어지는 것이고, 절은 제지하는 것이다.

문장에서 '구久', '지止'는 운이다.
유백민: '久', 音几; 與下 '止', 六止; 爲韻.
스즈키: '구久', '지止'.

咸, 速也. 恒, 久也.
함은 빠른 것이고, 항은 항구한 것이다. '함'은 31번 괘이고, '항'은 32번 괘이다.

咸   恒

함 「단」에 "함은 감응한다는 뜻이다.…… 천지가 감응하니 만물이 태어나 자라난다(咸, 感也.……天地感而萬物化生)"라고 하였다. 「상」에 "산 위에 못이 있는 것이 함의 상이다(山上有澤, 咸)"라고 하였다. 함은 아랫괘가 간이고 윗괘는 태이다. 간은 산이고 태는 못이다. 산은 높으나 아래에 있고, 못은 낮으나 위에 있으니, 산과 못은 기를 통하여 감응한다. 「서괘」는 "부부의 도(夫婦之道)라고 하였다. 천지만물 부부남녀는 서로 감응하는 것이 빠르다. 『집해』에 우번은 "서로 감응하는 것은 가지 않아도 이르므로 빠른 것이다(相感者不行而至, 故速也)"라고 하였고, 한강백은 "사물이 서로 응하는 것은 감응하는 것보다 빠른 것이 없다(物之相應, 莫速乎咸)"라고 하였다. 그래서 함은 빠른 것이다.
　항 「단」에 "항은 항구하다는 뜻이다.…… 천지의 도는 항구하여 멈추지 않는다(恒, 久也.……天地之道, 恒久而不已也)"라고 하였다. 「상」에 "우레와 바람이 항의 상이다(風雷,

恒)”라고 하였다. 항괘는 윗괘가 진이고 아랫괘가 손이다. 진은 우레고 손은 바람이다. 우레는 위에서 움직이고 바람은 아래에서 불고 있으니, 이것은 천지간의 항구한 현상이다. 「서괘」에 “항은 항구하다는 것이다(恒, 久也)”라고 하였다. 그래서 항은 항구한 것이다.

渙, 離也. 節, 止也.

환은 떨어지는 것이고, 절은 제지하는 것이다. '환'은 59번 괘이고, '절'은 60번 괘이다.

渙   節

환 「단」에 “환은 강이 와서 다하지 아니한다('渙, 亨', 剛來而不窮)”라고 하였다. 둘째 양효가 아랫괘의 가운데 자리에 와서 다하지 아니한다는 것이다. 즉 물이 세차게 거침없이 흘러간다는 것이다. 「상」에 “바람이 물위에서 부는 것이 환의 상이다(風行水上, 渙)”라고 하였다. 환괘는 윗괘가 손이고 아랫괘는 감이다. 손은 바람이고 감은 물이다. 바람이 물위에서 불고 있으니, 물결이 크게 일어나 물은 세차게 흘러가며 사방으로 흩어진다. 「서괘」에 “기뻐한 이후에 떨어지니, 그러므로 환괘로 받는다. 환은 떨어진다는 것이다(說而後散之, 故受之以渙. 渙, 離也)”라고 하였다. 「서괘」는 '환'을 '산散'과 '리離' 두 가지 뜻으로 새겼는데, 두 글자는 뜻이 같다. 『집해』에 우번은 “'환'은 흩어지는 것이므로 떨어지는 것이다(渙散, 故離)”라고 하였다. 「잡괘」는 「서괘」를 따라 '환渙'을 '리離'의 뜻으로 새겼다. 그래서 환은 떨어지는 것이다.

절 「단」에 “천지는 절도가 있어 사계절이 이루어진다. 절도로써 법도를 제정하니, 재물을 축내지 아니하고, 백성을 해치지 아니한다(天地節而四時成. 節以制度, 不傷財, 不害民)”라고 하였다. 「상」에 “못 위에 물이 있는 것이 절의 상이다. 군자는 이 상을 본받아 여러 제도를 만들고 덕행을 논의한다(澤上有水, 節. 君子以制數度, 議德行)”라고 하였다. 절괘는 아랫괘가 태이고 윗괘는 감이다. 태는 못이고 감은 물이다. 못 위에 물이 있으니, 물은 못 밖으로 넘쳐흘러 둑을 쌓아 절제해야 한다. 『집해』에 우번은 “'절'은 제도를 만드는 것이므로 제지하는 것이다(節制度數, 故止)”라고 하였다. 절節은 제지하다는 뜻이다. 그래서 절은 제지하는 것이다.

解, 緩也. 蹇, 難也.

해는 푸는 것이고, 건은 어렵다는 것이다.

문장에서 '완緩', '난難'은 운이다.
유백민: '緩', 二十四緩; 與下'難', 二十五寒, 二十六翰二韻; 以上去通爲一韻.
스즈키: '완緩', '난難'.

解, 緩也. 蹇, 難也.
해는 푸는 것이고, 건은 어렵다는 것이다. '해'는 40번 괘이고, '건'은 39번 괘이다.
「서괘」에 반대로 하여 앞뒤 괘의 순서를 바꾸었다. 「서괘」에 "蹇者, 難也. 物不可以
終難, 故受之以解. 解者, 緩也"(건은 어렵다는 것이다. 사물은 끝까지 어려울 수 없으니, 그러므로
해괘로 받는다. 해는 푼다는 것이다)라고 하였다. 어려우면 풀린다는 것이다. 「잡괘」는 앞뒤
괘의 순서를 바꾸어 풀리면 또 어렵다는 의미로 말하였다.

解   蹇

　해 「단」에 "해는 험난하여 움직이는 것이니, 움직여 험난함에서 벗어나는 것이 해
이다(解, 險以動, 動而免乎險, 解)"라고 하였다. 해괘는 아랫괘가 감이고 윗괘는 진이다.
감은 험난함이고 진은 움직임이다. 험난함의 밖에서 움직이는 것이니, 이미 험난함
이 풀린 것이다. 「상」에 "우레와 비가 일어나는 것이 해의 상이다. 군자는 이 상을 본
받아 잘못이 있는 사람을 용서하고 죄를 지은 사람을 관대하게 대한다(雷雨作, 解. 君
子以赦過宥罪)"라고 하였다. 해괘는 윗괘가 진이고 아랫괘는 감이다. 진은 우레고 감은
비다. 우레와 비가 일어나니, 천지가 풀린다. 군자는 이 상을 보고 이를 본받아 과실
이 있는 사람을 용서하고 죄를 지은 사람을 관대하게 대하여 이들을 풀어준다는 것
이다. 「서괘」에 "해는 푼다는 것이다(解, 緩也)"라고 하였다. 『집해』에 우번은 "우레는
험난한 곳에서 나오므로 풀린 것이다(雷動出物, 故緩)"라고 하였다. 그래서 해는 푸는
것이다.
　건蹇 「단」에 "건은 어렵다는 뜻이니, 험난함이 앞에 있다(蹇, 難也. 險在前也)"라고 하
였다. 건괘는 윗괘가 감이고 아랫괘는 간이다. 감은 물이고 또 험난함이며, 간은 산

이고 또 멈춤이다. 그런즉 건은 험난함이 앞에 있어 멈추는 것이니, 어려운 상황에 처한 것이다. 「상」에 "산 위에 물이 있는 것이 건의 상이다. 군자는 이 상을 본받아 자신을 되돌아보고 덕을 닦는다(山上有水, 蹇. 君子以反身修德)"라고 하였다. 건괘는 아랫 괘가 간이고 윗괘는 감이다. 간은 산이고 감은 물이다. 산 위에 물이 있으니, 물은 평지처럼 흘러가기 어렵다. 군자는 이 상을 보고 이를 본받아 자신을 반성하고 그 덕을 닦아 어려움을 극복한다는 말이다. 「서괘」에 "건은 어렵다는 것이다(蹇, 難也)"라고 하였다. 『집해』에 우번은 "건은 험난함이 앞에 있으므로 어렵다는 것이다(蹇險在前, 故難)"라고 하였다. 그래서 건은 어렵다는 것이다.

睽, 外也. 家人, 內也. 否泰, 反其類也. 大壯則止, 遯則退也.

규는 밖에서 떨어지는 것이고, 가인은 안에서 화목한 것이다.
비와 태는 그 사류가 반대되는 것이다.
대장은 멈추는 것이고, 둔은 물러나는 것이다.

문장에서 '외外', '내內', '유類', '퇴退'는 운이다.
유백민: '外', 十四泰; 與下'內', 十八隊; '類', 六至; '退', 十八隊; 爲韻.
스즈키: '외外', '내內', '유類', '퇴退'.

睽, 外也. 家人, 內也.
규는 밖에서 떨어지는 것이고, 가인은 안에서 화목한 것이다. '규'는 38번 괘이고, '가인'은 37번 괘이다. 언어의 습관에 따라 앞뒤 괘의 순서를 바꾸었다. 『역전』은 습관적으로 '外'를 먼저 말하고 이어 '內'를 말하였다. 「계사」 하·8장에 '외내사지구外內使知懼'(안팎으로 경계해야 할 바를 알게 한다)라고 하였다.

睽   家人

규 「단」에 "규는 불이 움직여 위로 올라가고, 못이 움직여 아래로 내려간다(睽, 火動而上, 澤動而下)"라고 하였다. 규괘는 윗괘가 리고 아랫괘는 태다. 리는 불이고 태는 못이다. 그런즉 규의 괘상은 불이 위에 있고 못이 아래에 있는 것이다. 불은 위로 올라가고 못은 아래로 내려가니 서로 어긋나 떨어진다. 「상」에 "위는 불이고 아래가 못인 것이 규의 상이다. 군자는 이 상을 본받아 사물의 같은 것과 다른 것을 구별한다(上火下澤, 睽. 君子以同而異)"라고 하였다. 불은 위로 올라가고 못의 물은 아래로 내려가니, 서로 떨어져 어긋난다. 군자는 이 상을 보고 이를 본받아 사물의 같은 것과 다른 것을 서로 구별한다는 말이다. 「서괘」에 "'규'는 어긋난다는 뜻의 괴(睽, 乖也)"라고 하였다. '괴乖'는 떨어지다는 뜻의 리離이다. '외外'는 소원하다는 뜻이다. 그래서 규는 밖에서 떨어지는 것이다.

'가인家人'은 집안사람이다. 「단」에 "가인은 여자가 안에서 바른 자리에 있고, 남자는 밖에서 바른 자리에 있다. 남녀가 바른 것은 천지의 대의이다(家人, 女正位乎內, 男正位乎外. 男女正, 天地之大義也)"라고 하였다. '여'는 둘째 음효를, '남'은 다섯째 양효를 가리키며, 음양은 각각 안과 밖에서 자신의 자리에 거하고 있으니, 집안사람은 집안에서 서로 화목하다. 「상」에 "바람이 불에서 나오는 것이 가인의 상이다(風自火出, 家人)"라고 하였다. 가인괘는 윗괘가 손이고 아랫괘는 리이다. 손은 바람이고 리는 불이다. 바람이 불에서 나오니, 음식이 익어 집안사람이 화목하게 함께 나누어 먹는다. 「서괘」에 "밖에서 다친 사람은 반드시 자신의 집으로 돌아오니, 그러므로 가인괘로 받는다(傷於外者必反其家, 故受之以家人)"라고 하여, '가家'를 가지고 괘명 '가인家人'을 해석하였다. '내內'는 화목하다는 뜻이다. 그래서 가인은 안에서 화목한 것이다.

否泰, 反其類也.

비와 태는 그 사류가 반대되는 것이다. '비'는 12번 괘이고, '태'는 11번 괘이다. 「서괘」에 반대로 하여 앞뒤 괘의 순서를 바꾸었다. 「서괘」에 "泰者, 通也. 物不可以終通, 故受之以否"(태는 형통하다는 것이다. 사물은 끝까지 형통할 수 없으니, 그러므로 비괘로 받는다)라고 하였다. 통하면 막힌다는 것이다. 「잡괘」는 앞뒤 괘의 순서를 바꾸어 막히면 또 통한다는 의미로 말하였다.

否   泰

비괘는 윗괘가 건이고 아랫괘는 곤이다. 건은 하늘이고 곤은 땅이다. 천기는 위에 있어 아래로 내려오지 못하고 지기는 아래에 있어 위로 올라가지 않으니, 하늘과 땅이 서로 교합하지 못한다. 하늘과 땅이 서로 교합하지 못하면 만물은 막힌다. 「단」에 "천지가 교합하지 못하여 만물이 통하지 아니하고, 상하가 교합하지 못하여 천하에 나라가 없는 것이다(天地不交而萬物不通也, 上下不交而天下无邦也)"라고 하였고, 「상」에 "천지가 교합하지 못하는 것이 비의 상이다. 군자는 이 상을 본받아 덕을 검소히 하여 어려움을 피하고, 영예와 녹위를 탐하지 아니한다(天地不交, 否. 君子以儉德辟難, 不可榮以祿)"라고 하였다. 「서괘」에 "사물은 끝까지 형통할 수 없으니, 그러므로 비괘로 받는다(物不可以終通, 故受之以否)"라고 하였는데, '불통不通'을 가지고 괘명 '비否'를 해석하였다. '비'는 막힌다는 뜻이다.

태괘는 아랫괘가 건이고 윗괘는 곤이다. 건은 하늘이고 곤은 땅이다. 태는 하늘이 아래에 땅이 위에 있다. 천기는 아래로 내려오고 지기는 위로 올라가니, 하늘과 땅이 서로 교합한다. 하늘과 땅이 서로 교합하면 만물은 생을 얻어 자라나니 형통하다. 「단」에 "천지가 교합하여 만물이 형통하고, 상하가 교합하여 그 뜻이 같은 것이다(天地交而萬物通也, 上下交而其志同也)"라고 하였고, 「상」에 "천지가 교합하는 것이 태의 상이다. 임금은 이 상을 본받아 천지의 도를 헤아려 이루고, 천지의 알맞음을 도와서 백성을 이끌어 나간다(天地交, 泰. 后以財成天地之道, 輔相天地之宜, 以左右民)"라고 하였다. 「서괘」에 "태는 형통하다는 것이다(泰者, 通也)"라고 하였다. '태'는 형통하다는 뜻이다.

'유류類'는 사류事類이다. '반기류反其類'는 사류가 반대라는 말이다. '비否'는 막히는 것이고, '태泰'는 통하는 것이니, 사류가 반대된다. 괘상도 괘사도 상반된다. 『집해』에 우번은 "비괘를 반대로 하면 태괘가 되고, 태괘를 반대로 하면 비괘가 되니, 그러므로 사류가 반대된다(否反成泰, 泰反成否, 故反其類)"라고 하였다. 그래서 비와 태는 그 사류가 반대되는 것이다.

大壯則止, 遯則退也.

대장은 멈추는 것이고, 둔은 물러나는 것이다. '대장'은 34번 괘이고, '둔'은 33번 괘이다. 문장을 잇기 위해 앞뒤 괘의 순서를 바꾸었다. 건장함이 극에 이르면 멈추게 되고, 멈춘 다음에는 물러나게 된다는 것이다.

大壯　　　　遯

대장 「단」에 "대장은 큰 것이 건장한 것이다(大壯, 大者壯也)"라고 하였다. 양은 큰 것(大)이고, 음은 작은 것(小)이다. 대장괘는 아래는 네 개의 양이, 위는 두 개의 음이 있다. 양이 자라나 넷째 효에 이르니, 양이 건장하다. 「상」에 "우레가 하늘 위에 있는 것이 대장의 상이다(雷在天上, 大壯)"라고 하였다. 대장괘는 윗괘가 진이고 아랫괘는 건이다. 진은 우레고 건은 하늘이다. 우레가 하늘 위에 있으니, 소리와 위엄이 하늘을 지나쳐 크게 건장하다. 「서괘」에 "사물은 끝까지 물러날 수 없으니, 그러므로 대장괘로 받는다(物不可以終遯, 故受之以大壯)"라고 하였다. '대장大壯'은 크게 건장하다는 뜻이다. 사물은 크게 건장하면 멈추는 것을 안다. 건장함이 극에 이르면 멈춘다. 그래서 대장은 멈추는 것이다.

둔 「단」에 "'둔이 형통하다'는 것은 은둔하여 형통하다는 것이다(遯, 亨', 遯而亨也)"라고 하여, '둔遯'을 가지고 괘명 '둔遯'을 해석하였다. 둔괘는 두 개의 음이 아래에, 네 개의 양이 위에 있다. 음이 점차 자라나 둘째 효에 이르고, 네 개의 양은 물러나는 상이다. 「상」에 "하늘 아래에 산이 있는 것이 둔의 상이다(天下有山, 遯)"라고 하였다. 둔괘는 윗괘가 건이고 아랫괘는 간이다. 건은 하늘이고 간은 산이다. 하늘 아래에 산이 있으니, 산은 높이 솟아올라 하늘을 침범한다. 손인은 득세하여 군자를 침범하고 있으니, 군자는 은둔한다. 「서괘」에 "둔은 물러난다는 뜻이다(遯者, 退也)"라고 하였다. 한강백은 "대인이 바르면 소인은 멈추고, 소인이 형통하면 군자는 물러난다(大正則小人止, 小人亨則君子退也)"라고 하였다. 그래서 둔은 물러나는 것이다.

大有, 衆也. 同人, 親也. 革, 去故也. 鼎, 取新也.
小過, 過也. 中孚, 信也. 豊, 多故也. 親寡旅也.

대유는 많다는 것이고, 동인은 친하다는 것이다.
혁은 옛 것을 없애는 것이고, 정은 새 것을 취하는 것이다.
소과는 과실이고, 중부는 믿음이다.
풍은 친한 사람이 많은 것이고, 여는 친한 사람이 적은 것이다.

문장에서 '친親', '신新', '신信', '친親'은 운이다.
유백민: '親', 十七眞; 與下'新', 十七眞; '信', 二十一震; 以平去通爲一韻.
스즈키: '친親', '신新', '신信'.

大有, 衆也. 同人, 親也.

대유는 많다는 것이고, 동인은 친하다는 것이다. '대유'는 14번 괘이고, '동인'은 13번 괘이다. 운을 맞추기 위해 앞뒤 괘의 순서를 바꾸었다. '친親', '신新', '신信', '친親'은 운이다.

大有   同人

대유「단」에 "대유는 유가 존귀한 자리와 한가운데 자리를 얻었고, 상하가 이에 응하니 대유라고 한다(大有, 柔得尊位大中, 而上下應之, 曰大有)"라고 하였다. 즉 '대유'는 한 음이 다섯 양을 가지고 있다는 말이다. 『집해』에 우번은 "다섯 양이 나란히 응하고 있으므로 많다는 것이다(五陽並應, 故衆也)"라고 하였다. 대유괘는 다섯째 효가 음이고 나머지는 모두 양이다. 다섯 양이 한 음과 응하고, 한 음이 다섯 양을 통솔하고 있으므로 '중衆'이라고 하였다는 말이다. 「상」에 "불이 하늘 위에 있는 것이 대유의 상이다(火在天上, 大有)"라고 하였다. 대유는 윗괘가 리이고 아랫괘는 건이다. 리는 불이고 건은 하늘이다. 불이 하늘 위에 있으니 천하는 밝다. 온 세상이 밝으니, 세상에는 가진 것이 많다는 것이다. 「서괘」에 "가진 것이 큰 것은 가득 찰 수 없으니, 그러므로 겸괘로 받는다(有大者不可以盈, 故受之以謙)"라고 하여, '대유大有'를 '유대有大'로 해석하였다. 가진 것이 크다는 말이다. 그래서 대유는 많다는 것이다.

동인「단」에 "동인은 유가 바른 자리와 가운데 자리를 얻었고, 건에 응하니 동인이라고 한다(同人, 柔得位得中, 而應乎乾, 曰同人)"라고 하였다. 동인괘는 둘째 음효가 바른 자리와 가운데 자리를 얻었고 다섯째 양효인 건과 응하니, 그러므로 동인이라고 한다는 것이다. 「단」은 '응應'을 가지고 '동인同人'을 해석하였는데, '사람과 함께 하는 것'과 같은 뜻이다. 응하므로 곧 함께 하는 것이다. 「상」에 "하늘과 불이 함께 하는 것이 동인의 상이다(天與火, 同人)"라고 하였다. 동인괘는 윗괘가 건이고 아랫괘는 리이다. 건은 하늘이고 리는 불이다. 그런즉 하늘과 불이 함께 있다. 「상」은 '여與'를 가지고 '동同'을 해석하였다. '여與'는 동사이며, 같이 하다, 함께 한다는 뜻의 동同이다. 「서괘」에 "사람과 함께 하면 사물은 반드시 돌아올 것이니, 그러므로 대유괘로 받는다(與人同者, 物必歸焉, 故受之以大有)"라고 하여, '여인동與人同'으로 해석하였다. 사람과 함께 한다는 말이다. 사람과 함께 하면 서로 친하게 된다. 그래서 동인은 친하다는 것이다.

革, 去故也. 鼎, 取新也.
혁은 옛 것을 없애는 것이고, 정은 새 것을 취하는 것이다. '혁'은 49번 괘이고, '정'은 50번 괘이다.

革   鼎

혁 「단」에 "혁은 물과 불이 서로 없애고, 두 여자가 동거하여, 그 뜻이 서로 사이좋게 지낼 수 없는 것을 혁이라고 한다(革, 水火相息, 二女同居, 其志不相得, 曰革)"라고 하였다. 혁괘는 윗괘가 태이고 아랫괘는 리이다. 태는 못이고 리는 불이다. 혁의 괘상은 물이 불 위에 있는 것이다. 물이 불 위에 있어, 물의 힘이 강하면 불을 끄고, 불의 힘이 강하면 물을 없애버린다. 따라서 반드시 변혁이 일어난다. 또 태는 막내딸이고 리는 둘째딸이다. 두 여자가 한 집에 동거하면 서로 질투하고 다투어 그 뜻이 서로 사이좋게 지낼 수 없다. 따라서 반드시 변화가 일어난다는 것이다. 「상」에 "못 속에 불이 있는 것이 혁의 상이다(澤中有火, 革)"라고 하였다. 혁괘는 윗괘가 태이고 아랫괘는 리이다. 태는 못이고 리는 불이다. 못 속에 불이 있으니, 물과 불은 서로 없애어 변혁이 일어난다. 「서괘」에 "우물의 도는 바꾸지 않을 수 없으니, 그러므로 혁괘로 받는다(井道不可不革, 故受之以革)"라고 하였다. 그래서 혁은 옛 것을 없애는 것이다.
정 「단」에 "정은 요리하는 것이니, 나무를 불에 넣어 요리하는 것이다(鼎, 象也. 以木巽火, 亨飪也)"라고 하였다. 정괘는 아랫괘가 손이고 윗괘는 리이다. 손은 나무고 또 들어감(入)이며, 리는 불이다. 나무를 불에 넣어 음식을 삶아 익혀 새로운 것을 취한다. 「상」에 "나무 위에 불이 있는 것이 정의 상이다(木上有火, 鼎)"라고 하였다. 정괘는 아랫괘가 손이고 윗괘는 리이다. 손은 나무고 리는 불이다. 나무 위에 불이 있으니, 솥 속의 음식을 삶아 익혀 새로운 것을 취한다. 「서괘」에 "사물을 바꾸는 것은 솥만한 것이 없으니, 그러므로 정괘로 받는다(革物者莫若鼎, 故受之以鼎)"라고 하였다. 『집해』에 우번은 "혁은 바꾸는 것이므로 없애는 것이고, 정은 삶는 것이므로 새 것을 취하는 것이다(革更, 故去. 鼎亨飪, 故取新也)"라고 하였다. 그래서 정은 새 것을 취하는 것이다.

小過, 過也. 中孚, 信也.

소과는 과실이고, 중부는 믿음이다. '소과'는 62번 괘이고, '중부'는 61번 괘이다. 운을 맞추기 위해 앞뒤 괘의 순서를 바꾸었다. '친親', '신新', '신信', '친親'은 운이다.

小過　　　　　中孚

소과 「단」에 "소과는 작이 것이 잘못되었으나 형통하다는 것이다(小過, 小者過而亨也)"라고 하였다. '소小'는 음을 가리키고, '과過'는 잘못되다(誤), 지나치다(越)는 뜻이다. 「상」에 "산 위에 우레가 있는 것이 소과의 상이다(山上有雷, 小過)"라고 하였다. 소과괘는 아랫괘가 간이고 윗괘는 진이다. 간은 산이고 진은 우레다. 산 위에 우레가 있으니, 우레는 산 위를 조금 지나쳤을 뿐 아직 하늘에는 이르지 않았다. 「서괘」에 "그릇된 일이 있는 사람은 반드시 이루니, 그러므로 기제괘로 받는다(有過物者必濟, 故受之以旣濟)"라고 하였다. '과過'는 과실이라는 뜻이다. 그래서 소과는 과실이다.

중부 「단」에 "중부는……믿음이 곧 나라를 교화한다.……믿음이 돼지와 물고기에 미친다는 것이다(中孚……孚乃化邦也.……信及豚魚)"라고 하였다. 「상」에 "못 위에 바람이 있는 것이 중부의 상이다(澤上有風, 中孚)"라고 하였다. 중부괘는 아랫괘가 태이고 윗괘는 손이다. 태는 못이고 손은 바람이다. 못 위에 바람이 있으니, 바람을 따라 물결이 움직이는 것이 거짓이 없다. 「서괘」에 "절도가 있으면 믿으니, 그러므로 중부괘로 받는다(節而信之, 故受之以中孚)"라고 하였다. '中孚'의 '중中'은 충忠으로 읽으며, '부孚'는 믿음 신信이다. 그래서 중부는 믿음이다.

豊, 多故也. 親寡旅也.

풍은 친한 사람이 많은 것이고, 여는 친한 사람이 적은 것이다. '풍'은 55번 괘이고, '여'는 56번 괘이다.

豊　　　　　旅

풍 「단」에 "'풍'은 크다는 뜻의 대(豐, 大也)"라고 하였다. 「상」에 "우레와 번개가 함께 일어나는 것이 풍의 상이다(雷電皆至, 風)"라고 하였다. 풍괘는 윗괘가 진이고 아랫괘는 리이다. 진은 우레고 리는 번개이다. 우레와 번개가 함께 일어나니, 이것은 하늘에서 큰 것이다. 「서괘」에 "'풍'은 크다는 뜻의 대(豐, 大也)"라고 하였다. '고故'는 죽마고우竹馬故友의 '고故'이며, 오래 사귄 친구라는 뜻이다. '다고多故'는 친한 사람이 많다는 뜻이다. 한강백은 "근심스런 일이 많은 것(多憂故)"이라고 해석하였다. 『집해』에 우번은 "풍은 크므로 많은 것(豐大, 故多)"이라고 하였다. 풍은 세력도 크고 덕업도 크며 재물도 많다. 그래서 풍은 친한 사람이 많은 것이다.

여 「단」에 "여는 유가 밖에서 가운데 자리를 얻었고, 강에 순종하며, 멈추어 밝음에 붙어 있다(旅, 柔得中乎外, 而順乎剛, 止而麗乎明)"라고 하였다. 즉 다섯째 음효가 윗괘에서 가운데 자리를 얻었고 꼭대기 양효에 순종하며 멈추어(간) 밝음(리)에 붙어 있다는 것이다. 즉 나그네가 밖에서 중도를 행하고, 강한 사람에게 순종하며, 멈추어 윗사람에게 붙어 있다는 말이다. 「상」에 "산 위에 불이 있는 것이 여의 상이다(山上有火, 旅)"라고 하였다. 여괘는 아랫괘가 간이고 윗괘는 리이다. 간은 산이고 리는 불이다. 산 위에 불이 있으니, 불은 이곳저곳으로 옮겨 붙는다. 「서괘」에 "큰 것을 다한 것은 반드시 그 있을 곳을 잃으니, 그러므로 여괘로 받는다(窮大者必失其居, 故受之以旅)"라고 하였다. '여'는 나그네(旅人)라는 뜻이다. '과寡'은 적다, '친親'은 친한 사람이다. '친과려야親寡旅也'는 당연히 '여旅, 과친야寡親也'로 읽어야 한다. 다음은 고형의 설명이다.

「잡괘」는 육십사괘를 해석하면서 모두 먼저 괘명을 들고 그다음에 해설하였는데, 이 구절만 먼저 해설하고 난 후에 괘명을 들었으니 잘못된 것은 명백하다. 하해何楷는 "친과려親寡旅는 당연히 여과친旅寡親으로 해야 하며, 운 역시 맞게 된다(親寡旅當作旅寡親, 於韻亦協)"라고 하였는데, 맞는 말이다. '친親'과 앞의 '친親', '신新', '신信'은 운이 맞다. '과친寡親'과 '다고多故'는 서로 짝이 되어 문장을 이룬다. '여旅'는 나그네가 되는 것이다. 사람이 타향에서 나그네가 되면 친한 사람이 적다. 그러므로 '여는 친한 사람이 적은 것'이라고 하였다.

此篇釋六十四卦, 其六十三卦皆先舉卦名, 後列解說, 此句乃釋旅卦, 獨先列解說, 後舉卦名, 其誤顯然. 何楷引或曰‥"'親寡旅'當作'旅寡親.'于韻亦協."是也. 親與上文親, 新, 信協韻. 寡親與多故相對成文. 旅, 作客也. 人在外作客, 則少有親人, 故曰‥'旅, 寡親也.'(『주역대전금주』 660쪽)

유백민과 스즈키는 '친과려親寡旅'를 원문 그대로 읽고, '여旅'는 다음 구절의 '하下', '처處'와 운이 된다고 보았다. 진고응은 '친과려親寡旅'를 원문 그대로 읽고, "'여旅'는 '고故'와 다음 구절의 '하下', '과寡', '처處'와 어부魚部의 운이 된다(旅與故, 下, 寡, 處協魚部韻)"라고 하였다. 고염무『역음』에는 다음과 같이 기록되어 있다.

故, 十一暮; 旅, 八語; 下, 音戶; 寡, 古音古; 處, 八語. 以上去通爲一韻.

'고故', '여旅', '하下', '과寡', '처處'는 모두 운이라는 것이다. 필자는 고형의 주장이 무난하므로 고형을 따랐다.『집해』에 우번은 또 "나그네는 몸을 둘 곳이 없으므로 친한 사람이 적다(旅无容, 故親寡)"라고 하였다. 그래서 여는 친한 사람이 적은 것이다.

離上而坎下也. 小畜, 寡也. 履, 不處也.

리는 위로 올라가는 것이고, 감은 아래로 내려가는 것이다.
소축은 적은 것이고, 이는 멈추지 않는 것이다.

문장에서 '하下', '처處'는 운이다.
유백민: '旅', 八語; 與下'下', 音戶; '處', 八語; 爲韻.
스즈키: '여旅', '하下', '처處'.

離上而坎下也

리는 위로 올라가는 것이고, 감은 아래로 내려가는 것이다. '리'는 30번 괘이고, '감'은 29번 괘이다. 운을 맞추기 위해 앞뒤 괘의 순서를 바꾸었다. '하下', '처處'는 운이다.

리「단」에 "리는 붙는다는 뜻이다(離, 麗也)"라고 하였다.「상」에 "해가 두 번 떠오르는 것이 리의 상이다(明兩作, 離)"라고 하였다. 리괘는 위아래 괘가 모두 리다. 해가 두 번 떠올라 하늘에 붙어 있다. 「서괘」에 "빠지면 반드시 붙는 곳이 있으니, 그러므로 리괘로 받는다. 리는 붙는다는 것이다(陷必有所麗, 故受之以離. 離者, 麗也)"라고 하였다. 「단」「상」「서괘」는 모두 괘명 '離'를 붙는다는 뜻의 리麗로 새겼다.

감 「단」에 "감은 험난함이 겹친 것이다. 물이 흐르나 가득 차지 않는다(習坎, 重險也. 水流而不盈)"라고 하였다. 「상」에 "물이 연이어 흐르는 것이 감의 상이다(水洊至, 習坎)"라고 하였다. 「서괘」에 "감은 빠진다는 것이다(坎者, 陷也)"라고 하였다.

「설괘」제11장에 "리는 불(離爲火)", "감은 물(坎爲水)"이라고 하였다. 불은 위로 올라가고, 물은 아래로 내려간다. 한강백은 "불은 위로 타 오르고, 물은 아래를 적신다(火炎上, 水潤下)"라고 하였다. 그래서 리는 위로 올라가는 것이고, 감은 아래로 내려가는 것이다.

小畜, 寡也. 履, 不處也.
소축은 적은 것이고, 이는 멈추지 않는 것이다. '소축'은 9번 괘이고, '이'는 10번 괘이다.

小畜   履

소축 「단」에 "소축은 유가 바른 자리를 얻어 상하가 이에 응하니 소축이라 한다(小畜, 柔得位而上下應之, 曰小畜)"라고 하였다. 소축괘는 넷째 음효가 바른 자리를 얻어 위아래 다섯 양효가 이에 응하니, 음이 하나에 양이 다섯이다. 음은 적고 양은 많으니, 적은 것으로 많은 것을 축적하는 상이다. 그래서 '소축'이라는 것이다. 「상」에 "바람이 하늘 위에서 불고 있는 것이 소축의 상이다(風行天上, 小畜)"라고 하였다. 소축괘는 윗괘가 손이고 아랫괘는 건이다. 손은 바람이고 건은 하늘이다. 바람이 하늘 위에서 불고 있으니, 아직 땅에는 미치지 않아 축적한 것이 적다. 「서괘」에 "친근하면 반드시 축적하는 바가 있으니, 그러므로 소축괘로 받는다(比必有所畜, 故受之以小畜)"라고 하였다. '축畜'은 '축蓄'으로 읽으며, 축적하다는 뜻이다. '소축小畜'은 축적한 것이 적은 것이므로 '과寡'라고 하였다. '과寡'는 적다는 뜻의 소少이다. 그래서 소축은 적은 것이다.

이 「단」에 "이는 유가 강을 밟고 있다(履, 柔履剛也)"라고 하였다. 이괘는 셋째 음효가 처음과 둘째 양효 위에서 두 양을 밟고 있다는 것이다. 「상」에 "위는 하늘이고 아래는 못인 것이 이괘의 상이다(上天下澤, 履)"라고 하였다. 이괘는 윗괘가 건이고 아랫괘는 태이다. 건은 하늘이고 태는 못이다. 위는 하늘이고 아래는 못이니, 하늘과 못은 각각 자신의 자리를 밟고 있다. 「서괘」에 "재물이 축적된 연후에 예가 있으니, 그러므로 이괘로 받는다(物畜然後有禮, 故受之以履)"라고 하여, '예禮'를 가지고 '이履'를 해석하였다. '이履'는 밟는다는 뜻이며, 예를 실천하는 것이다. '처處'는 멈춘다는 뜻의 지止이다. '불처不處'는 멈추지 않는 것이다. 주희는 "'불처'는 나아간다는 뜻(不處, 行進之義)"이라고 하였다. 그래서 이는 멈추지 않는 것이다. 즉 예는 멈추지 않고 실행하는 것이라는 말이다.

需, 不進也. 訟, 不親也.

수는 나아가지 않는 것이고, 송은 친하지 않는 것이다.

문장에서 '진進', '친親'은 운이다.
유백민: '進', 二十一震; 與下'親', 十七眞; 以平去通爲一韻.
스즈키: '진進', '친親'.

需, 不進也. 訟, 不親也.
수는 나아가지 않는 것이고, 송은 친하지 않는 것이다. '수'는 5번 괘이고, '송'은 6번 괘이다.

需　　　　　訟

수 「단」에 "'수'는 기다린다는 뜻이며, 험난함이 앞에 있다(需, 須也, 險在前也)"라고 하였다. 수괘는 윗괘가 감이고 아랫괘는 건이다. 감은 험난함이니, 감의 험난함이 건의 앞에 있다. 험난함이 앞에 있으니 때를 기다려야 한다. 「상」에 "구름이 하늘 위에 있는 것이 수의 상이다(雲上於天, 需)"라고 하였다. 수괘는 윗괘가 감이고 아랫괘는 건이다. 감은 구름이고 건은 하늘이다. 구름이 하늘 위에 있으니, 비가 되려면 때를 기다려야 한다. '수需'는 기다린다는 뜻의 대待이다. 「서괘」에 "수는 음식의 도이다(需者, 飮食之道也)"라고 하였다. 『집해』에 우번은 "험난함이 앞에 있으므로 나아가지 않는다(險在前也, 故不進)"라고 하였다. 그래서 수는 나아가지 않는 것이다. 나아가지 않는다는 것은 때를 기다린다는 말이다.

송 「단」에 "송은 위는 강이고 아래는 험이니, 험난하고 강건한 것이 송이다(訟, 上剛下險, 險而健, 訟)"라고 하였다. 송괘는 윗괘가 건이고 아랫괘가 감이다. 건은 강이고 감은 험이다. 또 감은 험난함이고 건은 강건함이다. 험난함과 강건함이 서로 합하여 송사가 일어난다. 「상」에 "하늘과 물이 어긋나게 운행하는 것이 송의 상이다(天與水違行, 訟)"라고 하였다. 송괘는 윗괘가 건이고 아랫괘는 감이다. 건은 하늘이고 감은 물이다. 하늘은 위에서 운행하고 물은 아래에서 흐른다. 하늘과 물이 어긋나게 운행하니, 사람과 사람이 서로 어긋나게 행동하면 송사가 일어난다. 「서괘」에 "음식에는 반드시 송사가 있게 되니, 그러므로 송괘로 받는다(飮食必有訟, 故受之以訟)"라고 하였다. 『집해』에 우번은 "하늘과 물이 어긋나게 행하므로 친하지 않는 것이다(天水違行, 故不親也)"라고 하였다. '송'은 송사이며, 송사는 서로 다투는 것이니, 그래서 송은 친하지 않는 것이다.

이하의 문장은 다음과 같은데 앞뒤 괘는 서로 짝이 되지 않고 운 또한 맞지 않는다.

大過, 顚也. 姤, 遇也, 柔遇剛也. 漸, 女歸待男行也. 頤, 養正也. 旣濟, 定也. 歸妹, 女之終也. 未濟, 男之窮也. 夬, 決也, 剛決柔也. 君子道長, 小人道憂也.

대과는 전복되는 것이다. 구는 만난다는 것이니, 유가 강을 만나는 것이다. 점은 여자가 시집을 가는데 남자를 기다려 가는 것이다. 이는 바른 것을 기르는 것이다. 기제는 이룬다는 것이다. 귀매는 여자가 종신하는 것이다. 미제는 남자가 궁한 것이다. 쾌는 결단하는 것이니, 강이 유를 결단하는 것이다. 군자의 도는 자라나고 소인의 도는 사라진다.

주희는 "대과괘 이하부터 괘는 서로 짝이 되지 않으니, 혹 착간이 있는 것이 아닌지 의심이 간다. 지금 운은 맞으니 또 틀림이 없는 것 같은데, 무슨 뜻인지 자세히 알수 없다(自大過以下, 卦不反對, 或疑其錯簡. 今以韻協之, 又似非誤, 未詳何義)"라고 하였다.

고염무 『역음』에는 다음과 같이 운을 정리하였다.

> 進, 二十一震; 親, 十七眞; 顚, 一先. 以平去通爲一韻.
> 剛, 十一唐; 行, 戶郎反; 正, 四十五勁; 定, 四十六徑; 終, 一東; 窮, 一東.
> 柔 , 十八尤; 憂, 十八尤.

이 문장을 앞뒤 괘가 서로 짝이 되고 운을 맞게 정리하면 다음과 같다.

大過, 顚也. 頤, 養正也. 旣濟, 定也. 未濟, 男之窮也. 歸妹, 女之 終也. 漸, 女歸待男行也. 姤, 遇也, 柔遇剛也. 夬, 決也, 剛決柔 也, 君子道長, 小人道憂也.

대과는 전복되는 것이다. 이는 바른 것을 기르는 것이다. 기제는 이룬다는 것이다. 미제는 남자가 궁한 것이다. 귀매는 여자가 종신하는 것이다. 점은 여자가 시집을 가는데 남자를 기다려 가는 것이다. 구는 만난다는 것이니, 유가 강을 만나는 것이다. 쾌는 결단하는 것이니, 강이 유를 결단하는 것이다. 군자의 도는 자라나고 소인의 도는 사라진다.

이렇게 정리한 사람은 남송의 채연蔡淵(1156~1236)이다. 그는 '하도'와 '낙서'를 그린 채원정蔡元定(1135~1198)의 맏아들이다. 아래에 채연이 정리한 순서를 따라 설명하겠다.

大過, 顚也. 頤, 養正也. 旣濟, 定也.

대과는 전복되는 것이다. 이는 바른 것을 기르는 것이다.
기제는 이룬다는 것이다.

문장에서 '전顚', '정正', '정定'은 운이다.
유백민: '顚', 一先; 與下'正', 四十五勁; '定', 四十六徑; 以平去通爲一韻.
스즈키: '전顚', '정正', '정定'.

大過, 顚也.
대과는 전복되는 것이다. '대과'는 28번 괘이다.

大過

대과 「단」에 "대과는 큰 것이 잘못되었다는 것이다(大過, 大者過也)"라고 하였다. '대大'는 양이다. 대과는 가운데 네 양효가 지나치게 강하니 '큰 것이 지나쳤다'는 것이고, 또 둘째 넷째 양효가 양이면서 음의 자리에 있으니 '큰 것이 잘못되었다'는 것이다. 지나친 것은 잘못된 것이다. 「상」에 "못이 나무를 없애는 것이 대과의 상이다(木滅木, 大過)"라고 하였다. 대과괘는 윗괘가 태이고 아랫괘는 손이다. 태는 못이고 손은 나무이다. 대과괘는 나무배가 뒤집혀 못 아래로 가라앉는 것이다. 「서괘」에 "기르지 않으면 움직일 수 없으니, 그러므로 대과괘로 받는다(不養則不可動, 故受之以大過)"라고 하여, '불양즉불가동不養則不可動'을 가지고 괘명 '대과大過'를 해석하였다. 크게 잘못되었다는 것이다. '전顚'은 전복되다(倒)는 뜻이다. 그래서 대과는 전복되는 것이다.

頤, 養正也.
이는 바른 것을 기르는 것이다. '이'는 27번 괘이다.

頤

이 「단」에 "'이가 바르게 하면 길하다'는 것은 기르는 것이 바르면 길하다는 것이다('頤, 貞吉', 養正則吉也)"라고 하였다. 「단」은 '양養'을 가지고 괘명 '이頤'를, '정正'을 가지고 괘사의 '정貞'을, '길吉'을 가지고 괘사의 '길吉'을 해석하였다. 「상」에 "산 아래에 우레가 있는 것이 이의 상이다(山下有雷, 頤)"라고 하였다. 이괘는 윗괘가 간이고 아랫괘는 진이다. 간은 산이고 진은 우레다. 산 아래에 우레가 있으니, 산은 고요하나(止) 우레는 움직인다(動). 이것은 사람이 음식을 먹을 때 위의 턱은 움직이지 않으나, 아래턱은 움직이는 것과 같다. 사람은 먹어서 생명을 기른다. 「서괘」에 "재물이 축적된 연후에 기를 수 있으니, 그러므로 이괘로 받는다. 이는 기른다는 것이다(物畜然後可養, 故受之以頤. 頤者, 養也)"라고 하였다. 그래서 이는 바른 것을 기르는 것이다.

> 旣濟, 定也.

기제는 이룬다는 것이다. '기제'는 63번 괘이다.

旣濟

기제「단」에 "강유가 바르고 자리가 합당하다(剛柔正而位當也)"라고 하였다. 기제괘는 윗괘가 감이고 아랫괘는 리이다. 감은 양괘이고 리는 음괘이다. 강은 위에 있고 유는 아래에 있으니, 군신 상하가 각자의 자리에 있다. 또 처음, 셋째, 다섯째 효는 모두 양효이고 강이며 양의 자리에 있다. 둘째, 넷째, 꼭대기 효는 모두 음효이고 유이며 음의 자리에 있다. 여섯 효 모두 '위당位當'이며, 군신 상하가 모두 알맞은 지위에 있으니 일은 이미 이루어졌다.「상」에 "물이 불 위에 있는 것이 기제의 상이다(水在火上, 旣濟)"라고 하였다. 기제괘는 윗괘가 감이고 아랫괘는 리이다. 감은 물이고 리는 불이다. 물이 불 위에 있으니, 물은 아래로 내려오고 불은 위로 올라가, 음양이 교합하여 일은 이미 이루어졌다.「서괘」에 "그릇된 일이 있는 사람은 반드시 이루니, 그러므로 기제괘로 받는다(有過物者必濟, 故受之以旣濟)"라고 하였다. '제濟'는 이룬다는 뜻의 성成이다. '기제旣濟'는 이미 이루었다는 말이다. '정定'은 '성成'으로 읽는다. 두 글자는 음이 비슷하고 뜻이 같아 옛날에 통용되었다.『집해』에 우번은 "여섯 효를 이루니, 자신의 자리를 얻어 이루어졌다(濟成六爻, 得位定也)"라고 하였다. 기제괘는 여섯 효 모두 음양이 자신의 자리에 있어 이루어졌음을 나타낸다는 것이다. 그래서 기제는 이룬다는 것이다.

> 未濟, 男之窮也. 歸妹, 女之終也. 漸, 女歸待男行也.
> 姤, 遇也, 柔遇剛也.

미제는 남자가 궁한 것이다. 귀매는 여자가 종신하는 것이다.
점은 여자가 시집을 가는데 남자를 기다려 가는 것이다.

구는 만난다는 것이니, 유가 강을 만나는 것이다.

문장에서 '궁窮', '종終', '행行', '강剛'은 운이다.
유백민: '窮', 一東; '終', 一東; '行', 戸郎反; '剛', 十一唐; 爲韻.
스즈키: '궁窮', '종終', '행行', '강剛', '유柔', '우憂'.

未濟, 男之窮也.
미제는 남자가 궁한 것이다. '미제'는 64번 괘이다.

未濟

　미제 「단」에 "'미제가 형통하다'는 것은 유가 가운데 자리를 얻었기 때문이다(未濟, 亨', 柔得中也)"라고 하였다. 미제괘는 다섯째 음효가 윗괘의 가운데 자리를 얻었다. 유가 가운데 자리를 얻었으니 '일이 이루어지지 않았다'는 것이요, 가운데 자리를 얻었으므로 '형통하다'하다는 것이다. 「상」에 "불이 물 위에 있는 것이 미제의 상이다(火在水上, 未濟)"라고 하였다. 미제괘는 윗괘가 리이고 아랫괘는 감이다. 불이 물 위에 있으니, 불은 위로 올라가고 물은 아래로 내려와, 음양이 교합하지 않으니 일은 이루어지지 않는다. 「서괘」에 "사물은 다할 수 없으니, 그러므로 미제괘로 받는다(物不可窮也, 故受之以未濟)"라고 하여, '불가궁不可窮'을 가지고 괘명 '미제'를 해석하였다. '미제'는 이루어지지 않았다는 뜻이다.
　「잡괘」의 '남지궁男之窮'은 남자가 궁하다는 뜻이다. 한강백은 "강유가 자신의 자리에 있지 않으니, 그 도는 이루어지지 않았으므로 궁이라 하였다(剛柔失位, 其道未濟, 故曰窮也)"라고 하였다. 고형은 "미제는 일이 이루어지지 않았다는 말이니(未濟謂事未成), 남자의 뜻이 이루어지지 않았고(卽男子志未達), 행하는 것이 통하지 않았으며(行未通), 업이 서지 않았고(業未立), 공이 이루어지지 않았으므로(功未成) 궁한 것이다(是窮矣)"라고 하였다. 진고응은 "미제괘 꼭대기 양효에 '술을 마셔 머리를 적신다'고 하여 절제할 줄 모르니(未濟上九'飮酒濡首'而不知節), 이것이 남자가 궁한 것이다(是男之窮也)"라고 하였고, 또 "귀매괘와 미제괘는(歸妹與未濟) 꼭대기 효가 각각 음과 양이므로(其上爻爲一陰一陽), '여종女終'이라 하였고 '남궁男窮'이라 한 것이다(故謂女終男窮)"라고 하였다. 역시 진고응다운 해석이다. '남지궁男之窮'은 남자의 뜻이 아직 이루어지지 않았으니 궁하다는 것이다. 그래서 미제는 남자가 궁한 것이다.

歸妹, 女之終也.
귀매는 여자가 종신하는 것이다. '귀매'는 54번 괘이다.

歸妹

'귀歸'는 여자가 시집가는 것이며, '매妹'는 소녀를 칭한 것이다. '귀매歸妹'는 여자가 시집가는 것이다. 귀매「단」에 "귀매는 천지의 대의이다(歸妹, 天地之大義也)"라고 하였다. 남녀가 장가들고 시집가는 것은 천지의 중대한 도리라는 말이다.「상」에 "못 위에 우레가 있는 것이 귀매의 상이다(澤上有雷, 歸妹)"라고 하였다. 귀매괘는 아랫괘가 태이고 윗괘가 진이다. 태는 못이고 진은 우레다. 천기가 따뜻할 때 우레는 못 위로 나온다. 못 위에 우레가 있으니, 때는 봄이요, 남녀가 결혼할 때이다.「서괘」에 "나아가면 반드시 돌아가는 바가 있으니, 그러므로 귀매괘로 받는다(進必有所歸, 故受之而歸妹)"라고 하였다.

「잡괘」의 '여지종女之終'은 여자가 종신한다는 뜻이다. 귀매는 여자가 시집가서 종신할 곳을 얻은 것이라는 말이다.『집해』에 우번은 "귀매는 인간사의 끝과 시작이니, 여자는 시집에서 종신하며, 한 남자를 따라 종신하므로 여자가 종신하는 것이다(歸妹, 人之終始, 女終於嫁, 從一而終, 故女之終也)"라고 하였다. 그래서 귀매는 여자가 종신하는 것이다.

漸, 女歸待男行也.
점은 여자가 시집을 가는데 남자를 기다려 가는 것이다. '점'은 53번 괘이다.

漸

점 「단」에 "점은 나아간다는 뜻이다(漸之進也)"라고 하였다. 「상」에 "산 위에 나무가 있는 것이 점의 상이다(山上有木, 漸)"라고 하였다. 점괘는 아랫괘가 간이고 윗괘는 손이다. 간은 산이고 손은 나무이다. 산 위에 나무가 있으니, 나무는 점차 자라나 위로 나아간다. 「서괘」에 "점은 나아간다는 것이다(漸者, 進也)"라고 하였다. '점漸'은 점차 나아간다는 뜻이다. '귀歸'는 여자가 시집가는 것(出嫁)이다. '대남待男'은 남자의 친영을 기다리는 것이다. '행行'은 여자가 남자의 집으로 시집가는 것이다. 점괘 괘사에 "여자가 시집가면 길하다(女歸吉)"라고 하였다. 그래서 점은 여자가 시집가는데 남자의 친영을 기다려 가는 것이다.

姤, 遇也, 柔遇剛也.
구는 만난다는 것이니, 유가 강을 만나는 것이다. '구'는 44번 괘이다.

姤

구 「단」에 "'구'는 만난다는 뜻이니, 유가 강을 만나는 것이다(姤, 遇也, 柔遇剛也)"라고 하였다. 구괘는 한 음효가 아래에, 다섯 양효가 위에 있다. 아래의 한 음이 위의 다섯 양을 만나는 것이다. 또 윗괘 건은 양괘이고 아랫괘 손은 음괘이니, 아래의 손이 위의 건을 만나는 것이다. 「상」에 "하늘 아래에 바람이 있는 것이 구의 상이다(天下有風, 姤)"라고 하였다. 구괘는 윗괘가 건이고 아랫괘는 손이다. 건은 하늘이고 손은 바람이다. 하늘 아래에 바람이 있으니, 바람은 만물에 두루 불어 바람과 만물이 서로 만나지 않는 것이 없다. 「서괘」에 "'구'는 만난다는 것이다(姤, 遇也)"라고 하였다. '유우강柔遇剛'에서 '유柔'는 아래의 한 음효(初六)를, '강剛'은 위의 다섯 양효(五陽)를 가리킨다. 그래서 구는 만난다는 것이니, 유가 강을 만나는 것이다.

夬, 決也, 剛決柔也. 君子道長, 小人道憂也.

쾌는 결단하는 것이니, 강이 유를 결단하는 것이다.
군자의 도는 자라나고 소인의 도는 사라진다.

문장에서 '유柔', '우憂'는 운이다.

유백민: '柔', 十八尤; '憂', 十八尤; 爲韻

스즈키: '궁窮', '종終', '행行', '강剛', '유柔', '우憂'.

夬, 決也, 剛決柔也.

쾌는 결단하는 것이니, 강이 유를 결단하는 것이다. '쾌'는 43번 괘이다.

夬

쾌 「단」에 "'쾌'는 결단한다는 뜻이니, 강이 유를 결단하는 것이다(夬, 決也, 剛決柔也)"라고 하였다. 쾌괘는 다섯 양효가 아래에, 한 음효가 꼭대기에 있다. 아래의 다섯 양의 세력이 위로 올라가 꼭대기의 한 음을 결단하는 상이다. 즉 아래의 다섯 군자가 위의 한 소인을 결단하는 것이다. '강결유剛決柔'에서 '강剛'은 아래의 다섯 양효(五陽)를, '유柔'는 꼭대기 한 음효(上六)를 가리킨다. 「상」에 "못이 하늘 위에 있는 것이 쾌의 상이다(澤上於天, 夬)"라고 하였다. 쾌괘는 윗괘가 태이고 아랫괘는 건이다. 태는 못이고 건은 하늘이다. 못이 하늘 위에 있으니, 못은 터져서 비가 되어 아래로 내려 만물을 윤택하게 한다. 「서괘」에 "쾌는 터진다는 것이다(夬者, 決也)"라고 하였다. '쾌夬'는 '결決'이며, 터지다, 결단하다는 뜻이다. 아래의 다섯 양효가 위의 한 음효를 결단하는 것이다. 그래서 쾌는 결단하는 것이니, 강이 유를 결단하는 것이다.

君子道長, 小人道憂也.

군자의 도는 자라나고 소인의 도는 사라진다. 쾌괘는 아래 다섯 효가 양이고 꼭대기 효는 음이다. 양의 세력이 성하고 음의 세력이 미약하니, 강이 유를 결단한다. 강은 군자이고 유는 소인이다. 그런즉 군자의 도는 자라나고, 소인의 도는 사라지는 상이다.

'우憂'에 대해 몇 가지 해석이 있다.

첫째, 고형은 『집해』에는 '우憂'가 소消로 되어 있다(集解本憂作消). '우憂'는 당연히 '소消'로 읽는다(憂當讀爲消). 태泰 「단」에 '군자의 도는 자라나고 소인의 도는 사라진다'고 하였는데 이것을 가지고 증명할 수 있다(泰彖傳曰‥'君子道長, 小人道消也.' 可證)"라고 하였다. 그는 "군자의 도는 번성하고, 소인의 도는 쇠퇴한다"라고 해석하였다.

둘째, 『집해』에는 '소消'로 되어 있는데, 우번의 해석을 보면 '소消'자를 사용하지
않고 '우憂'자를 사용하여 해석하고 있다. 진고응은 "'우'는 곤궁하다는 뜻이다('憂', 困
厄). 우와 유는 유부의 운이다(憂柔協幽部韻). 『집해』는 태 「단」을 따라 '우憂'를 '소消'로
고쳤다(『集解』本涉「泰·象」而改'憂'爲'消')"라고 하였다.

셋째, 필자는 본래 '소消'로 써야 하는데, 운을 맞추기 위해 의도적으로 '우憂'자로
바꿔 썼다고 생각한다. '유柔'와 '우憂'는 운이다. 따라서 필자는 태 「단」을 따라 '우憂'
를 '소消'로 읽고, 사라진다는 뜻으로 해석하였다. 그래서 군자의 도는 자라나고 소인
의 도는 사라진다.

「잡괘」가 취한 괘명의 뜻을 정리함

1. 건乾 …… 강건하다(剛).
2. 곤坤 …… 유순하다(柔).

8. 비比 …… 즐겁다(樂).
7. 사師 …… 근심하다(憂).

19. 임臨 …… 베풀다(與).
20. 관觀 …… 구하다(求).

3. 준屯 …… 나타나 그 있을 곳을 잃지 않는 것(見而不失其居).
4. 몽蒙 …… 뒤섞여 드러나는 것(雜而著).

51. 진震 …… 움직이다(起).
52. 간艮 …… 멈추다(止).

41. 손損 …… 융성의 시작(盛之是).
42. 익益 …… 쇠퇴의 시작(衰之始).

26. 대축大畜 …… 때를 기다림(時).

25. 무망无妄 …… 재앙을 방비함(災).

45. 췌萃 …… 모이는 것(聚).
46. 승升 …… 위로 올라가 돌아오지 않는 것(不來).

15. 겸謙 …… 자신을 가볍게 여기는 것(輕).
16. 예豫 …… 태만한 것(怠).

21. 서합噬嗑 …… 먹는 것(食).
22. 비賁 …… 색이 없는 것(无色).

58. 태兌 …… 드러나는 것(見).
57. 손巽 …… 엎드리는 것(伏).

17. 수隨 …… 일이 없는 것(无故).
18. 고蠱 …… 일을 하는 것(飭).

23. 박剝 …… 떨어지다(爛).
24. 복復 …… 돌아오다(反).

35. 진晉 …… 낮(晝).
36. 명이明夷 …… 밤(誅).

48. 정井 …… 통하는 것(通).
47. 곤困 …… 서로 통하지 않는 것(相遇).

31. 함咸 …… 빠른 것(速).
32. 항恒 …… 항구하다(久).

59. 환渙 …… 떨어지다(離).
60. 절節 …… 제지하다(止).

40. 해解 …… 풀다(緩).

39. 건蹇 …… 어렵다(難).

38. 규睽 …… 밖에서 떨어지는 것(外).

37. 가인家人 …… 안에서 화목한 것(內).

12. 비否 …… 막히다.

11. 태泰 …… 통하다.

34. 대장大壯 …… 멈추는 것(止).

33. 둔遯 …… 물러나는 것(退).

14. 대유大有 …… 많은 것(衆).

13. 동인同人 …… 친한 것(親).

49. 혁革 …… 옛 것을 없애는 것(去故).

50. 정鼎 …… 새 것을 취하는 것(取新).

62. 소과小過 …… 과실(過).

61. 중부中孚 …… 믿음(信).

55. 풍豐 …… 친한 사람이 많은 것(多故).

56. 여旅 …… 친한 사람이 적은 것(寡親).

30. 리離 …… 위로 올라가는 것(上).

29. 감坎 …… 아래로 내려가는 것(下).

9. 소축小畜 …… 적은 것(寡).

10. 이履 …… 멈추지 않는 것(不處).

5. 수需 …… 나아가지 않는 것(不進).

6. 송訟 …… 친하지 않는 것(不親).

28. 대과大過 …… 전복되는 것(顚).
27. 이頤 …… 바른 것을 기르는 것(養正).

63. 기제旣濟 …… 이루다(定).
64. 미제未濟 …… 남자가 궁한 것(男之窮).

54. 귀매歸妹 …… 여자가 종신하는 것(女之終).
53. 점漸 …… 여자가 시집을 가는데 남자를 기다려 가는 것(女歸待男行).

44. 구姤 …… 만나다(遇).
43. 쾌夬 …… 결단하다(決).

여기까지, 「잡괘」가 취한 육십사괘 괘명의 뜻을 모두 정리하였다.

건「단」의 '乾元'과 곤「단」의 '坤元'에 대한 보충 설명

———

필자는 2019년에 『주역 단·상·문언전』을 출판하였다. 이 책은 「단」「상」「문언」을 전문적으로 연구한 책이다. 필자는 이 책에서 건「단」의 '大哉乾元'의 '元'자는 잘못 들어간 것이라 하고 '大哉乾乎'가 맞는다고 주장하였다. 또 곤「단」의 '至哉坤元'에서 '元'자는 잘못 들어간 것이라 하고 '至哉坤乎'가 바르다고 주장하였다. 지금도 이 주장에는 변함이 없으나 왜 '元'자가 잘못 들어갔는가에 대해 필자의 주장을 보충 설명할 필요가 있어 잠시 여기에 기술하고자 한다.

1. 『주역 단·상·문언전』에서 건「단」의 앞부분 내용을 인용하겠다.

　彖曰 大哉'乾元'! 萬物資始, 乃統天.
　위대하다, '건'이여! 만물은 이것에서 비롯되나니, 곧 하늘에 속한다.

괘명 '乾'을 해석하였다. '대재건원大哉乾元'은 '대재건호大哉乾乎'라고 하는 것이 바르다. '만물자시萬物資始, 내통천乃統天'은 괘명 '건乾'을 설명한 말이지, 괘명과 괘사 '원元'을 설명한 글이 아니다. 「단」은 일관되게 '원형元亨'으로 붙여 읽고 '크게 형통하다(大亨)'라고 해석하였지, '원元, 형亨'으로 끊어 읽지 않았다. 괘사에 '元亨利貞'을 말한 것이 6곳, '元亨'을 말한 것이 4곳 있는데, 「단」은 하나같이 '대형大亨'으로 읽었다. 모두 인용하겠다.

'원형리정'을 해석한 6곳
　① 건乾「단」: 雲行雨施, 品物流形. 구름이 흐르고 비가 내리니 만물은 크게 형통하다.

('流形'은 「단」의 체례에 따르면 '大亨'으로 읽는 것이 바르다.)

② 준屯「단」: 大亨貞. 크게 형통하고 바르다. ('大亨以正'으로 하는 것이 바르다.)

③ 수隨「단」: 大亨貞无咎. 크게 형통하고 바르고 허물이 없다.

④ 임臨「단」: 大亨以正, 天之道也. 크게 형통하고 바른 것은 하늘의 도이다.

⑤ 무망无妄「단」: 大亨以正, 天之命也. 크게 형통하고 바른 것은 하늘의 명이다.

⑥ 혁革「단」: 大亨以正. 크게 형통하고 바르다.

이상 괘사 '원형리정'을 「단」은 일관되게 '大亨以正(크게 형통하고 바르다)'으로 해석하였다. 「단」은 '이利'를 말하지 않았지만, 크게 형통하고 바르다, 그러므로 '이롭다'고 여긴 것이다.

'원형'을 해석한 4곳

① 곤坤「단」: 含弘光大, 品物咸亨. 품은 것이 크고 넓으니, 만물은 모두 형통하다.

　　('咸亨'은 「단」의 체례를 따르면 '大亨'으로 쓰는 것이 바르다.)

② 대유大有「단」: 是以元亨. 그래서 크게 형통하다는 것이다.

　　('元亨'은 '大亨'으로 읽는 것이 바르다.)

③ 고蠱「단」: 蠱元亨, 而天下治也. 고가 크게 형통하니 천하는 다스려진다.

④ 승升「단」: 是以大亨. 그래서 크게 형통하다는 것이다.

이상 괘사의 '원형'을 「단」은 일관되게 '大亨(크게 형통하다)'으로 해석하였다.

따라서 「단」의 체례에 의하면 괘명 '건乾' 뒤에 '원元' 한 글자가 들어갈 수 없다. 「문언」에 기록이 있다.

　　大哉乾乎! 剛健中正, 純粹精也.
　　위대하다, 건이여! 강건하고 중정하며, 순수하고 정묘하다.

「문언」의 이 형식은 「단」과 꼭 같다. '강건중정剛健中正, 순수정야純粹精也'는 괘명 '건乾'을 찬양한 말이고, '건乾', '정正', '정精'은 운이다.

　　건乾「단」: 大哉乾乎! 萬物資始, 乃統天.

「문언」과 「단」의 기록은 꼭 같지 않은가?

본래 「단」은 '大哉乾乎'라고 기록되어 있었는데, 「단」의 체례를 이해하지 못한 한 대의 어느 유생이 '원元'자를 삽입하였을 것이다. 왜 삽입하였는가? 「문언」은 '乾, 元, 亨, 利, 貞.'이라고 읽고, 건의 4덕과 군자의 4덕으로 해석하였다. 「문언」에 '乾元'이 라고 기록한 것이 3곳 있다.

① 乾元'用九', 天下治也. 건원의 용구는 천하가 다스려진다는 것이다.
② 乾元'用九', 乃見天則. 건원의 용구는 곧 하늘의 법칙을 나타낸 것이다.
③ 乾元(亨)者, 始而亨者也. 건의 '원(형)'은 만물이 비롯되고 형통하다는 것이다.

이 기록을 통해 한대의 어느 유생이 「문언」의 형식을 따라 「단」의 첫머리 '大哉乾 乎'를 '大哉乾元'으로 뜯어고친 것임을 알 수 있다. '대재건호大哉乾乎'라고 읽는 것이 「단」의 형식과 뜻에 부합한다. '대재건호大哉乾乎'의 '乾'과 '내통천乃統天'의 '天'은 운 이다.

'大哉乾乎, 萬物資始, 乃統天'은 괘명 '건乾'을, '雲行雨施, 品物大亨'은 괘사 '원 형元亨'을 해석한 것이다. 필자는 「단」이 처음 쓰였을 때는 당연히 이와 같았으나, 「단」의 체례를 잘 이해하지 못한 한대의 어느 유생이 지금의 문장으로 뜯어고쳤을 것이라고 생각한다. 『집해』에 구가역이 '元者, 氣之始也'라고 하여 '원元'을 '기氣'로 해석하고, 또 후한의 순상이 '乾以雲雨, 流坤之形'이라고 한 것으로 보아 한대 유생 의 소행임이 분명하다. 그는 「문언」을 따라 '大哉乾乎'에 '乎'를 지우고 '元'자를 갖 다 붙이고, '品物大亨'을 '品物流亨'으로 고쳤는데, 이것을 또다시 잘못 기록하여 '品 物流形'이 된 것이다.

2. 『주역 단·상·문언전』에서 곤 「단」의 앞부분 내용을 인용하겠다.

象曰 至哉'坤元'! 萬物資生, 乃順承天.
지극하다, 곤이여! 만물은 이것에서 생겨나느니, 곧 유순히 하늘을 받든다.

괘명 '坤'을 해석하였다. '지재곤원至哉坤元'은 '지재곤호至哉坤乎'라고 하는 것이 바 르다. '만물자생萬物資生, 내순승천乃順承天'은 괘명 '곤坤'을 설명한 말이지, 괘명과 괘사 '원元'을 설명한 글이 아니다. 「단」은 일관되게 '원형元亨'으로 붙여 읽고 '크게 형 통하다(大亨)'라고 해석하였지, '원元, 형亨'으로 끊어 읽지 않았다.

괘명 '坤'에 대해,

① 한초에 필사된 『백서주역』에는 '坤'이 모두 '川'으로 되어 있다.
② 후한 말에 새겨진 희평熹平 석경에도 '巛'으로 되어 있다.
③ 『석문』에는 이렇게 기록되어 있다.

坤, 本又作巛. 巛, 今字也.
곤은 본래 또 천巛으로 썼다. 천巛은 금문이다.

'금자今字'는 한나라 때 예서隷書로 쓴 금문今文이라는 말이다. 한대에는 '坤'을 '巛' 으로 썼다는 것이다.

④ 『옥편玉篇』 천부川部에는 이렇게 기록하였다.

巛讀川, 古爲坤字.
천巛은 천川으로 읽으며, 옛날의 곤坤자이다.

이상의 내용을 살펴보면 『백서주역』이 필사된 한초는 물론 희평 석경이 새겨진 후한 말에 이르기까지 '坤'이라는 괘명은 모두 '川'으로 되어 있었다.

⑤ 그런데 『설문』 토부土部에는 이렇게 기록하였다.

坤, 地也. 易之卦也.
곤은 땅이다. 역의 괘이다.

후한 허신(58?~149)은 '坤'을 역의 괘라고 하였다. 후한 초 중기에 괘명으로 '坤'을 썼다는 기록이다. 필자는 괘명 '坤'에 대한 다섯 가지 기록을 정리하고 다음과 같이 결론을 내린다.

'坤'은 본래 괘명이 '川'이었다. 한대를 거치면서 점차 '坤'으로 정립되어, 왕필 본에 이르러 완전히 '川'이 '坤'으로 쓰였다. 후인들은 고문헌에 '川'으로 기록되어 있는 괘명을 모두 '坤'으로 바꿔 썼다. 『백서주역』은 한초에 땅 속으로 들어가 2천여 년 동안 발굴되지 않았고, 희평 석경은 돌에 새겨져 있었으므로 온전하게 '川'자를 그대로 간직하고 있었다.

희평 석경은 1920년대 낙양에서 출토된 후한 희평 연간의 잔석殘石을 말한다. 후한 12대 영제靈帝(재위:168~189) 희평熹平(172~178) 4년(175) 낙양洛陽의 태학太學에 『주역』『상서』 등 모두 7종의 경전을 돌에 새겼는데, 광화光和 6년(183)에 완성하여 태학 강당講堂의 동서 양쪽에 세웠다. 『주역』은 잔석 한쪽 면에 하경의 가인家人에서 귀매歸妹까지 18괘 286자, 또 다른 면에는 「문언」과 「설괘」 205자, 모두 합하여 491자가 새겨져 있다. 그 내용은 통행본과 대략 같으나 같지 않은 글자가 많다. 지금 서안西安 비림碑林에 보관되어 있다.

후한은 광무제光武帝 유수劉秀(재위:25~57)가 건국하여 14대 헌제獻帝 유협劉協(재위:189~220)에 멸망하였으며, 195년 동안 지속되었다. 후한 말, 12대 영제 때 태학 강당의 동서 양쪽에 세워진 석경은 국가의 공인된 문헌이다. 한나라 당시에는 '坤'자를 '川'으로 썼음을 알 수 있다.

「단」이 쓰인 전국 후기에는 당연히 '곤坤'이라 쓰지 않고 '川'이라고 썼다. 따라서 '至哉坤乎'는 당연히 '至哉川乎'로 되어 있었다. '지재천호至哉川乎'의 '川'과 '내순승천乃順承天'의 '天'은 운이다.

'至哉坤乎! 萬物資生, 乃順承天'은 괘명 '곤坤'을, '坤厚載物, 德合无疆. 含弘光大, 品物大亨'은 괘사 '원형元亨'을 해석한 것이다. 필자는 「단」이 처음 쓰였을 때는 '坤'이 '川'으로 되어 있고, 나머지는 당연히 이와 같았으나, 「단」의 체례를 잘 이해하지 못한 한대의 어느 유생이 지금의 문장으로 뜯어고쳤을 것이라고 생각한다. 『집해』에 구가역이 '乾氣至坤, 萬物資受而以生也'라고 하여 '기氣'로 해석하고, 또 후한의 순상이 '天地交, 萬物生, 故咸亨'이라고 한 것으로 보아 한대 유생의 소행임이 분명하다. 그는 「문언」을 따라 '至哉坤乎'에 '乎'를 지우고 '元'자를 갖다 붙이고, '品物大亨'을 '品物咸亨'으로 고친 것이다.

3. 보충 설명

필자는 앞에서 건 「단」의 괘명 '乾' 뒤에 '元'자가, 곤 「단」의 괘명 '坤' 뒤에 '元'자가 삽입된 것은 한대의 어느 유생이 「문언」을 따라 그렇게 한 것이라고 주장하였다. 그런데 왜 삽입하였는가에 대해서 충분히 설명하지 못하였다. 이것을 보충 설명해야 한다.

앞에서 말한 바와 같이 곤「단」의 앞부분은 본래 다음과 같이 되어 있었다.

至哉'川'乎! 萬物資生, 乃順承天.

'川'과 '天'은 운이다.

그런데 한대를 거치며 '川'이라는 괘명을 '坤'으로 바꿔 쓰게 되었다.

至哉 '坤'乎! 萬物資生, 乃順承天.

이렇게 바꿔 쓰니 '坤'과 '天'은 운이 맞지 않는다. 따라서 운을 맞추기 위해 '坤' 뒤에 '元'자를 의도적으로 삽입한 것이다. 고염무의『역음』에 다음과 같이 쓰여 있다.

'元', 二十二元; '天', 一先.

'元'과 '天'은 운이라는 말이다.

곤「단」이 '至哉坤元'으로 하였으니, 당연히 건「단」도 이렇게 바꿔야 한다.

大哉乾元, 萬物資始, 乃統天.

고염무의『역음』에 다음과 같이 쓰여 있다.

'元', 二十二元; '天', 一先.

'元'과 '天'은 운이라는 말이다.

위의 내용을 요약하면, 건「단」은 본래 '大哉乾乎'라고 되어 있었고, 곤「단」은 본래 '至哉川乎'라고 되어 있었다. 곤「단」의 '至哉川乎'를 '至哉坤乎'로 바꿔 쓰게 되니, '坤'과 뒤 구절의 '天'은 운이 맞지 않게 되었다. 운을 맞추기 위해 의도적으로

'元'자를 삽입하여 '至哉坤元'이라고 하였다. 따라서 건 「단」도 '大哉乾乎'를 '大哉乾元'으로 바꿔 쓴 것이다. 그래서 건 「단」과 곤 「단」의 괘명 뒤에 똑같이 '元'자가 들어가게 된 것이다. 건 「단」과 곤 「단」의 '元'은 뒤 구절의 '天'과 운이 맞다.

결론으로 말하여, '大哉乾乎', '至哉坤乎'로 되어 있는 것을 '大哉乾元', '至哉坤元'으로 바꿔 쓴 것은 ①「문언」을 따라서 ②운을 맞추기 위해서, 2가지 이유에서이다. ①「문언」을 따라서 '元'자를 삽입하였다면 왜 그렇게 하였는가에 대해서 필자는 충분하게 설명하지 못하였다. ②운을 맞추기 위해서라고 설명한다면 정확한 것이다. 그러나 어느 이유든 한나라 유생의 소행이라는 것은 분명한 것이다.

필자는 『주역 단·상·문언전』을 집필할 때 ①「문언」을 따라서 '元'자를 삽입하였다는 것만 알았지, ②운을 맞추기 위해서 '元'자를 삽입하였다는 사실은 알지 못하였다. 책이 막 출판되어 나올 무렵에 이 사실을 깨닫게 되었다. 그러나 더 이상 원고를 수정할 수 없는 상황이었다. 고전번역교육원 학생들에게 이 부분을 강의할 때 필자는 운을 가지고 정확하게 이해시킬 수 있었다. 그동안 혼자 끙끙 앓아오다가 이번 기회에 보충 설명하기로 작심하였다. 이 글을 써서 밝히고 나니 이제 필자의 마음이 한결 후련하게 되었다. 10여 년 뒤에 다시 책을 다듬어 출판하게 되면 본문 속에 필자의 주장을 반듯하게 밝혀놓을 것이다. 그 기회가 반드시 오는 행운이 있기를 바랄 뿐이다.

전국 시대 『주역』의 상황에 대하여

────

춘추 시대에는 주로 제후들이 주역점을 쳤고, 전국 시대가 되면 보편화되어 일반 백성들도 주역점을 쳤다. 그러나 전국 시대의 지식인들은 종종 『주역』의 괘효사를 인용하여 인간사를 논증하거나, 음양 변역, 도덕 수양 등 철학적 원리를 가지고 『주역』을 논하는 사례가 많았다. 『좌전』과 『국어』의 22조의 점친 사례 가운데 6조가 괘효사를 인용하여 인간사를 논한 것이다. 예를 들면, 『좌전』 「선공宣公 6년」(B.C.603)에 정나라 왕자 백료伯廖가 풍괘 꼭대기 음효(上六) 효사를 인용하여 공자公子 만만曼滿이 덕이 없으면서 욕심을 부려 장차 반드시 화를 당할 것이라고 말한 것이나, 또 「양공襄公 28년」(B.C.545)에 정나라 공자公子 대숙大叔이 복괘 꼭대기 음효(上六) 효사를 인용하여 초나라 왕이 정치와 덕을 닦음에 힘쓰지 않고 제후들을 지배하는 일에만 탐내고 있으니 흉을 면할 수 없을 것이라고 말한 것 등, 춘추 시대의 이러한 풍조가 전국 시대에 유행하게 된 것이다. 지금 전국(혹은 한대) 시대의 문헌에서 『주역』을 말하거나 괘효사를 인용한 문장을 소개하면서 전국 시대의 『주역』의 상황에 대해 알아보겠다.

『주역』을 인용한 문헌

양수달楊樹達(1885~1956)은 당대 유명한 언어문자학자이다. 그는 저서 『주역고의周易古義』에서 옛 문헌에 흩어져 있는 선진先秦 양한兩漢 삼국三國 시대의 주역설을 집록하여 정리하였다. 고형은 이를 참고하여 「선진 제자의 주역설(先秦諸子之周易說)」을 지었는데, 『주역대전금주』 끝부분 부록附錄 일一에 실려 있다. 필자는 이를 참고하여 전국 시대의 『주역』의 상황에 대해 기술하고자 한다.

1)『장자莊子』2곳

① 「천운天運」

　공자가 노자에게 말하였다. "저는 『시』,『서』,『예』,『악』,『역』,『춘추』의 육경을 공부하였는데, 스스로 오래 공부하여 그 뜻을 익히 알고 있다고 생각합니다.……"
孔子謂老聃曰 "丘治詩書禮樂易春秋六經, 自以爲久矣, 孰知其故矣.……"

　공자가 노자에게 말했다는 것은 「천운」을 지은 사람의 픽션이다. 그러나 이 문장을 통해 「천운」이 쓰인 당시(전국 후기일 것이다) 유가의 경서로 '육경'이 있었다는 것을 알 수 있다. '육경' 가운데의 '역'은 곧 『역경』, 즉 육십사괘 괘효사를 가리킨다. 유가의 서적에 '經'자를 붙여 사용한 것은 「천운」이 처음이다.

② 「천하天下」

『역』은 음양을 말한 것이다.
易以道陰陽

　'以'자는 개사가 아니라 주격조사로 사용된 것이다. 「천하」의 '易'은 『역전』을 가리킨다. 『역경』은 음양을 말하지 않았다. 괘효사에는 '음' '양' 두 글자의 기록이 한 곳도 없다. 중부괘 둘째 양효(九二)에 '鳴鶴在陰'이라고 하였는데, 여기에 '음陰'자가 기록되어 있으나, 이것은 그늘 '음蔭'으로 읽어야 한다. "학이 나무 그늘에서 울고 있다"는 말이다. 춘추 시대에도 음양으로 '역'을 말하지 않았다. 음양으로 『주역』을 해석한 것은 『역전』에서 비롯되었다. 필자의 『내 눈으로 읽은 주역: 역전해설』(2012년)에서 「음양가 성분」(449~461쪽)을 참고하라. 「천하」가 쓰인 당시(한대이다) 이미 『역전』「단」「상」「문언」「계사」 등이 세상에 유행하고 있었다. 즉 음양으로 『역』을 해설한 것은 당연히 전국 시대에 비롯된 것이다. 주백곤은 "'역이도음양'은 전국 시기의 역설의 특징을 개괄한 것이라고 말할 수 있다('易以道陰陽', 可以說是概括出戰國時期易說的特徵)"라고 하였다. (『역학철학사』제일권, 39쪽. 대북 藍燈출판사, 1991년)

2) 『순자荀子』 4곳

① 「비상非相」 1곳.

무릇 말이 선왕의 법도와 부합하지 않고 예의를 따르지 않는다면, 그것을 간사한 말이라고 한다. 비록 말을 잘한다고 하더라도 군자는 듣지 않는다. 선왕을 본받고 예의를 따르며 공부하는 사람과 친하다 하더라도 말하는 것을 좋아하지 않고 말하기를 즐기지 않는다면 절대로 참된 선비가 되지 못한다. 그러므로 군자는 말에 있어, 마음으로 좋아하고 행동으로 편안하게 하며 말로써 나타내는 것을 즐긴다. 그러므로 군자는 반드시 말을 잘한다. 무릇 사람은 그가 좋다고 여기는 바를 말하는 것을 좋아하지 않는 사람이 없지만, 군자는 이러한 것이 더욱 심하다. 그러므로 사람들에게 좋은 말을 해주면 금이나 보석이나 진주나 옥보다 더 소중히 여긴다. 사람에게 좋은 말을 권하면 보불 무늬보다 더 아름답게 여긴다. 사람에게 좋은 말을 들려주면 종고나 금슬을 연주하는 것보다 더 즐긴다. 그러므로 군자는 말에 있어 싫증을 내지 않는다. 천한 사람은 이와 반대로 사물의 실질만을 좋아하고 문식文飾은 중시하지 않는다. 그런 까닭에 평생 동안 비루하고 범속함을 면하지 못한다. 그러므로 『역』에 이르기를 "주머니를 묶으니, 허물도 명예도 없다"고 하였는데, 부패한 선비를 두고 한 말이다. 凡言不合先王, 不順禮義, 謂之姦言. 雖辯, 君子不聽. 法先王, 順禮義, 黨學者, 然而不好言, 不樂言, 則必非誠士也. 故君子之於言也, 志好之, 行安之, 樂言之, 故君子必辯. 凡人莫不好言其所善, 而君子爲甚. 故贈人以言, 重於金石珠玉. 觀人以言, 美於黼黻文章. 聽人以言, 樂於鐘鼓琴瑟. 故君子之於言無厭. 鄙夫反是, 好其實而不恤其文, 是以終身不免埤汙庸俗. 故易曰 "括囊, 无咎无譽." 腐儒之謂也.

말하기를 좋아하지 않는 사람은 자신의 선을 드러낼 수도 악을 나타낼 수도 없고, 깊이 감추어 두니 허물도 명예도 없다. 이것이 부패한 선비라는 것이다. 『순자』는 말을 아주 중시하여 2번 곤괘 넷째 음효(六四) 효사를 인용하여 자신의 주장을 논증하였다. 즉 주머니의 입을 잡아 매여 묶어놓는 것과 같이 입을 다물고 침묵하고 있으면, 해를 당하는 것도 명예를 얻는 일도 없다는 것이며, 이것이 부패한 선비가 하는 것이라는 말이다.

② 「대략大略」 3곳

㉠ 『역』의 함괘에 부부의 도가 나타나 있다. 부부의 도는 바르지 않을 수 없으니, 군신과 부자의 근본이다. 함은 느끼는 것이다. 높은 것이 낮은 것 아래에 있고, 남자가 여자의 아래에 있으며, 유가 위에 강이 아래에 있다. 빙사(선비를 초빙하는 예)의 뜻과 친영(신랑이 신부를 맞이하는 예)의 도이니, 시작을 중히 하는 것이다.
易之咸見夫婦. 夫婦之道不可不正也, 君臣父子之本也. 咸, 感也. 以高下下, 以男下女, 柔上而剛下. 聘士之義, 親迎之道, 重始也.

'함咸'을 느낀다는 뜻의 감感으로 읽어 부부의 도로 보고, "부부의 도는 바르지 않을 수 없으니, 군신과 부자의 근본이다"라고 하였는데, 이것은 전국 후기 순자 당시 유가들의 『주역』 함괘에 대한 보편적인 해석이었을 것이다. 31번 함괘는 윗괘가 태兌이고 아랫괘는 간艮이다. '이고하하以高下下'의 '高'는 아랫괘 간을, '下'는 윗괘 태를 가리킨다. 간은 산이고 태는 못이다. 높은 산이 낮은 못 아래에 있으므로 '높은 것이 낮은 것 아래에 있다'고 한 것이다. '이남하녀以男下女'의 '남'은 아랫괘 간을, '여'는 윗괘 태를 가리킨다. 간은 막내아들이고 태는 막내딸이다. 그래서 '남자가 여자의 아래에 있다'고 한 것이다. '유상이강하柔上而剛下'는 윗괘 태는 '유'이고 아랫괘 간은 '강'이다. 그래서 '유가 위에 강이 아래에 있다'고 한 것이다. 세 가지 모두 괘상으로 함을 해석한 것이다. 『순자』의 함에 대한 해석이 발전된 것이 『주역』 함 「단」이다.

㉡ 『역』에 이르기를 "바른 길로 돌아오니, 무슨 허물이 있겠는가?"라고 하였다. 『춘추』는 진나라 목공을 현명하다고 하였는데, 잘못을 바로잡을 수 있었기 때문이다.
易曰 "復自道, 何其咎?" 春秋賢穆公, 以爲能變也.

진秦 목공穆公(재위: B.C.659 ~ B.C.621)은 건숙蹇叔과 백리百里의 말을 듣지 않아 효함崤函에서 패하였으나 스스로 뉘우쳐 「진서秦誓」를 짓고 황구黃耉에게 의견을 물었으니 현명하다는 것이다. 9번 소축괘 처음 양효(初九) 효사를 인용하여 진나라 목공이 잘못을 바로 잡을 수 있었으므로 현명한 사람임을 말하였다.

㉢ 『역』에 능통한 사람은 점을 치지 않는다.

318

善爲易者不占.

　　善爲詩者不說 『시』에 능한 사람은 말하지 아니하고,
　　善爲易者不占 『역』에 능한 사람은 점을 치지 아니하며,
　　善爲禮者不相 『예』에 능한 사람은 칭찬하지 아니하니,
　　其心同也. 그 마음은 같다.

　『시』, 『역』, 『예』는 모두 책이름이며, '역'은 『역경』, 즉 점책을 가리킨다. 순자 당시
(전국 후기) 아직 『역전』은 세상에 나오지 않았다.

3) 『여씨춘추呂氏春秋』 4곳

① 「무본務本」

　안위와 영욕의 근본은 임금에게 있고, 임금의 근본은 종묘에 있으며, 종묘의 근본
은 백성에게 있고, 백성이 다스려지고 혼란스러운 것은 관리에게 달려 있다. 『역』에
이르기를 "바른 길로 돌아오니, 무슨 허물이 있겠는가? 길하다"고 하였는데, 근본이
잘못되지 않으면 움직여도 마침내 기쁨이 있음을 말한 것이다.
安危榮辱之本在於主, 主之本在於宗廟, 宗廟之本在於民, 民之治亂在於有司. 易曰
"復自道, 何其咎? 吉." 以言本無異, 則動卒有喜.

　9번 소축괘 처음 양효(初九) 효사를 인용하여 자신의 주장을 논증하였다. 자신이
지켜야 할 본분으로 돌아와 정상적인 궤도를 벗어나지 않는다면 무슨 허물이 있겠
는가? 당연히 길하다는 말이다. 그래서 "근본이 잘못되지 않으면 움직여도 마침내
기쁨이 있다"라고 하였다.

② 「신대람愼大覽」

　무왕이 은을 이겼을 때, 포로 두 사람을 잡아 "너희들 나라에 요사스러운 일이 있
는가?" 하고 물었다. 한 포로가 대답하기를 "우리나라에 요사스러운 일이 있습니다.
낮에 별이 나타나고 하늘에서 피가 비처럼 내렸는데, 이것이 우리나라의 요사스러운

일입니다"라고 하였다. 다른 포로가 대답하기를 "이것들은 요사스러운 일이기는 합니다만 대단한 것은 아닙니다. 우리나라의 매우 심각한 요사스러운 일은 아들이 아버지의 말을 듣지 않고, 아우가 형의 말을 따르지 않으며, 임금의 명령이 행하여지지 않는 것이니, 이것이 요사스러운 것 가운데 중대한 것입니다"라고 하였다. 무왕이 자리에서 일어나 두 번 절하였다. 이것은 포로를 존중해서가 아니라 그들이 한 말을 귀하게 여겼기 때문이다. 그러므로 『역』에 이르기를 "두려워하는 것이 호랑이 꼬리를 밟는 것과 같이 하니 마침내 길하다"고 하였다.

武王勝殷, 得二虜以問焉. 曰 "若國有妖乎?" 一虜對曰 "吾國有妖, 晝見星而天雨血, 此吾國之妖也." 一虜對曰 "此則妖也, 雖然, 非其大者也. 吾國之妖甚大者, 子不聽父, 弟不聽兄, 君令不行, 此妖之大者也." 武王避席再拜之. 此非貴虜也, 貴其言也. 故易曰 "愬愬, 履虎尾, 終吉."

무왕이 포로가 한 말을 귀하게 여겨 나라를 다스리는 것을 호랑이 꼬리를 밟은 것과 같이 두려워하니 마침내 길하다는 말이다. 10번 이괘履卦 넷째 양효(九四) 효사를 인용하여 자신의 주장을 논증하였다. 효사 원문은 '履虎尾, 愬愬, 終吉'로 되어 있다. "호랑이 꼬리를 밟아 두려워하나, 마침내 길하다"는 말이다.

③「소류召類」

(진晉의) 조간자가 위나라를 정벌하고자 사묵을 보내어 정탐하게 하였다. 기한은 한 달이었는데 여섯 달이 되어서야 돌아왔다. 조간자가 "왜 이렇게 늦었는가" 하고 물었더니 사묵이 말하기를 "이익을 도모하다가 해를 당하였으니, 아직 살피지 않은 것이 있습니다. 위나라는 지금 거백옥을 재상으로 하고, 사추가 보좌하고, 공자가 빈객이 되고, 자공이 임금 앞에서 영을 행하는데 (임금이) 매우 잘 따릅니다. 『역』에 이르기를 '현명한 사람이 무리를 이루니, 길함이 시작 된다'고 하였습니다. '환渙'은 현명하다는 것입니다. '군羣'은 무리입니다. '원元'은 길한 것이 비롯되는 것입니다. '현명한 사람이 무리를 이루니, 길함이 시작 된다'는 것은 보필하는데 현명한 사람이 많다는 것입니다"라고 하였다. 조간자는 군사를 거두고 움직이지 않았다.

趙閒子將襲衛, 使史黙往睹之, 期以一月. 六月而后反. 趙閒子曰 "何其久也?" 史黙曰 "謀利而得害, 猶弗察也. 今據柏玉相, 史鰌佐焉, 孔子爲客, 子貢使令於于君前, 甚聽. 易曰 '渙其羣, 元吉.' 渙者, 賢也. 羣者, 衆也. 元者, 吉之始也. '渙其羣元吉'者, 其佐多賢也."趙簡子按兵而不動.

　　'조간자趙簡子'는 이름이 조앙趙鞅(?~B.C.475)이며, 시호가 '簡'이다. 진晉나라 대부이며, 최고 권력자였다. 정공定公(재위: B.C.511~B.C.475) 때 집정하여 17년 동안 나라를 다스렸다. 집정 기간은 B.C.492~B.C.475이다. 59번 환괘渙卦 넷째 음효(六四) 효사를 인용하였다. '渙其羣'을 현명한 사람이 무리를 이룬다고 해석하였다. 따라서 길함이 시작 된다는 것이다. '渙者, 賢也'는 현명한 신하들이 흩어진 백성의 마음을 결집한다는 것이다. 즉 위나라는 거백옥, 사추, 공자, 자공 등의 현명한 신하들이 무리를 이루어 흩어진 백성의 마음을 결집하여 잘 다스리고 있다는 것이다. 그래서 조간자는 정벌을 포기하였다. 효사 원문은 '渙其羣, 元吉. 渙有丘, 匪夷所思'으로 되어 있다. "물이 사람들을 휩쓸고 흘러가나, 가장 길하다. 물이 언덕을 휩쓸고 흘러간다면, 평소의 생각이 아니다"라는 말이다.『백서주역』「목화」에도 이와 유사한 내용이 기록되어 있다.

　　④「일행壹行」

　　공자가 점을 쳐서 비괘를 얻었다. 공자가 "불길하다"고 말하자 자공이 말하기를 "무릇 꾸미는 것은 또한 좋은 것인데 어찌 불길하다고 하십니까?"라고 하였다. 공자가 말하기를 "무릇 희면 희고, 검으면 검어야지 꾸미는 것이 또 무엇이 좋다는 것인가"라고 하였다.
孔子卜得賁. 孔子曰 "不吉." 子貢曰 "夫賁亦好矣, 何謂不吉乎?" 孔子曰 "夫白而白, 黑而黑, 夫賁又何好乎."

　　점을 쳐서 비괘賁卦를 얻어 괘명의 뜻을 가지고 점을 해석하면서 자신의 주장을 말하였다. '비賁'는 22번 괘이며,『설문』패부貝部에 "'비賁'는 꾸민다는 뜻의 식飾이다. 패貝로 되어 있고, 훼屮는 성음이다(賁, 飾也. 从貝, 屮聲)"라고 하였다.

　　4)『관자管子』1곳

　　「산권수山權數」

『역』이라는 것은 길흉 성패를 점치는 것이다. 복은 길흉 이해를 점치는 것이다.……『역』은 길흉화복을 점쳐 어지럽히지 않는다.

易者, 所以守凶吉成敗也. 卜者, 卜凶吉利害也.……易守禍福凶吉不相亂.

'易'은『역경』을 가리키며, 길흉 성패를 알 수 있는 점책으로 파악하였다.

5)『주례周禮』2곳

①「춘관대복春官大卜」

"대복은 세 가지 역의 관법을 맡아 처리하였다. 첫째는『연산』이고, 둘째는『귀장』이며, 셋째는『주역』이다. 경괘는 모두 여덟 개이고, 별괘는 모두 육십네 개이다.

大卜掌三易之法, 一曰連山, 二曰歸藏, 三曰周易. 其經卦皆八, 其別皆六十有四.

『연산』,『귀장』,『주역』을 삼역三易이라고 하는데, 삼역은 모두 기본 괘가 여덟 개이고, 겹친 괘가 육십사괘라는 것이다. 삼역은 모두 점책이다.

②「춘관서인春官簭人」

점치는 사람은 세 가지 역을 관장하여 아홉 점의 이름을 분별하였다. 첫째는『연산』이고, 둘째는『귀장』이며, 셋째는『주역』이다. 아홉 점의 이름은 첫째는 무경巫更, 둘째는 무함巫咸, 세째는 무식巫式, 네째는 무목巫目, 다섯째는 무역巫易, 여섯째는 무비巫比, 일곱째는 무사巫祠, 여덟째는 무참巫參, 아홉째는 무환巫環이니, 이것으로 길흉을 분별하였다.

簭人掌三易以辨九簭之名, 一曰連山, 二曰歸藏, 三曰周易. 九簭之名‥一曰巫更, 二曰巫咸, 三曰巫式, 四曰巫目, 五曰巫易, 六曰巫比, 七曰巫祠, 八曰巫參, 九曰巫環. 以辨吉凶.

삼역은 모두 점책이다. 무당(巫)이 시초점(筮)을 관장하였기 때문에, 아홉 점의 이름은 모두 巫자가 앞에 붙어 있다.

6) 『예기禮記』8곳

① 「경해經解」1곳

청정하고 세심한 것은 『역』의 교화이다.……『역』의 결점은 미신에 빠지는 것이다.……그 사람됨이…… 청정하여 세심하면서 미신에 빠지지 않는다면 곧 『역』에 깊은 것이다.

潔靜精微, 易敎也.…… 易之失, 賊.…… 其爲人也…… 潔靜精微而不賊, 則深於易者也.

이 문장에서는 『시』, 『서』, 『예』, 『악』, 『역』, 『춘추』 6경의 교화를 말하였다. '역'은 『역경』을 가리킨다. 그래서 "『역』의 결점은 미신에 빠지는 것"이라고 하였다. 「경해」는 『주역』을 아주 훌륭한 도덕 수양서로 여겼다.

② 「방기坊記」2곳

㉠ 공자께서 말씀하셨다. "(빈객을) 공경하면 제기를 사용한다. 그러므로 군자는 보잘것없다고 예를 폐하지 아니하고, 좋다고 해서 예를 없애지 않는다. 그러므로 식례에서 주인이 친히 음식을 주면 객은 그 음식으로 제사를 지내고, 주인이 친히 음식을 주지 않으면 객은 제사를 지내지 않는다. 그러므로 군자는 진실로 예가 없으면 아무리 좋은 음식이라도 먹지 않는다. 『역』에 이르기를 '동쪽 이웃에서 소를 잡아 성대하게 제사를 지내는 것이 서쪽 이웃의 간소한 제사만 못하니, 실제 그 복을 받는다'고 하였고, 『시』에 이르기를 '술에 이미 취하였고, 덕에 이미 배불렀네'라고 하였다. 이것을 가지고 백성에게 알려도 백성은 오히려 이로움을 다투고 의로움을 잊는다."

子云 "敬則用祭器. 故君子不以菲廢禮, 不以美沒禮. 故食禮, 主人親饋, 則客祭. 主人不親饋, 則客不祭. 故君子苟無禮, 雖美不食焉. 易曰 '東鄰殺牛, 不如西鄰之禴祭, 實受其福.' 詩云 '旣醉以酒. 旣飽以德.' 以此示民, 民猶爭利而忘義."

예의 중요성을 63번 기제괘 다섯째 양효(九五) 효사를 인용하여 주장하였다. '동린東鄰'은 은나라, '서린西鄰'은 주나라를 가리킨다. 은나라에서 소를 잡아 성대하게 제사를 지내는 것이 주나라의 간소하나 예를 다한 제사만 못하니 주나라가 실제로 복을 받는다는 것이다. 또 『시경』의 구절은 예를 넉넉히 행한다는 뜻으로 인용하였다. 이것을 가지고 자신의 주장을 논증하며, "군자는 진실로 예가 없으면 아무리 좋은 음식이라도 먹지 않는다", "백성에게 알려도 백성은 오히려 이로움을 다투고 의로움을 잊는다"라고 한 것이다. 『시』는 「大雅·旣醉」에서 인용하였다.

ⓛ 공자께서 말씀하셨다. "예를 폐백보다 앞서 하는 것은 백성들이 일을 먼저하고 녹을 뒤에 하도록 하고자 함이다. 재물을 앞에 하고 예를 뒤에 하면 백성이 이로움을 탐하고, 사양함이 없이 마음대로 행하면 백성은 다툰다. 그러므로 군자는 물건을 보낸 자를 볼 수 없으면 그 물건을 보지 않는다. 『역』에 이르기를 '밭을 갈지 않아 수확할 것이 없고, 개간하지 않아 경작할 것이 없으니, 흉하다'고 하였다. 이것을 가지고 백성을 막아도 백성은 오히려 녹을 귀하게 여기고 (예의바른) 행동을 천하게 여긴다."
子云 "禮之先幣帛也, 欲民之先事而后祿也. 先財而后禮則民利, 無辭而行情則民爭. 故君子於有饋者弗能見, 則不視其饋. 易曰 '不耕穫, 不菑畬, 凶.' 以此坊民, 民猶貴祿而賤行."

25번 무망괘 둘째 음효(六二) 효사를 인용하였다. 효사 원문은 '不耕穫, 不菑畬, 則利有攸往'으로 되어 있고, '흉凶'자는 없다. "밭을 갈지 않아 수확할 것이 없고, 개간하지 않아 경작할 것이 없으니, 갈 곳이 있으면 이롭다"라는 말이다. 뿌린 대로 거둔다는 사실을 백성에게 알려도 백성들은 오히려 녹을 귀하게 여기고 예의바른 행동을 천하게 여긴다는 것이다.

③「표기表記」3곳

㉠ 공자께서 말씀하셨다. "말이 없으면 서로 접하지 않고, 예가 없으면 서로 보지 않으니, 이것은 백성이 서로 모독하지 않게 하고자 함이다. 『역』에 이르기를 '처음 점을 치면 알려주고, 두 번 세 번 점을 치면 (점을 치는 사람을) 욕되게 하는 것이니, 욕되게 하면 알려주지 않는다'고 하였다."
子曰 "無辭不相接也, 無禮不相見也, 欲民之毋相褻也. 易曰 '初筮告, 再三瀆, 瀆則不告.'"

4번 몽괘 괘사를 인용하였다. 인용한 괘사와 공자의 말은 아무런 관련이 없으며,

다만 '독瀆'을 가지고 '설褻'자를 해석하였다. '독瀆'은 '독瀆'과 같으며, 더럽히다, 모독하다, 욕되다는 뜻의 욕辱이다. 『석문』에 육덕명은 "어지럽다는 뜻의 난亂", 정현은 "더럽힌다는 뜻의 설(鄭云褻也)"이라고 하였다.

ⓛ 공자께서 말씀하셨다. "임금을 섬기면서 큰일에 공헌하면 사람은 큰 이익을 바라고, 작은 일에 공헌하면 사람은 작은 이익을 바란다. 그러므로 군자는 작은 일을 한 것으로 큰 녹을 받지 아니하고, 큰일을 한 것으로 작은 녹을 받지 아니한다. 『역』에 이르기를 '집안사람들만 먹지 않으니 길하다'고 하였다."
子曰 "事君大言入則望大利, 小言入則望小利. 故君子不以小言受大祿, 不以大言受小祿. 易曰 '不家食, 吉.'"

26번 대축괘 괘사를 인용하여 임금이 가축을 길러 집안사람들에게만 먹이지 않고 많은 사람들과 함께 나누어 먹는 것이 길하다는 뜻으로 설명하였다. 괘사 원문은 '利貞. 不家食吉. 利涉大川'으로 되어 있다. "이롭다는 점이다. 가축을 집에서 먹이지 않으니 길하다. 큰 내를 건너면 이롭다"라는 말이다.

ⓒ 공자께서 말씀하셨다. "임금을 섬기면서 군대에서는 어려운 일을 피하지 아니하고, 조정에서는 빈천한 일을 사양하지 않아야 한다. 그 지위에 처해서 그 일을 행하지 않으면 어지러워진다. 그러므로 임금이 그 신하를 부리는데 (신하가) 할 수 있는 일이면 삼가고 생각해서 그 일을 하고, 그렇지 않으면 깊이 생각해서 그 일을 하며, 일을 다 하여 물러나는 것이 신하의 충후함이다. 『역』에 이르기를 '왕후를 받들지 아니하고, 일을 중시한다'고 하였다."
子曰 "事君, 軍旅不辟難, 朝廷不辭賤. 處其位而不履其事, 則亂也. 故君使其臣, 得志則愼慮而從之, 否則孰慮而從之, 終事而退, 臣之厚也. 易曰 '不事王侯, 高尚其事.'"

18번 고괘 꼭대기 양효(上九) 효사를 인용하였는데, '高尚其事'의 '사事'는 임금이 신하에게 맡긴 일을 가리킨다. 효사의 해석은 당연히 "왕후를 받들지 아니하고, (맡은) 일을 중시한다"고 해야 할 것이다. 효사의 본뜻은 "왕을 섬기지 않으니, 그 일이 고상하다"라는 것이다.

④「치의緇衣」 1곳,

공자께서 말씀하셨다. "남쪽 나라 사람이 말하기를 '사람이 항구함이 없으면 복도 서도 할 수 없을 것이다'고 하였는데, 옛날 사람이 남긴 말인가? 거북점도 시초점도 오히려 알 수가 없는데 하물며 사람이겠는가? 『시』에 이르기를 '거북도 싫증이 나서 길흉을 알려주지 않네'라고 하였다. 『상서』「열명」에 이르기를 '벼슬이 악덕한 사람에게 미치도록 하지 말라. 백성이 일어나서 일을 바르게 하게 된다. 악덕한 사람에게 제사를 지내게 하는 것은 불경한 일이 된다. 일이 번거로우면 어지럽고 귀신을 섬기면 복을 얻기가 어렵다'고 하였다. 『역』에 이르기를 '그 덕을 항구히 하지 않으면, 혹 부끄러움을 받는다.' '그 덕을 항구히 하는 것은 바른 것이나, 부인은 길하고, 남편은 흉하다'고 하였다."
子曰"南人有言曰'人而無恒, 不可以爲卜筮.' 古之遺言與? 龜筮猶不能知也, 而況 於人乎. 詩云'我龜旣厭, 不我告猶.' 兌命曰'爵無及惡德. 民立而正事, 純而祭祀, 是 爲不敬. 事煩則亂, 事神則難.' 易曰'不恒其德, 或承之羞.' '恒其德, 偵, 婦人吉, 夫子 凶.'"

32번 항괘 셋째 양효(九三)와 다섯째 음효(六五) 효사를 인용하여 항구한 마음을 가져야 한다는 것을 논증하였다. '偵'은 효사 원문에 '貞'으로 되어 있다. 『시』는 「小雅·小旻」에서 인용하였다. 『상서』「열명說命」에는 '爵罔及惡德', '禮煩則亂, 事神則 難'으로 되어 있고 나머지 구절은 없다.

⑤「심의深衣」 1곳.

소매는 둥글게 해서 둥글 쇠에 맞게 하고, 굽은 깃은 자처럼 해서 반듯한 것에 맞게 한다. 부승은 복사뼈에 미치게 해서 곧은 것에 응하고, 아랫단의 바느질은 권형과 같이 해서 평평한 것에 응한다. 그러므로 둥글 쇠처럼 한 것은 다니는데 손을 들어 몸을 형용하고, 부승으로 반듯한 것을 껴안은 것은 그 정치를 곧게 하고 의리를 반듯하게 하라는 것이다. 그러므로 『역』에 이르기를 '곤의 둘째 음효는 덕행이 곧고 또 반듯하다는 것이다'라고 하였다. 하제를 권형과 같이 하는 것은 그 뜻을 편안히 하고 마음을 평탄하게 하는 것이다.
袂圜以應規, 曲袷如矩以應方, 負繩及踝以應直, 下齊如權衡以應平. 故規者行擧手以爲容, 負繩抱方者, 以直其政, 方其義也. 故易曰 '六二之動, 直以方也.' 下齊如權衡者, 以安志而平心也.

'直其政, 方其義'를 설명하면서 2번 곤괘 둘째 음효(六二) 「상」의 앞부분을 인용하였다. '역'은 『역전』을 가리키며, 곤괘 둘째 음효가 가운데 자리(中)와 바른 자리(正)에 있으므로 '정正'이라 하고 '방方'이라고 하였다. 「심의」는 「상」과 같은 시기 혹은 뒤에 쓰였다.

7) 『전국책戰國策』 1곳

「진책秦策」

"『시』에 이르기를 '모두 시작은 있었지만, 끝까지 잘한 나라는 드무네'라고 하였고, 『역』에 이르기를 '여우가 물을 건너는데, 꼬리를 적신다'고 하였다. 이것은 시작은 쉬우나 마침은 어렵다는 것을 말한 것이다. 어떻게 그러한 것을 아는가? 지씨는 조나라 정벌의 이로움만을 알았지 유차의 재앙은 알지 못하였다. 오나라는 제나라 정벌의 편리함만을 알았지 간대의 패함은 알지 못하였다. 이 두 나라는 큰 공이 없는 것은 아니나, 앞에 이로움이 펼쳐져 있으면 뒤에 근심하기 쉽다. 오나라는 월나라를 믿고 이를 따라 제나라를 정벌하여 애릉에서 제나라 군대를 이겼으나 돌아오는 길에 삼강의 어귀에서 월 왕에게 생포되었다. 지씨는 한과 위나라를 믿고 이를 따라 조나라를 정벌하여 진양의 성을 공격하였으나 이기는 데 날이 걸리자 한과 위나라가 배반하여 착태의 위에서 지백요를 죽였다."
"詩云 '靡不有初, 鮮克有終.' 易曰 '狐涉水, 濡其尾.' 此言始之易終之難也. 何以知其然也? 智氏見伐趙之利, 而不知楡次之禍也. 吳見伐齊之便, 而不知干隧之敗也. 此二國者非無大功也, 設利於前, 而易患於后也. 吳之信越也, 從而伐齊, 旣勝齊人於艾陵, 還爲越王禽於三江之浦. 智氏信韓魏, 從而伐趙, 攻晉陽之城, 勝有日矣, 韓魏反之, 殺智伯瑤於鑿台之上."

64번 미제괘 괘사를 인용하였다. 괘사 원문은 '亨. 小狐汔濟, 濡其尾, 无攸利'로 되어 있다. "형통하다. 작은 여우가 물을 거의 다 건너다가, 꼬리를 적시니, 이로울 것 없다"라는 말이다. 여우가 물을 건너는데 꼬리를 적신다는 괘사를 인용하여 시작은 쉬우나 마침은 어렵다는 것을 설명하였다. 『시』는「大雅·蕩之什·蕩」에서 인용하였다.

8)『시자尸子』1곳

「발몽發蒙」
공자께서 말씀하셨다 "일에 임하여 두려워한다면 이루지 못하는 것이 드물다. 『역』에 이르기를 '호랑이 꼬리를 밟은 것 같으나 마침내 길하다'고 하였다. 만약 여러 신하의 무리들이 모두 삼가고 두려워하여 호랑이 꼬리를 밟은 것 같이 한다면 어찌 이루지 못하는 것이 있겠는가?"
孔子曰 "臨事而懼, 希不濟. 易曰 '若履虎尾, 終之吉.' 若群臣之衆皆戒愼恐懼, 若履虎尾, 則何不濟之有乎?"

10번 이괘履卦 넷째 양효(九四) 효사를 인용하였다. 효사 원문은 '履虎尾, 愬愬, 終吉'로 되어 있다. "호랑이 꼬리를 밟아 두려워하나, 마침내 길하다"라는 말이다. 효사를 인용하여 호랑이 꼬리를 밟은 것처럼 두려워한다면 이루지 못하는 것이 없다는 것을 말하였다.

이상 23문장에서 24곳 인용되어 있다. (『예기』「치의」한 문장에 두 효사가 인용되어 있다.) 이것을 정리하면 다음과 같다.

① '역'이라는 서명을 인용한 것이 7곳이다
　　(『역경』을 가리킨 것이 6곳, 『역전』을 가리킨 것이 1곳)
② 괘명을 인용한 것이 『여씨춘추』「일행」1곳.
③ 괘사를 인용한 것이 3곳.
④ 효사를 인용한 것이 11곳.
⑤ 괘상을 말한 것이 『순자』「대략」1곳.
⑥ 『역전』에서 인용한 것이 『예기』「심의」1곳이다.

그 내용은 대체로 괘효사를 인용하여 인간사를 논증한 것, 음양 변역을 말한 것, 도덕 수양을 말한 것 등이다. 당시 지식인들에게 점보다는 의리를, 점보다 사람의 도덕 수양을 중시하는 풍조가 일어난 것이다.

춘추 시대의 주역점을 친 22조의 사례와 전국 시대의 『주역』을 인용한 24조의 예문은 춘추전국 시대의 『주역』의 발전 과정을 잘 설명해 주고 있다. 춘추 시대는 『주역』이 점책이었지만, 전국 시대에는 『주역』을 도덕 수양의 책으로 여기게 되었다. 춘추전국 시대는 『주역』에서 『역전』으로 넘어가는 과도기이다. 즉 『주역』이 점의 영역에서 철학의 영역으로 넘어가는 과도기였다는 말이다. 주백곤은 "춘추 시기에 『역』을 말한 특징은(春秋時期說易的特點是) 당시의 점치는 관리들이 서법의 각도에서 『주역』 중의 괘효사를 해석하여, 이것으로 점친 일의 길흉을 말한 것이고(當時的史官從筮法的角度解釋周易中的卦爻辭, 用來說明所占之事的吉凶), 전국 시대의 특징은(進入戰國時代)……철학의 높이에서 서법과 『주역』의 내용을 해석한 것이다(……從哲學的高度解釋筮法以及周易的內容)"라고 하였다. (『역학철학사』 제일권, 23~24쪽)

『주역』을 학문으로 연구하는 후학들은 춘추전국 시대의 『주역』의 발전 상황을 반듯하게 이해해야 한다. 이것은 『역전』을 이해하기 위한 기초 단계이기 때문이다.

정이程頤 변역설變易說의 두 개념

―――――

　이 논문은 필자가 대만대학 철학연구소에서 박사 학위를 받고 귀국하여(1992, 12) 처음 쓴 논문이다(1993). 한 개인의 회갑 기념 논문집에 실렸으며, 당사자로부터 중국어로 써달라는 언질을 받았으나 한국에서 쓰는 최초의 논문이라 우리글로 썼다. 당시 필자에게 컴퓨터가 없어 원고지에 써서 육필 원고를 넘겨주었는데, 어느 날 담당자가 전화로 "컴퓨터에 각주를 정리한 아가씨가 파일 번호를 잊어버려 논문집에 실을 수 없게 되었다"고 전해주었다. 단념하고 있었는데 다음날 다시 전화로 "파일 번호를 찾아내었다"고 알려주었다. 당시 필자는 '파일'이 무엇인지도 몰랐다. 지금 이 논문을 읽어보면 초보자가 쓴 논문이며, 논문을 쓰는 테크닉이 많이 부족하였다는 것을 단번에 알 수 있다. 각주에서 인용한 원문을 본문에 풀어 써서 좀 더 세밀하게 분석하고 체계적으로 종합하였더라면 훨씬 세련된 논문이 되었을 것이다. 당시 필자는 이 논문을 시작으로, 정이의 『역전』 중의 이학 성분을 그의 철학과 결부시켜 여러 편의 논문을 꾸준하게 쓰겠다는 계획을 가지고 있었다. (송역宋易이 본래 필자의 전공 분야였다.) 그러나 안정된 마음으로 연구에 전념할 수 있는 환경이 따라 주지 않아 결국 생각대로 하지 못하였다. (이 논문도 대구 복현시장 한쪽 모퉁이에 있는 독서실 2층의 좁은 구석자리에 들어앉아 썼다.) 논문의 수준이 어떻든 한글로 쓴 최초의 논문이라 필자에게는 각별한 의미를 지닌다. 논문 내용을 조금도 수정하지 않고 원고 그대로 여기에 옮겨 적었다. 당시 필자는 논문 앞부분에 '논문 요약'과 '주제어'가 있어야 한다는 사실도 몰랐다. 대한민국의 위대한 학자님들에게는 읽지 않아도 '돼먹지 않은 논문'일 수밖에 없겠지만, 이 분야에 관심 있는 후학들에게 약간의 참고라도 되었으면 한다.

목차

가. 정이 역학의 성격

송대의 역학은, 그것이 갖고 있는 철학의 성격으로 말해서, 기학파氣學派의 역학, 이학파理學派의 역학, 수학파數學派의 역학, 심학파心學派의 역학으로 나눌 수 있다. 정이는 송역의 4학파 중에서 이(理·天理)로써 『주역』의 생성 변화하는 원리를 해석하여 이학파 역학의 기초를 다진 사람이다. 이(理·天理)는 정이 철학의 최고 범주이며, 이것은 누구에게 전수받은 것 없이 스스로 체득한 것이다.

ㄱ. 두 스승

정이는 14·5세 때 그의 형 정호程顥와 함께 주돈이周敦頤로부터 가르침을 받았고,[1] 18세 때 태학太學에서 호원胡瑗을 만나 스승으로 섬겼다.[2]

이천伊川이 염계濂溪를 만났을 때 염계의 나이가 30이었으니, 당시 염계의 학문은

---

[1]　『河南程氏遺書』附錄「伊川先生年譜」"年十四五, 與明道同受學於舂陵周茂叔先生."

[2]　『宋元學案』「伊川學案」"年十八, … 游太學, 胡安定瑗試諸生以「顏子所好何學」, 得先生論, 大驚, 延見, 處以學職. 同學呂原明希哲即以師禮事之."

이미 성숙되었다고 할 수 없을 것이며, 또 이천이 일 년도 채 못 되는 수업 기간으로 보아서 그의 학문과 인품에 대해 평생 가슴에 간직할 만큼 깊은 감화를 받았다고 보기는 어려울 것이다. 그러나 이천의 아버지 정향程珦이 염계의 기모氣貌가 뛰어나고, 학문이 깊음을 알고, 두 아들로 하여금 스승으로 섬겨 가르침을 받게 한 것을 보면,[3] 그 당시 그의 학문은 상당히 형성되었음을 쉽게 짐작할 수 있다.

이천이 어린 시절 염계로부터 받은 영향에 대해서, 그가 18세 때 태학에서 호원으로부터 시제試題를 받아 작성하여 호원을 크게 놀라게 하였다는[4] 「안회가 즐긴 학문을 논함(顔子所好何學論)」이라는 논문을 통해서 알 수 있다. 이 논문의 첫 마디인 "학문을 통해 성인의 경지에 이를 수 있다"[5]는 것은 염계의 『통서通書』 중 「성학聖學」의 첫 구절과 일치하고,[6] 또 그 내용도 염계의 『태극도설太極圖說』의 용어를 그대로 사용하고 있으니,[7] 이천의 어린 시절 염계의 영향이 어떠했는가를 짐작할 수 있다.

오늘날 「역서易序」의 지은이에 대해 이천의 작품이라는 것과,[8] 혹은 뒷사람의 위작僞作이라는 설[9]이 있는데, 그 내용의 일부가 염계의 『태극도설』의 내용과 일치하고,[10] 또 앞에서 말한 대로 그의 어린 시절 염계로부터 받은 영향이 무엇인가를 미루어 보아서, 이천이 18세 이전, 아직 그의 학문이 성숙되지 않았을 때 지었을 것이라는 추측을 가능하게 한다.

이천은 염계와 안정安定을 스승으로 섬겼다. 그러나 두 학자의 학문 성향은 같지 않았기 때문에, 이천의 철학적 관심은 호원을 만난 18세를 기점으로 점차 변하게 되었다.

---

3)　『宋元學案』「濂溪學案」上 "先生官南安時, 二程先生父珦攝通守事, 視其氣貌非常, 因與爲友, 使二子受學焉, 卽明道先生顥, 伊川先生頤也."

4)　주 2)와 같음.

5)　"聖人之門, 其徒三千, 獨稱顔子爲好學, 夫詩・書六藝, 三千子非不習而通也. 然則顔子所獨好者, 何學也? 學以至聖人之道也. 聖人可學而至歟? 曰··然."

6)　『通書』「聖學第二十」"聖可學乎? 曰··可."

7)　「顔子所好何學論」"天地儲儒, 得五行之秀者爲人. 其本也眞而精; 其未發也, 五性具焉. 曰仁義禮智信, 形旣生矣, 外物觸其形而動於中矣." 이 글 속의 '得五行之秀者爲人', '形旣生矣', '五性' 등 모두 염계의 『태극도설』 중의 용어이다.

8)　朱伯崑『易學哲學史』第三卷 203~205쪽.

9)　陳榮捷『朱學論集』76~77쪽.

10)　「易序」"散之在理, 則有萬殊; 統之在道, 則無二致. … …陰陽, 一道也. 太極, 無極也. … …形一受其生, 神一發其智, 情僞出焉, 萬緖起焉."

염계의 학문은 『역전』(十翼)과 『중용』의 형이상학을 주요 성분으로 한다. 그의 철학은 『태극도설』의 우주 발생론을 기점으로 하며, 또 『통서通書』에서 『중용』의 성誠의 본체론을 가지고 도덕 본위의 형이상학 체계를 완전하게 구축해 놓고 있다.[11] 호원은 '공맹의 뿌리를 터득한 사람'[12]이었으니, 공맹 사상은 직접 인仁과 의義로부터 천도天道를 체득하는 인간의 심성心性 본위의 철학으로서, 원시 유가의 도덕적 형이상학 체계를 완성한 것이다. 호원은 이러한 인간의 심성으로부터 직접 천도天道를 체득하는 진로를 통하여 유가의 의리역義理易을 세웠고,[13] 이천은 이 영향을 받아 의리역 바탕 위에서 이학파 역학의 개조開祖가 된 것이다.

이와 같이 이천은 어릴 때 염계의 영향을 받아 우주론 계통에 관심을 가지고 있었으나, 호원을 만난 이후 그의 학문 방향은 점차 심성론 계통으로 전향하여 가치 이론(性卽理)이나 수양론(窮理·格物·致知)에 치중하였고, 이후부터는 염계의 우주론에 만족하지 못하여 평생 그의 『태극도설』에 대해서나, '무극'이니 '태극'이니 하는 등의 허황한 용어는 한마디도 언급하지 않았던 것이다.[14]

『송원학안』 서록序錄에서 전조망全祖望은 "정호와 정이는 어릴 때 염계의 문하에 있었지만 그 후 이양伊陽의 낙학洛學은 사실 염계로부터 나오지 않았다"[15]라고 하였으니, 여기에서 '그 후'란 바로 '호원을 만난 이후'를 가리키는 것이다. 또 『송원학안』 「안정학안」에서 황백가黃百家는 "이천이 호원을 공경한 것은 지극하였다. 그는 비록 염계를 따라 학문을 배웠지만 종종 '무숙茂叔'이라는 그의 자를 불렀고, 호원에게는 '안정 선생'이 아니면 칭하지 않았다"[16]라고 하고, 또 풍도생豊道生의 말을 인용하여 "호안정을 칭할 때 반드시 '호 선생'이라고 하였지 '익지翼之'라는 자를 부르지 않았다. 그러나 염계는 2번 부르면 모두 다 '무숙茂叔'이라는 자를 불렀으니 사실 염계를 스승으로 섬긴 것이 아니다"[17]라고 하였다. 지금 과연 이천의 『역전易傳』을 보면, 호

---

11) 김상섭, 국립대만대학 철학연구소 박사학위 논문, 『朱熹以理學詮釋易學之硏究』, 51쪽.

12) 『宋元學案』「安定學案」附錄 "神宗題贊先生像曰‥先生之道, 得孔·孟之宗; 先生之敎, 行蘇·湖之中."

13) 주 11)과 같음.

14) 『宋元學案』「濂溪學案」下, 附錄 "豊道生謂‥‥至于太極圖, 兩人生平俱未嘗一言道及, 蓋明知爲異端, 莫之齒也."

15) 『宋元學案』卷首「宋元儒學案」序錄 "濂溪之門, 二程子少嘗遊焉. 其後伊·洛所得, 實不由于濂溪."

16) 『宋元學案』「安定學案」"百家謹案…伊川之敬禮先生亦至. 于濂溪, 雖嘗從學, 往往字之曰'茂叔'; 于先生, 非'安定先生', 不稱也."

17) 『宋元學案』「安定學案」下, 附錄 "豊道生謂‥'二程之稱胡安定, 必曰胡先生, 不敢曰翼之. 于周, 一則曰茂叔, 再則曰茂叔, 雖有吟風弄月之游, 實非師事也.'"

원을 불러 '호익지선생胡翼之先生'[18] 혹은 '안정호공安定胡公'[18]이라고 칭하였으니, 이천의 마음속에 호원의 위치가 어떠하였는가를 쉽게 짐작할 수 있다.

이천이 유독 호원을 그렇게 공경한 것은 두 사람의 사상 경향이 일치하였기 때문일 것이다. 주희는 이천이 염계의 태극도를 제자들에게 전수하지 않은 것은 능히 전수받을 사람이 없었기 때문[19]이라고 하였으나, 주희의 그릇된 해석은 지나치게 잘못된 것이다.

ㄴ. 호원과 정이 역학의 근본 차이

호원과 이천은 역을 '변역變易'으로 보았다. 이들의 이러한 관점은, 역을 '교역交易'으로 해석한 당시 상수역학파象數易學派와 더불어 송대 역학에 있어 의리역학파義理易學派로서의 커다란 의미를 지닌다.

유목劉牧은 그의 저서『역수구은도易數鉤隱圖』서문 첫 마디에서 "역이란 음양의 기氣가 교역하는 것을 말한 것"이라 하고, "만약 음양이 교역하지 않으면 사상四象·팔괘八卦·만물이 생성될 수 없다"[20]라고 하였다. 그는『역수구은도』곳곳에 '교역'으로 역을 해석하고 있다.[21]

또 소옹邵雍은 역을 '교역'과 '변역' 두 가지로 설명하였으나, 그의 '교역' 개념은 '변역'보다 한 층 높은 개념, 즉 '변역'의 전제로서의 '교역'(惟交乃變)을 말하였다.[22]

---

18) 伊川『易傳』觀卦卦辭, 大畜上九, 夬卦九三, 漸卦上九爻辭.

19)『朱子語類』卷第九十四 輔廣錄 "程子不以太極圖授門人, 蓋以未有能受之者."

20) 劉牧『易數鉤隱圖』序 "夫易者, 陰陽氣交之謂也. 若夫陰陽未交, 則四象未立, 八卦未分, 則萬物安從而生哉?"

21)『易數鉤隱圖』卷上「太極生兩儀第二」"經曰‥'易有太極, 是生兩儀'. 太極者, 一氣也. 天地未分之前, 元氣混而爲一, 一氣所判, 是曰兩儀. 易不云乎天地而云兩儀者, 何也? 蓋以兩儀則二氣始分, 天地則形象斯著, 以其始分兩體之儀, 故謂之兩儀也. … 玆乃上下未交之時, 但分其儀象耳. 若二氣交則天一下而生水, 地二上而生火, 此則形之時也. … 分而各其處者, 蓋明上下未交之象也."
같은 책.「坤獨陰第二十七」"且夫一陰一陽者, 獨陰獨陽之謂也. 獨陰獨陽, 且不能生物, 必俟一陰一陽合, 然後運其妙用而成變化, 四象因之而有, 萬物由之而生, 故曰無不由之謂道也."
같은 책. 卷中「坎生復卦第四十三」「離生姤卦第四十四」"觀其變化之道, 義有所宗, 故其復卦生於坎中, 動於震, 上交於坤, 變二震二兌二乾而終. 自復至乾之六月, 斯則陽爻上生之義也. 姤卦生於離中, 消於巽, 下交於乾, 變二巽二艮二坤而終. 自姤至坤之六月, 斯則陰爻下生之義也. … 且復卦生坎中, 動於震, 交於坤, 易曰地中有雷, 復正協其義也. 若姤卦則, 生於離之中, 消於巽, 交於坤, 易曰天下有風, 姤且巽非四正之卦也."

22) 邵雍『皇極經世書』卷之七下「後天象數第五」"易有交易·變易之義, 惟交乃變, 總不外乎一陰一陽互

334

그는 괘 모습(卦象)의 변화를 말하면서 특별히 '교역'을 강조하였으니, 음양의 '교역'에 의해 괘 모습의 변화는 성립되며, '교역'이라는 주체 활동을 통한 후라야 '변역'의 새로운 결과를 초래한다는 것이다. 그는 선천도先天圖의 네 그림[23]과 후천도後天圖의 두 그림 모두 '교역'으로 설명하였다.[24]

그들이 말하는 '교역'이란 음양은 두 개의 기氣가 서로 대립(交互對待)하는 주체이며, 2종 성질의 기가 대립하여 서로 작용(交相作用)하는 것을 말한다.

송대 상수역학파가 '교역'을 말한데 반하여, 의리역학파는 역을 '변역變易'으로 해석하였다. 그러나 '변역'의 개념은 호원과 이천에 있어서 서로 다르게 설명되고 있으니, 이것은 곧 두 사람의 역학의 근본적 차이를 말해 주는 것이다.

호원은 제자 예천은倪天隱이 기록한 『주역구의周易口義』「발제發題」에서 두 가지 예를 들어 변역설을 취하였다. 하나는 "명칭(혹은 명분)이 바르지 못하면 말이 사람 사이에서 순리롭게 통하지 못하고, 말이 순리롭지 못하면 인간 사회에서 아무 일도 성사시킬 수 없다"[25]는 공자의 정명론正名論을 들어서, "성인이 역을 지은 것은 만세의 대법大法을 위한 것이니, 역에 어찌 다시 두세 가지의 뜻이 있을 수 있겠는가?"[26]라고 하여, 『역위易緯』「건착도乾鑿度」의 '간이簡易', '불역不易'을 배척하고 오직 변역설만

易而已. 就對待言, 則一彼一此之交換; 就流行言, 則一來一往之迭乘."

23) 같은 책. 卷之七上「觀物外篇上·先天象數第二」伏義八卦次序圖··"太極旣分, 兩儀立矣. 陽下交于陰, 陰上交于陽, 四象生矣. 陽交于陰, 陰交于陽而生天之四象; 剛交于柔, 柔交于剛而生地之四象; 于是八卦成矣. 八卦相錯, 然後萬物生焉."
같은 책. 같은 곳. 伏義六十四卦次序圖··"是故一分爲二, 二分爲四, 四分爲八, 八分爲十六, 十六分爲三十二, 三十二分爲六十四. 故曰··分陰分陽, 迭用柔剛, 易六位而成章也."
같은 책. 같은 곳. 伏義八卦方位圖··"乾南坤北, 天地定位, 此未交陰陽, 上下分也, 震巽一交, 交之初也. 兌離艮坎再交, 交之中末也. 震者, 乾陽下交於坤陰, 陽少而陰尙多, 兌與離則陽浸多矣. 巽者, 坤陰上交於乾陽, 陰少而陽尙多, 坎與艮則陰浸多矣."
같은 책. 같은 곳. 伏義六十四卦方位圖··"復至乾, 凡百有二十陽. 姤至坤, 凡百有二十陰. 姤至坤, 凡八十陽. 復至乾, 凡八十陰. 乾三十六, 坤十二, 離兌巽二十八, 坎艮巽二十. 夫易根于乾坤而生于姤復. 蓋剛交柔而爲復, 柔交剛而爲姤, 自姤而無窮矣."

24) 같은 책. 같은 곳. 文王八卦次序圖··"乾坤合而生六子, 三男皆陽也, 三女皆陰也. 兌分一陰以與艮, 坎分一陰以奉離, 震巽以二相易, 合而言之, 陰陽各半, 是以水火相生而相剋, 然後旣成萬物也."
같은 책. 같은 곳. 文王八卦方位圖··"起震終艮一節, 明文王八卦也.……故乾坤交為泰, 坎離交而旣濟也. 乾生于子, 坤生于午, 離終于申, 坎終于寅, 以應天之時也. 置乾于西北, 退坤于西南, 長子用事, 而長女代母, 坎離得位而兌艮為偶, 以應地之方也. 王者之法, 其盡于是矣."

25) 『論語』「子路」"名不正則言不順, 言不順則事不成."

26) 胡瑗『周易口義』「發題」"況聖人之作易, 爲萬世之大法, 豈復有二三之義乎?"

취하였다.[27] 그가 공자의 정명론을 가지고 변역설을 취한 것은『주역구의』의 의리성을 보면 당연한 귀결이라 할 것이다. 다른 하나는, 양웅揚雄의 "음이 다하면 양이 생성된다"[28]는 음양 변화의 무궁함과, 또「계사」의 두 마디, 즉 "자연계와 인간계의 모든 것은 궁극에 이르면 변화하고 변화하면 통하고 통하면 오래 간다",[29] "끊임없이 생성 변화하는 것을 역이라고 한다"[30]는 두 문장을 인용하여 변역설을 취한 것이다. 역에서 생성 변화(生生)는 천지가 갖고 있는 큰 덕[31]이니, 건乾은 크게 생성하고 곤坤은 넓게 생성하며,[32] 태극이 양의兩儀를 생성한다.[33] 그러므로 역이란 천지, 건곤, 음양의 끝없는 생성 변화(生生)를 의미하는 것이다. 호원은 역의 생성 변화(生生)를 "음이 양을 생성하고 양이 음을 생성한다"[34]라고 해석하였으니, 이것은 곧 그가 역을 '변역'으로 파악한 구체적인 내용이다.

호원의 변역의 도는 자연의 영역(天道)과 인간의 영역(人事)을 관통하는 것이다.[35] 이것은 송대 의리역의 성격을 단적으로 나타낸 말이다. "자연의 이법(天道)을 가지고 인간의 만사(人事)를 밝힘(推天道以明人事)"은 송대 의리역의 가장 큰 특색이며, 이천 또한 예외일 수 없다.

이천은 67세에『역전易傳』을 완성하고 서序를 달았다.[36] 이 책은 그가 수십 년의 심혈을 기울인[37] 유일한 철학 저서이며 그의 일생의 학문을 모두 털어 넣은 것이

27) 같은 책. 같은 곳. "按乾鑿度云‥‘易一名而含三義, 簡易也, 不易也, 變易也.’故孔穎達, 泊崔覲·劉正簡, 皆取其說. 然謂不易·簡易者, 於聖人之經, 謬妄殆甚."

28) 같은 책. 같은 곳. "按揚子曰‥陰不極則陽不生, 亂不極則德不形."

29) 『周易』「繫辭下傳」二章 "易窮則變, 變則通, 通則久."

30) 「繫辭上傳」五章 "生生之謂易."

31) 「繫辭下傳」一章 "天地之大德曰生."

32) 「繫辭上傳」六章 "夫乾則大生焉; 夫坤則廣生焉."

33) 「繫辭上傳」十一章 "易有太極, 是生兩儀, 兩儀生四象, 四象生八卦."

34) 胡瑗『周易口義』「繫辭上傳」注 "義曰‥生生者, 陰生陽, 陽生陰也.‥‥而又生成之道, 變化死生, 生而復死, 死而復生, 使萬物綿綿而不絶者.‥‥總陰陽殺之理, 包人事萬物之宜, 變而必通, 從而復始, 隨時之變, 因事制宜, 準擬天地之間, 則其功不異, 是生生相續而不絶也."

35) 胡瑗『周易口義』「發題」"蓋變易之道, 天人之理也. 以天道言之, 則陰陽變易而成萬物, 寒暑變易而成四時, 日月變易而成晝夜. 以人事言之, 則得失變易而成吉凶, 情僞變易而成利害, 君子小人變易而成治亂. 故天地變易則歸乎生成, 而自爲常道. 若人事變易則固在上位者, 裁制之如何耳."

36) 『河南程氏遺書』附錄「伊川先生年譜」"元符二年正月〈서기 1099년〉, 易傳成而序之."

37) 같은 책. 卷第十七「伊川先生語三」"先生嘗說‥某於易傳, 今却已自成書, 但逐旋修改, 期以七十, 其書可出."

다.[38] 그리고 「역전서易傳序」는 바로 이천 역학의 알맹이다.

「역전서」 첫 머리에 나오는 변역설은 '때에 따름(隨時)'과 '도를 좇음(從道)'이라는 두 개념으로 나누어(隨時變易以從道) 설명된다. 이것은 이천의 이학理學 체계에서 형체를 갖춘(形而下) 기氣의 영역과 형체를 초월한(形而上) 이理의 영역에 귀속되는데, 곧 천도와 인사를 관통한 것이다. 이것은 「역전서」에서 다시 내재 원리(理)와 외재 형식(象), 본체(體)와 현상(用), 은밀하게 감추어진 것(微)과 분명하게 드러난 것(顯)으로 나누어지나 곧 하나로 묶여져, 결국 음양을 떠난 도는 있을 수 없고,[39] 내재 원리와 외재 형식, 본체와 현상은 하나인 것을(至微者, 理也; 至著者, 象也. 體用一源, 顯微無間)[40] 말하고 있다.

그들이 말하는 '변역'이란 음양은 한 개의 기(一氣)가 내재內在 유행流行하는 변화의 원리며, 일종의 동질인 기의 변화 형식을 말한다. 그리고 이것은 천도와 인사를 관통하는 것이다. 이러한 것을 호원은 순수 유학의 입장에서 설명하였고, 이천은 이학의 입장에서 한 기(一氣)의 유행流行과 그 법칙(變化中之不變者)을 설정하여, 두 가지는 객관 사물에 동시 존재하는, 하나임을 말하고 있는 것이다.

『사고전서총목제요四庫全書總目提要』「역류易類」에 호원과 정이에 의해 비로소 유가역儒家易이 밝혀졌다고 하였고,[41] 또 이천은 제자들에게 『역경』을 연구하려면 반드시 호원의 『주역구의周易口義』를 읽으라고[42] 가르쳤는데, 그들 역학의 범위는 크게 유학을 바탕으로 한 것이나 그 성격은 또 다른 것이다. 다시 말하면, 호원의 역학은 『역전』(十翼)을 바탕으로 하되,[43] 왕필의 영향을 받아 상수象數를 배척하나, 노장老莊의 성분을 없애고, 순수 유학의 의리로 해석한 유가역儒家易의 전형이라 할 것이고, 이천

---

38) 주 36)과 같은 책. "尹焞曰‥先生踐履盡易, 其作傳只是因而寫成, 熟讀玩味, 卽可見矣. 又云‥先生生平用意, 惟在易傳, 求先生之學者, 觀此足矣."

39) 같은 책. 卷第十五 "離了陰陽更無道."

40) 伊川「易傳序」

41) 『四庫全書總目提要』「易類」"漢儒言象數, 去古未遠也. 一變而爲京焦, 入於機祥. 再變而爲陳邵, 務窮造化, 易遂不切於民用. 王弼盡黜象數, 說以老莊. 一變而胡瑗程子, 始闡明儒理. 再變而李光楊萬里, 又參證史事."

42) 『河南程氏文集』卷第九「與金堂謝君書」"若欲治易, 先尋繹令熱, 只看王弼, 胡先生, 王介甫三家文字, 令通貫, 餘人易說, 無敢枉費功."

43) 호원의 『주역』 경문經文 해석 방식은 『역전』의 「서괘序卦」를 가지고 육십사괘의 괘 이름(卦名)을 해석하였고, 「문언文言」을 가지고 건·곤 두 괘를 해석하였으며, 「단象」을 가지고 육십사괘의 괘 풀이 글(卦辭)과 386 효의 효 풀이 글(爻辭)을 해석하였고, 「계사繫辭」·「설괘說卦」·「잡괘雜卦」를 가지고 『역경』의 곳곳을 해석하였다.

의 역학은 멀리 왕필을 본받고 가까이 호원을 바탕으로 하였으되, 이理로써 사물 변역의 법칙을 말하였으니, 이학파 역학의 기초를 다진 것이라고 말할 것이다. 이천은 비록 호원의 영향을 받아 변역설을 취하였지만, 그 속뜻은 오히려 '청색이 남색보다 더 푸른'(靑出於藍) 것이니, 이것이 바로 이천이 이천이 될 수 있는 까닭이다.

　　주진朱震은 송대 도서역圖書易의 계보를, 소옹邵雍의 선천도先天圖, 유목劉牧의 하도河圖 낙서洛書, 주렴계周濂溪의 태극도太極圖 등 3계통으로 분류, 그 전수 과정을 설명하고, 이천의 역은 염계로부터 전수받은 상수역학파 계통으로 귀속시키고 있는데,[44] 그의 도서역 전수의 계보는 대체로 북송 도서역학파의 전수 상황과 부합하나, 이천이 염계로부터 태극도를 전수받았다는 것과 그를 상수역학파로 분류한 것은 지나치게 잘못된 것이다.

나. 변역설의 두 개념

　　이천이 「역전서」의 첫 머리에 역을 '변역'이라고 규정한 것은 그의 스승 호원의 설을 그대로 따른 것이나 그 의미는 같지 않다는 것은 이미 앞에서 말하였다. 이천은 변역을 '때에 따름(隨時)'과 '도를 좇음(從道)'이라는 두 개념으로 설명하고 있는데,[45] 이천의 『역전』은 자연의 이법(天道)을 가지고 인간의 만사(人事)를 밝히는 데 바탕을 두고 있으므로, '때에 따름'은 인사人事에 해당되고, '도를 좇음'은 천도天道에 해당된다고 할 것이다. 『역경』 중의 괘·효가 취한 모습(卦爻象)의 음양 변화는 물론 자연계와 인간계의 모든 변화가 두 개념의 범주에 포괄된다.

ㄱ. 때에 따름(隨時)

　　이천의 '때에 따름'이라는 말은 『주역』 「단彖」에서 비롯되었다. 「단」에서 '때의 의

---

44)　『宋史』「朱震傳」 "陳摶以先天圖傳种放, 放傳穆脩, 穆脩傳李之才, 之才傳邵雍. 放以河圖·洛書傳李漑, 漑傳許堅, 許堅傳范諤昌, 諤昌傳劉牧. 穆脩以太極圖傳周惇頤, 惇頤傳程顥·程頤. 是時, 張載講學於二程·邵雍之間. 故雍著皇極經世書, 牧陳天地五十有五之數, 惇頤作通書, 程頤著易傳, 載造太和·參兩篇."

45)　伊川 「易傳序」 "易, 變易也. 隨時變易以從道也."

의(時義)',[46] '때에 따름(隨時)',[47] '때(時)',[48] '때의 쓰임(時用)',[49] 등으로 표현하고 있는데 그 뒤에 '크도다(大矣哉)' 하는 감탄사를 이어 쓴 것을 보면, 모두 때(時)의 중요함을 나타낸 것이다. 『역경』 64괘 384효는 모두 나름대로 처한 때(時)를 갖고 있는데 때를 얻으면(得時) 당연히 길하고, 때를 잃으면(失時) 당연히 흉하다.

이천이 말하는 '때에 따름'은 곧 '때에 알맞음(時中)'을 말한다. 즉 음양이 때에 따라 응변하여 합당하게(中道) 변화하는 것을 의미한다.

이천은 몽괘蒙卦의 괘 풀이 글(卦辭)에 대한 「단」의 글을 다음과 같이 해석하여 '때에 알맞음(時中)'을 설명하고 있다.

몽괘

• 괘 풀이 글(卦辭)…"몽은 형통하다." (蒙, 亨.)

• 「단」…"몽이 형통하다는 것은, 형통한 것으로 행하니 때에 알맞은 것이다."
      (蒙亨, 以亨行, 時中也.)

• 이천의 해석…"몽이 형통할 수 있는 것은, 형통한 도리(亨道)로 행함이니, 이른바 형통한 도리(亨道)라는 것은 때에 알맞다(時中)는 것이다. 때(時)라는 것은 임금과 상응할 수 있음을 얻은 것이고, 알맞음(中)이라는 것은 그 가운데 자리를 얻어서 처하는 것이니, 가운데 자리를 얻은 것은 곧 때를 얻은 것이다."[50]

몽괘의 괘 풀이 글에서 '몽은 형통하다'고 한 것을 「단」에서는 '때에 알맞음(時中)'으로 해석하였다. 이것을 이천은 몽괘의 둘째 양효(九二)가 처해 있는 때(時)와 자리

---

46) 豫卦「彖」: "豫之時義大矣哉."
    遯卦「彖」: "遯之時義大矣哉."
    姤卦「彖」: "姤之時義大矣哉."
    旅卦「彖」: "旅之時義大矣哉."

47) 隨卦「彖」: "大亨貞, 无咎, 而天下隨時, 隨時之義大矣哉."

48) 頤卦「彖」: "頤之時大矣哉."
    大過卦「彖」: "大過之時大矣哉."
    解卦「彖」: "解之時大矣哉."
    革卦「彖」: "革之時大矣哉."

49) 坎卦「彖」: "險之時用大矣哉."
    睽卦「彖」: "睽之時用大矣哉."
    蹇卦「彖」: "蹇之時用大矣哉."

50) 伊川 『易傳』 蒙卦「彖」注 "蒙之能亨, 以亨道行也. 所謂亨道, 時中也. 時謂得君之應, 中謂處得其中, 得中則得時也."

(得中)를 가지고 '때의 알맞음(時中)'을 설명하였다. 즉 몽괘의 둘째 양효(九二)는 양이면서 음의 자리(陰位)에 있으나, 임금의 자리에 있는 다섯째 음효(六五)와 서로 상응하고 있으므로 때를 얻은 것(得時)이고, 또 비록 음의 자리에 있으나 아래 괘(下卦)의 가운데 자리(得中)를 얻었으니, 이 두 가지를 들어 '때에 알맞은 것(時中)'이라고 하였다. 그러므로 둘째 양효(九二)의 효 풀이 글(爻辭)을 보면, 둘째 양효(九二)는 아래 괘의 가운데 자리를 얻었으므로 중용의 덕을 가지고 어리석은 사람을 포용하고 있다. 또 다섯째 음효(六五)와 상응하니 음양의 조화가 잘 되어서 며느리를 맞아 아들이 가정을 이루는 모습(成家之象)이다. 때에 알맞음을 얻었으므로 길한 것이 겹치는 것이다.[51]

'때에 알맞음'을 자연계로 넓혀 말하면, 해와 달의 움직임이나 사계절의 변화, 혹은 더위와 추위의 변화 등 모두 때에 따라 알맞게 변하는 것이다. 인간계로 말하면, 『중용』에서 말하는 "군자로서 때에 알맞음(君子而時中)"이 되는데, 사람은 각자 때에 따라 일에 처하고, 그 알맞음에 따라 합당하게 행동함을 말한다(因時處事, 各隨其宜, 合乎中道). 사람이 세상을 살아가면서 시기는 모두 다르다. 때에 따라 변하고 시기에 알맞게 응변하여, 그 때를 잃지 않고 사물의 본성에 따르고 올바름과 부합하여(不失其時, 順理合義)[52] 지나침과 모자람도 없다면(不過無不及), 이것이 곧 때에 알맞은 것이요, 도에 합당한 것(中道)이다.

이천의 '때에 따름(隨時)'이란 음양에 있어 때(時)와 자리(位)에 따른 합당한 변화를 말하며, 인간의 의지나 행위의 실행에 있어서는 때와 장소에 알맞은, 객관적이고 합리적인 행위를 의미하는 것이다.

ㄴ. 도를 좇음(從道)

그러므로 도란 윤리학의 입장에서 인간 행위의 보편 규범을 말하는 것이고, 본체론의 입장에서는 음양 변화의 근거, 즉 보편 법칙을 의미하는 것이다.

도라는 것은 음양이 변역하는 것(一陰一陽)이다.
음양의 운동 변화는 시작도 끝도 없다.[53]

---

51) 蒙卦 九二 "包蒙. 吉. 納婦. 吉. 子克家."
52) 伊川『易傳』艮卦「象」注
53) 『河南程氏經說』卷第一「易說‧繫辭」"道者, 一陰一陽也. 動靜無端, 陰陽無始."

이천이 말하는 도는 음양 변역의 도―음양 변역의 법칙을 가리킨다. '음양이 변역하는 것(一陰一陽)'은 음양의 운동(動)과 정지(靜)가 서로 이어서 그 흐름(流行)이 시작도 끝도 없고 먼저와 나중도 없는 것을 말한다.[54] 이러한 음양 변역은 때에 따라 변하되, 반드시 일정한 법칙에 따라 변하여 이 법칙에 부합하는 것이다.

이천은 음양의 운동 변화에 동·정이라는 용어를 사용하였는데, 이것은 염계의 영향을 받은 것이다. 그러나 개념은 다르다. 동정動靜이라는 말은 원래 『노자』에서 나왔다. 그러나 『노자』에 있어서 '동'이란 도의 운동 변화를 가리키고, '정'은 마음이 텅비고 고요한 상태를 형용한 것이다.[55] 「계사」의 '동정'이라는 개념은 모두 효의 변화를 말한 것이다.[56] '동정'이라는 말이 중국철학에서 중요한 철학 용어로 등장하게 된 것은 주렴계에 의해서이다. 『주역』 「계사」에서 "태극이 양의를 생성한다(太極生兩儀)"라고 하였지만 어떻게 생성하는가에 대해서는 말하지 않았다. 한당漢唐을 거치며 그어느 누구도 말하지 않았다. 염계는 동·정을 가지고 태극이 양의를 생성하는 과정을설명하였는데, 이것은 그의 독창적인 견해이다. 그러나 염계의 '동정'은 태극이 유행하여 음양을 생성하는 과정의 추상적 운동의 묘술이지만,[57] 이천의 '동정'은 음양의유행, 즉 기氣의 운동 변화를 가리켜 말한 것이다.[58]

위의 인용문에서 이천의 뜻은 한 괘는 여섯 효로 구성되고 모든 괘·효는 각각 음과 양이라는 모습(象)을 갖고 있는데, 음양이 시작도 끝도 없이 운동 변화하여 마침내 괘 모습(卦象)의 변화가 이루어진다는 것이다.[59] 그리고 음양 유행의 끝없는 변화는 그 변화의 배후에 도라는 음양 변화의 근거, 혹은 법칙에 의해서 유행한다는 것이다. 그러나 이 도는 음양과 분리되어 있는 것이 아니다. 즉 음양이라는 재료(卦象)와음양의 원리(卦理)로 한 괘는 구성되는 것이다.

---

54) 『河南程氏遺書』卷第十五 "陰陽開闔, 本無先後. 不可道今日有陰, 明日有陽. 如人有形影, 蓋形影一時, 不可言今日有形, 明日有影, 有便齊有."

55) 老子 『道德經』四十章 "反者, 道之動." 十六章‥"致虛極, 守靜篤.…歸根曰靜, 是謂復命." 三十七章‥"無欲以靜, 天下將自定."

56) 「繫辭上傳」一章 "動靜有常, 剛柔斷矣." 二章‥"六爻之動." 八章‥"聖人有以見天下之動,……是故謂之爻."
     「下傳」一章 "爻象動乎內, 吉凶見乎外." 八章‥"變動不居, 周流六虛." 十章‥"道有變動, 故曰爻."

57) 周敦頤 『太極圖說』"無極而太極, 太極動而生陽, 動極而靜, 靜而生陰, 靜極復動."

58) 주 53)과 같은 책. "陽動陰靜, 各有其常則剛柔判矣."

59) 같은 책. "動靜相因而成變化."

음양을 떠난 도란 없다.

음양이 되는 근거가 도이다.

음양은 기氣이고, 기는 형체를 갖춘 것이며, 도는 형체를 넘어선 것이다.

형체를 넘어선 것은 은밀하다.[60]

이천의 이 말은 세 가지로 분석된다.

첫째, 도는 음양 변화의 근거이다.(所以陰陽者是道也)

둘째, 도와 기氣는 형체를 넘어선 것(形而上者)과 형체를 갖춘 것(形而下者)으로 분별하였고, 음양을 기로 해석하였다.

셋째, 도와 음양(氣)의 관계를 분리되지 않는 것(離了陰陽更無道)으로 보았다.

이러한 이천의 해석은 이학과 역학의 완성자인 주희에게 큰 영향을 미쳤다.[61]

이천에 의하면 음양 자신은 도가 아니다. 도는 음양 변화의 근거 혹은 법칙이니,[62] 음양이 어떤 상태의 음양으로 될 수 있는 것(所以然)이 곧 도이다. 이것이 「계사」에서 말하는 "형체를 넘어선 것(形而上者)"[63]이고 "물러나 은밀한 곳에 감춘 것(退藏於密)"[64]이다. 이 도가 태극인지 아닌지에 대해 이천은 말하지 않았다.[65] 그에게는 이 도가

---

60) 주 54)와 같은 책. 같은 곳. "離了陰陽更無道. 所以陰陽者是道也. 陰陽, 氣也; 氣是形而下者, 道是形而上者. 形而上者則是密也."

61) 『朱子語類』卷第七十四 楊驤錄 "陰陽是氣, 不是道, 所以陰陽者乃道也. 若只言'陰陽之謂道', 則陰陽是道. 今日 '一陰一陽', 則是所以循環者乃道也."
     같은 책. 董鉄錄 "陰陽非道也, 一陰又一陽, 循環不已, 乃道也. 只說'一陰一陽'便見得陰陽往來循環不已之意, 此理則道也."
     『朱文公文集』卷第三十六 「答陸子靜」第四書 "一陰一陽, 雖屬形器, 然其所以一陰而一陽者, 是乃道體之所爲也."
     『周子全書』卷七 『通書』「誠上第一」朱註 "陰陽, 氣也, 形而下者也; 所以一陰一陽者, 理也, 形而上者也. 道卽理之謂也."
     『朱子語類』卷第七十四 董鉄錄 "只說一陰一陽, 便見得陰陽往來, 循環不已之義, 此理則道也.……理便是道, 兩者同爲形而上者也."

62) 『河南程氏遺書』卷第三 "一陰一陽之謂道, 道非陰陽也; 所以一陰一陽, 道也."

63) 『周易』「繫辭上傳」十二章 "形而上者謂之道."

64) 같은 책. 十一章

65) 이천은 「역서易序」에서 "태극은 도이다(太極者, 道也)"라고 말하였지만, 그의 전체 사유 맥락을 미루어 보아서 그대로 수용하기는 어렵다. 주희는 도를 태극이라고 하였는데, 「계사」의 본뜻은, 도란 음양 변화의 근거로 본체론적 의미이나, 태극은 양의兩儀·사상四象·팔괘八卦를 생성하는 본원으로 우주론적인 의미를 지닌다. 그렇기 때문에 『역전』의 입장에서 보면 주희의 해석은 크게 잘못된 것이다. 그러나 주희이 입장에서 보면, 도나 태극은 모두 이理이기 때문에, 『역전』의 형이상학적 용어를 모두 그의 이학이라는

곤 이리(內在原理)이다.

이천은 음양을 기氣로 보았지만 이 기가 어떠한 내용을 가지는가에 대해서는 자세히 말하지 않았다. 기의 구체적 내용은 모두 주희가 전개하였다. 이천이 기를 설명하여 "형체를 갖춘 것(形而下者)"이라고 한 것을 보면, 기란 현상계 중의 구체 사물, 즉 형기形器, 유형有形의 유, 즉 인간의 감관을 통해 인식 가능한 것이다. 『역경』의 64괘 384효의 구성 재료가 음양이며, 이것이 곧 기이고 가시적可視的인 것이다. 이에 반하여 도란 "형체를 넘어선 것(形而上者)", 인간의 감각적 인식의 범위를 초월한 것[66]이며, 형체가 있는 음양 2기의 존재나 그 변화 운동은 형체가 없는 도의 체현體現인 것이다. 그러므로 음양을 떠나서는 도는 나타내어 보일 수 없고, 도는 음양을 통해 자신을 드러내어 보이는 것이니, 도나 음양은 서로가 결합되어 분리될 수 없는 것이다. 이것은 그의 체와 용은 한 근원(體用一源)이며, 내재 원리(理)와 외재 형식(氣)은 나뉨이 없다(顯微無間)는 설과 이어진다.

이천은 상수역象數易을 배척하였으나, 그의 『역전』 중에는 상수역의 십이소식괘 十二消息卦[67]와 괘변설卦變說[68]을 취하였다. 만약 이 두 가지를 취하지 않는다면, 그의 변역설은 성립될 수 없을 것이다. 이것은 그의 스승 호원에 있어서도 마찬가지로 적용된다.[69]

다. '때'와 '도'는 하나

음양은 때에 맞게 변역하여 그 변역의 근거인 도에 부합하는 것이다(隨時變易以從 道). 이천의 사유 맥락에 의하면 '때(時)'란 음양의 일(陰陽之事), 기氣의 영역이며, 시공

큰 계통 속으로 융화시켰다고 볼 수 있다.

66) 『河南程氏遺書』卷第六 "有形總是氣, 無形只是道."

67) 伊川 『易傳』復卦注, 復卦·卦辭注, 夬卦·上六注 등에서 십이소식괘를 말하였다.

68) 이천은 건곤 두 괘를 괘변의 기초로 하여 隨·賁·咸·損·益·漸 등 여섯 괘에서 그것을 사용하였다. 賁卦 「象」注 "卦之變, 皆自乾·坤, 先儒不達, 故謂賁本是泰卦, 豈有乾坤重而爲泰, 又有泰而變之理? 下離, 本乾中爻變而成離; 上艮, 本坤上爻變而成艮. 離在內, 故云柔來; 艮在上, 故云剛上, 非自下體而上也. 乾坤變而爲六子, 八卦重而爲六十四, 皆由乾坤之變也."

69) 胡瑗 『周易口義』復卦注, 剝卦注 등에서 십이소식괘를 말하였고, 건곤 두 괘를 괘변의 기초로 하여 噬 嗑·賁·无妄 등 3괘에서 사용하였다.

의 제한을 받는 현상계(形而下)에 속하는 것이고, '도道'란 이理의 영역이며, 시공을 초월한 본체계(形而下)에 속한다. 앞의 것은 『역경』 64괘 384효의 가시적 모습, 즉 외재 형식(象)이고, 용用이며, 뒤의 것은 한 괘 한 효가 은장隱藏하고 있는 내재 원리(理)이고, 체體이다. 이천은 이것을 다시 "은밀하게 감춰진 것(微)"과 "분명하게 드러난 것(著)"으로 표현하고 이 두 가지는 나눌 수 없는 것이라고 하였다(至微者, 理也; 至著者, 象也. 體用一言, 顯微無間).[70]

ㄱ. 내재 원리(理)와 외재 형식(象)

이천은 괘와 효의 풀이 글(卦爻辭)을 중시하였다.[71] 이 괘효의 풀이 글로부터 괘와 효의 감춰진 뜻(意)을 알 수 있다[72]고 보기 때문이다. 그가 말하는 뜻(意)이란, 왕필王弼의 "속뜻을 얻는 것은 겉모양을 잊는 것에 있다(得意在忘象)"[73]의 뜻(意)이니, 즉 한 괘효의 모습(卦爻象)이나 풀이 글(卦爻辭)의 '감춰진 의미'를 말한다. 이것은 곧 사물의 본질 혹은 내재 원리(物理·事理)이다. 왕필은 한 괘가 품고 있는 의리 내용(卦義)을 중시하고 괘의 모습(卦象)은 그다음으로 여겼는데, 이천이 말한 "괘효의 풀이 글로부터 괘와 효의 감춰진 뜻을 알 수 있다(由辭以得其義)"[74]는 말은 왕필에게서 얻은 것이다. 그러나 괘효의 풀이 글이나 감춰진 의미(意)는 분리할 수 없는 것이어서, 괘효의 풀이 글 속에 뜻(意)이 있고, 그 뜻(意)은 글(辭)이라는 형식을 빌려 표현되는 것이다(意乃籍辭以顯示者). 그러므로 그는 "괘효의 풀이 글에서 그 뜻을 얻지 못하면서 그 뜻에 통할 수 있는 사람은 없다(未有不得於辭而能通其意者)"[75]라고 한 것이다.

이 속 뜻(意)이란, 괘효의 가시적 모습(象)과 대비하여 보면, 괘효가 은장하고 있는 내재 원리(理)이며, 괘효의 풀이 글(辭)이란 바로 괘효의 외재 형식(象)에 대한 풀이 글(象之辭)이다. 앞의 것은 '은밀하여 볼 수 없는 것(微)'이고, 뒤의 것은 '분명하여 볼 수 있는 것(著)'이니, 이것이 그가 말한 "지극히 은밀하여 볼 수 없는 것은 괘효의 감

---

70) 伊川 「易傳序」

71) 같은 책. "予所傳者辭也."

72) 같은 책. "由辭以得其意"

73) 王弼 『周易略例』 「明象」

74) 주 70)과 같음.

75) 같은 책, 같은 곳.

취진 내재 원리요, 지극히 분명하여 볼 수 있는 것은 괘효의 드러난 외재 형식이다 (至微者, 理也; 至著者, 象也)"라는 것이다.

이천의 이 명구는 현학파玄學派 한강백韓康伯의 영향을 받았다. 한강백은 「계사」의 "역이 나타내는 사실은 현저해 보이나 은밀하다(其事肆而隱)"[76]는 문장을 해석하여, "그 사실은 현저해 보이나 그 이치는 은밀하다(事顯而理微也)"[77]라고 하였다. 그가 말하는 사실(事)이란, 괘효의 풀이 글(卦爻辭)의 한 구체적 사실 — 예를 들면, 건괘乾卦 처음 양효(初九)의 "아직 때가 아니니 경솔하게 움직이지 말라(潛龍勿用)", 곤괘坤卦 넷째 음효(六四)의 "조용히 입 다물고 있어라, 허물도 칭찬도 없으리라(括囊, 无咎无譽)" 등을 가리킨다. 이 구체적 사실이란 한 괘효의 구체적 모습(象)을 설명한 것이니, '잠룡물용'의 구체적 사실은 곧 건괘 처음 양효(初九)의 드러난 모습(象)을 설명한 것이다. 한강백이 말하는 이치(理)란, 괘효의 풀이 글이 품고 있는 의리義理 내용을 가리킨다. 그러므로 『역경』의 괘효의 풀이 글이 말하고 있는 구체적 사실은 괘효의 모습(象)으로 분명하게 드러난 것이나 그것이 품고 있는 이치는 은밀하게 감춰져 있는 것 (易卦爻辭所言之事則放肆顯露; 而其所藏之理則微而幽隱)이 된다. 이러한 것을 한강백은 "괘효의 모습을 빌려 그 의리 내용을 밝힌다(託象以明義)"[78]라고 하였다.

어쨌든 이천은 현학파 왕필과 한강백의 영향을 받았지만, 그는 괘효의 내재 원리 (理)와 괘효의 외재 형식(象)의 관계를 구체적으로 설명하는 것에서 그의 역학이 이학파 역학으로서의 짙은 색깔을 드러내게 되는 것이다.

이천의 역학은 이理를 바탕(本)으로 한다. 그리고 상象과 수數는 그다음이다. 그는 소옹邵雍과 함께 한 마을에서 30여 년을 같이 살면서, 세상의 일들을 더불어 토론하지 않은 것이 없었지만, 강절이 역의 바탕으로 여기는 수數에 대해서는 한마디 언급한 적이 없었다.[79] 강절은 유목劉牧과 더불어 송대 도서역圖書易의 큰 봉우리(巨峯)요, 수학과 역학의 완성자라 할 것이다. 그들의 역학은 '수數'를 바탕으로 한다. 강절은 "수가 확립되어야 상象이 만들어진다(數立則象生)"[80]라고 하였는데, 이것은 「계사」에서 얻은 말이다.

76) 『周易』「繫辭下傳」六章
77) 孔穎達『周易正義』「繫辭下傳第八」第五章 韓康伯注
78) 위와 같음.
79) 『河南程氏外書』卷第十二 "某與堯夫, 同里巷居三十年餘, 世間事無所不論, 惟未嘗一字及數耳."
80) 邵雍『皇極經世書』卷之七下「後天周易理數第六」

「계사」에 시초著草를 셈하여 괘를 얻는 방법에서, 수數로써 괘효의 모습(象)을 정하고,[81] 또 "수를 잘 운용하여 천하의 모습(象)을 정한다(極數定象)"[82]라고 하였으니, 수로부터 상이 설정됨을 알 수 있다. 유목과 소옹은 모두 수를 바탕으로 상을 말한(本數言象) 것이다.[83]

그러나 이천에게는 괘효의 풀이 글(卦爻辭)을 중시하나 그것이 은장하고 있는 뜻(意)이 곧 이理이며, 이것은 형체가 없는 것이어서 괘효의 드러난 모습(卦爻象)을 통하여 나타내 보이는 것이다. 즉 괘효의 풀이 글의 내재 원리(理)를 통하여 괘효의 모습(象)을 볼 수 있으므로, 상과 수는 모두 이理를 바탕으로 있는 것이다.[84] 이것은 그가 말한 "외재 형식으로 말미암아 내재 원리가 밝혀지고(因象以明理)"[85] "내재 원리가 있은 후에 외재 형식이 있게 된다(有理以後有象)"[86]의 명구로 요약된다. 이천의 뜻은, 음양의 원리(理)가 있으면 음양의 모습(象)이 있고, 음양의 모습(象)이 있으면 음양의 홀

---

81) 『周易』「繫辭下傳」九章
 "大衍之數五十, 其用四十有九."
 사용하지 않는 하나는 태극이니, 그 하나(一者)는 곧 태극의 모습(太極之象)이다.
 "分二爲二以象兩."
 二는 천지이니 곧 천지의 모습(天地之象)이다.
 "掛一以象三."
 三은 天地人의 모습(象)이다.
 "揲之以四以象四時."
 四는 사계절의 모습(象)이다.
 시초를 4개씩 덜어내어 3번 거듭하여(三變) 九七六八의 수를 얻는다. 九七은 양효요, 六八은 음효이다. 九는 太陽이며 변하는 양효이고, 七은 少陽이며 변하지 않는다. 六은 太陰이며 변하는 음효이고, 八은 少陰이며 변하지 않는다. 이와 같이 하여 한 효를 얻는다.
 "十有八變而成卦."
 4개씩 덜어내어 18번 거듭하여(十八變) 한 괘를 얻게 되는데, '成卦'는 곧 '成一卦之象'이다. 이렇게 하여 한 괘, 한 효의 모습(象)은 數로부터 만들어진다.
82) 『周易』「繫辭上傳」十章 "極其數, 定天下之象."
83) 劉牧 「易數鉤隱圖」 "地四右生天九第八" "極其數者, 爲天地極天地之數也. 天地之極數五十有五之謂也, 遂定天地之象者, 天地之數旣設, 則象從而定也."
 같은 책. "夫卦者, 天垂自然之象也. 聖人始得之于河圖洛書, 遂觀天地奇偶之數, 從而畫之, 是成八卦, 則非率意以畫其數也."
 邵雍 「皇極經世書」「觀物外篇」 "太極, 一也, 不動, 生二, 二則神也, 神生數, 數生象, 象生器."
 같은 책. 卷之七下 「後天周易理數第八」 "君子于易, 玩象, 玩數, 玩辭, 玩意. … 有意必有言, 有言必有象, 有象必有數, 數立則象生, 象生則言彰, 言彰則意顯."
84) 『河南程氏文集』卷第九 「答張宏中書」 "理旣見乎辭矣, 則可由辭以觀象, 故曰得其義則象數在其中矣."
85) 같은 책. "理無形也, 故因象以明理."
86) 같은 책. "來書云 … 易之義本起於數. 謂義起于數則非也. 有理而後有象, 有象而後有數. 易因象以明理, 由象而知數, 得其義則象數在其中矣."

짝수(陰陽奇偶之數)가 있다는 것이다.[87] 한 괘로 말하면, 한 괘의 내재 원리(卦理)가 있어야 한 괘의 모습(卦象)과 수數가 있다는 것이다. 내재 원리(理)는 무형이며 외재 형식(象)은 유형이나, 내재 원리가 있으면 곧 외재 형식이 있는 것이어서 이 두 가지의 관계는 분리할 수 없는 것이다. 여기에서 내재 원리와 외재 형식의 앞뒤(先後) 분별은 시간상의 앞뒤 개념이 아니라 형이상학적, 혹은 가치론적 앞뒤를 나타내는 것이다. 즉 내재 원리(理)가 외재 형식(象)의 존재 근거가 된다는 말이며, 내재 원리의 가치 우월성을 나타낸 것이다. 그러므로 이 두 가지는 동시 존재이며 시간적 앞뒤 구별이 없는 것이다. 주희는 이것을 "태극은 상과 수가 아직 형체를 갖추지 않았으나 그 이理는 이미 구유하고 있는 것을 말한다. 형기形器가 이미 갖추어지면 그 이理는 동자 없는 눈이다"[88]라고 함축성 있게 표현하였다. 주희는 근원으로서의 이(太極)는(太極者, 象數未形之全體)[89], 상과 수가 형체를 갖추기 전 그 이를 이미 구유하고 있는 것(理在氣先)이라 하고, 내재 원리로서의 이理는(無朕之目), 상과 수가 형체를 갖추면 그 속에 내재하는 것(理在氣中)이라고 하여, 이천보다 훨씬 논리적인 사유 체계를 갖추었으니, 이理와 상象은 결코 시간적으로 앞뒤 순서를 갖고 있는 것이 아니라,[90] 이는 상과 수의 존재 근거이며 이것을 근본으로 한다(理本論)는 말이다.[91]

이천의 "외재 형식으로 말미암아 내재 원리가 밝혀진다(因象以明理)"는 말은 자연적으로 그의 "본체와 현상은 한 근원이며, 분명하게 드러난 것과 은밀하게 감춰진 것은 나뉨이 없다(體用一源, 顯微無間)"는 설로 이어진다.

ㄴ. 본체(體)와 현상(用)은 한 근원

"때(時)와 도(道)가 부합한다(隨時變易以從道)"는 「역전서」의 첫 구절은 내재 원리(理)와 외재 형식(象)은 나뉨이 없으며, 본체(體)와 현상(用)은 한 근원이라는 설로 설명된다.

---

87) 『河南程氏經說』卷第一「易說·繫辭」"有理則有氣, 有氣則有數."
88) 朱熹『易學啓蒙』「原卦畫第二」"太極者, 象數未形而其理已具之稱. 形器已具, 而其理則無朕之目."
89) 『朱文公文集』卷第三十七「答郭沖晦」第二書
90) 『朱子語類』卷第八十五 胡泳錄 "問··有是理便有是氣, 似不可分先後? 曰··要之, 也先有理. 只不可說今日有是理, 明日就有是氣."
91) 같은 책. 萬人傑錄 "或問··必有是理, 然後有時氣, 如何? 曰··此本無先後之可言, 然必欲推其所從來, 則須說先有是理."

체용설體用說은 원래 현학과 왕필王弼에서 비롯되었다.[92] 왕필은 '없는 것(無)'을 체體로 하고, '있는 것(有)'을 용用으로 하여, '있는 것'의 쓰임은 반드시 '없는 것'을 바탕으로 하기 때문이라고 여겼다(以無爲體, 以有爲用, 有之所以爲用, 必本於無).[93] 왕필은 도가의 사유 방식을 가지고 초월계와 경험계를 관통하였지만, 그의 체용론은 일종의 언어의 표현 방식일 뿐, 이에 대한 자세한 내용의 논리적 전개는 없었다. 이천이나 주희에게도 체용론에 대한 체계적인 저술은 없으나, 방법학의 운용에 있어 자주 체용이라는 용어를 사용하였으며, 이것은 논리적 논증 방식이 아니라 역시 일종의 언어의 표현 방식으로 보아야 할 것이다.

이천의 '체와 용은 한 근원(體用一源)'이라는 설은, 불교 화엄종의 4법계관(四法界觀) 중 이사무애법계관理事無礙法界觀에서 나온 것이다. 이천은 비록 유학을 표방하고 불교를 배척하여, 불교의 연기緣起 이론은 받아들이지 않았지만, 화엄종에 대해 깊은 이해가 있었다고 할 것이다.[94]

법장法藏은 법계 연기를 4법계의 이론 기초로 하여, 법계는 이법계理法界와 사법계事法界를 포함하며, 연기는 모든 인연 조건과 화합하여 일어나는 것이라고 하였다. 이理란 곧 본체요, 사事란 곧 현상을 가리키니, 이사무애법계관理事無礙法界觀은 본체와 현상이 구별 없이 널리 융통하여 하나인 것을 말한다. 그에 의하면, 청정심淸淨心과 생멸심生滅心은 물과 물결의 관계와 같다. 물의 성질은 맑고 깨끗한 것을 체體로 하고, 어지럽게 물결치는 것(波浪)을 용用으로 하여, 물은 물결로 나타나기도 하나 물결도 물에 기인하는 것이니, 이 두 가지(理與事)는 원래 두 가지로 분리되어 서로 다른 것이 아니라 한 몸의 두 면(一體兩面)인 것이다.[95] 그러므로 차별이 없는 이理는 차별이 있는 사事에 내재되어 있고, 차별이 있는 사事는 차별이 없는 이理에 내재되어, 사

---

92) 王弼『老子注』와『周易注』등 참고. 아래 주 93)에 기록하였음.

93) 王弼『老子注』三十八章 "萬物雖歸, 以無爲用, 不能舍無以爲體也. 舍無以爲體則失其大矣, 所謂失道而後德也."
  『周易注』「大衍之數五十章」"演天地之數, 所賴者五十也, 其用四十有九, 則其一不用也. 不用而用以之通, 非數而數以之成. 斯易之太極也."

94) 『河南程氏遺書』卷第十八 "問‥某嘗讀華嚴, 第一眞空絶相觀, 第二事理無礙觀, 第三事事無礙觀, 譬如鏡燈之類, 包含萬象, 無有窮盡, 此理如何? 曰‥只爲釋氏要周庶, 一言以蔽之, 不過曰萬里歸於一理也."

95) 『華嚴經義海百門』「種智普耀門第三」"法無分齊, 現必同時; 理不礙差, 隱現一際. 用則波騰鼎沸, 全眞體以運行; 體卽鏡淨水澄, 擧隨緣而會寂."

리事理 구별 없이 융합하여 하나인 것이다.[96] 이천은 화엄의 이 말을 그대로 받아들였다.[97]

이천의 '체용은 한 근원'이라는 말은, 괘효의 모습(卦爻象)이나 괘효의 풀이 글(卦爻辭)과 이들의 내재 원리와의 관계를 말한 것이다. 「역전서」에서 이 말에 대한 내용의 계통을 보면,[98] 체體란 '의리 내용(意)'—'내재 원리(理)'—'은밀하게 감춰진 것(微)'으로 이어진다. 이것은 괘효의 내재 원리(卦理)·구체적 사실의 원리(事理) 혹은 구체적 사물의 원리(物理)를 가리키며, 사물의 본체를 말한 것이다. 용用이란 '괘효의 풀이 글(卦爻辭)'—'외재 형식(象)'—'분명하게 드러난 것(顯)'으로 이어진다. 이것은 괘효의 외재 형식(卦象)·구체적 사실의 모습(事象) 혹은 구체적 사물의 모습(物象)을 말하며, 사물의 현상을 가리킨 것이다. 한 괘의 내재 원리는 은밀하여 볼 수 없고, 외재 형식은 분명히 드러나 볼 수 있는 것이니, 현상은 본체가 객관적으로 드러난 것(本體之客觀顯現)이다. 이 두 가지는 분리되어 있는 것이 아니라, 본체 밖에 현상이 없으며, 현상 밖에 본체가 있는 것이 아니므로(理外無象, 象外無理) 체용은 하나인 것이다. 그러므로 체와 용은 그 존재 순서에 먼저와 나중이 없는 것이다(體用無先後). 이천이 말한 "괘의 외재 형식으로 말미암아 괘의 내재 원리가 밝혀진다(因象以明理)" 혹은 "괘의 내재 원리가 있은 후에 괘의 외재 형식이 있다(有理以後有象)"는 말은, 시간적으로 먼저와 나중의 서로 이어지는(相承) 관계가 아니라 내재 원리(理)가 객관적으로 드러난 것, 즉 내재 원리는 외재 형식의 존재 근거라는 뜻이다.

> 함괘咸卦와 항괘恒卦는 체와 용의 관계이다.
> 체와 용은 먼저와 나중의 구별이 없다.[99]

함·항 두 괘는 『역경』에서 앞뒤 배열의 순서가 있다. 그러나 이천이 "먼저와 나중

---

96) 같은 책. "觀體用者, 謂了達塵無生無性一味, 是體; 智照理時, 不礙事相宛然, 是用. 事雖宛然, 恒無所有, 是故用卽體也. 如會百川以歸於海, 理雖一味, 恒自隨緣, 是故體卽用也. 如擧大海以明百川, 由理事互融, 故體用自在."

97) 주 94)와 같은 책. "湛緣平靜如鏡者, 水之性也. 及遇沙石或地勢不平, 便有湍激, 或風行其上, 便爲波濤汹涌, 此豈水之性哉."

98) 伊川 「易傳序」 "君子居則觀其象而玩其辭, 動則觀其變而玩其占. 得於辭, 不達其意者有矣; 未有不得於辭而能通其意者也. 至微者, 理也; 至著者, 象也. 體用一源, 顯微无間."

99) 『河南程氏遺書』 卷第二十五 "咸恒, 體用也. 體用無先後."

의 구별이 없다"고 한 것은 시간상의 구별을 말한 것이 아니라, 바로 체와 용의 관계를 말한 것이다.

그는 함괘를 해석하여 "남녀가 교합하여 부부가 되므로(成夫婦) 함괘와 항괘는 모두 위·아래 괘(二體)가 합하여 부부라는(爲夫婦) 뜻이다"[100]라고 하였는데, 여기서 '남녀의 교합(男女交合)'은 함괘를 말하고, '부부가 된다(成夫婦)'는 것은 항괘를 가리킨 것이다. 함괘의 모습(卦象)은 태兌(☱)가 위에, 간艮(☶)이 아래에 있다. 소남少男이 소녀少女의 아래에 있다는 것은 남녀 교감의 모습(象)이다. 아래는 양이고 위는 음이니, 천지가 교합하여 만물이 형통한다.[101] 항괘의 모습은 진震(☳)이 위에, 손巽(☴)이 아래에 있다. 장남長男이 장녀長女 위에 있다는 것은 남자는 높고 여자는 낮다(男尊女卑)는, 부부가 한 집에 사는 일정한 법도(夫婦居室之常道)이다.[102] 그러므로 함괘는 곧 '남녀가 교합'하되 남자(陽)가 여자(陰)의 아래에 있는 교합 방법(交感之道)을 말한 것이고, 항괘는 즉 '부부가 됨'이나 부부거실의 법도를 말한 것인데, '남녀교합'을 체로 하고 '부부가 됨'을 용으로 하여, "체용은 먼저와 나중의 구별이 없다"라고 한 것은 '남녀교합'과 '부부가 됨'을 먼저와 나중의 시간 관계로 말한 것이 아니라, 이 두 가지 모두 합하여 부부라는(爲夫婦) 뜻이다.

이천이 말한 "괘효의 외재 형식에 의해 괘효의 내재 원리가 밝혀진다(因象以明理)" 혹은 "괘효의 외재 형식을 빌려 괘효의 의리 내용이 드러난다(假象以顯義)"는 것은, 괘효의 외재 형식과 그것이 갖고 있는 내재 원리는 결국 하나이며, 괘효의 외재 형식은 곧 그 내재 원리의 표현인 것이다. 그러나 이천은 본체와 현상이 어떻게 해서 하나인지, 내재 원리(微)와 외재 형식(顯)이 어떻게 해서 나뉨이 없는가에 대해 분명히 설명하지 않았다. 이 문제는 주희가 해결하게 된다.[103]

---

100) 伊川『易傳』卷第三 咸卦注 "男女交合而成夫婦, 故咸與恒皆二體合爲夫婦之義."

101) 『周易』泰卦「彖」"泰, 小往大來, 吉, 亨. 則是天地交而萬物通也."
「繫辭下傳」五章 "天地絪縕, 萬物化醇; 男女構精, 萬物化生."

102) 주 100)과 같은 책. 恒卦注 "恒, 長男在長女之上, 男尊女卑, 夫婦居室之常道也."

103) 『朱子語類』卷第六十七 甘節錄 "體用一源, 體雖無迹, 中已有用. 顯微無間者, 顯中便具微. 天地未有, 萬物已具, 此是體中有用; 天地既立, 此理亦存, 此是顯中有微."
『朱文公文集』卷第三十「答汪尙書」第七書 "自理而言, 則卽體而用在其中, 所謂一源也; 自象而言, 則卽顯而微不能外, 所謂無間也."
같은 책. 卷第四十「答何叔京」第二十九書 "體用一源者, 自理而觀, 則理爲體, 象爲用, 而理中有象, 是一源也; 顯微無間者, 自象而觀, 則象爲顯, 理爲微, 而象中有理, 是無間也."

라. 맺는 글

이천이 「역전서」에서 첫 구절에 언급한 '때에 따름(隨時)'과 '도를 좇음(從道)'이라는 변역설의 두 개념은 천도天道와 인사人事를 관통하는 것이며, 그 내용은 그의 이학理學 체계 전체를 꿰뚫고 있는 것이다.

'때에 따름(隨時)'이란 『역경』에서 괘·효 음양의 때(時)와 자리(位)에 알맞은 변화를 말한다. 이것은 64괘 384효의 객관적 사물(卦爻象), 혹은 객관적 사실(卦爻辭)이 분명히 드러난 것(顯)이고, 외재 형식(象)이며 현상계(用)를 뜻하는 것이다. '도를 좇음(從道)'이란 『역경』에서 괘·효 음양의 변화 근거를 말한다. 이것은 64괘 384효의 객관적 사물(卦爻象), 혹은 객관적 사실(卦爻辭)의 배후에 은밀하게 감춰진 것(微)이고, 내재 원리(理)이며 본체계(體)를 가리킨 것이다. 이 두 가지는 한 근원(一源)이며 나뉨이 없는 것(無間)이다. 그러므로 '때에 따름(隨時)'은 도가 객관적으로 드러난 것이며, 도란 바로 때에 따라 알맞게 변역되어야 할 보편 법칙인 것이다. 이것은 본체론의 입장에서 말하면, "음양의 변화는 때(時)와 자리(位)에 따라 변역하여, 그 변역의 법칙에 부합하는 것"이다. 음양 변역의 법칙(理)은 곧 음양 변역(象)의 근거이다. 윤리학의 입장에서 칸트의 말을 빌려 표현한다면, "너의 의지의 행위가 항상 보편적 원리(규범)에 부합할 수 있도록 행위하라"는 것이다. 인간의 도덕적 행위는 목적을 위해 행하는 것이 아니라, 행위의 보편적 법칙에 의해 행하여야 한다는 말이다.

자연계와 인간계에서 '보편 법칙에 부합하는 것'은 스스로 그렇게 되는 것(所以然)[104]이며, 당연히 그렇게 되어야 할 것(所當然)[105]이다. 즉 이것이 이천의 가치 근원인 천리天理인 것이다. 천리란 '스스로 그러한 원리(自然之理)'를 말한다.[106] 즉 우주와 인생에서 절대적이고 보편적인 원리를 말하는 것이니, 이것은 천지 만물의 총근원인 동시에 천지 만물에 내재하는 것이다.[107] 그러므로 천지 만물의 모든 변화와 현상은 천리天理의 흐름이 객관적으로 드러난 것이다. 이것은 그 운행에 있어서는 명(天命)이

---

104) 伊川 『易傳』 無妄卦 六二注 "凡理之所以然者, 非妄也."
105) 같은 책. 泰卦 六二注 "理當然者, 天也."
106) 『河南程氏遺書』 卷第二十四 "曰天者, 自然之理也."
107) 같은 책. 卷第十八 "天下只有一個理" "天下物皆可以理照, 有物必有則, 曰物須有一理."
　　　卷第二上 "理云者, 百理具備, 元無少欠." "萬物皆只是一個天理."

고, 가치 의의에 있어서는 이(正理)이며, 사람에 있어서는 성(性理)인 것이다.[108] 우주의 모든 것은 이 개념 속에 포괄된다.

---

108) 같은 책. 卷第十八 "在天爲命, 在義爲理, 在人爲性, 主於身爲心, 其實一也."
　　　卷第二十一下 "理也, 性也, 命也, 三者未嘗有異. 窮理則盡性, 盡性則知天命矣. 天命猶天道也. 以其用而言之則謂之命, 命者造化之謂也."

352

인명과 서명에 대한 설명

———

이 책에 나오는 인명과 서명에 대해『역학대사전』(華夏出版社, 1992년, 북경)과 바이두(百度) 바이커(百科)를 참고하여, 시대로 나누어 생졸연대 순으로 정리하였다. 필자의『고사주역』(2020년)에서 정리한 내용과 중복되는 것이 많으나,『고사주역』에서 소개하지 않은 내용도 상당수 있다.

전국戰國

『시자尸子』: 시교尸佼(약 B.C.390 ~ B.C.330)는 전국 시대의 저명한 정치가이자 도가사상가이다. 『사기』「맹자순경열전」에 "초나라에 시자와 장로가 있다.…… 세상에는 이런 사람들의 저서가 많으므로 그들의 전기는 말하지 않겠다(楚有尸子, 長盧……世多有其書, 故不論其傳云)"라고 하였다. 청의 왕계배汪繼培는 "이 책은 송나라 때 모두 없어졌다"라고 하고 "두 편만 남아 있는데, 합하여 한 권으로 하였다(只存二篇 , 合爲一卷)"라고 하였다. 청의 왕계배와 손성연孫星衍이 가경嘉慶 연간에 집각하여 현행 통행본『시자』가 되었다.

『좌전左傳』:『좌전』은『춘추좌씨전』의 약칭이다. '춘추'는 노나라 역사서를, '좌씨'는 좌라는 성을 가진 사람을 가리키고, '전'은 해설서라는 뜻이다.『춘추좌씨전』은 '노나라 역사서인『춘추』에 대한 좌左라는 성을 가진 사람의 해설서'라는 뜻이다. 『춘추공양전』,『춘추곡량전』과 더불어 '춘추삼전春秋三傳'으로 불린다.『춘추좌씨전』은 노나라의 좌구명左丘明,『춘추공양전』은 제나라의 공양고公羊高,『춘추곡량전』은 노나라의 곡량적穀梁赤이 지었다고 하는데 정설로 인정되지 않고 있다.

『좌전』은『춘추』를 상세하게 주해한 책이며, 노나라 14대 은공 원년(B.C.722)에서 27대 애공 27년(B.C.468)에 이르기까지, 12명의 제후를 거치며 254년 간 춘추 시대 전시기에 일어난 중요한 정치적, 사회적, 군사적 사건들을 포괄적으로 기록하고 있다. 이 책을 지은 사람은 누구인지 알 수 없으며, 전국 시대에 책이 이루어진 것으로 보고 있다.

『국어國語』: 춘추 시대의 역사서이며,『춘추외전春秋外傳』이라고도 한다. 이 책은 주周나라 5대 목왕穆王 2년(B.C.990)에서 28대 정정왕貞定王 16년(B.C.453)에 이르는 538년 동안 주周, 노魯, 제齊, 진晉, 정鄭, 초楚, 오吳, 월越 등 8나라에서 일어난 주요 사건들을 두루 기록하고 있다.『좌전』은 편년체 역사서이나『국어』는 나라별로 엮은 역사서(國別史)이다. 다루는 시기가『좌전』보다 넓고, 또『좌전』에 기록이 없는 역사적 사실을 많이 기록하고 있다.

사마천은「태사공자서太史公自序」에서 "좌구명은 실명하고『국어』를 남겼다(左丘失明, 厥有國語)"라고 기술하여 그 저자가 좌구명으로 알려져 왔다. 그러나 당송 이후 학자들은 이에 대해 회의를 갖게 되었다. 이 책은 누가 지었는지 알 수 없으며, 한 사람이 기술한 것이 아니라 춘추 시대 각국의 역사를 기술하는 관리(史官)들이 기록한 것을 전국 시대에 편집한 것으로 추측하고 있다.

『이아爾雅』: 사서辭書의 원조이다.『한서』「예문지」에 그 이름이 처음 나오는데, 지은 사람은 누구인지 알 수 없다. '이爾'는 가깝다는 '근近', '아雅'는 바르다는 '정正'의 뜻이다.『이아』는 바른 말에 근접하다, 바른 말에 부합하다는 뜻이며, 즉 바른 말로 옛날의 단어와 방언을 해석하여 규범에 가깝게 한다는 의미이다. 이 책이 쓰인 시기는 전국 혹은 전한 사이이다. 이 책 속의 자료에는『초사』,『열자』,『장자』,『여씨춘추』 등 전국 시대의 작품에서 가져 온 것들이 있으므로 전국 시대보다 이르지 않으며, 또 전한 5대 문제文帝 때 이미『이아』박사 제도를 설치하였으므로 이 시기보다 늦게 나오지 않았다.

『죽서기년竹書紀年』: 춘추 시대 진晉나라 사관史官과 전국 시대 위魏나라 사관이 지은 편년체 통사이다. 서진西晉 무제武帝 함녕咸寧 5년(279), 급군汲郡(지금의 하남河南 급현汲縣) 사람이 전국 시대 위魏 양왕襄王(혹은 안리왕安釐王)의 묘인 것을 모르고 도굴하다가 발견되었다. 그래서『급총기년汲冢紀年』,『고문기년古文紀年』이라고 칭하는데, '고문'은 진秦나라 이전의 문자를 가리킨다. 선진사先秦史를 연구하는 데 매우 높은 사료 가치를 지니고 있으며, 장사長沙 마왕퇴馬王堆 한초의 고묘에서 출토된 백서와 비슷하고, 기록되어 있는 것은 갑골문, 청동명문青銅銘文, 진나라 죽간, 『계년系年』과 같은 유이다. 모두 13편으로 되어 있는데, 하, 상, 서주와 춘추, 전국의 역사를 연대순으로 편찬하여 서술하였다. 주나라 평왕平王이 낙읍으로 동천한 후에는 진晉나라 기년紀年을 사용하였고, 진나라가 세 나라로 분열된 후에는 위魏나라 기년을 사용하여, 위 양왕襄王 20년에서 기록은 멈추었다.

현존하는 『죽서기년』은 '고본古本'과 '금본今本' 두 계통으로 나누는데, '고본'은 실전된 책을 편집한 것이고, 그 기사紀事는 하대夏代에서 시작하여 기원전 299년에서 끝나며 일정한 체례가 없다. '금본'의 기사는 황제黃帝에서 시작하여 위 양왕襄王 20년(B.C.296)에서 끝나며 비교적 완전한 체례를 갖추고 있다.

『죽서기년』은 고대의 유일하게 남아 있는, 진의 분서焚書를 당하지 않은 편년체 통사이다. 그러나 송나라 때 산실散失된 것을 다시 새롭게 수집 정리하는 과정을 여러 번 겪은 후 신임도와 사료 가치가 어느 정도 떨어졌다. 이 책 첫머리에 군주君主 기년을 강목으로 하여, 위아래 89명의 제왕과 1847년의 역사를 기록하였다.

전한前漢

사마담司馬談(약 B.C.169 ~ B.C.110): 전한의 사학가이며, 사마천의 아버지이다. 좌풍익左馮翊 하양夏陽(지금의 섬서성 한성韓城 남쪽) 사람이다. 한초에 벼슬이 오대부五大夫였고, 건원建元, 원봉元奉 연간에 태사령太史令, 태사공太史公을 역임하였다. 학문이 박학하였는데, 당도唐都에게 천관天官을 배웠고, 양하楊何에게 역을 전수받았으며, 황자黃子에게 도론道論을 익혔다. 당시에 유행하였던 황로 사상의 영향을 깊이 받아 도가를 긍정하고 찬양하였다. 사마천은 태사공 관직을 세습하였다.

사마천司馬遷(B.C.145? ~ B.C.85?): 전한의 사학가이다. 자는 자장子長, 용문龍門(지금의 섬서성陝西省 한성현韓城縣 남쪽)에서 태어났다. 6세 때(B.C.140) 아버지 사마담司馬談이 태사령太史令이 되어 역사를 기술하는 집안에서 자랐다. 10세 때 고문古文을 암송하였고, 동중서董重舒, 공안국孔安國 등 당대의 경학자들을 따라 학문을 쌓았다. 20세 때 (B.C.126) 천하를 주유하면서 많은 것을 보고 배웠다. 방랑을 끝내고 장안으로 돌아와

28세 때 낭중郎中이 되었고, 사명을 받들고 서쪽과 남쪽을 공략하였다. 무제武帝 원봉元封 원년(B.C.110), 사마천의 나이 36세 되던 해, 무제는 태산에 올라 봉선의식을 거행하였다. 사마담에게 이 의식에 참여할 기회가 주어지지 않아 결국 병을 얻어 죽음에 이르게 되었다. 사마담은 죽으면서 아들에게 자신이 이루지 못한 그동안 역사서를 기술하라는 유언을 남겼다. 3년 뒤 사마천은 태사령이 되어 역사 집필에 몰두하였다. 7년째 되던 해, 그는 이릉李陵의 화를 당하여 궁형宮刑을 받고 옥사에 유폐되었다. 무제는 그의 충성심과 비범한 재능을 인정하게 되고, 그의 나이 50세 되던 해에 중서령仲書令에 임명하였다(B.C.96). 55세 때(B.C.91), 그는 모두 130편, 52만 6,500자의 방대한 책을 완성하고 『태사공서太史公書』라고 제목을 붙였다.

『태사공서』를 『사기』로 부른 것은 후한의 반표班彪·반고班固 부자로부터 시작되었다. 이후 후한 말기의 순열荀悅, 진晉의 진수陳壽 등의 역사가들이 『사기』라는 명칭을 사용해오다가, 당대에 쓰인 『수서隋書』 「경적지經籍志」에 비로소 『사기』를 정식 서명으로 사용하게 되었다. 『사기』는 「본기本紀」, 「표表」, 「서書」, 「세가世家」, 「열전列傳」 등 모두 다섯 부분으로 구성되어 있다. 「본기本紀」는 황제黃帝부터 자신이 섬긴 효무제에 이르기까지 2500여 년 간의 역대 제왕의 전기를 기록한 것이며, 오늘의 정치사에 해당된다. 「표表」는 표를 그려 사건을 기록해 놓은 것이며, 오늘의 연대표에 해당된다. 기사가 비교적 간단한 것은 세표世表로, 보통인 것은 연표年表로, 비교적 상세한 것은 월표月表로 만들었다. 「서書」는 봉건사회의 사회적 규범과 제도적 법식에 대해 기술한 것이며, 오늘의 문화사 혹은 제도사에 해당된다. 「세가世家」는 역대 제후들의 전기를 기록한 것이며, 오늘의 열국사에 해당된다. 30세가 가운데 제후가 아니면서 「세가」에 기록된 사람은 공자孔子와 진섭陳涉 두 사람이다. 「열전列傳」은 역대 명인들의 전기를 기록한 것이며, 오늘의 인물사에 해당된다. 여기에는 다양한 인물들의 다양한 사건들이 기록되어 있다.

동중서董重舒(B.C.179～B.C.104): 전한의 경학자이다. 무제 원광元光 원년(B.C.134)에 조칙을 내려 치국治國 방략方略을 널리 구하자 동중서는 『거현량대책擧賢良對策』 중의 천인감응天人感應, 대일통大一統 학설과 파출백가罷黜百家, 육경六經을 중시하는 주장을 제출하였다. 그의 사상은 무제의 집권 통치를 옹호하였고, 당시 사회 정치와 경제의 안정에 공헌하였다. 주요 저서에 『천인삼책天人三策』『춘추번로春秋繁露』 등이 있다.

공안국孔安國(B.C.156?～B.C.74?): 전한의 경학가이며, 공자의 11대 손이다. 주요 저서에 『고문상서古文尚書』『고문효경전古文孝經傳』『논어훈해論語訓解』가 있다.

맹희孟喜(?~?): 전한 금문경학자, 금문역학 '맹씨학'의 창시자이며, 자는 장경長卿
이다. 맹희는 음양설을 가지고 『주역』을 해설하였는데, 음양으로 기후의 변화를 추
측하여 인간사의 길흉을 판단하였다. 그는 한역 중의 괘기설卦氣說의 창도자이다. 그
의 『역장구易章句』는 이미 없어졌지만 그의 역설의 일부분의 내용은 당나라 승僧 일
행一行의 『괘의卦議』에 보존되어 있다. 그의 역학의 특색은 『주역』의 괘상을 가지고
일 년 절기의 변화를 해설한 것이다. 즉 육십사괘를 4시, 12월, 24절기, 72후候에 배
합한 것이며, 이것이 곧 '괘기卦氣'이다. 그는 괘기설 중에서 십이소식괘十二消息卦를
제창하였는데, 12괘를 12개월에 안배한 것이다. 즉 복괘에 한 양효가 돌아왔으므로
이를 11월에 해당시키고, 이것을 기점으로 각 달에 따라 양기가 점차 위로 자라나
고 사라지는 것을 말하였다. 즉 복復(䷗) 11월, 임臨(䷒) 12월, 태泰(䷊) 정월, 대장大
壯(䷡) 2월, 쾌夬(䷪) 3월, 건乾(䷀) 4월, 구姤(䷫) 5월, 둔遯(䷠) 6월, 비否(䷋) 7월, 관觀
(䷓) 8월, 박剝(䷖) 9월, 곤坤(䷁) 10월 등이다. 그의 괘기설은 이후 한대 상수역은 물
론 오늘에 이르기까지 깊은 영향을 끼쳤다.

경방京房(B.C.77~37): 전한 금문역학 '경씨역'의 창시자이며, 율학가律學家이다. 본
성은 이李씨이며, 자는 군명君明이다. 음률을 좋아하여 율을 미루어 스스로 경씨京氏
로 정하였다. 맹희의 문인인 초연수에게 역을 배워, 변통설通變說로 역을 해설하였
고, 재이災異를 말하기 좋아하였다. 그는 『주역』을 길흉을 점치는 책으로 보고, 점치
는 체례를 많이 창작하여 점후지술占候之術로 이름이 났다. 그 역학의 중요한 성취는
①팔궁괘설八宮卦說. 세응설世應說과 비복설飛伏說을 포함. ②납갑설納甲說. 팔궁괘를
10천간에 배합하고, 각 효는 12지지에 분별하여 배합한 것. ③오행설. 오행설을 가
지고 괘효상과 괘효사의 길흉을 해석한 것. 오행설을 가지고 『주역』을 해석한 것은
경방에서 비롯되었다. ④괘기설卦氣說 ⑤음양이기설陰陽二氣說. 음양이기의 변역을 가
지고 괘효상의 변역을 해석한 것. 이것으로 역은 곧 음양 두 기가 오르내리며 변역하
여 그침이 없는 것을 설명하였다. 이 외에도 호체互體, 효진爻辰, 유혼游魂, 귀혼歸魂 등
등이 있다. 경씨 역학은 점법을 말했을 뿐만 아니라 점법에 대한 해석을 거쳐 한 계
열의 이론 체계를 형성하였고, 이것으로 자연과 사회를 해석하여 한대 철학의 한 부
분을 이루었다. 저서로는 지금도 보존되어 있는 『경씨역전京氏易傳』 3권이 있으며, 다
른 것은 모두 이미 없어졌다.

양웅揚雄(B.C.53 ~ 18): 전한의 저명한 학자이자 문학가이다. 양웅楊雄으로도 쓰며, 자는 자운子雲이다. 촉군蜀郡 성도成都(지금의 사천 성도) 사람이다. 어릴 때 배우기를 좋아하여 여러 책을 두루 읽고 고문古文과 기자奇字에 다식하였다. 말을 더듬었기 때문에 막힘없이 말을 할 수 없자 홀로 문장으로 세상에 이름이 났다. 성제成帝 때 황문장랑黃門將郎을 역임하였고, 왕망王莽 때 대부大夫, 교서천록각校書天祿閣을 역임하였다. 비록 고문경학파 중의 인물이지만 맹희와 경방의 역학의 영향을 받았기 때문에 『주역』의 구성을 모방하여 『태현太玄』을 지었다. '현玄'을 우주 만물의 근원으로 보고 유, 도, 음양 3가 학설을 뒤섞어 당시의 천문역법 지식을 운용하였고, 한 세계 도식을 묘사하였다. 이 외에 『논어』를 모방하여 『법언法言』을 지었고, 『창힐편蒼頡篇』을 이어 『훈찬편訓纂篇』을 짓고, 각 지방의 방언을 수집하여 『방언方言』을 지었고, 사마상여司馬相如의 『자허子虛』 『상림上林』 등의 부賦를 모방하여 『장양부長楊賦』 등을 지었다. 청의 엄가균嚴可均이 편집한 『전상고삼대진한삼국육조문全上古三代秦漢三國六朝文』에 그의 부賦와 잠箴 등 모두 4권이 수록되어 있다.

『백서주역帛書周易』: 1973년 12월 호남성 장사長沙 마왕퇴馬王堆 3호 한묘에서 출토된 비단에 쓰인 『주역』이다. 모두 2만여 자로 되어 있으며, 한 사람의 필체이고, 한나라 5대 문제文帝(재위: B.C.180 ~ B.C.157) 때 황색의 비단에 소전인 섞인 예서로 필사되었다.

괘효사는 통행본과 육십사괘 배열순서가 다르나, 괘명과 내용은 가차자를 많이 사용하였을 뿐, 통행본과 거의 같다. 『역전』은 「이삼자二三子」 「계사繫辭」 「충衷」 「요要」 「목화繆和」 「소력昭力」 등 모두 6편이다. 통행본의 「단」 「상」 「문언」 「설괘」 「서괘」 「잡괘」는 없다. 필자가 쓴 『마왕퇴 출토 백서주역』 상하권(2012년)에 자세히 번역하고 해설하였다.

『회남자淮南子』: 『회남홍렬淮南鴻烈』, 『유안자劉安子』라고도 한다. 전한 황족皇族 회남왕淮南王 유안劉安과 그 문객들이 편찬한 철학 저서이며, 잡가雜家의 작품에 속한다. 회남왕 유안이 주관하였으므로 책이름이 『회남자』이다. 유안은 한 고조 유방의 서자 유장劉長의 아들이며, 회남왕에 봉하였다. 이 책은 선진 도가 사상을 계승한 기초 위에 음양가, 묵가, 법가와 유가 사상을 종합하였는데 중요한 종지는 도가에 속한다. '홍鴻'은 광대하다는 뜻이고, '열烈'은 광명의 뜻이다(후한 고유高誘의 『회남홍렬해서淮南鴻烈解序』). 지은이는 이 책은 도道와 마찬가지로 광대하고 광명한 이치를 포괄하고 있다고 여겼다. 반고班固의 『한서』「예문지」에는 '잡가'에, 『사고전서총목』에도 '잡가'에 귀속시켰다. 자부子部에 속한다.

『역위易緯』: 『주역』 경전을 해석한 위서緯書를 『역위』라고 한다. 『역위』에는 모두 8종이 있다. 『건곤착도乾坤鑿度』 『건착도乾鑿度』 『계람도稽覽圖』 『변종비辨終備』 『통괘험通卦驗』 『건원서제기乾元序制記』 『시류모是類謨』 『곤령도坤靈圖』 등이다. 송의 조공무晁公武가 『군재독서지郡齋讀書志』에 잘못하여 『건곤착도乾坤鑿度』와 『건착도乾鑿度』를 한 권으로 하였는데, 뒤에 『영락대전永樂大典』에서도 이를 따라 한 권으로 하여, 『역위』 7종의 설이 있게 되었다. 이 책은 어느 시대에 이루어졌는가 하는 것에 대해 주장이 분분하며, 남조南朝의 유협劉勰의 '위기애평緯起哀平'설을 정설로 여긴다. 즉 전한 애제哀帝와 평제平帝 사이에 이루어졌으니, 당연히 전한 후기의 책이다. 후한의 정현이 8종에 대해 주를 달았다. 원서는 수 양제煬帝의 금훼禁毀로 인해 실전되었으나 후인이 흩어진 것을 모은 책(輯佚本)이 있다. 명의 손곡孫穀의 『고미서古微書』, 청의 마국한馬國翰의 『옥함산방집일서玉函山房輯佚書』와 황석黃奭의 『한학당총서漢學堂叢書』에 모두 수록되어 있다. 월재한越在翰이 편집한 『칠위七緯』와 교송년喬松年의 『위군緯攟』에 비교적 완전하게 갖추고 있다.

후한後漢

왕충王充(27~97?): 후한의 사상가이며 문학 비평가이다. 자는 중임仲任, 회계상우會稽上虞(지금의 절강) 사람이다. 그는 한대 도가 사상의 중요한 전승자이며 이를 발전시킨 사람이다. 그의 사상은 도가의 무위자연을 종지로 확립하였으며, '천天'을 천도관의 최고 범주로, '기氣'를 핵심 범주로 하여, 원기元氣, 정기精氣, 화기和氣 등 자연 기화로부터 방대한 우주 생성 모식을 구성하였고, 천인감응론과 더불어 서로 대립하는 형세를 형성하였다. 그의 사상은 비록 도가에 속하나 선진 노장 사상과는 엄격한 구별이 있다. 또 그는 한대 도가 사상의 주창자이나 한초 왕조가 표방한 '황로지학'과 전한 말엽에 민간에서 유행한 도교와는 다르다. 그의 대표작인 『논형論衡』은 85편, 20여만 자이며, 만물의 동이同異를 해석하여 당시 사람들의 의혹을 규정하였다. 이 책은 중국 역사상 중요한 사상 저작이다.

반고班固(32~92): 후한의 저명한 사학가이자 문학가이다. 자는 맹견孟堅, 부풍扶風 안릉安陵(지금의 섬서 함양 동북) 사람이다. 아버지 반표班彪, 백부 반사班嗣는 당대의 저명한 학자였다. 16세에 태학에 들어가 많은 서적을 읽으면서, 유가 경전과 역사에 정통하였다. 54년에 반표가 세상을 떠나자 고향으로 돌아와 반표의『사기후전史記後傳』을 바탕으로『한서』를 쓰기 시작하여 20여 년이 걸려 완성하였다.『한서』는『사기』를 계승한 중국의 중요한 사서이다.

허신許愼(약 58 ~ 약 147): 후한의 저명한 경학자이자 문자학자이다. 자는 숙중叔重이며, 여남汝南 소릉召陵(지금의 탑하시漯河市 소릉구召陵區) 사람이다. 그는 근 30년의 시간을 경과하여 세계 제일의 자전인『설문해자說文解字』를 편찬, 한자의 모양(形)과 발음(音)과 뜻(義)을 규범과 통일로 나아가게 하였다.『설문해자』를 연구하는 사람은 그를 '허군許君',『설문해자』를 '허서許書', 그 학문을 '허학許學'이라고 칭한다.『설문해자』는 그의 일생에서 가장 정성을 쏟은 작품이고, 그의 반생의 심혈을 기울인 책이다. 그는 문자학에 대해 위대한 공헌을 하였기 때문에 후인들은 그를 '자성字聖'이라고 높이 칭한다.

『설문해자』는 부수에 따라 배열한 한어 자전이다. 원문은 소전小篆으로 쓰였다. 540개의 부수에 9,353글자를 수용하였고, 별도로 '중문重文'(異體字)이 1,163개, 모두 10,516자이다.『설문해자』는 과학 문자학과 문헌 언어학의 기초를 다진 작품이다. 청조에 이르러『설문해자』에 대한 연구가 성행하였다. 단옥재段玉裁의『설문해자주說文解字注』, 주준성朱駿聲의『설문통훈정성說文通訓定聲』, 계복桂馥의『설문해자의증說文解字義證』, 왕균王筠의『설문석례說文釋例』,『설문구독說文句讀』 등이 있으며, 이 4사람을 '설문사대가說文四大家'로 높이 칭하고 있다.

마융馬融(79~166): 후한의 경학자이며, 자는 계장季長이다. 재능이 뛰어나고 박학하여 세상에서는 '통유通儒'라고 칭하였다. 문하에 천여 명의 제자를 거느렸고, 정현과 노식균盧植均도 그 문하에서 나왔다.『주역』을 두루 알았으며, 일찍 비씨역을 익혔다. 비씨역은 원래 장구章句가 없었는데, 마융의 주에서부터 처음으로 장구를 나누어 「계사」 상편을 13장으로 나누었다. 맹희와 경방의 괘기설을 흡수하여『주역』의 경전문을 해석하였다. 그의『주역』에 대한 저작은 이미 없어졌다.

순상荀爽(128~190): 후한의 경학자이며, 자는 자명慈明, 순자의 12세 손이다. 역학에 정통하였으며, 고문 비씨역을 공부하였다. 정현, 우번 등과 더불어 역학 삼가로 불렸다. 맹희와 경방 역학의 영향을 받아 팔궁八宮, 비복飛伏으로 역을 해석하였고, 괘기설을 주로 하였지만 이것을 이용하여 음양재변설은 말하지 않았다. 그가 독창적으로 역을 해설한 것은 건승곤강설乾升坤降說이다. 즉 건곤 두 괘를 기본 괘로 하여 이 두 괘의 효위가 서로 바뀌는 것, 즉 건괘 둘째 양효(九二)가 곤괘 다섯째 음효(六五)의 효위에 있고, 곤괘 다섯째 음효가 건괘 둘째 양효의 효위에 있는 것이 곧 '건승곤강'이며, 감리 두 괘를 형성하여 상경의 끝이 되었고, 감리 두 괘가 서로 배합하여 기제와 미제가 되어 하경의 끝이 되었다는 것이다. 그래서 건곤 두 괘의 효위의 승강을 팔괘와 육십사괘의 기초로 한 것이다. 그는 이것을 가지고 『주역』의 경전을 해석하였고 이 체례를 더욱 넓혀 기타의 괘를 해석하였다. 또 한 괘중의 기타 각 효는 양승음강이 있을 뿐만 아니라, 한 괘중의 효위의 승강이 변화하여 다른 한 괘를 이룬다고 여겼다. 순상은 승강설을 가지고 괘효사와 「단」「상」 전문을 해석하였고 또 이것을 가지고 『주역』의 기본 원리를 해석하여 한대 상수학의 한 부분을 이루었다. 저작에는 『주역주』 11권이 있는데, 이미 없어졌다.

정현鄭玄(127~200): 후한 말 경학대사이자 역학대가이다. 『집해』에는 '정원鄭元'으로 기록되어 있는데, 곧 정현이다. 자는 강성康成이다. 금고문경학에 박통하였고 천문역산에도 정통하였다. 그는 고문경설을 위주로 금문경설을 함께 채택, 이 두 가지를 융회관통하여 한대 경학의 집대성자가 되었다. 세상에는 이를 '정학鄭學'으로 칭하였다. 그는 경씨역을 먼저 배웠고, 후에 비씨역을 배웠는데, 후자의 영향이 비교적 컸다. 그의 역학의 특징은 ①효진설爻辰說을 가지고 『주역』의 경전을 해설한 것, ②오행설을 가지고 『주역』 점법을 해석한 것, 즉 오행설을 가지고 『주역』 중의 상과 수를 해석한 것이다. 저서에는 『역론易論』, 『역찬易贊』 등이 있다. 이 외에 많은 경전에 주를 달았으나 저작들은 많이 없어졌다.

송충宋衷(?~?): 후한의 저명한 학자이며, 자는 중자仲子이다. 『주역』에 정통하여, 호체설互體說을 취하였다. 건승곤강, 괘기동정을 말하였는데 대체로 순상의 역에서 나왔다. 역학 저서에 『역주』 9권이 있다.

응소應劭(약 153~196): 후한 말기의 학자이며 법학자이다. 자는 중원仲瑗, 여남군汝南郡 남돈현南頓縣(지금의 하남河南 항성시項城市 남돈진南頓鎭) 사람이며, 사례교위司隸校尉

응봉應奉의 아들이다. 어려서 배우기를 좋아하여 두루 살피고 많이 들었다. 영제靈帝 때 효렴孝廉으로 천거되어 거기장군車騎將軍 하묘何苗의 속관이 되었다. 중평中平 2년(185년) 호시互市를 채택하는 방책을 건의하여 변경지대의 일을 처리하였다. 고제高第에 천거되어 태산泰山 태수太守를 제수 받았다. 초평初平 2년(191년) 황건黃巾이 봉기하자 진압에 참여하였다. 흥평興平 원년(194년) 태위太尉 조숭曹嵩이 해를 당하자 기주목冀州牧 원소袁紹에게 몸을 의탁하였다. 건안建安 초년初年에 율령을 산정刪定하여 『한의漢儀』를 짓고, 기주군모교위冀州軍謀校尉를 제수 받았으며, 업성鄴城에서 병사하였다. 응소의 일생 저작은 풍부하며, 박의駁議 30편이 있고, 율령을 제정하여 한의 의례儀禮가 되었다. 예제 방면의 주요 저작에 『한서관예의고사漢書官禮儀故事』, 『율략律略』, 『춘추단옥春秋斷獄』, 『상인기狀人紀』, 『중한집서中漢輯序』 등이 있다. 이 외에 그는 『한서漢書』를 집해 하였고, 예의와 역사 지리학 방면을 겸한 『풍속통의風俗通義』가 있다.

『구가역九家易』: '구사역九師易', '순구가역荀九家易'이라고도 하는데, 순상 등 9가의 역학을 가리킨다. 유향劉向은 『별록別錄』에서 "회남왕 유안이 역에 능한 아홉 사람을 초빙하였다(淮南王聘善易者九人)"라고 하였는데, 아홉 사람이 누구인지 이름이 기록되어 있지 않다. 고유高誘는 서에서 "소비蘇飛, 이상李尙, 좌오左吳, 전유田由, 뇌피雷被, 모피毛被, 오피伍被, 진창晉昌 등 여덟 사람을 가리키고, 나머지는 증명할 수 없다"라고 하였다. 육덕명陸德明은 『경전석문』 「서록序錄」에서 "『순상구가집주』 10권은 누가 편집한 것인지 알 수 없다. 순상이라고 칭한 것은 그를 중심인물로 여겼기 때문이다. 그 서에는 순상, 경방, 마융, 정현, 송충, 우번, 육적, 요신, 적자현(자현은 누구인지 자세하지 않다)이 있는데, 『역의易義』라고 하고, 주 안에는 또 장씨張氏, 주씨朱氏, 그리고 누군지 모르는 사람이 있다"라고 하였다. 육덕명과 고유의 기록은 완전히 다른데, 일반적으로 육덕명이 말한 아홉 사람은 시대의 앞뒤가 서로 크게 어긋나므로 같이 회남왕의 빈객이 되어 구사九師의 자리에 설 수 없으며, 고유의 기록이 비교적 시대가 서로 가까우나, 애석하게도 고증할 수 없다.

삼국 시대

『광아廣雅』: 중국에서 가장 일찍 쓰인 백과사전이며, 수록한 글자 수가 18,150자가 된다. 『이아』의 체제를 따라 편찬한 훈고학 총집이며, 『이아』의 속편에 해당한다.

각 편의 명칭, 순서, 해설한 방식과 책의 체례는 모두『이아』와 같다.『광아』의 범위는『이아』보다 더 넓으므로『광아』라고 하였는데,『광아』는『이아』를 더 넓혔다는 뜻이다. 이 책이 이루어진 시기는 삼국 위나라 명제明帝 태화太和 연간(227~232)이다.

육적陸績(187~219): 삼국시대 오나라의 학자, 천문학자이며, 자는 공기公紀이다.『주역』에 정통하여『경씨역전』의 주를 달면서 맹희, 순상, 우번, 정현, 자하 등의 역학가 가운데 좋은 점을 택하여 따랐으며, 역학을 성력산수지학星歷算數之學에 응용하였다. 역학 저작에는『주역주』가 있다.

우번虞翻(146~233): 삼국시대 오나라의 경학자이며, 자는 중상仲翔이다. 역학에 정통하여 전한 금문 맹씨역을 가전家傳하였다. 우번의 역학은 한역 중 상수로 역을 해석한 대표라고 말할 수 있다. 순상의 강유승강설을 발휘하여 괘기설을 괘변설로 이끌고, 괘변설을 가지고『주역』의 경전을 해석하였다. 괘변설의 중요한 내용은 ①건곤부모괘를 육자괘六子卦로 변화시킨 것, ②12소식괘를 잡괘로 변화시킨 것이다. 그의 괘변설은 어느 한 괘에서 다른 한 괘를 이끌어 내어 두 괘를 하나로 합하여『주역』의 경전을 해석한 것이고, 또 어느 괘중의 두 효를 서로 바꾸어 다른 괘를 이루고 이것을 가지고 인간사의 길흉을 추측하였다. 괘변설 외에 방통설旁通說이 있는데, '방통'은 건과 곤, 감과 리처럼 여섯 효가 서로 반대되는 괘이며, 이것을 가지고『주역』의 경전문을 해석하였다. 취상설取象說 또한 우번 역학의 중요한 내용이며, 호체互體를 말하여 물상으로 역을 해석하였다. 또 반상설半象說을 말하였는데, 괘상의 반을 취하여『주역』의 경전문을 해석하는 것이었다. 괘변설, 방통설, 호체설, 취상설, 반상설 등의 우번 역학은 한역에서『주역』해석을 극히 복잡한 길로 이끌었다. 후세에는 정현, 순상, 우번을 역학 삼가三家라고 칭하였다. 저서에『역주易注』9권이 있는데, 이미 없어졌다.

동우董遇(?~?): 한말과 삼국 위魏나라 사람이다. 위나라의 저명한 유종儒宗이다. 자는 계직季直이며,『삼국지三國志』에는 기록이 없고, 어환魚豢의『위략魏略』에 보인다.

요신姚信(?~?): 삼국시대 저명한 학자이며, 자는 원식元植이다. 천문역수의 학문에 정통하였다. 맹희의 역학을 익혔고,『주역』의 주는 우번과 서로 부합하는 것이 많다. 즉 건곤치용, 괘변방통, 구육상하 등은 곧 우번의 주와 서로 응한다. 저작으로『역주』

10권이 있으나 이미 없어졌다.

왕숙王肅(195~256): 삼국시대 위나라 경학대사, 고문경학파의 집대성자, 의리파 왕필 역학의 선도자이며, 자는 자옹子雍이다. 그의 역학은 비씨역의 전통을 계승하여 의리를 중시하고 상수를 생략하였으며, 문자는 힘써 간단함을 추구하였다.『역전』의 관점을 가지고『주역』의 경전을 해석하였으며, 한역 중의 상수학을 버렸고, 금문경학파와『역위』의 역을 해석한 학풍을 배척하여, 호체, 괘기, 괘변, 납갑 등을 말하지 않았다. 이러한 기풍은 당시에 영향이 아주 컸다. 역을 해석하면서 취의설取義說을 주로 하였지만 취상설取象說도 배척하지 않았다. 저작으로『주역주』가 있는데, 송나라 때 없어졌다.

왕필(226~249): 삼국 시대 위魏나라 사람이다. 자는 보사輔嗣이며, 24세라는 아까운 나이에 병사하였다. 저서에『주역주周易注』,『주역약례周易略例』,『대연론大衍論』,『노자주老子注』,『노자지략老子指略』,『논어석의論語釋疑』가 있다. 그는 24세라는 짧은 생을 살았음에도 그의 저서는 오늘에 이르기까지 중국 사상사에 커다란 영향을 끼쳤다.

『주역주』는 육십사괘 괘효사와 「단」, 「상」, 「문언」만 주를 달았고, 「계사」 이하는 동진東晉의 한강백(332~380)이 왕필 사상을 계승하여 주를 달았다. 그가 「계사」 이하 주를 하지 않은 이유에 대해 후인들의 여러 가지 주장이 있다. 주백곤은 "아마『주역』에 대한 전반적인 이해는『주역주』, 특히『주역약례』에서 말하였으므로(也許因爲其對『周易』總的理解, 見于『周易注』, 特別是『略例』中) 「계사」 이하에 대해 다시 주석을 하지 않았을 것이다(故對「繫辭」等傳, 不再注釋)"라고 하였다(『역학철학사』, 제1권, 280쪽).

왕필 역학의 특징은 두 가지로 요약된다. 하나는 금문경학을 버리고 비직費直 정현鄭玄 등의 고문역을 계승하여, 한대 유행했던 상수역을 배척, 의리로 역을 해석한 것이고, 또 하나는 노자와 장자 등 도가를 가지고 역을 해석한 것이다. 왕필의 역학은 곧 한대 이후 고문경학의 발전과 위진 현학의 흥기의 산물이다.『주역주』는 바로 위진 현학과 역학을 대표하는 작품이다.

『주역약례』는『주역주』의 총론이자『주역』의 일반 원칙을 밝힌 책이다. 당의 형도邢璹는『약례주』서문에서 "왕보사의『약례』는 크게는 한 책의 요지를 총괄한 것이고, 작게는 육효의 득실을 밝혔다(王輔嗣略例, 大則總一部之指歸, 小則明六爻之得失)"라고 하였다.『주역주』를 읽고자 하는 사람은 먼저『약례』부터 이해해야 한다. 이 책은

「명단明彖」, 「명효통변明爻通變」, 「명괘적변통효明卦適變通爻」, 「명상明象」, 「변위辨位」, 「약례하略例下」, 「괘략卦略」 등 모두 7편의 짧고 간단한 문장으로 구성되어 있다. 이 가운데 「명단」과 「명효통변」이 가장 기본이다. 『대연론』은 이미 소실되어 전해지지 않는다. 한강백은 「계사」 상·9장의 '대연지수' 문장의 주에서 왕필의 『대연론』 중의 해석을 간단하게 인용하였다.

진晉

촉재蜀才(?~?): 서진西晉의 도사이다. 범장생范長生. 촉재, 연구延久, 구중九重, 문文(友) 등의 이름이 있으며, 자는 원元이다. 『주역』을 연구하면서 비씨역을 익혔다. 승강의 설은 순상에 의거하였고, 우번의 괘변은 취하지 않았으며, 훈고는 정현에 의거하였다. 저작에 『촉재역주』가 있는데 지금은 없어졌다.

간보干寶(286~336?): 동진의 사학가, 경학자, 상수역학자이며, 자는 영승令升이다. 『주역』에 정통하였는데, 그의 역학은 비록 의리학파의 약간의 관점을 흡수하였지만 역을 해석한 총 경향은 경방 이래의 한역의 전통을 계승한 것이었다. 팔궁설, 납갑설, 괘기설, 호체설, 오행설, 팔괘 휴왕설休王說을 취하였고, 노장 현학 관점으로 역을 해석하는 것을 반대하였다. 현학파의 역학은 공허하고 황당한 말이라고 여겨 왕필의 태극설을 비판하였다. 그의 역학은 이론적으로 새로운 것은 없으나 현학파 역학에 커다란 위협이 되었다. 역학 저작으로 『주역주』 10권, 『주역효의周易爻義』 일 권, 『주역종도周易宗涂』 4권, 『주역문난周易問難』 2권, 『주역원품론』 2권이 있는데 이미 없어졌다.

한강백韓康伯(332~380): 동진의 현학자이자, 역학자이다. 이름은 백伯, 자가 강백康伯이다. 『주역』을 깊게 연구하여 왕필이 주를 하지 않은 「계사」 이하 각 『전』에 주를 하였다. 그는 왕랑王郎 왕숙王肅 부자의 역과 왕필의 역으로부터 깊은 영향을 받았다. 왕필 역학을 발전시켜 한대 상수역학을 배척하고 역학의 체례를 추상화하여 상수 배후의 것을 추구, 무형의 이理를 『주역』의 근본으로 여겨, 역의 원리는 형이상학적인 것일 뿐만 아니라 초경험적인 것이라고 여겼다. 의리의 각도에서 『주역』의 원리를 설명하여 역리를 현학화 시켜 『주역』을 '삼현三玄'(노자, 장자, 주역)의 하나로 성립시켰다. 저작에는 『주역 계사주』가 있는데, 청의 완원阮元(1764~1849)이 교간校刊한 『십삼경주소十三經注疏』에는 왕필·한강백의 『주역주』와 공영달의 『주역정의周易正義』가 수록되어 있다. 이 외의 저작에 『변겸론辯謙論』 등이 있다.

당唐

최경崔憬(?~?): 당나라의 역학자. 생졸연대는 알 수 없으나 공영달 이후에 생존하였다. 『주역』에 정통하여 의리를 중시하였으나 왕필의 『주역주』는 고수하지 않았고, 순상, 우번, 마융, 정현의 학에서 엿본 바가 있었다. 그의 역학관은 취상설을 위주로 하여 괘상을 『주역』의 근본으로 여겼는데 그러나 취의설 또한 배척하지 않았다. 왕필이 괘상을 경멸하여 취상설의 역학을 찬성하지 않은 것과 같지 않았고, 또 한역의 상수학을 따르지도 않았다. 그는 취상을 강조하고 괘상을 중시하여, 괘상을 거쳐 역리를 연구할 것을 주장하였다. 『주역』 원리의 해석에서 공영달의 『주역정의』 중의 현학으로 역을 해석한 형식을 버리고, 3개의 철학과 관련 있는 문제를 변론하였다. ①대연지수 50에서 사용하지 않는 하나를 허무실체로 여기지 아니하고, 49개의 수가 나누어지지 않은 것을 태극으로 여긴 것. ②도기道器 관계에서, 기(괘효상)는 체體이고, 도(괘효 변역의 공능과 성질)는 용用으로 여긴 것. ③「서괘」의 해석에서 대립對立 전화轉化의 사상을 밝힌 것 등이다. 요컨대, 최경의 역학은 한역에서 송역으로 옮겨가는 선구라고 말할 수 있다. 저작에는 『역탐현易探玄』이 있는데 이미 없어졌다.

육덕명陸德明(약 550~630): 수당隋唐 시기의 저명한 경학자이자 음운音韻학자이며 훈고학자이다. 본명은 육원랑陸元郎, 자가 덕명德明인데, 피휘하였기 때문에 후세에 육덕명이라 칭하였다. 소주蘇州 오吳(지금의 강소江蘇 소주蘇州) 사람이다. 진陳, 수隋, 당唐을 거치면서 비서학사秘書學士, 국자조교國子助教, 국자박사國子博士 등의 관직을 역임하였다. 저서에 『주역석문周易釋文』 일 권, 『역소易疏』 20권, 『경전석문經傳釋文』 30권이 있다. 『경전석문』은 한漢 위魏 육조六朝 이래 유가 경전의 발음(音)과 뜻(義)을 연구한 총집이다. 이 외에 『노자주老子注』 15권이 있다.

『주역석문』 일 권은 『경전석문』 30권 가운데 제2권이다. 이 책은 한漢 위魏 육조六朝의 음절音切을 채집採集하여 『주역』 경전문經傳文에 주음注音하였고, 여러 유학자들의 훈고를 기록하고 동시에 각 책의 같고 다른 것을 고증하였다. 명초에 8행을 새긴

대자본大字本이 있고(이 책은 처음과 끝이 완비되어 있으므로『주역정의』에 부록으로 붙어 있다),
난성덕蘭性德의『통지당경해通志堂經解』본에 들어 있다.

『경전석문』은 유가 경전의 문자의 음과 뜻을 해석한 책이며, 모두 30권이다. 제
1권『서록序錄』은 이 책의 내용 안배와 경학의 전수 원류를 설명하였다. 제2권은『주
역周易』일 권, 그다음『고문상서古文尙書』2권,『모시毛詩』3권,『주례周禮』일 권,『예
기禮記』4권,『춘추좌씨전春秋左氏傳』6권,『공양전公羊傳』일 권,『곡량전谷梁傳』일 권,
『효경孝經』일 권,『논어論語』일 권,『노자老子』일 권,『장자莊子』3권,『이아爾雅』2권,
모두 14종의 문헌이다.『맹자孟子』는 당나라 당시에 아직 경서가 아니었으므로 수록
하지 않았고,『노자老子』와『장자莊子』는 위진魏晉 이후에 현학의 영향이 컸으므로 수
록하였다. 이 책은 당나라 당시의 음과 훈을 보존하고 있으므로 역대 학자들은 아주
귀한 책으로 여겼다.

필자는 책을 쓰면서『경전석문』을 매우 중시하였는데, 공영달의『주역정의』끝부
분의 부록을 참고하였다. 본 책에 인용한 사람은 육덕명陸德明, 마융馬融, 왕숙王肅, 우
번虞翻, 촉재蜀才, 정현鄭玄, 한강백韓康伯, 육적陸績, 동우董遇, 요신姚信, 응소應劭, 경방京
房 등인데, 앞에서 소개하였다.

공영달孔穎達(574 ~ 648): 당나라의 경학자이며, 자는 충달沖達(중달仲達, 충원沖遠이라고
도 함), 시호는 헌憲, 기주冀州 형수衡水(지금의 하북 형수衡水) 사람이다. 역학 저서에『주
역정의周易正義』가 있다. 그는 당 태종의 명으로『오경정의五經正義』를 찬하였는데『주
역정의』는 그 가운데 하나이다. 남북조 시기에 왕필의 역학은 남조에서, 정현의 역
학은 북조에서 유행하였다. 당나라 초기의『주역』은 남학을 종宗으로 하였으므로 공
영달은 왕필을 취하고 정현은 취하지 않았다.『주역정의서』에 "오직 위나라 왕보사
의 주가 홀로 고금의 으뜸이었다. 그래서 강좌의 모든 유학자들은 더불어 그 학문을
전하였고, 하북의 학자들은 이를 말하는 사람이 드물었으며, 강남의 의소를 지은 십
여 가는 모두 글이 헛된 오묘함을 숭상하고, 뜻은 공허하고 황당한 것이 많았다(唯
魏世王輔嗣之注, 獨冠古今, 所以江左諸儒, 並傳其學. 河北學者, 罕能及之. 其江南義疏十有餘家, 皆辭
尙虛玄, 義多浮誕)"라고 하였다. 남조에 왕필의『주역주』에 의소義疏를 지은 사람이 십
여 가가 되는데, 이들의 글과 뜻은 모두 허황하고 황당할 뿐만 아니라 또 "석가에 관
련지어 공자 문하에서 가르치는 것이 아니니, 그 근본을 등지고 또 그 주에 어긋났
으므로(斯乃義涉於釋氏, 非爲敎於孔門也. 旣背其本, 又違於注)", "지금 명을 받들어 십여 가의
『의소』를 삭제 정정하고 고찰하였으니, 반드시 공자를 종宗으로 하여 의리를 명확히

밝힐 수 있었고, 먼저 왕필을 근본으로 하여 각 가의 수식은 버리고 참된 것을 취하였다(今旣奉勒删定, 考察其事. 必以仲尼爲宗, 義理可詮, 先以輔嗣爲本. 去其華而取其實)." 그래서 『주역정의』가 완성되었다는 것이다. '반드시 공자를 宗으로 하였다'는 것은 『역전』과 『역위易緯』「건착도乾鑿度」 중의 '자왈' '공자왈'이라고 한 것을 공자의 작으로 여기고, 이를 바탕으로 하였다는 말이다. '각 가의 수식은 버리고 참된 것을 취하였다'는 것은 『주역정의』에서 각 가의 주장을 취사선택하였다는 말이다. 이 책은 왕필과 한강백의 주를 근본으로 하였으나, 『자하전子夏傳』, 경방京房의 장구章句, 정현鄭玄, 왕숙王肅, 남조의 장기張譏, 북조의 노경유盧景裕 등의 학설도 많이 수록하고 있다. 따라서 이 책은 비록 왕필의 도가역을 근본으로 하였지만, 상수역과 의리역을 모두 흡수하여 왕필에서 한 걸음 더 진보한 것이었다.

주백곤은 "이 책의 출현은 역학사에서 보면(此書的出現, 從易學史上看), 상수와 의리 양대 지류가 조화하는 경향을 갖추었으니(具有調和象數和義理兩大流派的傾向), 이것은 남북조 시기의 두 학파의 역학이 서로 흡수하는 학풍의 진일보한 발전이었다(是南北朝時期兩派易學相互吸收的學風的進一步發展). 공영달의 소는 각 가의 주장을 인용하고 나열하였을 뿐만 아니라(孔疏不只是引述和羅列各家的說法), 이것을 흡수하여 자신의 역학관을 제시한 것이었으니(而且加以消化, 提出自己的易學觀), 당송 시기 역학의 발전에 심각한 영향을 일으켜(對唐宋時期易學的發展起了深刻的影響), 한역에서 송역으로 옮겨가는 교량이 되었다(成爲漢易轉向宋易的橋梁). 철학 발전의 역사로 말하면(就哲學發展的歷史說), 이 책은 『주역』의 의리를 밝히는 것을 거쳐서 한 계열의 세계관의 체계를 형성하였고(此書通過對『周易』義理的發展, 形成一套世界觀的體系), 또 위진 현학에서 송명 이학으로 옮겨가는 사상 기초를 제공하였다(又爲魏晉玄學轉向宋明理學提供了思想基礎)"라고 하였다(『역학철학사』, 제1권, 393쪽).

이정조李鼎祚(?~?): 당나라 경학자이며, 한대 상수역을 제창한 대표적인 사람이다. 그가 편집한 『주역집해周易集解』는 양한 이후의 역학을 총집한 아주 훌륭한 책이다. 이 책에는 순상荀爽, 우번虞翻, 간보干寶 등 상수역학파의 주석과 왕필, 하안何晏, 한강백 등 현학파들의 주석도 함께 수록하였다. 이에 대해 주백곤은 "이 책의 편집은 공영달의 소에 대한 불만에서 나왔다(此書的編輯, 出于對孔疏的不滿)." 그러나 "이정조는 현학파의 역학에 대해 일괄적으로 배척한 것이 아니고(這表明李鼎祚對玄學派的易學, 亦非一槪排斥), 그 의리 방면의 해석은 또한 긍정하는 바가 있었다(對其義理方面的解釋, 亦有所肯定)"라고 하였다(『역학철학사』 제1권 394쪽). 『사고전서총목제요四庫全書總目提要』에 이 책을 평하여 "왕필의 학문이 성하자 한역은 마침내 없어졌다. 천백 년 후의 학자들이 괘를 그린 본래의 취지를 얻어 볼 수 있는 것은 오직 이 책에 의지할 뿐이니, 이 책은 참으로 귀중한 옛 문헌이라 할 수 있다(王學旣盛, 漢易遂亡, 千百年後, 學者得考見畫卦之本指者, 惟賴此書之存耳. 是眞可寶之古笈也)"라고 하였다. 이 책에는 35가의 설을 수록하고 있는데, 그 가운데 순상, 우번, 간보의 설이 가장 많다. 필자의 『내 눈으로 읽은 주역: 역전편』 하권(2011년) 「참고문헌 소개」에 35가를 모두 소개하였다. 본 책에 인용한 사람은 우번虞翻, 순상荀爽, 간보干寶, 최경崔憬, 송충宋衷, 정현鄭玄, 육적陸績, 요신姚信, 구가역九家易 등인데 앞에서 소개하였다.

북송北宋

호원胡瑗(993 ~ 1059): 북송 초기의 학자, 교육자이다. 자는 익지翼之. 섬서陝西 안정보安定堡에 살았으므로 '안정 선생'이라고 칭한다. 태주泰州 해릉海陵(지금의 강소江蘇 태주泰州 혹은 태현泰縣) 사람이다. 태자중사太子中舍, 국자감직강國子監直講, 태자중윤太子中允 등등을 역임하였다. 손복孫復, 석개石介와 더불어 '송초 3선생'으로 칭한다.

『사고전서총목제요』 「역류」에 "호원과 정이에 의해 비로소 유학의 원리가 밝혀졌다(一變而爲胡瑗程頤, 始闡儒理)"라고 하였는데, 호원은 왕필에서 공영달로 이어지는 도가역을 배척하고, 공맹을 종宗으로 하여 의리로 역을 해석한 송대 유가역의 창시자이다. 『사고전서총목제요』의 그에 대한 기록 내용을 분석하면 다음과 같다. 첫째, 『주역구의周易口義』 12권은 제자 예천은倪天隱이 스승 호원의 설을 기술한 것이다. 둘째, 그의 역은 의리를 종宗으로 한다. 셋째, 정이는 역을 공부하는 사람은 당연히 먼저 왕필, 호원, 왕안석 3가를 보아야 한다고 하였다. 넷째, 정이의 『역전』에 호원의 설을 인용한 4곳, 즉 관괘觀卦 단사, 대축괘大畜卦 꼭대기 양효(上九), 쾌괘夬卦 셋째 양효(九三,) 점괘漸卦 꼭대기 양효(上九)의 인용한 구절을 소개하였다. 다섯째, 『이천연보伊川年譜』에 호원이 이천(정이)에게 학직을 주었고, 이천은 호원에게 배웠다고 하였다. 세상에는 이천이 염계濂溪(주돈이)에게 배웠다는 것은 알아도 이천의 역이 호원의 역에 바탕을 두었다는 것은 모른다. 여섯째, 『주자어류』에서 이 책은 송나라 때에 의리로 역을 말한 종宗이라고 하였다. 일곱째, 호원의 문인 예천은이 호원이 강講한 것을 기록한 것이므로 '구의口義'라고 하였다. 이상 『사고전서총목제요』의 기록은 호원의 『주역구의』의 성격에 대해 모두 말한 것이다.

예천은倪天隱(? ~ ?): 북송 시대 동려桐廬(지금의 절강성) 사람이다. 호는 모강茅岡이며, 호원을 스승으로 섬겼다. 역을 말하면서 인생의 길흉소장의 원리를 밝히고 진퇴존망의 도를 말하여 사람들에게 수신 치국의 방법을 가르쳤다. 그의 설은 불교와 도교가 섞이지 않고 오직 유학의 원리를 밝혔다. 저서에 『주역구의周易口義』가 있는데, 그의 스승 호원이 역을 강설한 것을 기술한 책이다.

유목劉牧(1011 ~ 1064): 북송 중기의 저명한 역학자이다. 자는 선지先之, 구주衢州(지금의 절강 구현衢縣) 사람이다. 진사에 급제하여 조주調州 군사추관軍事推官이 되었다. 묘지명에 의하면 벼슬이 태학박사太學博士에 이르렀다. 역을 연구하면서 하도와 낙서로 이름이 났다. 진단의 용도역龍圖易의 제3변은 2개의 도식으로 변하였는데, 오행생성도五行生成圖와 구궁도九宮圖이며, 모두 용도龍圖라고 칭하였다. 유목은 이것을 구별하여 오행생성도를 낙서, 구궁도를 하도라고 칭하고, 도구서십설圖九書十說을 제시하였으며, 이 2개의 도식에 대해 이론상의 해설을 하였다. 이것은 진단의 용도역龍圖易의 진일보한 발전이며 송역 철학사에서 영향이 매우 컸다. 저서에 『역수구은도易數鉤隱圖』가 있는데, 『도장道藏』「동진류洞眞類」「영도류靈圖類」에 보존되어 있다. 이 외에 『역학신주易學新注』가 있는데, 이미 없어졌다.

소옹邵雍(1011 ~ 1077): 북송 시대의 저명한 역학자이다. 자는 요부堯夫, 스스로 호를 안락安樂이라고 하였다. 시호가 강절康節이다. 선조가 범양范陽(지금의 하북 탁현涿縣) 사람인데, 어릴 때 아버지를 따라 공성共城(지금의 하남 휘현輝縣)으로 이주하였다. 소문산蘇門山 백원百源에 은거하였으므로 후인들은 그를 백원百源 선생으로, 그 학파를 백원百源 학파라고 칭하였다. 누차 관리에 천거되었으나 모두 거절하여 받지 아니하고 종생 『주역』을 연구하는 것을 업으로 삼았다. 뒤에 낙양이 살면서 부필富弼, 사마광司馬光, 여공저呂公著 등과 가깝게 지냈다. 공성령共城令 이지재李之才가 '물리성명지학物理性命之學'을 전수해 주었는데 곧 『주역』의 상수지학이다. 그는 역학 상수파에서 스스로 일가를 이루었다(自爲一家). 선천 상수지학으로 세상에 이름이 났는데, 주돈이周敦頤, 장재張載, 정호程顥, 정이程頤와 더불어 북송오자北宋五子(북송 시대의 다섯 명의 철학자)라고 칭하였다. 그의 학문은 왕필 이래의 의리파 풍조와는 다르게 한대 상수학파의 기초 위에서 진단 등의 도교 사상과 역리를 서로 결합하여 이학적 명제로 논증한 것이다. 역학을 이학의 일 개 구성 부분으로 만들었다. 이것은 역학 발전의 또 하나의 중요한 단계이니, 그래서 북송 이학의 중요한 인물이 되었다. 현존하는 저서에 『황극경세皇極經世』(『관물내외편觀物內外篇』, 『어초문대漁樵問對』, 『무명공전无名公傳』을 포괄하여), 『이천격양집伊川擊壤集』 2종이 있다. 전자는 그의 역학 철학 저작이고, 후자는 그의 시집이다.

주돈이周敦頤(1017~1073): 북송 시대의 저명한 역학자이며, 이학의 기초를 다진 사람이다. 자는 무숙茂叔, 원명은 돈실敦實인데, 영종英宗의 이름을 피하기 위해 돈이敦頤로 개명하였다. 여산廬山의 풍경을 좋아하여 집을 짓고 살면서 고향 염계濂溪를 취하여 이름을 지었으므로 후인은 그를 염계 선생이라고 칭하였다. 시호가 원공元公이다. 도주道州 영도營道(지금의 호남 도현道縣) 사람이다. 홍주洪州 분녕현分寧縣 주부主簿, 남안군사리참군南安軍司理參軍 등등을 역임하였다. 그는 역학에 조예가 깊었으며, 정호程顥와 정이程頤는 그의 제자이다. 그의 태극도太極圖 원도는 대부분 도교의 선천태극도를 원본으로 하여, 진단의 무극도를 참고하고, 선종禪宗 허무설虛無說의 영향을 받아 이루어진 것이다. 도가와 도교의 무극 관념을 유가의 해역解易 계통으로 끌어들인 것은 주돈이에서 비롯되었다. 중요한 저작에 『태극도설太極圖說』, 『통서通書』, 『역설易說』 등이 있는데, 후인이 『주자전서周子全書』로 편집하였다.

정이程頤(1033~1107): 북송 시대의 저명한 철학자이자, 역학자이며, 이학의 개조이다. 자는 정숙正叔, 이천伊川에 살았으므로 사람들은 '이천 선생'이라고 불렀다. 시호는 정공正公, 하남 낙양 사람이다. 그 형 정호程顥(1032~1085)와 더불어 오랫동안 낙양에서 강학하였으므로 그의 학문을 '낙학洛學'이라고 부른다. 두 형제는 중국철학사에서 형은 심학心學으로, 동생은 이학理學으로 갈라지는 분기점이 되었다. 역학에서, 정호는 심과 이의 관계에서 이 두 가지를 분별하지 않고 심을 역학의 최고 범주로 여겼고, 정이는 심과 이를 분별, 이를 역학의 최고 범주로 여겨 북송 역학에서 이학과 역학의 기초를 다졌다. 그러나 이들은 공통적으로 천리天理를 가지고 역을 해석하였으며, 상수학을 비판하고, 왕필의 노장 현학을 배척하였다.

두 형제는 14·15세 때 당시 30세였던 주돈이周惇頤에게 일 년도 채 안 되는 기간 동안 가르침을 받았다. 주돈이의 학문은 『역전』과 『중용』의 형이상학을 주요 성분으로 한다. 그의 철학은 『태극도설』의 우주 발생론을 기점으로 하며, 또 『통서通書』 중에 『중용』의 성誠의 본체론을 가지고 도덕 본위의 형이상학 체계를 완전하게 구축해 놓고 있다.

정호는 어릴 때 주돈이의 영향을 받아 "출세를 위한 학문을 싫어하고 도를 추구하려는 뜻을 갖게 되었다(遂厭科擧之業, 慨然有求道之志)."(『하남정씨문집河南程氏文集』 권11「명도선생행장明道先生行狀」). 그러나 뒷날 그의 철학적 이론 체계는 주돈이와 같지 않았다. 그의 학문은 "자신이 몸소 깨달은 것이지 주돈이에서 나온 것이 아니었다(其後伊洛所得, 實不由濂溪)."(『송원학안宋元學案』 권수卷首「송원유학안서록宋元儒學案序錄」). 정이는 주돈이의 영향을 받아, 18세 때 태학太學에서 호원으로부터 시제를 받아 작성한 '안회가 즐긴 학문을 논함(顔子所好何學論)'이라는 논문에서 전적으로 주돈이의 『태극도설』과 『통서』의 이론을 취하였다. 그는 어린 시절에 확실히 주돈이의 영향을 받았다. 정이는 18세 때 태학에서 호원을 만나 스승으로 섬겼다. 호원은 "공맹의 뿌리를 터득한 사람(得孔孟之宗)"이었으니(『송원학안』「안정학안安定學案」), 공맹 사상은 인仁과 의義를 중심으로 한 인간의 심성 본위의 철학이며, 호원은 이러한 인간의 심성 본위의 철학을 바탕으로 천도를 체득하는 진로를 통하여 유가의 의리역을 세웠고, 정이는 이 영향을 받아 의리역 바탕 위에서 드디어 이학파 역학의 개조가 된 것이다.

정이는 67세(1099년)에 『역전』을 완성하고 서序를 달았다. 이 책은 그가 수십 년의 심혈을 기울인 유일한 철학 저서로 그의 일생의 학문을 모두 털어 넣은 것이다(『하남정씨유서』 부록「이천선생연보」). 이 책은 송명 역학사는 물론 철학사에 있어 후대에 실로 지대한 영향을 끼쳤다. 주희는 정이의 『역전』을 평하여 "이전에 역을 해석한 것은 대부분 상수만을 말하였으나, 정이 이후에 사람들은 비로소 도리를 말하였다(已前解易, 多只說象數, 自程門以後, 人方都作道理說了)"라고 하였다(『주자어류』 권67, 유려劉礪 기록). 주백곤은 "역학사에서 보면(從易學史上看), 전해 내려오는 의리학파의 대표 저작으로(流傳下來的義理學派的代表著作) 앞에는 왕필의 『주역주』가 있고(可以說前有王弼『周易注』), 뒤에는 『정씨역전』이 있다고 말할 수 있다(後有『程氏易傳』)"라고 하였다(『역학철학사』 제2권 203쪽). 필자는 정이의 『역전』을 중국 의리역의 최고봉으로 꼽는다.

『소씨역전蘇氏易傳』: 소식蘇軾(1037~1101)은 북송시대의 문학가이자, 사상가이며, 서화가이다. 자는 자첨子瞻이며, 스스로 호를 동파거사東坡居士라고 하였다. 당송팔대가 가운데 한 사람이며, 아버지 소순蘇洵, 동생 소철蘇轍과 더불어 '삼소三蘇'라고 불린다. 늦게 『역』을 읽고 효상을 완미하여, 강유, 원근, 희노, 역순逆順의 뜻을 얻었으므로 주희는 소식의 역은 다만 사랑과 미움이 서로 공격하고 참과 거짓이 서로 느끼는 뜻을 나타내었다고 말하였다. 『역』을 연구하면서 유·불·도 삼교를 하나로 하여, '도'를 최고 범주로 하였는데, 도는 곧 초월적인 '유'와 '무'의 최고 범주이며, 도에서 만물에 이르는 것은 곧 무가 유에 이르는 과정으로 여겼다. 그의 저작인 『소씨역전』

은『동파역전』,『비릉역전毗陵易傳』이라고도 하는데, 육유陸游는『발跋소씨역전』에서 송 휘종徽宗 선화宣和 연간에 소씨학을 금하였으므로 그 책을 전하려는 사람은 감히 제목에 소식이라는 이름을 밝힐 수 없어서 '비릉'이라는 이름을 빌렸다고 하였다. 비릉은 상주常州의 옛 이름이며 소식이 죽은 곳이다. 소주蘇籀는『난성유언欒城遺言』에 기록하기를 "소순이『역전』을 짓다가 완성을 하지 못하고 죽었는데, 두 아들에게 맡겨 그 뜻을 기술하였다. 소식이 먼저 완성하였고, 소철은 해석한 것을 소식에게 보냈는데, 지금 몽괘는 소철의 해석인 것 같다. 이 책은 사실 소씨 부자 형제가 합력하여 쓴 것이다. 소식이 찬하였다고 말한 것은 요컨대 그가 완성하였다는 것뿐이다(蘇洵作易傳, 未成而卒, 囑二子述其志. 軾書先成, 轍乃送所解于軾, 今蒙卦猶是轍解. 則此書實蘇氏父子兄弟合力爲之, 題曰軾撰, 要其成耳)"라고 하였다.

남송南宋

주진朱震(1072~1138): 남송의 역학자, 역학사가이다. 자는 자발子發, 사람들은 한상漢上 선생이라고 불렀다. 형문군荆門軍(지금의 호북 형문荆門) 사람이며, 또 소무邵武(지금의 복건) 사람이라고도 한다. 일찍이 주현州縣의 지방관을 지내다가 후에 태상춘추박사太常春秋博士, 경연시강經筵侍講에 초치되었다. 역학에 정통하였으며, 양한 이래의 역학 유파와 북송 이래의 역학의 발전에 대해 연구를 진행하였다. 스스로 자신의 역학을 "정이의『역전』을 종宗으로 하고(以『易傳』爲宗), 소옹과 장재의 이론을 화합하였다(和會雍載之論)"라고 하였다(『進周易表』). 정이, 장재, 소옹은 그의 역학의 중요한 3가지 내원이며, 아울러 한당 이래의 관점을 함께 채택하여 보충하였다. 저서에『한상역전漢上易傳』,『주역괘도周易卦圖』,『주역총설周易叢說』등이 있다.

주희朱熹(1130~1200): 남송의 저명한 학자이며, 유학을 집대성한 사람이자, 민학파閩學派의 대표적 인물이다. 자는 원회元晦, 혹은 중회仲晦이며, 호는 회암晦庵, 혹은 회옹晦翁이다. 세상에는 주자朱子, 주문공朱文公이라고 칭한다. 휘주徽州 무원婺源(지금의 강서성江西省 무원婺源) 사람이다. 정씨 문하의 4전 제자(程門四傳弟子)이며, 정이의 학설을 이어 이학理學을 완성하였다. 저서에『주역본의周易本義』,『태극도설해太極圖說解』,『통서해通書解』,『역학계몽易學啓蒙』,『서명해西銘解』,『사서장구집주四書章句集注』,『사서혹문四書或問』,『초사집주楚辭集注』등 매우 많으며, 후인들이『주문공문집朱文公

文集』,『주자어류朱子語類』를 편찬하였다. 주희의 학문은 정이를 계승한 것이다. 그래서 이들의 학문을 '정주학程朱學'이라고 칭한다. 그러나 역학에 있어서 주희는 정이를 따르지 않았다. 정이의『역전易傳』은 왕필과 호원의 노선을 좇아 의리로『주역』을 해석하였고, 주희는 "역은 본래 점치는 책(易本卜筮之書)"이라는 관점에서『주역』본래의 면모를 논하고자 하였다. 그래서 책 제목을『주역본의』라고 하였다. 이 책은 주희의 만년의 저작이다.

채원정蔡元定(1135~1198): 남송 건주建州 건양建陽(지금의 복건福建에 속함) 사람이며, 자는 계통季通, 학자들은 서산西山선생이라고 불렀다. 남송의 저명한 이학자, 율려律呂 학자, 감여堪輿학자이다. 그의 아버지 발發은 수많은 책을 읽고, 정이의『어록』과 소옹의『황극경세』, 장재의『정몽正蒙』을 아들에게 가르쳤는데, 원정은 이것들을 '공맹孔孟의 정맥正脈'이라 하여 그 뜻에 깊이 잠겼다고 한다. 자라서는 분석 식별함이 갈수록 정밀하였다. 주희의 이름을 듣고 찾아 가서 스승으로 섬기려 하였으나 주희는 그의 학문을 묻고는 크게 놀라, 오랜 벗으로 여기고 제자의 대열에 넣는 것을 부당하다고 하였다. 전조망에 의하면 채원정의 상수학은 "그 집안에 전해 오는 것에서 얻었다"라고 하였는데, 그의 아들 채연蔡淵과 채심蔡沈은 채원정의 상수학을 계승하여 모두 역학에 정통하였다. 채원정의 역학은 소옹의 영향을 받았음은 물론 유목劉牧의 하도河圖 낙서洛書를 새롭게 밝혔으므로 한역漢易과 송대 상수역의 전통을 계승한 것이라고 할 수 있다. 오늘날 우리가 흔히 보는 하도와 낙서 그림은 채원정이 그렸다. 저서에『대학설大學說』,『대연상설大衍詳說』,『율려본원律呂本源』,『율려신서律呂新書』,『황극경세지요皇極經世指要』,『태현잠허지요太玄潛虛指要』,『홍범해洪範解』,『팔진도해八陣圖解』등 17부의 저작이 있고, 주희와 협력하여 지은『근사록近思錄』,『역학계몽易學啓蒙』,『태극도설해太極圖說解』,『자치통감강목資治通鑑綱目』,『주역참동계고이周易參同契考異』등 중요한 저작이 있다.

채연蔡淵(1156~1236): 남송 건주建州 건양建陽(지금의 복건福建에 속함) 사람이며, 자는 백정伯靜, 호는 절재節齋, 채원정蔡元定의 맏아들이다. 열심히 학문을 익혔으나 출사하지 않았다.『주역』에 정연하여 그 뜻을 해석하면서 의리를 밝혔다. 동생 채심蔡沈이 그의『역』설을 평하여 "역에 태극이 있다는 설, 이를 곳을 알고 마칠 곳을 안다는 뜻, 정직의방의 말은 모두 의리의 큰 근원이며, 후학에게 지극히 중요한 것이니, 실로 앞 시대 현인들이 나타내지 못한 것을 나타낸 것이다(易有太極之說, 知至知終之義, 正直義方

之語, 皆義理之大原, 爲後學之至要, 實發前賢之未所發)"라고 하였다(『周易經傳訓解』「後序」). 주희를 따라 학문을 배웠으므로 그가 역리를 논한 것은 주희의 설을 바탕으로 하였으니, 이것은 주희의 학문을 밝힌 것이다. 그러나 그가 수를 논한 것은 그 아버지 서산西山의 가학家學을 근본으로 하였다. 그의 설은 호체互體를 버리지 않았는데, 주희의 설과 상당히 다르다. 괘효와 십익과 상수를 섞어 논하면서 『역전』 중의 술어, 범주, 점서체측占筮體側 등에 대해 간단명료하게 해석하였다. 저서에 『주역경전훈해周易經傳訓解』, 『역상의언易象意言』이 있다.

원元

유염俞琰(1258?~1314): 송말 원초의 역학자이자, 도교학자이다. 자는 옥오玉吾, 호는 스스로 금양자金陽子라고 하였다. 송이 망하자 은거하여 저술하였는데, 역학에 정통하였다. 처음에는 정이와 주희의 설을 주로 하였지만, 뒤에는 경문을 궁구하여 새로운 뜻을 창출, 스스로 일가의 말을 이루었다. 역학 저서에 『주역집설周易集說』, 『독역거요讀易擧要』, 『역외별전易外別傳』, 『주역참동계발휘周易參同契發揮』 등이 있다.

오징吳澄(1249~1333): 송말 원초의 저명한 역학철학가이며, 자는 유청幼清, 호는 초려草廬이다. 학자들은 '초려 선생'이라고 불렀다. 이학을 연구하고 역학에 정통하였으므로 '경학지사經學之師'로 불렸다. 그의 학문은 주희를 근본으로 하여 육학陸學을 종지로 겸하였으니, 주육朱陸의 절충을 주장한 것이 또 다른 특색이다. 당대부터 『주역』은 왕필의 설을 종지로 하여 상수학을 오랫동안 버려두고 말하지 않았는데, 그는 『역찬언易纂言』을 지어 상수학의 부흥을 주창하였다. 그의 경문 해석은 문장은 간략하나 이치는 분명하였으며, 옛 설을 융회 관통하여 조화를 완전히 갖추었다.

호병문胡炳文(1250~1333): 원대의 교육자, 문학가이다. 자는 중호仲虎, 호는 운봉雲峰, 무원婺源 고천考川 사람이다. 일생을 주자 이학을 연구하여 널리 알렸으며, 역학 연구 또한 매우 조예가 깊었다. 고향에 명경서원明經書院을 건립하여 후학을 양성하였다. 대표적인 저서에 『운봉집雲峰集』, 『사서통四書通』, 『주역본의통석周易本義通釋』과 아동들을 위해 편찬한 『순정몽구純正蒙求』 등이 있다.

명明

채청蔡淸(1453~1508): 명대의 저명한 이학자이며 유학 대가이다. 자는 개부介夫, 별호는 허재虛齋, 명 진강晉江 사람이다. 성화成化 13년(1477년) 향시에 참가하여 장원하였고, 성화 20년 31세에 진사進士가 되자 관리가 하기 싫어 병을 핑계로 귀향하였다. 훗날 어머니의 명을 받들어 관리가 되어, 예부사제주사禮部祠祭主事, 이부계훈주사吏部稽勛主事, 사제사원외랑祠祭司員外郎, 남경문선랑중南京文選郎中, 강서제학부사江西提學副使 등의 관직을 역임하였다. 부모가 잇달아 세상을 떠나자 귀향하여 집에서 후학들을 양성하였다. 그는 일생 동안 심혈을 기울여 육경六經과 자子, 사史, 집集 등의 서적을 공부하였으며, 이학자 정호程顥, 정이程頤, 주희朱熹 등의 저작을 깊이 연구하여 더욱 정통하였다. 그의 이학은 주희의 학설을 계승한 것이며, 천주泉州 청평포루淸平鋪樓에서 『사서몽인四書蒙引』을 지어 주희의 학설을 수호하였다. 56세에 세상을 떠났다.

래지덕來知德(1525~1604): 명대의 저명한 역학자이다. 자는 의선矣鮮, 호는 구당瞿唐, 사천四川 양산梁山(지금의 양평梁平) 사람이다. 그는 역학에 정통하였는데 주희로부터 깊은 영향을 받았다. 『주역집주周易集註』는 『주역래주周易來注』라고도 하며, 그의 역저이다. 곽자장郭子章은 이 책 서문에서 "30년이 걸려 『역주』가 비로소 완성되었다(積三十年而易注始成)"라고 하였다. 그는 책머리의 「래지덕역경자의來知德易經字義」에서 ①상象 ②착錯 ③종綜 ④변變 ⑤중효中爻 다섯 가지를 차례로 설명하였는데, '착종'과 '중효설'은 그의 역학에서 중요한 위치를 차지한다. 그는 '중효'를 설명하는 글에서 "대저 '착'은 음양이 가로로 짝하는 것이다. '종'은 음양의 위아래가 서로 뒤바뀌는 것이다. '변'은 양이 음으로, 음이 양으로 변하는 것이다. '중효'는 음양의 안과 밖이 서로 이어 속하는 것이다. 주공이 효사를 지은 것은 착·종·변·중효 이 4가지에 불과할 뿐이다(大抵錯者, 陰陽橫相對也. 綜者, 陰陽上下相顚倒也. 變者, 陽變陰, 陰變陽也. 中爻者, 陰陽內外相連屬也. 周公作爻辭, 不過此錯綜變中爻四者而已)"라고 하였다. 이어 "리괘가 세 번째 자리에 있는 것과 같이 동인이 삼세라 하고, 미제가 삼년이라 하고, 기제가 삼년이라 하고, 명이가 삼일이라 한 것은 모두 리괘가 세 번째 괘인 것으로 말한 것이다(如離卦居三, 同人曰三歲, 未濟曰三年, 旣濟曰三年, 明夷曰三日, 皆以本卦三言也)" 하고, 또 "감의 삼세, 곤의 삼세, 해의 삼품과 같은 것은 모두 리괘의 착괘이다(若坎之三歲, 困之三歲, 解之三品, 皆離之錯也)"라고 하고(래지덕은 해의 '삼품三品'이라고 하였는데, '삼호三狐'라고 하는 것이 맞다), 또 "점의 삼세, 손의 삼품은 모두 중효가 합하여 리괘이다(漸之三歲, 巽之三品, 皆

以中爻合離也)" 하고, 또 "풍의 삼세는 꼭대기 음효가 변하여 리괘가 된 것이다. 즉 리괘이면서 여러 효가 착·종·변·중효 이 4가지를 사용한 것임을 알 수 있다(豊之三歲, 以上六變而爲離也. 卽離而諸爻用四者可知矣)"라고 하였다. 리괘는 건1·태2·리3 세 번째 자리에 있으므로 육십사괘 가운데 위아래 괘에 리괘가 있는 것, 동인·미제·기제·명이괘는 그 효사에 모두 '삼'이라는 숫자가 있고, 리의 착괘가 되는 감·곤·해괘도 그 효사에 또한 '삼'을 말하였으며, 이에 따라 호체가 리가 되는 점·손괘도 효사에서 역시 '삼'을 말하였으며, 풍괘는 꼭대기 효가 양으로 변하여 리괘가 되므로 효사에서 '삼'을 말하였다는 것이다. 이러한 해석이 『주역』의 본뜻과 맞는지 어떤지는 놓아두고, '착'·'종'·'변'·'중효'를 사용한 그의 해석은 탁견인 것만은 분명하다. 이와 같이 그는 취상取象, 착종錯綜, 효변爻變, 중효설中爻說을 가지고 육십사괘의 괘효상과 괘효사를 설명하여 그의 『주역』 해석의 중요한 특징을 이루었다. 또 그는 책머리의 「양산래지덕원도梁山來知德圓圖」에서 "대립하는 것은 수(對待者數)", "주재하는 것은 리(主宰者理)", "유행하는 것은 기(流行者氣)"라고 하고, "이 그림은 성인이 역을 지은 근원이다. 이기상수와 음양노소, 왕래진퇴와 상변길흉 등이 모두 이 그림 속에 간직되어 있다(此聖人作易之原也. 理氣象數, 陰陽老少, 往來進退, 常變吉凶, 皆尙乎其中)"라고 하였다. 즉 그는 이기와 상수를 하나로 통합하여, 의리와 상수를 하나로 결합하였던 것이다. 이러한 그의 노선은 모두 주희의 영향을 받은 것이다. 그가 "한 권의 역경은 네 명의 성인에게 있지 않고 나에게 있다(一部易經, 不在四聖, 而在我矣)"라고 한 말은(「양산래지덕원도」) 그의 성격과 역학에 대한 스케일을 짐작케 한다. 그의 역학은 후세에 깊은 영향을 끼쳤다. 필자는 래지덕의 『주역집주』를 상수역과 의리역을 결합한 최고의 작품으로 꼽는다.

하해何楷(?~1645?): 명말 학자. 자는 현자玄子, 호는 황여黃如, 원적은 복건福建 진해위鎭海衛(지금의 용해시龍海市 항미진港尾鎭)이며, 천주泉州 진강晉江 사람이다. 천계天啓 5년(1625)에 진사하여, 위충현魏忠賢이 정치를 어지럽히는 것을 보고 사직하였다. 숭정崇禎 때 호부주사戶部主事를 제수 받고 원외랑員外郎에 나아가 형과刑科 급사중給事中에 선발되었으며, 공과工科 도급사중都給事中으로 옮겼다. 바른 말을 하여 온체인溫體仁, 왕응웅王應熊을 탄핵하고 다시 양사창楊嗣昌을 탄핵하다가 남경南京 국자감승國子監丞으로 강직되었다. 순치順治 2년(1645) 당왕唐王 주율건朱聿鍵을 따라 민閩에 들어가 호부상서戶部尙書에 선발되어 도찰원사都察院事를 관장하였다. 정지룡鄭芝龍에 받아들여지지 않자 즉각 사임하였다. 도중에 도적을 만나 한 쪽 귀가 잘렸는데, 정지룡이

부하를 사주한 것이다. 장주성漳州城이 깨어지자 분함을 이기지 못하고 죽었다. 군서를 널리 읽고 경학에 정통하였다. 저서에 『고주역정고古周易訂詁』, 『시경세본고의詩經世本古義』가 있다.

청清

고염무顧炎武(1613~1682): 명말 청초의 사상가이며, 자는 영인寧人, 곤산昆山(지금의 강소江蘇에 속함) 사람이다. 학자들은 '정림亭林 선생'으로 불렀다. 어릴 때 '부사復社'에 참가하여 환관 권세에 반대하는 투쟁을 하였다. 청병淸兵이 남하하여 곤산昆山 가정嘉定 일대의 백성들이 의병을 일으키자 이에 참가하였다. 실패하자 명 효릉孝陵을 10번 알현하고, 화북華北을 떠돌아다니며 곳곳의 지리와 풍습을 수집하였으며, 항청抗淸 호걸들과 결탁하여 부명復明을 도모하였다. 만년에 점을 쳐서 화음華陰에 거주하다가 곡옥曲沃에서 죽었다.

그는 시문에 능하였고, 국가의 제도와 도읍의 연혁, 천문 의상儀象, 병농兵農과 경사經史 백가百家와 음운音韻 훈고학을 모두 연구하였다. 청나라가 들어서자 유생들을 추천하여 벼슬을 주었던 박학홍사과博學鴻詞科를 거절하였다. 만년에 경을 연구하면서 고증考證에 중점을 두어 청대 박학樸學의 기풍을 열었다. 그는 공담을 일삼는 정주 성리학의 '심心, 리理, 성性, 명命' 등에 반대하고 '경세치용經世致用'의 실제 학문을 주장하였다. 『주역』의 발음은 본래 정체定體가 없으므로 『역음易音』 3권을 찬하였다. 이 책은 그의 『음학오서音學五書』에 수록되어 있다. 『역음』은 『주역』에 대해 고음古音을 구하여 경전의 글 가운데 협운協韻의 글자를 고음으로 나타낸 것이다. 여기에 해석을 덧붙여 통할 수 있는 것은 통하고, 통할 수 없는 것은 빼버렸다. 이 책은 비록 견강부회한 점이 있으나 표음標音, 주석注釋, 체례體例의 근엄함에 방식이 있었다. 그 정확함을 살펴보면 『주역』 고운古韻을 구하는 데에 커다란 도움이 된다. 저서에 『음학오서音學五書』, 『일지록日知錄』, 『천하군국리병서天下郡國利病書』, 『정림시문집亭林時文集』 등이 있다.

황종희黃宗羲(1610~1695): 명말 청초의 사상가, 사학자, 역학자이다. 자는 태충太冲, 호는 남뢰南雷, 학자들은 '이주梨洲 선생'으로 불렀다. 절강浙江 여요余姚 사람이다. 명말 거유 유종주劉宗周의 문하에서 학문을 배웠다. 청년 때 '부사復社'를 이끌고 환관 권세에 반대하다가 몇 차례 살해당할 위기를 맞았다. 청병이 남하하자 의병을 소집하여 대항하여 '세충영世忠營'을 성립시켰다. 청이 들어서자 은거하여 저술하였으며, 박학홍사과博學鴻詞科를 거절하였다. 손기봉孫奇逢, 이옹병李顒幷과 함께 '삼대유三大儒'로 불렸다. 천문, 산술, 병률兵律, 경사經史, 백가百家와 불교, 도교의 서적에 달통하였다. 송유의 공리공담에 반대하고, "천하에 가장 해로운 것은 임금뿐이다(爲天下之大害者, 君而已矣)"라는 사상을 제출하였다. 군권君權을 나누어 '공천하公天下'를 주장하였다. 저서에 『송원학안宋元學案』, 『명유학안明儒學案』, 『역학상수론易學象數論』, 『명이대방록明夷待訪錄』, 『남뢰문집南雷文集』, 『행조록行朝錄』 등이 있다. 후인들이 『황리주문집黃梨洲文集』을 편찬하였다.

『송원학안宋元學案』: 명청明淸 사이에 황종희黃宗羲(1610～1695)가 창작한 방대한 사상사이다. 황종희가 최초로 정리하였고, 광서光緒 5년(1879년) 용여림龍汝霖이 다시 주도하였는데, 장사長沙에서 번각翻刻하여 통행본 100권의 책이 성립되었다. 이 책은 송원 시대 학술 사상사를 이해하고 연구하는 데 반드시 읽어야 할 아주 중요한 책이다. 이 책에는 당시의 학파 원류를 전체적이고도 상세하게 기술하였으며, 각파의 학설 사상을 간략하게 논단하여 소개하였다. 수록한 범위는 넓고, 선록選錄한 것은 많으며, 사료의 고증은 정밀하고, 일정한 정도 안에서 종파宗派 문호門戶의 견해를 타파하여, 각 가의 종지에 주의注意하였다.

황백가黃百家(1643～1709): 청초 절강浙江 여요余姚 통덕향通德鄕(지금의 양휘진梁輝鎭) 사람이며, 황종희의 셋째 아들이다. 어릴 때 이름은 축국祝國, 원명은 백학百學, 자는 주일主一, 호는 불실不失, 또 뇌사耒史, 별호는 황죽농가黃竹農家이다. 아버지가 『송원학안』을 찬하여 17권을 완성하고 세상을 떠나자, 황백가와 전조망은 그 뒤를 이어 백 권을 완성하였다.

호위胡渭(1633～1714): 청대 경학자, 지리학자이다. 자는 비명朏明, 호는 동초東樵이며, 절강 덕청德淸 사람이다. 일찍 아버지를 여의고 어머니와 함께 산속으로 피란을 갔다. 15세에 현학생縣學生이 되고 뒤에 태학太學에 들어갔다. 과거를 보겠다는 생각을 끊고 오로지 경서를 궁구하였다. 그는 오경 가운데 오직 『주역』만이 그림이 필요 없으며, 육십사괘에서 위아래 두 괘 여섯 효의 획이 그림이라고 여겼다. 송유宋儒 역학의 '하도'와 '낙서'는 오대五代 말의 도사 진단陳摶의 설을 답습한 것이고, 북송의 소옹과 남송의 주희가 그 설을 사용하여 비로소 성행하였음을 고정考定하였다. 도서圖書의 설은 사실은 수련修煉, 술수術數 양가의 역학의 지류인 것을 단정하였다. 송유와 도교의 관계를 밝혀 『역도명변易圖明辨』을 저술하고, 지리고증학에 정통하였다. 이 외의 저서에 『홍범정론洪範正論』, 『대학익진大學翼眞』 등이 있다.

이광지李光之(1642~1718): 청대 이학자이자 역학자이다. 자는 진경晉卿, 호는 용촌榕村, 후암厚庵이다. 청은 중국을 통일한 후 자신의 통치 지위를 공고히 하기 위해 한족의 반청 의식을 금하고, 원과·명을 계승하여 정주程朱 이학理學을 크게 표방하였다. 4대 강희제康熙帝(재위: 1661~1722)는 이광지 등에게 명하여 명의 『성리대전性理大全』을 모방하여 『성리정의性理精義』를 편찬하고, 또 『주역절중』을 편찬하여 자신이 서를 지어 정주 이학을 선양하였다. 『주역절중』은 곧 관방 역학을 대표한다. 책이름이 『절중』인 것은 각 가의 학설, 특히 상수와 의리 양파의 관점을 조화하였다는 것을 나타낸 것이다. 즉 정이의 『역전』과 주희의 『주역본의』를 위주로 하고, 여러 학설을 참고하되 한 사람의 학설에 편중하지 않았다. 이 책은 명나라 때 관방에서 반포한 『역경대전易經大全』과 같이, 자료성을 지닌 제가의 역설을 총집한 것이어서, 송명 이래의 각 가의 역설의 단편 사료를 보존하고 있다는 것 외에는 결코 학술상 독창적 견해는 없다. 이 책의 반포는 송역의 전통이 여전히 관방의 지지를 받아서, 과거 시험 교재의 하나가 된 것을 나타낸 것이다. (주백곤 『역학철학사』 제4권 4쪽에서 인용하였음)

진몽뢰陳夢雷(1650~1741): 명말 청초의 역학자이며, 자는 칙진則震, 호는 성재省齋, 천일도인天一道人, 만호가 송학노인松鶴老人이며, 복건福建 민현閩縣 사람이다. 그의 역설의 요지는 주희의 『주역본의』를 주로 하고 여러 사람의 설을 참고하였다. 여러 사람들이 언급하지 않은 것이나 혹은 언급한 것이 『주역본의』와 서로 다른 곳은 자신의 뜻을 밝힌 것이다. 그는 『주역』은 이理·수數·상象·점占을 넘어서지 않는데, 무릇 수는 나타날 수 없고, 이는 다 할 수 없으며, 곧 상에 의탁하고 있으니, 상을 알면 이와 수는 그 가운데 있고, 점 역시 상에 임하여 완미할 수 있다고 여겼다. 따라서 역을 해석하면서 상을 위주로 하였고, 인사와 많이 결합하였다. 이의 해석은 비록 주희를 많이 따랐으나 괘변의 설은 취하지 않았고, 상을 취한 것은 래지덕을 채택하였다. 저서에 『주역천술周易淺述』, 『송학산방집松鶴山房集』, 『천일도인집天一道人集』 등이 있고, 명을 받아 『고금도서집성古今圖書集成』을 편수하여 명성이 멀리까지 알려졌다.

강영江永(1681~1762): 청의 경학자, 음운학자. 자는 신수愼修, 무원婺源(지금의 강서江西에 속함) 사람이다. 비교 검토에 능하고, 고금에 널리 통하여 청대 '환파皖派' 경학의 선하를 열었다. 제자가 많았는데, 대진戴震, 김방金榜 등이 그에게 학문을 배웠다.『십삼경주소』에 전력하고,『삼례三禮』를 깊게 연구하였다. 남송의 주희를 독실하게 믿어, 그의 설을 따라 '십十'은 하도, '구九'는 낙서로 여겼다. 대연지수오십설大衍之數五十說, 삼천양지기수설參天兩地以倚數說, 설시설揲蓍說, 변점설變占說, 점법고占法考, 호괘설互卦說, 괘변설卦變說, 괘상설卦象說 등, 모두 자세하게 선택하고 타당하게 논술하여 후학에게 도움을 주었다. 저작이 매우 많은데,『하락정온河洛精蘊』,『주례의의거요周禮疑義舉要』,『예서강목禮書綱目』,『군경보의群經補義』,『고운표준古韻標準』,『근사록집해近思錄集解』등등이 있다.『사고전서총목』에 그의 서목을 수록하였는데, 15부에 달한다.

전조망全祖望(1705~1755): 청대의 저명한 사학가, 문학가이며, 절동浙東학파의 중요한 대표적인 인물이다. 자는 소의紹衣, 호는 사산謝山, 절강성 은현鄞縣(지금의 영파시寧波市 은주구鄞州區) 사람이다. 황종희를 추숭하여 스스로 '이주梨洲의 私淑한 제자'로 칭하였다. 그는 황종희를 위해『송원학안』백 권을 집보輯補하였는데, 그의 학술 사상의 종지를 관통한 전범典範으로 칭할 수 있다. 저작이 극히 풍부한데, 50부 400여 권에 달한다. 중요한 저작에『길기정집鮚埼亭集』,『곤하기문삼전困學紀聞三箋』,『칠교수경주七校水經注』,『속용상기구시續甬上耆舊詩』,『경사문답經史問答』,『독역별록讀易別錄』,『한서지리지계의漢書地理志稽疑』,『고금통사연표古今通史年表』등이 있다.

단옥재段玉裁(1735~1815): 청나라의 문자 훈고학자, 경학자이다. 자는 약응若膺, 호는 무당懋堂이다. 건륭乾隆 때 과거에 급제하여 귀주貴州 옥병玉屛, 사천四川 무산巫山 등의 현縣에서 지현知縣을 역임하였다. 병으로 물러나 소주蘇州 풍교楓橋에 머물면서 독서에 열중하였다. 그는 대진戴震을 스승으로 섬겼는데 경학을 좋아하여 정밀한 이치를 탐구, 박학한 지식을 얻었고, 문자, 음운, 훈고학, 교감에 정통하였다. 저서에『설문해자주說文解字注』,『육서음운표六書音韻表』,『고문상서선이古文尙書選異』,『모시고훈전정본毛詩故訓傳定本』,『경운루집經韻樓集』등이 있다.

왕인지王引之(1766~1834): 청대의 저명한 학자이며, 왕념손의 맏아들이다. 자는 백신伯申, 호는 만경曼卿이다. 34세에 과거에 급제하여 한림원편수翰林院編修, 공부상서工部尙書, 호부상서戶部尙書 등 중요한 요직을 두루 거쳤다. 69세에 몰하였는데 시호가

'문간文簡'이다. 어릴 때 음훈音韻, 문자文字, 훈고학을 연구하여 아버지의 정수를 심득하였다. 20세부터『이아爾雅』,『설문說文』,『음학音學』등의 책을 연구하여 마침내『경의술문經義述聞』32권,『경전석사經傳釋詞』10권을 완성하였다.

요배중姚配中(1792~1844): 청대 경학자이다. 자는 중우仲虞, 안휘安徽 정덕旌德 사람이다. 경사經史를 널리 공부하고 백가百家의 말에 두루 통하였으며 특히『역』을 좋아하였다. 장혜언張惠言의『우씨의虞氏義』를 좋아하여, 한역의 제가諸家 가운데 정현이 가장 뛰어났다고 여기고 정현의 학문을 발양하였는데, 정현이 갖추지 못한 것은 후한의 순상荀爽, 우번虞翻 등 제가의 설을 취하여 보충하였고, 순상과 우번 등이 언급하지 않은 것은 주해를 덧붙여 자신의 뜻을 분명히 밝혔다. 그가 주해를 덧붙인 것은 정현 가법家法을 근본으로 하여, 괘상으로부터 의리를 구한 것이다. 번잡하게 칭하고 널리 인용하였고, 의미심장하여 넓고 깊었으며, 견강부회한 말을 한 번에 씻어버렸다. 비록 정현을 높이 받들었으나 그의 설을 고수하지 않았고 좋은 것을 가려 따랐다. 저서에『주역요씨학周易姚氏學』,『주역통론월령周易通論月令』이 있고, 이 외에『서학습유書學拾遺』,『금학琴學』,『지과심성송주智果心成頌注』등이 있다.

유월兪樾(1821~1907): 청말 학자, 저명한 역학자이다. 자는 음보蔭甫, 호는 곡원曲園이며, 절강 덕청德淸 사람이다. 도광道光에 진사進士하여 한림원편수翰林院編修를 제수 받았고, 하남학정河南學政을 지냈다. 벼슬에서 물러나 경을 연구하겠다는 뜻을 가졌다. 소주蘇州 자양紫陽, 상해上海 구지求志, 덕청德淸 청계淸溪, 귀안歸安 용호龍湖 등의 서원에서 두루 강의하였다. 만년에 항주杭州 고경정사詁經精舍에서 30여 년을 주강主講하였다. 제자들이 많았는데, 장병린章炳麟도 그 문하에서 나왔으며, 전국에 국학 대사大師로 이름이 났다. 학문이 깊고 넓었으며, 군경群經, 제자諸子, 언어言語, 훈고訓詁와 소설小說, 필기筆記에 대해 모두 저술하였다. 특히『역』에 정통하였는데, 저서가 매우 풍부하다.『역관易貫』,『양환역설良宦易說』,『완역편玩易篇』,『역방통변화론易旁通變化論』,『주역호체증周易互體證』,『팔괘방위설八卦方位說』,『괘기직일고卦氣直日考』,『괘기속고卦氣續考』,『소역보원邵易補原』등이 있다.『춘재당전집春在堂全集』5백여 권이 있다.

20세기 이후

마기창馬其昶(1855~1930): 근대 경학자이다. 자는 통백通伯, 만호는 포윤옹抱潤翁, 안휘安徽 동성桐城 사람이다. 광서光緖 당시에 과거에 급제하여 출사하여, 학부주사學部主事, 경사대학당京師大學堂 교습教習을 역임하였다. 원세개袁世凱 때 참정원參政院 참정參政을 제수 받았고, 또 청사관총찬淸史館總纂을 역임하였다. 오여륜吳汝綸 등에게 고문을 전수받아 30세 이후에 여러 경서를 연구하였다. 자학子學을 두루 섭렵하였고, 『주역』에 정연하여 잠천서원潛川書院에서 3년 동안 강학하였다. 그의 『주역』의 특징은 역상易象을 살펴 예를 제정한 근원을 엿보는 것이고, 역사易辭를 밝혀 그 뜻을 알리는 것이며, 역변易變을 말하여 반드시 그 시위時位가 합당한가를 살피고, 역점易占을 논하여 초공焦贛, 경방京房, 관로管輅, 곽박郭璞의 술術과 여러 참위설을 믿지 않는 것이다. 저서에 『중정주역비씨학重定周易費氏學』 10권(原著『易費氏學』 8권의 重訂本), 『포윤헌문집抱潤軒文集』 10권이 있다.

상병화尙秉和(1870~1950): 근대의 역학대가이다. 자는 절지節之, 스스로 호를 석연도인石烟道人, 또 자제노인慈濟老人이라고 하였다. 하북성 행당현杏唐縣 성서城西 남자南滋(지금의 하북 안복류촌岸伏流村) 사람이다. 중년 이후에 비로소 역학을 공부하였다. 그는 『초씨역고焦氏易詁』를 지었는데, 그 후 이 책을 기초로 하여 역대 역상과 역해에 대해 넓게 자료를 수집 채택하여 그 득실을 비판, 장점을 취하고 단점을 버렸다. 또 그 스승 오지보吳摯甫의 『역설』을 흡수하고 발휘, 상수학 전통을 계승하여 "역의 괘효사는 모두 상을 보고 이은 것(易辭皆觀象而繫)"으로 여겼다. 그러므로 그의 역의 중점은 상을 가지고 역을 해석한 데에 있다. 『역전』이 취한 상외에도 『좌전』 『국어』 『일주서逸周書』 등, 특히 초연수焦延壽의 『역림易林』 중에서 많은 숨은 상들을 찾아내어 복상覆象, 반상半象의 설을 제출하여 이것으로 『주역』을 해석하였다. 정현의 효진설, 우번의 효변설 등은 일괄적으로 취하지 않았고, 왕필이 상수를 쓸어 없앤 것, 그리고 송유의 이른바 '의리지학'이라는 것들은 공허하고 황당무계하다(空泛謬悠)고 여겨 반대하였다. 소옹의 선천괘위설은 『주역』과 부합한다고 여겨 찬성하였다. 그는 상수에 대해 많이 발명하였는데, 앞사람들이 해결하지 못한 문제를 해결한 것이 적지 않다. 저서는 매우 풍부하며, 『주역상씨학周易尙氏學』, 『주역고서고周易古筮考』, 『좌전국어역상석左傳國語易象釋』 일 권, 『초씨역림주焦氏易林注』 16권, 『초씨역고焦氏易考』 12권, 『주역시훈괘기도역상고周易時訓卦氣圖易象考』 일 권, 『연산귀장괘명괘상고連山歸藏卦名卦

象考』일 권, 『역주易注』22권, 『역림평의易林評議』12권, 『독역우득록讀易偶得錄』2권, 『태현서법정오太玄筮法正誤』일 권 등등 아직 많이 있으나 여기에서 생략하겠다.

양수달楊樹達(1885~1956): 당대 유명한 언어문자학가言語文字學家이다. 1905년에 일본에 유학하여 경도 제삼고등학교에서 수학하였다. 1911년 귀국하여 이후 중국과학원 철학사회과학학부위원, 호남성문사연구관관장을 역임하였다. 일생을 한어 어법과 문자학을 연구하고 가르쳤으며, 금석金石, 갑골甲骨, 고문자古文字, 훈고訓詁, 음운音韻과 한어어법漢語語法, 수사修辭 등에 뛰어났다. 저서에 『한어보주보정漢語補注補正』, 『사전詞詮』, 『마씨문통간오馬氏文通刊誤』, 『중국수사학中國修辭學』등 20여 종이 있으며, 「形聲字聲中有義略證」, 「說中國語文之分化」등 백 편이 넘는 논문을 발표하였다. 『한어문언수사학漢語文言修辭學』은 민족성, 과학성, 창조성을 갖춘 문언수사학의 명저이다.

유백민劉百閔(1898~1969): 이름은 학손學孫인데 자로 사용하였다. 절강 황암黃巖 동선항東禪巷 사람이다. 일본 세이호(政法)대학과 와세다(早稻田)대학 철학과를 졸업하였다. 1930년 귀국 후 교육부 장관 진립부陳立夫의 비서를 하다가 남경 중앙대학, 중앙정법대학中央政法大學, 복단復旦대학, 대하大夏대학, 기남暨南대학 교수를 역임하였다. 1952년에 대만으로 건너가, 다음해 홍콩 중문대학 중문학과 교수를 역임하다가 1967년 퇴임, 69년 72세의 나이로 홍콩에서 세상을 떠났다. 저서에 『중일문화논집中日文化論集』, 『공문오론孔門五論』, 『주역사리통의周易事理通義』, 『관자이언管子肄言』등이 있다.

그는 『주역사리통의』를 상하 두 책으로 나누어 상책은 『역경』을, 하책은 『역전』을 해설하였고, '주역 사리학事理學'이라는 나름의 독창적인 학문 체계를 세웠다. 그는 「자서自序」에서 "『주역』이라는 학문은 곧 사리의 학문이다(其學則爲事理之學). 무릇 학문에는 이리(원리와 인과)가 있고, 통統(조리와 계통)이 있으며, 방方(실천과 방법)이 있다(凡學, 有理, 有統, 有方). '주역 사리학'이란 간단히 말해서(簡言之), 첫째는 근본 원리요(其一曰根本原理), 둘째는 체계 원리요(其二曰體系原理), 셋째는 실천 원리이다(其三曰實踐原理). '근본 원리'란 역유태극易有太極을 말하고(曰根本原理, 易有太極是也), '체계 원리'는 삼극三極의 도를 말하며(曰體系原理, 三極之道是也), '실천 원리'는 인극人極을 말한다(曰實踐原理, 人極是也)"라고 하였다. 그는 괘효사는 단지 상象·언言·점占일 뿐이라 여기고, '상'은 일을 본뜬 것(象事), '언'은 일을 말한 것(言事), '점'은 일을 점친 것(占事)이라 하고, 이 책은 이 세 가지를 가지고 상세히 설명한 것이라고 하였다.

굴만리屈萬里(1907~1979): 현대 대학자이며, 자는 익붕翼鵬, 산동성 어대현魚臺縣 사람이다. 북평北平 사립 욱문郁文학원 국문과를 수료하였다. 국립 중앙도서관 관장, 대만대학 중문과와 중국문학 연구소 주임 등을 지냈다. 역학계 인사들의 요청에 의해 대만에서 '중화민국역경학회'를 조직, 이사장직을 맡아 『중화역경월간』을 창간하였다. 『주역』을 깊이 연구하여 괘효사와 역괘에 대해 중점적으로 고증하였는데, 괘효사는 주나라 무왕 때 쓰였고, 괘는 귀복龜卜에 근원이 있다고 여겼다. 대표적인 역학 저서에 『주역집석초고周易集釋初稿』, 『학역차기學易箚記』, 『주역비주周易批注』가 있는데 1983년에 대만 연경聯經출판사에서 『독역삼종讀易三種』이라는 제목으로 묶어 출판하였다. 이 책은 『굴만리선생전집』 가장 앞에 놓여 있다. 이 책에 대해 앞에서 이미 소개하였으므로 여기에서 생략하겠다.

이 외에 또 『선진한위역례술평先秦漢魏易例述評』이 있다. 이 책은 두 권으로 구성되어 있는데, 상권은 「단」·「상」·「문언」·「계사」·「설괘」의 역례를 상세히 정리하였고, 또 「국어」·「좌전」·선진제자·전한 무제 이전의 제자의 전적 중의 역례를 자세히 기술하였다. 하권은 상수로 역을 해석한 역례를 기술한 것이며, 십이소식괘十二消息卦, 괘기卦氣, 호체互體와 효변爻變 등 모두 20개의 상수 역례를 기술하였고, 마지막에는 왕필 역례를 기술해 두었다.

이 외에 그의 유명한 논문으로 『설역산고說易散稿』, 『주역의 괘효사는 주나라 무왕 때 쓴 것임을 고찰함(周易卦爻辭成於周武王時考)』, 『역괘원어귀복고易卦源於龜卜考』, 『역손기일고易損其一考』 등이 있다.

고형高亨(1900~1986): 20세기 중국의 저명한 학자이자 교수이며, 고문자 학자, 선진문화사 연구와 고적古籍 교감校勘 고증考證 전문가이다. 자는 진생晉生, 길림성 쌍양현雙陽縣 사람이다. 1924년 북경대학에 입학하였고, 1925년 청화대학 연구원에 입학하여 당대 대학자 양계초梁啓超와 왕국유王國維를 스승으로 모시고 학문을 배웠다. 1926년에 졸업하고 교직을 맡아, 하남대학, 동북대학, 무한대학, 산동대학, 제노齊魯대학 교수 등을 역임하였다. 그는 경학·자학·사학과 금석·갑골문자에 조예가 깊었으며, 『시경』·『상서』·『주역』을 중점적으로 연구하였다. 역학 저서에는 『주역고경통설周易古經通說』, 『주역고경금주』(1940년), 『주역잡론周易雜論』(1962년), 『주역대전금주』(1970년)가 있다. 『주역고경통설』은 1940년대에 귀양貴陽 문통서국文通書局에서 출판하였는데, 주옥같은 7편의 논문으로 구성되어 있다. 『주역고경금주』는 『주역』 괘효사를 해설한 책이다. 1984년 북경 중화서국에서 『주역고경통설』과 『주역고경금주』를 합본하여 한 책으로 출판하였다. 『주역잡론』은 5편의 『주역』의 철학 사상에 대한 논문을 엮은 책이다. 『주역대전금주』는 『역전』을 전문적으로 해설한 책이며, 1964년에 집필을 시작하여 1970년, 그의 나이 70세 때 완성하였다. 그는 『역경』의 본뜻과 『역전』이 『역경』을 해설한 것과는 거리가 멀다고 여기고, 당연히 "『경』으로 『경』을 해석하고, 『전』으로 『전』을 말해야 한다(以經說經, 以傳說傳)"라고 주장하였다. 이 책은 『역전』의 본뜻을 힘써 구하였다. 상수를 말해도 『역전』이 본래 가지고 있는 것만 말하였지, 『역전』에 원래 없는 상수는 일체 언급하지 않았다. 매 괘사와 효사의 머리에 '경의經意'라고 하여 경문의 원뜻에 의거하여 『경』을 주해하고, 이어 '전해傳解'라고 하여 『전』을 『전』으로 주해하였다. 고형은 『주역대전금주』에서 『주역고경금주』의 내용을 요약하거나 많이 수정하여 기술하였다. 『주역고경금주』는 40세 때, 『주역대전금주』는 70세에 완성하였으니, 그 긴 세월 동안 그의 학문은 더욱 깊어졌을 것이며, 『주역대전금주』를 집필하면서 『주역고경금주』의 상당 부분 수정이 필요했을 것이다.

고형은 매우 많은 저서를 남겼다. 2004년 청화대학 출판사에서 『고형저작집림高亨著作集林』을 출판하여 그의 평생의 저작을 결집하였다. 『집림』은 모두 10권으로 되어 있다. 『주역고경금주』, 『주역대전금주』, 『주역잡론』, 『노자정고老子正詁』, 『노자주역老子注譯』, 『제자신전諸子新箋』(『묵자신전墨子新箋』, 『장자신전莊子新箋』, 『순자신전荀子新箋』, 『한비자신전韓非子新箋』, 『여씨춘추신전呂氏春秋新箋』, 『상군서신전商君書新箋』 등 6종을 포함), 『장자금전莊子今箋』, 『상군서주역商君書注譯』, 『묵경교전墨經校詮』, 『시경선주詩經選注』, 『시경금주詩經今注』, 『초사선楚辭選』과 『상고신화上古神話』(동치안董治安 선생과 합저), 『문자형의학개론文字形義學槪論』, 『문사술림文史述林』, 『문사술림집보文史述林集補』 등이다. 『집림』은 고형의 저서 가운데 유실된 『갑골금석문자통전甲骨金石文字通箋』과 『고자통가회전古字通假會典』은 제목만 정리하고(存目處理) 그의 모든 저작을 수록하였다.

고형은 청초의 고염무, 황종희에서 비롯된 박학樸學의 학통을 배경으로 한, 20세기 중국의 대학자요 대천재였다. 그의 『주역대전금주』는 고증역의 최고의 저서이며, 이후 중국에서 출판된 『주역』 주해서 가운데 이 책을 능가하는 책은 아직 없었다. 또 역학에 관계되는 책이면서 이 책에서 인용하지 않은 책도 없었다. 중국에는 당연히 그의 연구 업적을 시기하고 헐뜯는 소인배들이 날뛰게 되었다. 한국에도 중국의 소인배를 따라 온갖 악랄한 말로 고형을 죽여 놓으려고 발악하는 소인배가 있게 되었다. 거목에게는 헐뜯는 소인배가 있기 마련이다. 소인배는 어느 나라 어느 시대에도 있었다. 소인배의 역할은 거목을 거목으로 만들어 주는 일이다. 헐뜯으면 헐뜯을수록 거목은 더욱 거목이 되고, 소인배는 더욱 소인배가 된다.

주백곤朱伯崑(1923~2007): 저명한 중국철학사가이자, 중국철학사 연구의 '북대학파北大學派'의 핵심 인물이다. 또 저명한 역학자이자 역학철학 영역에 기초를 다진 학자이다. 하북성 영하현寧河縣(지금의 천진시天津市) 사람이다. 1951년 청화대학 철학과를 졸업하고, 풍우란馮友蘭 교수의 조교가 되어 그를 따라 1952년 북경대 철학과로 전입, 여기에서 줄곧 교수를 역임하였고, 중국주역연구회 고문을 지냈다. 역학철학의 발전사에 대해 깊이 연구하여 『역학철학사』라는 방대한, 불후의 대작을 남겼다. 이 책은 일본에서 일본주역학회와 북해도대학의 이토 진사이(伊藤仁齋) 교수의 주관으로 번역되었고(2002), 우리나라에도 모두 8권으로 완역되었다(2012). 그의 주요 저작과 논문은 후인이 『주백곤론저朱伯崑論著』를 편집하여 수록 정리하였다.

필자는 20세기 이후 대한민국의 역학 연구에서 가장 훌륭한 업적 가운데 하나는 바로 주백곤의 『역학철학사』를 번역한 것이라고 생각한다. 필자는 앞으로 일천 년의 세월이 흘러도 이 나라에는 이런 책을 쓸 만큼 실력을 갖춘 인물은 나오지 않을 것이며, 이 책을 번역할 만큼의 『주역』 수준을 갖춘 사람도 금세기 안에는 나오지 않을 것이라고 생각하였다. 그런데 우리나라에도 이 시대에 이 책을 번역할 실력을 갖춘 인물들이 있었다. 문제는 번역된 이 책을 읽고 이해할 수준이 되는 사람이 거의 없다는 것이다. 대한민국은 아직도 천여 년 전, 왕조 시대에 쓰인 정주역程朱易만 『주역』이고 그 외의 것은 모두 엉터리 취급받는 나라이다. 우리는 책을 쓸 수준이 안 된다면 번역할 실력이라도 갖춰 중국과 일본의 걸출한 학자들이 쓴 뛰어난 저서를 부지런히 번역해야 그들을 따라갈 수 있다. 세상에서 가장 위대한 '반도의 돌팔이'는 번역된 주백곤의 『역학철학사』를 부지런히 읽고 『주역』에 눈을 떠야 한다. 그리하여 최소한 자신이 얼마나 천박한 소인배인가를 깨닫고 부끄러워하고 반성할 줄 아는 인간 정도는 되어야 한다.

진고응陳鼓應(1935~현재): 복건福建 장정長汀 사람이다. 대만대학 철학과와 동 연구소에서 은해광殷海光, 방동미方東美를 스승으로 모시고 배웠다. 졸업 후, 동 대학 교수와 1984년 북경대 철학과 교수를 역임하였다. 현재 국립 대만대학 철학과 겸임교수, 문화대학 전임교수로 있으며, 2010년부터 북경대학 연구생 과정 교수로 있다.

진고응은 1988년부터 1994년까지 7년 동안, 철학사의 각도에서『역전』이 도가 사상의 영향을 받은 것에 대해 집중적으로 연구하여 15편의 논문을 발표하고, 이를『역전과 도가사상』이라는 단행본으로 대만상무인서관(1994년)과 북경 삼련三聯서점(1996년)에서 출판하였다. 이어 1998년에「선진도가역학발미先秦道家易學發微」라는 장문의 논문을『도가문화연구』제12집에 발표하고, 이러한 연구를 바탕으로『주역의 역주와 연구(周易注譯與研究)』를 집필하여, 1999년 7월에 대만상무인서관에서 초판 1차 인쇄를, 다음 해인 2000년 3월에 초판 2차 인쇄를 하였다. 그의 말에 의하면『주역의 역주와 연구』는 도가역학을 중건하기 위해 시도한 책이다(並試圖重建道家易學). 그는『황제사경黃帝四經』,『산해경山海經』등 풍부한 고문헌과 특히 노장 등 도가 계통의 문헌을 참고하고, 깊은 학문 능력을 발휘하여 명쾌하게 경문과 전문을 해석하였는데, 특히『백서』와 비교한「계사」의 해석은 압권이다.

그는『노자의 역주와 평가(老子注譯及評介)』,『장자금주금역莊子今注今譯』을 썼는데, 이미 40여 년을 유행하였고, 사람들에게 노장의 경전독본이 되었다. 그는『역전』의 철학 사상은 도가에 속한다는 관점을 제시하여, 2천 년을 내려온『역전』사상은 유가에 속한다는 구설을 뒤엎었다. 그가 주장한 '중국철학은 도가가 기본이라는 설(中國哲學道家主干說)'은 영향이 갈수록 넓어지고 있다. 저서에『도가적인문정신道家的人文精神』,『비극 철학가 니체(悲劇哲學家尼采)』,『존재주의存在主義』,『니체 신론新論』,『장자철학莊子哲學』,『노자주역급평개老子注譯及評介』,『노자금주금역老子今注今譯』,『장자금주금역莊子今注今譯』,『황제사경금주금역黃帝四經今注今譯』,『노장신론老壯新論』,『역전여도가사상易傳與道家思想』,『관자사편전석管子四篇詮釋』,『예수 화상(耶蘇畫像)』,『주역의 역주와 연구(周易注譯與研究)』(趙建偉와 합저),『도가역학건구道家易學建構』등이 있다. 또 진고응의 대만 시인 여광중余光中에 대한 비판성의 평론 문장에『진고응삼평여광중陳鼓應三評余光中』이 있는데, 이러한 문장으로 인해 명성을 크게 떨쳤다.『도가문화연구道家文化研究』학간學刊의 주편이다.

등구백(1953~현재): 1982년에서 1995년까지 상담湘潭대학 교수, 상담대학 학보집행주간, 교수, 교학술위원회위원 등을 역임하였다. 1995년에서 2004년까지 수도사범대학 교수로 있으면서 석박사반 학생들을 지도하였다. 지금은 장사학원 부원장, 교수, 박사반 지도교수로 있다. 중국 공산당원이며, 주요한 연구 방향은 마르크스주의 이론과 사상정치교육학, 전통문화와 사상정치교육이다. 저서에『백서주역교석帛書周易校釋』(1987년),『백화백서주역白話帛書周易』(1996년)이 있다.

『역학대사전易學大辭典』(장기성張其成 주편主編. 북경北京 화하출판사華夏出版社. 1992년): 이 책은 필자가 대만 유학 시절에 구입한 것인데, 이후 필자의 역학 연구의 나침반 역할을 하였다. 이 책에 수록한 어휘는 모두 5,400여 조, 집필에 50명의 학자들이 참여하였다. 이 사전은 모두 여덟 부분으로 구성되어 있다. 첫째「총서總緖」부분에서는 역지易旨, 역체易體, 괘효卦爻, 원류源流, 종파宗派 등 역학의 기본 개념과 역학 발전사, 역학유파 등의 용어를 소개하였다. 둘째「경전經傳」부분에서는 경문과 전문을 전통적으로 권위 있는 해석을 위주로 하고, 기타 대표성이 있는 해석을 수록하여 상세히 설명하였다. 셋째「의리義理」부분에서는 태극太極, 유무有無, 음양陰陽, 도기道器, 이기理氣, 체용體用, 성정性情 등등과 관련된 역학철학의 중요한 명제와 술어를 해석하였다. 넷째「상수象數」부분에서는 역상易象, 역수易數, 괘변卦變, 괘기卦氣, 효진爻辰, 선후천先後天, 태극도, 하도, 낙서, 음양오행 등등과 관련된 개념과 술어를 상세히 해석하였다. 다섯째「술수術數」부분에서는 주역점법, 태을太乙, 기문둔갑奇門遁甲, 육임六壬, 사주명학四柱命學, 면상수상面相手相, 감여堪輿 등등과 관련된 개념과 술어를 자세히 해석하면서, 과학 태도를 바탕으로 중국문화와 민속적 영향을 실사구시적으로 분석하고, 그 중의 미신과 비과학적 성분을 들추어내었다. 여섯째「인물人物」부분에서는 선진에서 현대에 이르기까지 역사적으로 역학에 대해 학술 업적을 남긴 인물과 해외의 역학 연구가를 수집 정리하였다. 일곱째「저작著作」부분에서는 선진에서 현대에 이르기까지 수백 종에 달하는 역학 저서를 소개하였다. 여덟째「백과百科」부분에서는 역학이 건조建造, 기용器用, 천문天文, 수학數學, 이화理化, 군사, 예문藝文, 의술, 불도佛道, 기공氣功 등등과 관련된 용어를 수집 해설하였다. 그리고 책 끝에는 부록으로 통행본『주역』전문, 읽기 어려운 글자의 주음, 필획색인, 병음색인을 수록하였다. 『주역』을 학문적으로 연구하는 사람은 이 사전을 반드시 참고해야 한다.

스즈키 요시지로(鈴木由次郎, 1901～1976): 문학 박사이며, 스즈키(鈴木) 역학연구소를 개설하였다. 1927년 대동문화학원 고등과를 졸업하고, 긴 세월 중국고대철학 연구에 전념하였다. 동학원 교수 및 1947년 중앙대학 문학부 교수를 역임하여『주역』의 사상사, 형성사形成史와 학설사學說史의 연구에 종사하였다. 사립 중앙대학교 명예교수, 쿠니오칸(國士館)대학 교수, 동방학회 회원, 일본중국학회 회원, 대동문화대학 한학회 회원을 역임하였다. 1962년에 '역의 종교사상 연구'를 진행하였고, 1966~67년에는 '역과 음양오행 사상의 연구'를 진행하였다. 저서에『동양철학사상사』,『주역』,『한역 연구』,『태현경의 연구』,『한서 예문지』,『역과 인생』,『역경』상하 등이 있고, 편집한 책으로 『세계 윤리사상사 총서: 중국편』 등이 있다. 이 외에 「역의 운명관」, 「역수상隨想」, 「공자와 역」, 「복희 육십사괘방위도와 라이프니쯔 이진법 산술」 등 논문이 있다. 그는 20세기 일본의 걸출한 역학 연구학자였다.

김경탁金敬琢(1906~1970): 대한민국의 1세대 동양철학자이며, 중국철학 분야의 개척자이자 대학자이다. 평안남도 중화中和군 출신. 어린 시절 한학을 배웠다. 1919년 스승과 함께 3·1운동에 참여하였고, 1923년 배재고등보통학교(지금의 배재고등학교) 입학, 1928년 도쿄 니혼(日本)대학 전문부 예술과 입학, 1931년 중국 베이징 중국대학 철학교육과 입학, 1935년 도쿄릿쿄(立教)대학 종교연구과에 입학하여 수학하였고, 1936년 와세다(早稲田)대학 대학원에 입학하여 「창조적 상대성 원리」 논문을 발표하였다.

1938년부터 경성상업실천학교, 봉천남만공업학교, 배재학교 등에서 학생들을 가르쳤고, 연희대학교, 고려대학교 등에 출강하였다. 1949년 고려대학교 철학과 교수로 취임하여 중국철학을 강의하였고, 성균관대학교, 서울대학교 등에서도 강의를 맡았다. 1965년 한일협정비준반대교수회 회장단에 역임한 사건으로 이듬해 고려대학교를 떠났다가 1968년에 복직되었다. 1970년 64세의 일기로 세상을 떠났다.

그는 철학적 입장에서는 중국철학을 '생성철학'으로 파악, 관념적 형이상학을 비판하였고, 모든 현상을 변화의 생성 원리로 설명하였다. 이 원리는 『노자』와 『주역』 등의 중국고전에 기초를 두고 있고, 논리적으로는 'A는 비(非)A로 된다'는 화합 원리로 제시되며, 모순과 대립의 이론을 부정하고 화합과 성장을 추구하는 철학적 입장을 보여준다. 그가 생성철학을 관철한 것은 중국철학의 방법론적 체계화를 추구한 점에서 매우 중요한 의의를 지닌다.

그의 학문적 관심은 유학, 노장학, 제자학에서부터 한국사상에 이르기까지 상당히 광범위하였다. 또한 자신의 철학적 입장을 고전 해석에 깊이 적용시켜 고전에 대한 독특한 해석을 보여주었다.

저서로는 『창조적 상대성 원리』, 『태극의 원리』, 『유생唯生철학의 근본 문제』, 『유교철학사상개요』, 『선진 명학파의 사상』, 『대학석의』, 『율곡 연구』, 『존재와 생성』, 『율곡 성리학전서』, 『이조 실학파의 성리학설』, 『노자의 도』, 『훈민정음을 통하여 본 생성학적 역易의 사상』, 『중국철학개론』 등의 저술과 시집 『연』이 있다. 번역서로는 『문화학개론』, 『대학』, 『중용』, 『논어』, 『맹자』, 『노자』, 『열자』, 『장자』, 『주역』 등이 있다. (『한국민족문화대백과사전』을 참고하여 기술하였음)

모종삼牟宗三(1909~1995): 산동 서하栖霞 사람이다. 근현대 중국 최고의 철학자이며, 현대 신유가를 대표하는 대학자이다. 1928년 국립 북경대학 예과에 입학, 2년 후 철학과에 들어가 1933년 졸업하였다. 이후 화서華西대학, 중앙中央대학, 금릉金陵대학, 절강浙江대학 등에서 논리와 서양문화를 위주로 강의하였다. 30년대『역사와 문화』『재생』잡지의 주편을 맡았다. 1949년 대북 사범학원과 동해대학에서 교수를 역임하였고, 1954년에 대만 교육부 학술심사위원으로 초빙되었다. 1960년 홍콩대학에 초빙되어 중국철학을 강의하였고, 1968년 홍콩 중문대학 신아新亞서원 철학과 주임을 역임하였으며, 1974년 홍콩 중문대학을 퇴임하고 신아연구소에서 강의하였다. 그 후 대만대학, 대만사범대학, 동해대학, 중앙대학 등에서 강의하였다. 1984년 대만 행정원 국가문화훈장을 받았다. 1995년 향년 86세로 세상을 떠났다.

모종삼의 사상은 웅십력熊十力으로부터 커다란 영향을 받았으며, 웅십력의 철학 사상을 계승 발전시켰다. 그는 철학이론 방면의 연구에 전력하여, 유가철학과 칸트 철학의 융합을 모색하였고, 유가의 '도덕 형이상학'을 중건하려고 힘을 쏟았다. 1932년 북경대학 철학과 3학년(24세) 때 첫 학술 저서『從周易方面研究中國之玄學及其道德哲學』을 완성하여 1935년에 정식으로 출판하였다. 이 책은 1988년에 대만 문진文津 출판사에서『周易的自然哲學與道德函義』로 제목을 바꾸어 다시 출판하였다. 대표적인 저서로『心體와 性體』,『才性과 玄理』,『中國哲學十九講』,『중서철학의 회통』,『현상과 물자체』,『佛性과 般若』,『역사철학』,『政道와 治道』,『육상산에서 유즙산까지(從陸象山到劉蕺山)』등등 너무 많아 모두 기록할 수 없다.

여기까지, 필자의 책에 인용되어 있는 인명과 서명을 모두 정리하였다.

「잡괘」

400